I0322879

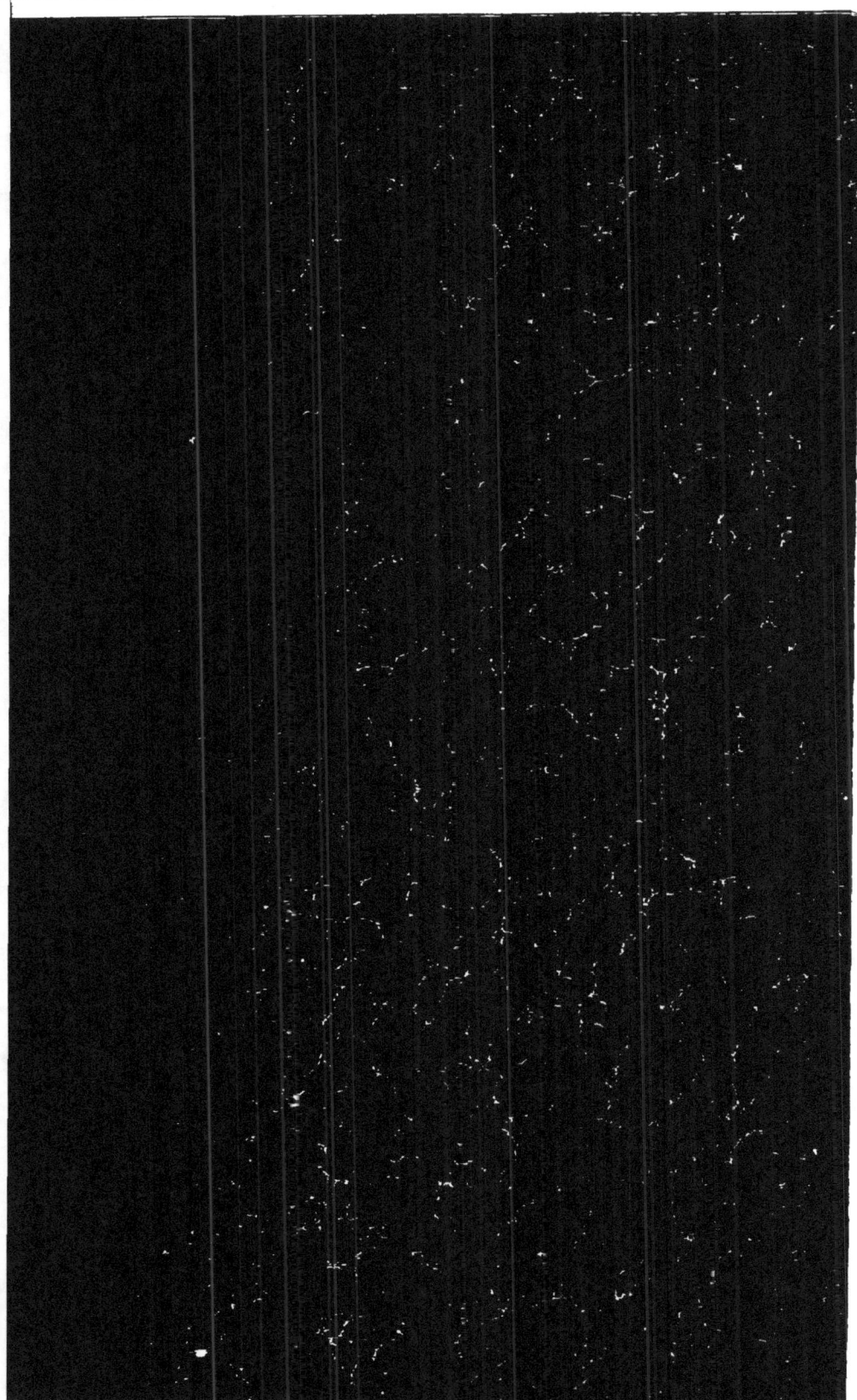

ŒUVRES

DE

NAPOLÉON BONAPARTE.

IMPRIMERIE DE C. L. F. PANCKOUCKE.

OEUVRES

DE

NAPOLEON BONAPARTE.

TOME TROISIÈME.

PARIS,
C. L. F. PANCKOUCKE, ÉDITEUR,
Rue des Poitevins, n°. 14.

MDCCCXXI.

Larrey

OEUVRES
DE NAPOLÉON
BONAPARTE.

Plusieurs souscripteurs nous ont demandé si, dans les OEuvres de Napoléon Bonaparte, nous étions assurés d'insérer les derniers manuscrits de Sainte-Hélène: nous pouvons donner la certitude que ces manuscrits termineront l'ouvrage; dejà nous sommes entrés en relation avec les possesseurs de ces écrits : si nous ne pouvions traiter avec eux directement, nous traiterions avec le libraire français ou anglais qui en deviendra l'acquéreur, et aucun ne nous refusera la cession du nombre d'exemplaires nécessaires aux souscripteurs des Œuvres complètes de Napoléon, ou le droit de réimprimer ces manuscrits pour compléter les OEuvres que nous publions.

Le tome quatrième comprend toutes les lettres relatives à la fin de l'expédition d'Egypte, adressées aux beys, aux scheiks, aux émirs et aux généraux français Marmont, Murat, Dugua, Desaix, etc. Elles forment la première partie de ce volume; la seconde comprend le consulat et l'empire, et commence par les discours du

18 brumaire, les proclamations, les messages de cette époque, les notes inscrites dans le Moniteur, les lettres à Toussaint-Louverture, au roi d'Angleterre, etc., etc., et les bulletins de la grande armée.

Ces bulletins étaient toujours écrits sous la dictée de l'empereur, sur le champ même de bataille; ils doivent trouver la première place dans ses Œuvres. Nous avons choisi parmi les notes inscrites dans le Moniteur celles qu'il avait particulièrement rédigées ; les guides les plus sûrs nous ont conduits dans cette recherche. C'est à ces notes qu'il confiait toute sa haine contre l'Angleterre, et l'on savait bien alors même qu'elles sortaient toutes de sa pensée.

Dans l'avertissement qui précède, nous avons dit que toutes les Proclamations que nous publions sont de Bonaparte, qui les dictait seul, d'un premier jet, avec toute la rapidité de sa pensée; il y faisait peu de corrections; il attachait le plus grand prix à l'effet que devaient produire ces Proclamations et ces Bulletins qui suffiraient sans doute pour le placer parmi les plus grands écrivains et lui assurer la première place d'orateur dans l'éloquence militaire.

L'avertissement ci-joint était imprimé lorsqu'une communication vint nous faire connaître une des pièces les plus remarquables de l'expédition d'Égypte, dont nous n'avions pas eu connaissance, *une Proclamation toute entière de la main de Bonaparte.*

Au retour de la campagne de Syrie, le général en chef Bonaparte sentit la nécessité d'inspirer une nouvelle confiance aux habitans du Kaire. L'armée française fit son entrée par la *porte de la Victoire;* les soldats portaient des palmes. Tout ce qu'il y avait de considérable dans la ville, se rendit au-devant des troupes. Des marches, des manœuvres multipliées, la musique militaire, une grande affluence de peuple, tout concourait à faire de cette journée un jour de fête et de triomphe. Afin de frapper les esprits, on résolut que le divan adresserait une proclamation aux habitans de la Basse-Égypte, où des troubles s'étaient déclarés pendant la dernière expédition.

Le général en chef donna d'abord ses idées pour la rédaction de cette pièce, mais l'ayant trouvée insuffisante, il se mit à dicter à son secrétaire. C'est ce qu'on voit par la première ligne du *fac simile.*

Nous devons vous faire savoir que....... C'est ainsi qu'il faut lire cette première ligne. Il ajouta ensuite de sa main trois lignes, avant le dernier alinéa. Mais il paraît que la personne qui devait écrire sous sa dictée ne pouvait aller assez vite pour suivre la parole. La plume passée sur deux commencemens de ligne annonce assez l'impatience du général Bonaparte. Enfin il saisit la plume, et se mit à écrire de suite une page *in-folio* et demie. Le style y est aussi rapide que l'écriture, et on y voit briller toute la force de l'éloquence militaire : on en jugera par la *traduction*. Ce morceau précieux est tiré du cabinet de M. Jomard, qui a bien voulu nous le confier, quoiqu'il le destine à une publication particulière; il serait presqu'illisible pour quiconque ne connaîtrait pas la main de l'auteur, et surtout l'histoire de l'expédition de Syrie.

Ce morceau très-curieux, qui pourrait se placer parmi les manuscrits hiéroglyphiques de l'Égypte, a été parfaitement déchiffré : nous laissons à nos lecteurs pour quelque temps le soin de s'exercer sur ces caractères, où la rapidité de la plume peint la rapidité de la pensée, et la fougue de l'écriture indique le génie prompt et hardi de l'auteur. Dans le volume qui suivra, nous en donnerons la traduction très-exacte.

---

nous devons ~~avoir~~ faire tout que

[illegible]

[illegible] [illegible] de [illegible] de [illegible]
[illegible] [illegible] [illegible]
[illegible] [illegible] [illegible]
[illegible] [illegible] [illegible] [illegible]
[illegible] [illegible] [illegible] [illegible]
[illegible] [illegible] [illegible]
[illegible] et [illegible] [illegible]
[illegible] [illegible] [illegible]
[illegible] [illegible] [illegible]
[illegible] [illegible] [illegible] [illegible]
[illegible] [illegible] [illegible] [illegible]
[illegible] [illegible] [illegible] en [illegible]
[illegible] [illegible] [illegible] [illegible]
[illegible] [illegible] il [illegible] [illegible]
[illegible] [illegible] [illegible]
[illegible] [illegible] [illegible]
[illegible] [illegible] [illegible] [illegible]
[illegible] [illegible] [illegible] [illegible]
[illegible] [illegible] [illegible] [illegible]
[illegible] [illegible] [illegible] [illegible]
[illegible] [illegible] [illegible] [illegible]
[illegible] [illegible] [illegible] [illegible]

[illegible]
[illegible]
[illegible]
[illegible]
[illegible]
[illegible]
[illegible]
[illegible]
[illegible]
[illegible]
[illegible]
[illegible]

De La Part du divan du Caire, aux Peuples de l'Égypte (Conseils extraits du Coran)

Ne Suivez pas les Suggestions de Satan, et ne Souillez pas Votre Cœur, en prêtant l'oreille à l'imposture. Fuyez ceux qui Sèment la discorde parmi les hommes, Songez à ce que vous feriez Si vous Étiez réduits à vous repentir du passé, car le Sage considère avant tout la Suite des Événements, et ne Se laisse pas Séduire par de Vains Prestiges. nous informons les Peuples des Vrais Croyants.

Que, Grâces à dieu, l'homme le plus distingué par Son intelligence et par Son Courage, le Général en chef Bonaparte, est revenu lui-même au milieu de nous, Plein de Santé, de force et de Vie, en un mot, tel qu'il était auparavant et est entré au Caire par la porte de la Victoire le jour fortuné de Vendredi 10 moharrem l'an 1214 de l'Égire des Croyants, avec un appareil Pompeux, et Suivi d'une Armée innombrable, et d'une Pompe Solennelle. il avait auprès de lui les ulémas les plus respectables dans l'illustre famille de Bekry, celle de Onafy descendant d'aly, celle de ananii descendant d'omar, celle de démardalhy, celle de Khodery, les Successeurs du Bienheureux Seid ahmed, de refaye, d'ibrahim, de Cordriege, les Sept Principaux Ocaks, l'Aga des Janissaires, les négotiants du Caire les plus Considérés.

Après être Sortis tous Ensemble pour aller à Sa rencontre, ils le distinguèrent Bientôt à la tête de l'armée et reconnurent Sa taille avec attendrissement.

On ne vit jamais une fête Plus Belle et Plus touchante, lorsque le peuple eut considéré attentivement, l'imposture S'évanouit, et les fausses nouvelles répandues par les malveillants mis en fuite, furent complettement détruits. C'est en vain qu'ibrahim et mourad, qui ne désirent que la ruine des vrais fidèles, avaient fait naître la discorde; dieu les a voués à la malédiction, et a brisé leur puissance qui ne reposait que sur la tirannie.

Nous avons appris que mahammed el-alfy et quelques autres mamloukes se sont présentés dans la basse egypte et les pays environnants: ils ont rassemblé une troupe d'hommes ensevelis jusqu'à ce jour dans le plus profond mépris, les arabes de la tribu des Bily et des aiaïdes qui ne sont connus que par leurs brigandages.

ils cherchaient à faire naître la discorde parmi les paysans, en leur faisant accroire des contes ridicules: ils supposaient des écrits qui contenaient des nouvelles mensongères sur les affaires de Syrie, comme faisait autrefois ibrahim Bey lorsqu'il était à gaza. ils faisaient savoir au public que les troupes ottomanes s'avançaient plus innombrables que les sables du désert; nouvelles fausses & sans fondement, qui produisent toutes sortes de malheurs parmi les peuples et qui causent la ruine de leurs propriétés.

les peuples de la haute Egypte les avaient chassés de leurs foyers, pour ne pas compromettre leurs familles et leur existence, et certes, ceux-là ont montré bien de la sagesse, car l'innocent souffre des fautes de son voisin, quand le public a encouru la disgrâce divine; c'est ainsi que dans la haute Egypte tout le monde veille à la tranquillité avec plus de prudence que dans la basse; ils craignent trop les suites d'une alliance avec des mamloukes qui entraînerait nécessairement leur perte. ils sont réunis aux véritables serviteurs de dieu, et se résignent à sa volonté, obéissent à ses ordres, car l'univers appartient à dieu, et sa colère est redoutable, le tout puissant qui vous a comblé de ses graces, n'a pas voulu que vous causiez la ruine de votre pays, de vos personnes et de vos enfants.

Après avoir fait son entrée au Caire, le Général en chef s'est empressé de rassembler le divan et lui a donné des ordres pour l'entretien des mosquées musulmanes, pour l'accomplissement des fondations pieuses, pour les revenus des Ogeakys, et il s'est occupé également des pauvres, et des nobles ulémas qu'il a comblé d'honneurs, et de tous les objets que doivent intéresser les peuples. [illegible]

Rendez donc grâce au maître du monde qui a pour vous une si grande bonté, et éloignez de vous toutes les idées qui troublent le repos des hommes; car les mensonges sont découverts, et les nouvelles malheureuses sans fondement. Que le salut soit sur vous. &c.

nous desirons avoir faire [illegible]

[illegible]

ŒUVRES DE NAPOLÉON BONAPARTE.

EXPÉDITION D'ÉGYPTE.

(Suite).

Au quartier-général du mont Carmel, le 28 ventose an 7
(18 mars 1799.)

Au général Reynier ou au commandant de Césarée.

Le scheick qui vous remettra cette lettre, citoyen général, me fait espérer qu'il pourra réunir assez de moyens de transport pour faire venir à Caïffa le riz et le biscuit qui doivent être arrivés à Césarée : concertez-vous avec lui et donnez-lui toute l'assistance dont il peut avoir besoin.

Nous sommes maîtres de Caïffa, où nous avons trouvé des magasins de coton et entre autres trois mille quintaux de blé.

La route de Césarée à Saint-Jean d'Acre passe par Caïffa et va toujours le long de la mer. Le général Reynier doit avoir reçu l'ordre de laisser un bataillon à Césarée et de se rendre avec le reste à Saint-Jean d'Acre.

Faites passer la lettre ci-jointe à l'adjudant-général Grezieux.

BONAPARTE.

Au quartier-général du mont Carmel, le 28 ventose an 7
(18 mars 1799).

A l'adjudant-général Grézieux.

Nous nous sommes emparés de Caïffa, où nous avons trouvé des magasins de coton et trois mille quintaux de blé; prise d'autant meilleure, que ce blé était destiné à l'approvisionnement de l'escadre qui bloque Alexandrie.

Le capitaine Smith, avec deux vaisseaux de guerre anglais, est arrivé d'Alexandrie à Saint-Jean d'Acre : ainsi, si notre flottille arrivait, vous feriez debarquer promptement les denrées, vous feriez entrer dans la rade les bâtimens, tels que *la Fortune*, qui pourraient y entrer, et vous renverriez sur-le-champ les autres prendre leur station à Damiette.

Nous avons eu une affaire au village de Kakoun avec la cavalerie de Djezzar, réunie à des Arabes et à des paysans. Après quelques coups de canon, tout s'est dispersé; la cavalerie de Djezzar a fait en quatre heures deux journées de marche; elle est arrivée à Acre le même jour de l'affaire, et y a porté la consternation et l'effroi; la plupart de cette cavalerie est aujourd'hui dispersée. L'investissement d'Acre sera fait ce soir : faites connaître ces nouvelles à Damiette et au Caire.

Envoyez-nous le plus de biscuit et de riz que vous pourrez, sur des bâtimens qui débarqueront à Courra ou à Tentoura : nous sommes bien avec les habitans de ce pays, qui sont venus au devant de nous et se comportent fort bien.

BONAPARTE.

Au quartier-général du mont Carmel, le 28 ventose an 7
(18 mars 1799).

Au contre-amiral Ganteaume.

Vous donnerez l'ordre, citoyen général, à la flottille commandée par le capitaine Stendelet, si elle n'est pas encore sortie de Damiette, de ne pas sortir : il fera seulement sortir *le Pluvier*, chargé de riz et de biscuit, lequel se rendra à Jaffa, où il débarquera son chargement, et après quoi il s'en retournera.

Si la flottille était partie, vous lui enverriez l'ordre de rentrer, en déchargeant les denrées à Jaffa, si elle peut le faire sans éprouver aucun retard : elle ira à Damiette, ou, si elle le peut, à Bourlos.

Vous donnerez l'ordre au contre-amiral Perrée de ne pas opérer sa sortie, et, s'il l'avait opérée et qu'il ne trouvât votre ordre qu'à Jaffa, de faire une tournée du côté de Candie, afin de recueillir des nouvelles des bâtimens venant d'Europe, et de venir quinze ou vingt jours après son départ de Jaffa à Damiette, où il trouvera de nouvelles instructions : dans l'intervalle du temps, il enverra à Damiette un brick pour faire part des nouvelles qu'il aurait pu apprendre.

BONAPARTE.

Au quartier-général du mont Carmel, le 28 ventose an 7
(18 mars 1799).

PROCLAMATION.

Aux scheicks, ulemas, schérifs, orateurs de mosquées et autres habitans du pachalic d'Acre.

Dieu est clément et miséricordieux.

Dieu donne la victoire à qui il veut ; il n'en doit compte à personne. Les peuples doivent se soumettre à sa volonté.

En entrant avec mon armée dans le pachalic d'Acre, mon intention est de punir Djezzar-Pacha de ce qu'il a osé me provoquer à la guerre, et de vous délivrer des vexations qu'il exerce envers le peuple. Dieu, qui tôt ou tard punit les tyrans, a décidé que la fin du règne de Djezzar était arrivée.

Vous, bons musulmans, habitans, vous ne devez pas prendre l'épouvante, car je suis l'ami de tous ceux qui ne commettent point de mauvaises actions et qui vivent tranquilles.

Que chaque commune ait donc à m'envoyer ses députés à mon camp, afin que je les inscrive et leur donne des saufconduits, car je ne peux pas répondre sans cela du mal qui leur arriverait.

Je suis terrible envers mes ennemis, bon, clément et miséricordieux envers le peuple et ceux qui se déclarent mes amis.

BONAPARTE.

Au camp d'Acre, le 29 ventose an 7 (19 mars 1799).

Au fils d'Omar-Daher.

Omar-Daher, qui pendant tant d'années a commandé à Acre, dans la Tibériade et dans toute la Galilée, homme recommandable par ses grandes actions, les talens distingués qu'il avait reçus de Dieu, et la bonne conduite qu'il a tenue en tout temps envers les Français, dont il a constamment encouragé le commerce, a été détruit et remplacé par Djezzar-Pacha, homme féroce et ennemi du peuple. Dieu, qui tôt ou tard punit les méchans, veut aujourd'hui que les choses changent.

J'ai choisi le scheick Abbas-el-Daher, fils d'Omar-Daher en considération de son mérite personnel, et convaincu qu'il sera comme son père ennemi des vexations et bienfaiteur du peuple, pour commander dans toute la Tibériade, en attendant que je puisse le faire aussi grand que son père. J'ordonne donc, par la présente, au scheick El-Beled et au peuple de la Tibériade de reconnaître le scheick Abbas-El-Daher pour leur scheick.

Nous l'avons en conséquence revêtu d'une pelisse.

J'ordonne également au scheick El-Beled de Nazareth de lui faire remettre les maisons, jardins et autres biens que le scheick Omar-Daher possédait à Nazareth. BONAPARTE.

Au camp d'Acre, le 30 ventose an 7 (20 mars 1799).

A l'émir Bechir.

Après m'être emparé de toute l'Egypte, j'ai traversé les déserts et suis entré en Syrie ; je me suis emparé des forts d'El-Arich, Gaza et Jaffa, qu'avaient envahis les troupes de Djezzar-Pacha ; j'ai battu et détruit toute son armée ; je viens de l'enfermer dans la place d'Acre, dont je suis occupé depuis avant-hier à faire le siége.

Je m'empresse de vous faire connaître toutes ces nouvelles, parce que je sais qu'elles doivent vous être agréables, puisque toutes ces victoires anéantissent la tyrannie d'un homme féroce qui a fait autant de mal à la brave nation druse qu'au genre humain.

Mon intention est de rendre la nation druse indépendante, d'alléger le tribut qu'elle paye, et de lui rendre le port de Bezuth, et autres villes qui lui sont nécessaires pour les débouchés de son commerce.

Je désire que le plus tôt possible vous veniez vous-même ou que vous envoyiez quelqu'un pour me voir ici devant Acre, afin de prendre tous les arrangemens nécessaires pour vous délivrer de nos ennemis communs.

Vous pourrez faire proclamer dans tous les villages de la nation druse que ceux qui viendront apporter des vivres au camp et surtout du vin et de l'eau-de-vie, seront exactement payés. BONAPARTE.

Au camp d'Acre, le 1er germinal an 7 (21 mars 1799).

Au scheick Mustapha-Békir.

Le scheick Mustapha-Békir, homme recommandable par ses talens et par son crédit, qui lui ont mérité les persécutions d'Achmet-Pacha, qui l'a tenu sept ans dans les fers, est nommé commandant de Saffet et du port de Guerbanet Yakoub.

Il est ordonné à tous les scheicks et habitans de lui prêter main-forte pour arrêter les Musselinins, les troupes de Djezzar et autres qui s'opposeront à l'exécution de nos ordres : il a été à cet effet revêtu d'une pelisse. Il lui est expressément recommandé de ne commettre aucune vexation envers les fellahs et de repousser avec courage tous ceux qui prétendraient entrer sur le territoire du pachalic d'Acre. BONAPARTE.

Au camp d'Acre, le 2 germinal an 7 (22 mars 1799).

A l'adjudant-général Almeyras.

Je vous ai expédié deux bateaux le 13 et le 16, pour vous faire connaître nos besoins d'artillerie. Les boulets que nous a envoyés l'ennemi, joints à ceux que vous nous avez fait passer à Jaffa, nous mettent à même de pouvoir attaquer dans trois ou quatre jours.

Tout le pays est entièrement soumis et dévoué; une armée venue de Damas a été complétement battue; le général Junot, avec trois cents hommes de la deuxième légère, a batttu trois à quatre mille hommes de cavalerie, en a mis cinq à six cents hors de combat, et pris cinq drapeaux : c'est une des affaires brillantes de la guerre.

Ne perdez pas de vue les fortifications et les approvisionnemens de Lesbeh; car, si l'hiver et le printemps nous nous sommes battus en Syrie, il serait possible que cet été une armée de débarquement nous mît à même d'acquérir de la gloire à Damiette.

Donnez de vos nouvelles au général Dugua.

BONAPARTE.

Au camp d'Acre, le 7 germinal an 7 (27 mars 1799)

Au Mollah Murad-Radeh à Damas.

Je m'empresse de vous apprendre, afin que vous en fassiez part à vos compatriotes de Damas, mon entrée en Syrie. Djezzar-Pacha ayant fait une invasion en Egypte, et ayant occupé le fort d'El-Arich avec ses troupes, je me suis vu obligé de traverser les déserts pour m'opposer à ses agressions : Dieu, qui a décidé que le règne des tyrans tant en Egypte qu'en Syrie devait être terminé, m'a donné la victoire. Je me suis emparé de Gaza, Jaffa et Caïffa, et je suis devant Acre, qui d'ici à peu de jours sera en mon pouvoir.

Je désire que vous fassiez connaître aux ulemas, aux schérifs et aux principaux scheicks de Damas, ainsi qu'aux agas des janissaires, que mon intention n'est point de rien faire qui soit contraire à la religion, aux habitans et aux propriétés des gens du pays : en conséquence je désire que la caravane de la Mecque ait lieu comme à l'ordinaire. J'accorderai, à cet effet, protection et tout ce dont elle aura besoin : il suffit qu'on me le fasse savoir.

Je désire que, dans cette circonstance essentielle, les habitans de Damas se conduisent avec la même prudence et la même sagesse que les habitans du Caire ; ils me trouveront le même, clément et miséricordieux envers le peuple, et zélé pour tout ce qui peut intéresser la religion et la justice.

BONAPARTE.

Au camp d'Acre, le 13 germinal an 7 (2 avril 1799).

A l'adjudant-général Almeyras.

J'expédie à Damiette un bâtiment, pour vous donner des nouvelles de l'armée et porter des lettres du général Dommartin au commandant de l'artillerie, au contre-amiral Ganteaume et au commandant de la flottille.

Je vous prie de prendre toutes les mesures pour nous envoyer le plus promptement possible toutes les munitions de guerre qui sont à Damiette, sur des djermes. Le général Dugua me mande qu'il a envoyé à Damiette deux mille boulets de 12 et de 8, et des obusiers. Si nous les avions ici, Saint-Jean d'Acre serait bientôt pris. Nous éprouvons une grande pénurie de munitions de guerre.

Les forts de Saffet-Sour et la plus grande partie des montagnes qui nous entourent, sont soumis; donnez ces nouvelles au Caire et à Alexandrie : une partie de l'armée ne tardera pas à être de retour. BONAPARTE.

Au camp d'Acre, le 16 germinal an 7 (5 avril 1799).

Au même.

Je vous ai expédié le 13 un bateau avec un officier de marine, pour vous faire connaître le besoin que nous avons de munitions de guerre : de peur qu'il ne soit pas arrivé, je vous en expédie un second.

Faites porter sur des djermes ou sur tout autre bâtiment, tous les boulets de 12 et de 8 d'obusiers, et les cartouches d'infanterie que vous aurez à votre disposition à Damiette.

Envoyez-nous également les pièces d'un calibre supérieur à 8, qui seraient arrivées d'Alexandrie à Damiette, ou qui se trouveraient à Damiette par un accident quelconque : ces bâtimens iront droit à Jaffa, où ils débarqueront leurs munitions de guerre.

Donnez de nos nouvelles à Alexandrie et au Caire. L'armée est abondamment pourvue de tout, et tout va fort bien; tous les peuples se soumettent : les Mutuelis, les Maronites et les Druses sont avec nous. Damas n'attend plus que la nouvelle de la prise de Saint-Jean d'Acre pour nous envoyer ses clefs; les Maugrabins, les mameloucks et autres troupes de Djezzar se sont battues entre elles : il y a eu beaucoup de sang répandu.

Par les dernières nouvelles que j'ai reçues d'Europe, les rois de Sardaigne et des Deux-Siciles n'existent plus. L'empereur a désavoué la conduite du roi de Naples, la paix de Rastadt était sur le point d'être conclue; ainsi la paix générale n'était pas encore troublée : il faisait un froid excessif.

Envoyez des ordres à Catieh pour faire filer sur l'armée le plus promptement possible les munitions de guerre qui peuvent y être. Je compte sur votre intelligence et sur votre zèle pour faire passer sans délai les munitions de guerre que je vous ai demandées. BONAPARTE.

Au camp d'Acre, le 16 germinal an 7 (5 avril 1799).

A l'adjudant-général Grézieux.

Je vous réexpédie, citoyen général, le bateau qui nous est arrivé ce matin de Jaffa, pour vous faire connaître nos besoins.

Il y a huit jours qu'un bataillon avec tous les moyens de charrois du parc, est parti pour prendre à Jaffa des pièces de 4 et autres munitions de guerre : nous espérons qu'il sera de retour demain.

Le contre-amiral Ganteaume a expédié, il y a quatre jours,

un officier sur un bâtiment, pour Damiette : j'apprends qu'il a passé à Jaffa.

Il a été expédié à Damiette pour porter des ordres pour que toutes les munitions de guerre qui sont à Damiette partent pour Jaffa.

Nous avons le plus grand besoin de boulets de 12, de 8, d'obus et de bombes, des mortiers de Jaffa et des cartouches d'infanterie : ce ne sera qu'à leur arrivée que nous pourrons attaquer et prendre Acre.

Dès l'instant que le convoi par terre sera arrivé, on le laissera reposer un jour, et on le renverra pour aller prendre à Jaffa les munitions de guerre qui pourraient y être arrivées.

Faites mettre sur une djerme trois des obusiers turcs que nous avons trouvés à Jaffa avec tous les obus propres à ces obusiers, qui se trouvent à Jaffa.

Faites mettre aussi toutes les bombes des mortiers que nous avons trouvées à Jaffa, et qui ne seraient pas parties par terre.

Le bâtiment peut se rendre à Tentoura, où il débarquera, s'il y trouve des troupes françaises; sinon il profitera de la nuit pour venir à Caïffa.

Le commodore Sidney Smith avec les deux vaisseaux *le Tigre* et *le Thésée*, après avoir été absent dix jours, vient de rétablir sa croisière depuis deux jours. La flotte du citoyen Stendelet a reçu ordre de se rendre à Jaffa ; il débarquera les vivres et l'artillerie qu'il peut avoir.

L'aviso *l'Etoile* a ordre de désarmer et de laisser les deux pièces de 18 que vous nous enverrez par le prochain convoi.

Le contre-amiral Perrée a reçu également l'ordre de faire arriver à Jaffa trois pièces de 24, quatre de 18 et des mortiers, avec six cents boulets de 12. BONAPARTE.

Au camp d'Acre, le 19 germinal an 7 (8 avril 1799).

Au général Marmont.

Vous aurez sans doute reçu, citoyen général, les différentes lettres que je vous ai écrites depuis la prise d'El-Arich jusqu'à celle de Jaffa.

Nous sommes depuis quinze jours devant Saint-Jean d'Acre, où nous tenons enfermé Djezzar-Pacha. La grande quantité d'artillerie que les Anglais y ont jetée avec un renfort de canonniers et d'officiers, joint à notre peu d'artillerie, a retardé la prise de cette place; mais les deux vaisseaux de guerre anglais se sont fâchés hier contre nous, et nous ont tiré plus de deux mille boulets, ce qui nous en a approvisionnés : j'ai donc lieu d'espérer que sous peu de jours nous serons maîtres de cette place.

Nous sommes maîtres de Saffet-Sour : les Mutuelis et les Druses sont avec nous.

J'espère que vous n'aurez pas perdu un instant pour l'armement et pour l'approvisionnement d'Alexandrie, et que vous serez en mesure pour recevoir les ennemis, s'ils se présentent de ce côté. Je compte, dans le mois prochain, être en Egypte et avoir fini toute mon opération de Syrie.

BONAPARTE.

Au camp d'Acre, le 24 germinal an 7 (13 avril 1799).

Au général Kléber.

J'ai reçu, citoyen général, vos différentes lettres.

L'adjudant-général Leturcq, qui est arrivé à Caïffa avec le convoi, nous apporte de quoi faire une grande quantité de cartouches. Dès l'instant qu'elles seront faites, on vous en enverra le plus qu'il sera possible.

Le général Murat laissera à Saffet les cent cinquante hommes de la vingt-cinquième que vous aviez laissés à Caïffa; vous les prendrez là pour les placer où vous jugerez à propos. Je désirerais qu'avec le reste de sa colonne il pût être de retour pour l'assaut d'Acre, qui pourra avoir lieu le 30.

Ecrivez à Gherrar qu'il a tort de se mêler d'une querelle qui le conduira à sa perte : comment, lui qui a eu tant à se plaindre d'un homme aussi féroce que Djezzar, peut-il exposer la fortune et la vie de ses paysans pour un homme aussi peu fait pour avoir des amis ? que sous peu de jours Acre sera pris, et Djezzar puni de tous ses forfaits, et qu'alors il regrettera, peut-être trop tard, de ne pas s'être conduit avec plus de sagesse et de politique. Si cette lettre est nulle, elle ne peut, dans aucun cas, faire un mauvais effet.

Votre bataille est fort bonne ; cela ne laisse pas de beaucoup dégoûter cette canaille, et j'espère que si vous les revoyez, vous pourrez trouver moyen d'avoir leurs pièces.

Est-il bien sûr que le pont, qui est plus bas que le lac Tabarieh, soit détruit? Les habitans du pays, dans les différens renseignemens qu'ils me donnent, me parlent toujours de ce pont comme si les renforts pouvaient venir par là, et dès lors comme s'il n'était pas détruit.

Le mont Thabor est témoin de vos exploits. Si ces gens-là tiennent un peu, et que vous ayez une affaire un peu chaude, cela vous vaudra les clefs de Damas.

Si dans les différens mouvemens qui peuvent se présenter, vous trouvez moyen de vous mettre entre eux et le Jourdain, il ne faudrait pas être retenu par l'idée que cela les ferait marcher sur nous. Nous nous tenons sur nos gardes, nous en serions bien vite prévenus, et nous irions à leur rencontre; mais alors il faudrait que vous les poursuivissiez en queue assez vivement. Mais je sens que ces gens-là ne sont pas assez résolus pour cela. Si cela arrivait, ils s'éparpilleraient tout bonnement en route.

J'ai envoyé, il y a trois jours, à Saffet un homme qui est depuis Jaffa avec nous, pour avoir une conférence avec Ibrahim-Bey, et doit être de retour demain, et, si la cavalerie qui est devant Saffet l'a empêché de remplir sa mission, je vous l'enverrai : il sera plus à portée de la remplir de chez vous.

BONAPARTE.

Au camp d'Acre, le 25 germinal an 7 (14 avril 1799).

Au général Marmont.

J'imagine qu'à l'heure qu'il est, citoyen général, vous aurez approvisionné le fort de Raschid de mortiers avec de bonnes pièces à cinq cents coups au moins.

J'ai reçu votre lettre du 8 germinal, et j'ai appris avec plaisir que *le Pluvier* s'était sauvé à Alexandrie : il doit avoir douze cents quintaux de riz à son bord ; vous pouvez vous en servir pour augmenter vos approvisionnemens.

Recrutez et complétez les quatre bataillons qui sont sous vos ordres, ainsi que la légion nautique. Les recrues que vous nous avez envoyées d'Alexandrie se sont sauvées à la première affaire, ont tenu bon à la seconde, et se battent aujourd'hui tous les jours à la tranchée avec le plus grand courage.

Le général Junot s'est couvert de gloire le 19, au combat de Nazareth ; avec trois cents hommes de la deuxième d'infanterie légère, il a battu quatre mille hommes de cavalerie ; il a pris cinq drapeaux et tué ou blessé près de six cents hommes : c'est une des affaires brillantes de la guerre.

Notre siége avance : nous avons une galerie de mine qui déjà dépasse la contrescarpe, chemine sous le fossé à trente pieds sous terre, et n'est plus qu'à dix-huit pieds du rempart.

Sur le front d'attaque, nous avons deux batteries à soixante toises, et quatre à cent toises, pour contrebattre les flancs. Depuis quinze jours nous ne tirons pas un seul boulet : l'ennemi tire comme un enragé ; nous nous contentons de ramasser humblement ses boulets, de les payer vingt sous et de les entasser au parc, où il y en a déjà près de quatre mille. Vous voyez qu'il y a de quoi faire un beau feu pendant vingt-quatre heures, et faire une bonne brèche. J'attends, pour donner le signal, que le mineur puisse faire sauter la contrescarpe à l'extrémité d'une double sape, qui marche droit à une tour. Nous sommes encore à huit toises de la contrescarpe : c'est l'histoire de deux nuits. L'ennemi nous a tiré trois ou quatre mille bombes ; il y a dans la place beaucoup d'Anglais et d'émigrés français : vous sentez que nous brûlons d'y entrer : il y a à parier que ce sera le 1er floréal : le siége, à défaut d'artillerie et vu l'immense quantité de celle de l'ennemi, est une des opérations qui caractérisent le plus la constance et la bravoure de nos troupes : l'ennemi tire ses bombes avec une grande précision. Jusqu'à cette heure, ce siége nous coûte soixante hommes tués et trente blessés. L'adjoint Mailly, les adjudans-généraux Lescale et Hacigue sont du nombre des premiers.

Le général Caffarelli, mon aide-de-camp Duroc, Eugène, l'adjudant-général Valentin, les officiers de génie Sanson, Say et Souhait sont du nombre des blessés ; on a été obligé d'amputer le bras du général Caffarelli : sa blessure va bien.

Damas n'attend que la nouvelle de la prise d'Acre pour se soumettre.

Je serai dans le courant de mai de retour en Egypte : profitez des bâtimens de transport qui partiraient, ou expédiez-en un pour donner de nos nouvelles en France. Vous avez dû recevoir la relation de Jaffa, qui a été imprimée.

Approvisionnez-vous, et que vos soins ne se bornent pas à Alexandrie; songez que cela n'est rien si le fort de Raschid n'est pas en état de faire une bonne résistance; il faut qu'il y ait un bon massif de terre, des mortiers, des obusiers, des canons approvisionnés à six cents coups par pièce. Après avoir fortifié votre arrondissement, vous aurez la gloire de le défendre cet été : je vous répète ce que je vous ai dit dans ma lettre du 21 pluviose, de me faire faire une bonne carte de votre arrondissement, en y comprenant une partie du lac Bourlos : vous savez combien cela est nécessaire dans les opérations militaires.

Faites connaître dans votre arrondissement que j'ai revêtu le fils de Daher, et que je l'ai reconnu le scheick de Saffet et du pachalic d'Acre.

Nous pourrions bien aujourd'hui donner un million si nous avions ici les pièces de siége embarquées à Alexandrie.

Si les Anglais laissent la sortie un peu libre, vous pourriez envoyer un petit bâtiment à Jaffa pour me porter de vos nouvelles et pour en recevoir des nôtres; il faudrait qu'il fût assez petit pour pouvoir aller à Damiette ou sur le lac Bourlos.

BONAPARTE.

Au camp d'Acre, le 25 germinal an 7 (14 avril 1799).

Au commandant de Jaffa.

Je vous envoie, citoyen commandant, un nouveau convoi par terre, pour prendre les pièces et les munitions de guerre qui se trouvent à Jaffa.

Faites filer par mer sur des bateaux à Tentoura tout ce que le convoi ne pourra pas porter.

Faites l'inspection des différens magasins, et veillez à ce que les garde-magasins soient en règle, à ce que les hôpitaux soient tenus proprement et qu'on y trouve tous les secours que permettent les circonstances. BONAPARTE.

Au mont Thabor, le 29 germinal an 7 (18 avril 1799).

Au général Ganteaume.

Je reçois à l'instant la lettre par laquelle vous m'annoncez l'arrivée du contre-amiral Perrée à Jaffa; vous lui enverrez sur-le-champ l'ordre 1°. de rembarquer deux pièces de 18 avec la moitié des boulets de 12, qu'en conséquence de votre ordre il avait laissés à Jaffa.

2°. De remplacer les pièces de 18, qu'il se trouve avoir laissées à Jaffa, par un pareil nombre de pièces de 12, qu'il prendrait sur *la Courageuse*. Si *l'Etoile* était arrivée, il pourrait prendre les pièces de 18 de *l'Etoile*, pour se compléter. Si la grosse mer s'opposait à tous ses mouvemens, et lui faisait perdre trop de temps, vous lui ferez sentir que, dans sa position, il faut qu'il calcule avant tout le temps.

3°. Laissez le contre-amiral Perrée maître de se porter soit sur Candie, soit sur Chypre, afin de pouvoir reparaître du 6 au 10 du mois prochain, soit sur Jaffa, soit sur Sour.

La place d'Acre sera prise alors, et je l'expédierai en Europe avec une mission particulière. Pour peu que le contre-amiral Perrée soit poursuivi par l'ennemi, vous le laisserez maître de se réfugier soit à Alexandrie, soit dans un port d'Europe; dans ce dernier cas, vous lui ferez connaître que j'attends de lui qu'il ne tarde pas à nous amener des fusils, des sabres et quelques renforts, ne fût-ce que quelques centaines d'hommes. Il pourra diriger sa marche sur Damiette, sur Jaffa, sur Saint-Jean d'Acre ou sur Sour, et, s'il avait plus de quinze cents hommes, il pourrait même les débarquer à Derne.

Faites-lui sentir cependant que je compte assez sur son zèle et sur ses talens pour espérer qu'il pourra croiser huit jours, faire beaucoup de mal aux Anglais, dont les vaisseaux marchands couvrent le Levant.

Dans tous les cas, mon intention est que, avec ses trois frégates, il hasarde un de ses meilleurs avisos, en se dirigeant sur Sour. Vous connaissez la position dans laquelle nous sommes, la situation de la côte; ajoutez-y tout ce que les connaissances de votre métier peuvent vous suggérer.

Le contre-amiral Perrée est autorisé à prendre tous les gros bâtimens turcs.

Si les vents le poussaient du côté de Tripoli, de Syrie, faites-lui connaître que les Anglais reçoivent leurs vivres et leurs munitions de ce côté, et qu'il pourrait leur intercepter quelque convoi.

En tout cas, j'imagine que vous lui direz de porter toujours pavillon anglais et de se tenir fort loin des côtes.

BONAPARTE.

Au camp devant Acre, le 30 germinal an 7 (19 avril 1799).

Au citoyen Fourier, commissaire près le divan.

J'ai reçu, citoyen, vos différentes lettres.

Je vous autorise à correspondre avec l'Institut national, pour lui témoigner au nom de l'Institut d'Egypte le désir qu'il a de recevoir promptement les différentes commissions à faire, et l'empressement que l'Institut d'Egypte mettra à y répondre.

Faites connaître au divan du Caire les succès que nous avons eus contre nos ennemis, la protection que j'ai accordée à tous ceux qui se sont bien comportés, et les exemples sévères que je fais des villes et des villages qui se sont mal conduits, entre autres celui de Djerime, habité par Gherrar, scheick de Naplouse.

Annoncez au divan que lorsqu'il recevra cette lettre, Acre sera pris, et que je serai en route pour me rendre au Caire, où j'ai autant d'impatience d'arriver que l'on en a de m'y voir.

Un de mes premiers soins sera de rassembler l'Institut, et de voir si nous pouvons parvenir à avancer d'un pas les connaissances humaines. BONAPARTE.

Devant Acre, le 30 germinal an 7 (19 avril 1799).

Au général Desaix.

Je reçois, citoyen général, à l'instant vos lettres depuis le 8 pluviose au 27 ventose.

Je les ai lues avec tout l'intérêt qu'elles inspirent. Je vois surtout avec plaisir que vous vous disposez à vous emparer de Cosseir; sans ce point-là, vous ne serez jamais tranquille. La marine a encore dans ce point déçu mes espérances.

Je serai de retour en Egypte dans le courant du mois. Je compte être maître d'Acre dans six jours.

Le général Dugua me mande qu'il vous a envoyé tous les objets que vous avez demandés, je le lui recommande avec toutes les instances possibles.

Nous avons eu affaire, à la bataille du Mont-Thabor, à près de trente mille hommes : c'est à peu près un contre dix. Les janissaires de Damas se battaient au moins aussi bien que les mameloucks; et les Arnautes, Maugrabins, Naplousins sont sans contredit les meilleures troupes de l'Europe. Au reste, par vos lettres je vois que nous n'avons rien à vous conter, que vous n'ayez à nous répondre.

Assurez tous les braves qui sont sous vos ordres de l'empressement que je mettrai à récompenser leurs services et à les faire connaître à la France entière.

Le contre-amiral Perrée, avec *la Junon*, *l'Alceste* et *la*

Courageuse, nous a amené à Jaffa des pièces de siége, et est en ce moment derrière la flotte anglaise, lui enlevant ses avisos, bâtimens de transport, etc. Il fera des prises immenses, et nous enverra à Tyr, Jaffa et Acre, lorsque nous en serons maîtres, de fréquentes nouvelles de l'Europe.

Vous avez appris, par le Caire, les dernières nouvelles de France et d'Europe. Rien ne prouvait encore qu'il y eût la guerre.

BONAPARTE.

Au quartier-général devant Acre, le 30 germinal an 7 (19 avril 1799).

Au chef de l'état-major général.

Le commandant de la croisière anglaise devant Acre ayant eu la barbarie de faire embarquer, sur un bâtiment qui avait la peste, les prisonniers français faits sur les deux tartanes chargées de munitions, qu'il a prises près de Caïffa, dans la sortie qui a eu lieu le 18; les anglais ayant été remarqués à la tête des barbares, et le pavillon anglais ayant été au même instant arboré sur plusieurs tours de la place; la conduite féroce qu'ont tenue les assiégés en coupant la tête à deux volontaires qui avaient été tués, doit être attribuée au commandant anglais; conduite si opposée aux honneurs que l'on a rendus aux officiers et soldats anglais trouvés sur le champ de bataille, et aux soins que l'on a eus des blessés et des prisonniers.

Les Anglais étant ceux qui défendent et approvisionnent Acre, la conduite horrible de Djezzar, qui a fait étrangler et jeter à l'eau, les mains liées, plus de deux cents chrétiens, naturels du pays, parmi lesquels se trouvait le secrétaire d'un consul français, doit également être attribuée à cet officier, puisque, par les circonstances, le pacha se trouve entièrement sous sa dépendance.

Cet officier refusant d'ailleurs d'exécuter aucun des articles d'échange établi entre les deux puissances ; et ses propos dans toutes les communications qui ont eu lieu, ses démarches depuis qu'il est en croisière étant celles d'un fou, mon intention est que vous donniez des ordres aux différens commandans de la côte pour qu'on cesse toute communication avec la flotte anglaise, actuellement en croisière dans ces mers.

BONAPARTE.

Au camp devant Acre, le 2 floréal an 7 (21 avril 1799).

Au général Kléber.

J'ai reçu, citoyen général, vos lettres des 29 germinal et 1er floréal.

Nos mineurs sont depuis vingt-quatre heures sous la tour; demain ils commencent le travail pour les fourneaux : ils espèrent le 4 faire sauter la tour.

Nos pièces de 24 sont en chemin : nous les attendons le 4.

Une seconde flottille, que j'avais fait préparer à Alexandrie, et qui était en station au lac Bourlos, vient d'arriver.

Une troisième flottille, que j'avais fait préparer à Alexandrie, et qui était en station à Damiette depuis un mois, vient de partir, chargée de grosses pièces et de mortiers. Tous ces moyens ne sont pas nécessaires pour prendre Acre : la réussite d'un seul suffit. Si nous n'étions même à regarder à vingt-quatre heures près, les moyens que nous avons au parc seraient suffisans.

Le citoyen Perrée, qui, avec ses trois frégates, voltige à vingt et trente lieues d'Acre, a déjà fait des prises, et il est probable que cette flottille s'enrichira et fera beaucoup de mal aux ennemis. M. Smith n'en sait encore rien; car il tire des boulets fort et ferme.

Faites faire par votre officier du génie un croquis du cours du Jourdain depuis le pont d'Iacoub jusqu'à quatre lieues plus bas que celui de Medjamé, avec la nature du terrain à une lieue sur l'une et l'autre rive.

Ordonnez des reconnaissances à quatre lieues en avant de chaque pont, afin de bien reconnaître la nature du terrain.

Faites-moi faire une note par vos officiers de génie et d'artillerie sur le degré de défense dont seraient susceptibles les ponts d'Iacoub et de Medjamé, les forts de Safit et de Tabariéh.

BONAPARTE.

Au camp devant Acre, le 8 floréal an 7 (27 avril 1799).

Au même.

La mine, citoyen général, a joué le 5; elle n'a point fait l'effet que les mineurs en attendaient : une partie de la muraille de terre s'est cependant écroulée avec tous les décombres, ainsi que la plus grande partie des trois voûtes; le fossé, à dix toises de chaque côté, a absolument disparu. Nous n'avons pu nous emparer d'une petite voûte supérieure, qui nous aurait mis à même de nous emparer de toutes les maisons de gauche, et nous aurait donné l'entrée dans la place. Plusieurs barils de poudre enflammés que l'ennemi a jetés dans la brèche, ont beaucoup effrayé les trente grenadiers qui étaient déjà parvenus à se loger. Nous avons canonné toute la journée du 6. Nous avons eu dans le centre de la tour, pendant toute la journée du 6 au 7, vingt hommes de logés; ils n'ont pas pu parvenir à se loger à l'endroit convenable, et nous avons dû abandonner le logement qu'ils s'étaient fait, avant le jour. Hier et aujourd'hui nous canonnons. Nos boyaux vont jusqu'au pied de la brèche, de sorte que l'on arrive à couvert jusque dans l'intérieur de la tour.

Nos pièces de 18 et de 24 arrivent demain ou après demain. Les munitions qui nous sont arrivées hier de Damiette, nous mettent à même de continuer notre feu. L'ennemi ne tire plus que des bombes, hormis M. Smith, qui ne nous laisse pas de repos, même la nuit, et ne produit d'autre mal que de ruiner notre caisse.

On dit que le corps des Dilettis s'est porté à huit lieues en avant de Damas, en forme d'avant-garde, et que leur peur commence à passer.

Faites votre possible pour approvisionner et améliorer nos têtes de ponts..

Les Naplousins paraissent vouloir bien se conduire. Ghérar a répondu à la lettre que je lui avais écrite.

Le général Damas est arrivé à Damiette.

L'Egypte est parfaitement tranquille.

Le général Caffarelli est mort. BONAPARTE.

Au camp devant Acre, le 13 floréal an 7 (2 mai 1799).

Au citoyen Bart, commandant à Jaffa.

Tous les savons qui se trouvaient dans la savonnerie de Sédon-Harau doivent rester au profit de la république.

Je compte sur votre zèle pour nous faire passer le plus tôt possible la poudre dont nous avons le plus grand besoin.

Veillez, je vous prie, à ce qu'on ne dilapide pas nos magasins. BONAPARTE.

Au camp devant Acre, le 13 floréal an 7 (2 mai 1799).

Au général Junot.

Vous pouvez assurer, citoyen général, le scheick Saleh-Daher que mon intention est de le nommer scheick de Saïd, place qui, par son importance, est au-dessus de Scheffamme. Qu'il tâche de rassembler le plus de monde possible, afin de pouvoir se maintenir dans ce poste, que je ne tarderai pas à lui mettre entre les mains.

Faites-moi passer toutes les nouvelles que vous pourrez avoir de Damas.

Nos pièces de 18 et de 24 sont arrivées. Nous espérons sous peu de jours, malgré la grande obstination des assiégés, entrer dans Acre. Le feu de leur artillerie est entièrement éteint.

BONAPARTE.

Au camp devant Acre, le 13 floréal an 7 (2 mai 1799).

Au général Kléber.

J'envoie tous les ingénieurs géographes qui sont au camp, pour prendre le croquis du pays. Vous sentez combien il est essentiel de leur répartir la besogne, afin que j'aie le plus tôt possible un cannevas du pays.

Nos pièces de 18 jouent depuis deux jours. La tour n'est plus qu'une ruine ; le flanc qui s'opposait au passage du fossé est ruiné. L'ennemi n'a plus qu'un seul canon qui tire ; sentant qu'il ne peut plus défendre ses murailles, il a couronné ses glacis par des boyaux, où il est protégé par la mousqueterie de la place, et empêche l'abord des différentes brèches : cela nous engage dans des affaires pénibles. Une compagnie de grenadiers avait canonné hier la brèche ; ils sortirent de leurs boyaux avec tant d'impétuosité, qu'il fallut passer toute la soirée à les faire rentrer dans la place. Ils ont perdu beaucoup de monde ; nous avons eu trente blessés et douze à quinze tués, parmi lesquels le chef de la quatre-vingt-cinquième, qui était de tranchée. Après-demain nous plaçons nos pièces de 24 pour faire une brèche, et dès l'instant qu'elle sera praticable, nous donnons un assaut général et en masse.

BONAPARTE.

Au camp devant Acre, le 13 floréal an 7 (2 mai 1799).

Au commandant du génie.

Je vous prie, citoyen commandant, d'envoyer les citoyens Jacotin et Favier, ingénieurs-géographes, pour lever à la main le cours du Jourdain et les différentes gorges qui y aboutissent, ainsi que la position du général Kléber. Ils se rendront aujourd'hui au camp de ce général.

BONAPARTE.

Au camp devant Acre, le 13 floréal an 7 (2 mai 1799).

A l'ordonnateur en chef.

Je vous envoie, citoyen ordonnateur, un ordre au payeur de tenir en Egypte cent mille francs à votre disposition. Il fera escompter sur cette somme tout ce que l'ordonnateur chargé du service aura dépensé.

Faites activer le plus qu'il vous sera possible l'évacuation de vos blessés et de vos malades sur Damiette.

BONAPARTE.

Au camp devant Acre, le 13 floréal an 7 (2 mai 1799).

Au même.

Donnez, citoyen ordonnateur, au citoyen Desgenettes, une ordonnance de 2,000 francs sur le Caire. J'ai écrit à Paris, pour qu'il soit payé la même somme à la femme du citoyen Larrey.

BONAPARTE.

Au camp devant Acre, le 20 floréal an 7 (9 mai 1799).

Au contre-amiral Perrée.

Le contre-amiral Ganteaume vous fait connaître, citoyen général, ce que vous avez à faire pour enlever quatre à cinq cents blessés que je fais transporter à Tentoura, et qu'il est indispensable que vous transportiez à Alexandrie et à Damiette : vous vaincrez, par votre intelligence, vos connaissances nautiques et votre zèle, tous les obstacles que vous pourriez rencontrer ; vous et vos équipages acquerrez plus de gloire par cette action que par le combat le plus brillant : jamais croisière n'aura été plus utile que la vôtre, et jamais frégates n'auront rendu un plus grand service à la république.

BONAPARTE.

Au camp devant Acre, le 21 floréal an 7 (10 mai 1799).

Au Directoire exécutif.

Je vous ai fait connaître qu'Achmet Djezzar, pacha d'Acre, de Tripoli et de Damas, avait été nommé pacha d'Egypte, qu'il avait réuni un corps d'armée, et avait porté son avant-garde à El-Arich, menaçant le reste de l'Egypte d'une invasion prochaine;

Que les bâtimens de transport turcs se réunissaient dans le port de Miri, menaçant de se porter devant Alexandrie, dans la belle saison; que par les mouvemens qui existaient dans l'Arabie, on devait s'attendre que le nombre des gens d'Yambo qui avaient passé la mer Rouge, augmenterait au printemps.

Vous avez vu, par ma dernière dépêche, la rapidité avec laquelle l'armée a passé le désert, la prise d'El-Arich, de Gaza, de Jaffa, la dispersion de l'armée ennemie, qui a perdu ses magasins, une partie de ses chameaux, ses outres et ses équipages de campagne.

Il restait encore deux mois avant la saison propre au débarquement, je résolus de poursuivre les débris de l'armée ennemie, et de nourrir pendant deux mois la guerre dans le cœur de la Syrie.

Affaire de Kakoun.

Le 25 ventose, à dix heures du matin, nous aperçûmes, au delà du village de Kakoun, l'armée ennemie, qui avait pris position sur nos flancs ; sa gauche composée de gens de Naplouse, anciens Samaritains, était appuyée à un mamelon d'un accès difficile ; la cavalerie était formée à droite.

Le général Kléber se porta sur la cavalerie ennemie ; le général Lannes attaqua la gauche ; le général Murat déploya sa cavalerie au centre.

Le général Lannes culbuta l'ennemi, tua beaucoup de monde, et le poursuivit pendant deux lieues dans les montagnes.

Le général Kléber, après une légère fusillade, mit en fuite la droite des ennemis, et les poursuivit vivement ; ils prirent le chemin d'Acre.

Combat de Caïffa.

Le 27, à huit heures du soir, nous nous emparâmes de Caïffa ; une escadre anglaise était mouillée dans la rade.

Quatre pièces d'artillerie de siége, que j'avais fait embarquer à Alexandrie sur quatre bâtimens de transport, furent prises à la hauteur de Caïffa par les Anglais.

Plusieurs bateaux chargés de bombes et de vivres échappèrent et vinrent mouiller à Caïffa : les Anglais voulurent les enlever ; le chef d'escadron Lambert les repoussa, leur blessa ou tua cent hommes, fit trente prisonniers, et s'empara d'une grosse chaloupe avec une caronade de trente-six.

Nous n'avions plus à mettre en batterie devant Acre que notre équipage de campagne : nous battîmes en brèche une tour qui était la partie la plus saillante de la ville; la mine manqua, la contrescarpe ne sauta pas. Le citoyen Mailly, adjoint à l'état-major, qui se porta pour reconnaître l'effet de la mine, fut tué. Vous verrez, par le journal du siége, que les 6, 10, 18, et 26 germinal, l'ennemi fit des sorties vives où il fut repoussé avec de grandes pertes par le général Vial;

Que, le 12, nos mineurs firent sauter la contrescarpe, mais que la brèche ne se trouva pas praticable.

Le 11, le général Murat prit possession de Ssafet, l'ancienne Béthulie. Les habitans montrent l'endroit où Judith tua Holopherne. Le même jour, le général Junot prit possession de Nazareth.

Combat de Nazareth.

Cependant une armée nombreuse s'était mise en marche de Damas, elle passa le Jourdain le 17.

L'avant-garde se battit toute la journée du 19 contre le général Junot qui, avec cinq cents hommes des deuxième et dix-neuvième demi-brigades, la mit en déroute, lui prit cinq drapeaux, et couvrit le champ de bataille de morts; combat célèbre, et qui fait honneur au sang-froid français.

Combat de Cana.

Le 20, le général Kléber partit du camp d'Acre, il marcha à l'ennemi, et le rencontra près du village de Cana; il se forma en deux carrés : après s'être canonné et fusillé une partie de la journée, chacun rentra dans son camp.

Bataille du mont Thabor.

Le 22, l'ennemi déborda la droite du général Kléber, et se porta dans la plaine d'Esdrélon pour se joindre aux Naplousins.

Le général Kléber se porta entre le Jourdain et l'ennemi, tourna le mont Thabor, et marcha toute la nuit du 26 au 27 pour l'attaquer de nuit.

Il n'arriva en présence de l'ennemi qu'au jour; il forma sa division en bataillon carré : une nuée d'ennemis l'investit de tous côtés; il essuya toute la journée des charges de cavalerie : toutes ſurent repoussées avec la plus grande bravoure.

La division Bon était partie le 25 à midi du camp d'Acre, et se trouva le 27, à neuf heures du matin, sur les derrières de l'ennemi qui occupait un immense champ de bataille. Jamais nous n'avions vu tant de cavalerie caracoler, charger, se mouvoir dans tous les sens; on ne se montra point, notre cavalerie enleva le camp ennemi qui était à deux heures du champ de bataille. On prit plus de quatre cents chameaux et tous les bagages, spécialement ceux des mameloucks.

Les généraux Vial et Rampon, à la tête de leurs troupes formées en bataillons carrés, marchèrent dans différentes directions, de manière à former, avec la division Kléber, les trois angles d'un triangle équilatéral de deux mille toises de côté : l'ennemi était au centre.

Arrivés à la portée du canon, ils se démasquèrent : l'épouvante se mit dans les rangs ennemis; en un clin d'œil, cette nuée de cavaliers s'écoula en désordre, et gagna le Jourdain; l'infanterie gagna les hauteurs, la nuit la sauva.

Le lendemain, je fis brûler les villages de Djényn, Noures, Oualar, pour punir les Naplousins.

Le général Kléber poursuivit les ennemis jusqu'au Jourdain.

Combat de Ssafet.

Cependant le général Murat était parti le 23 du camp pour faire lever le siége de Ssafet, et enlever les magasins de Thabaryéh ; il battit la colonne ennemie et s'empara de ses bagages.

Ainsi, cette armée, qui s'était annoncée avec tant de fracas, aussi nombreuse, disaient les gens du pays, *que les étoiles du ciel et les sables de la mer*, assemblage bizarre de fantassins et de cavaliers de toutes les couleurs et de tous les pays, repassa le Jourdain avec la plus grande précipitation, après avoir laissé une grande quantité de morts sur le champ de bataille. Si l'on juge de son épouvante par la rapidité de sa fuite, jamais il n'y en eut de pareille.

Vous verrez dans le journal du siége d'Acre, les différens travaux qui furent faits de part et d'autre pour le passage du fossé, et pour se loger dans la tour que l'on mina et contremina ;

Que, plusieurs pièces de vingt-quatre étant arrivées, on battit sérieusement la ville en brèche, que les 7, 10 et 13 floréal, l'ennemi fit des sorties, et fut vigoureusement repoussé ;

Que, le 19 floréal, l'ennemi reçut un renfort porté sur trente bâtimens de guerre turcs ;

Qu'il fit le même jour quatre sorties ; qu'il remplit nos boyaux de ses cadavres ;

Que nous nous logeâmes, après un assaut extrêmement meurtrier, dans un des points les plus essentiels de la place.

Aujourd'hui, nous sommes maîtres des principaux points du rempart. L'ennemi a fait une seconde enceinte ayant pour point d'appui le château de Djezzar.

Il nous resterait à cheminer dans la ville ; il faudrait ouvrir la tranchée devant chaque maison, et perdre plus de monde que je ne le veux faire.

La saison d'ailleurs est trop avancée ; le but que je m'étais proposé se trouve rempli ; l'Egypte m'appelle.

Je fais placer une batterie de vingt-quatre pour raser le palais de Djezzar, et les principaux monumens de la ville ; je fais jeter un millier de bombes qui, dans un endroit aussi resserré, doivent faire un mal considérable. Ayant réduit Acre en un monceau de pierres, je repasserai le désert, prêt à recevoir l'armée européenne ou turque, qui, en messidor ou thermidor, voudrait débarquer en Egypte.

Je vous enverrai du Caire une relation des victoires que le général Desaix a remportées dans la Haute-Egypte ; il a déjà détruit plusieurs fois les gens arrivés d'Arabie, et dissipé presque entièrement les mameloucks.

Dans toutes ces affaires, un bon nombre de braves sont morts, à la tête desquels les généraux Caffarelli et Rambaud : un grand nombre sont blessés ; parmi ces derniers, les généraux Bon et Lannes.

J'ai eu, depuis mon passage du désert, cinq cents hommes tués, et le double de blessés.

L'ennemi a perdu plus de quinze mille hommes.

Je vous demande le grade de général de division pour le général Lannes, et le grade de général de brigade pour le citoyen Songis, chef de brigade d'artillerie.

J'ai donné de l'avancement aux officiers, dont je vous enverrai l'état.

Je vous ferai connaître les traits de courage qui ont distingué un grand nombre de braves.

J'ai été parfaitement content de l'armée : dans des événemens, et dans un genre de guerre si nouveaux pour des Européens, elle fait voir que le vrai courage et les talens guerriers ne s'étonnent de rien, et ne se rebutent d'aucun genre de privation. Le résultat sera, nous l'espérons, une paix avantageuse, un accroissement de gloire et de prospérité pour la république.

BONAPARTE.

Au camp devant Acre, le 22 floréal an 7 (11 mai 1799).

Au général d'artillerie Dommartin.

Je désire, citoyen général, que vous preniez vos mesures de manière à avoir quarante coups à mitraille par pièce de 24, à tirer dans le cas où l'ennemi voudrait faire des sorties, et dix à boulets ; trente coups de 18 par pièce à mitraille et dix à boulets ; quarante coups à mitraille par pièce de 12, et dix à boulets. Vous réserverez également vos bombes pour les jeter au moment où l'ennemi se réunirait pour faire des sorties : vous pouvez mettre la moitié de la charge ordinaire.

BONAPARTE.

Au quartier-général devant Acre, le 27 floréal an 7
(16 mai 1799).

Bonaparte, général en chef, à l'armée.

Soldats,

Vous avez traversé le désert qui sépare l'Afrique de l'Asie avec plus de rapidité qu'une armée Arabe.

L'armée qui était en marche pour envahir l'Egypte est détruite ; vous avez pris son général, son équipage de campagne, ses bagages, ses outres, ses chameaux.

Vous vous êtes emparés de toutes les places fortes qui défendent les puits du désert.

Vous avez dispersé, aux champs du Mont-Thabor, cette nuée d'hommes accourus de toutes les parties de l'Asie, dans l'espoir de piller l'Egypte.

Les trente vaisseaux que vous avez vus arriver dans Acre, il y a douze jours, portaient l'armée qui devait assiéger Alexandrie ; mais obligée d'accourir à Acre, elle y a fini ses destins : une partie de ses drapeaux orneront votre entrée en Egypte.

Enfin, après avoir, avec une poignée d'hommes, nourri la guerre pendant trois mois dans le cœur de la Syrie, pris quarante pièces de campagne, cinquante drapeaux, fait six mille prisonniers, rasé les fortifications de Gaza, Jaffa, Caïffa, Acre, nous allons rentrer en Egypte : la saison des débarquemens m'y rappelle.

Encore quelques jours, et vous aviez l'espoir de prendre le pacha même au milieu de son palais ; mais, dans cette saison, la prise du château d'Acre ne vaut pas la perte de quelques jours : les braves que je devrais d'ailleurs y perdre sont aujourd'hui nécessaires pour des opérations plus essentielles.

Soldats, nous avons une carrière de fatigues et de dangers

à courir. Après voir mis l'orient hors d'état de rien faire contre nous cette campagne, il nous faudra peut-être repousser les efforts d'une partie de l'occident.

Vous y trouverez une nouvelle occasion de gloire; et si, au milieu de tant de combats, chaque jour est marqué par la mort d'un brave, il faut que de nouveaux braves se forment, et prennent rang à leur tour parmi ce petit nombre qui donne l'élan dans les dangers, et maîtrise la victoire. BONAPARTE.

Au camp devant Saint-Jean d'Acre, le 27 floréal an 7 (16 mai 1799).

Au général Dugua.

Vous devez avoir reçu, citoyen général, le bataillon de la quatrième légère, que j'ai fait partir, il y a quinze jours, et qui, à cette heure, doit être arrivé au Caire.

Sous trois jours je partirai avec toute l'armée pour me rendre au Caire : ce qui me retarde, c'est l'évacuation des blessés, j'en ai six à sept cents.

Je me suis emparé des principaux points de l'enceinte d'Acre : nous n'avons pas jugé à propos de nous obstiner à assiéger la deuxième enceinte, il eût fallu perdre trop de temps et trop de monde.

Djezzar a reçu, il y a deux jours, une flotte de trente gros bâtimens grecs et cinq à six mille hommes de renfort : cette expédition était destinée pour Alexandrie.

Perrée a pris deux de ces bâtimens, dans lesquels étaient les canonniers, les bombardiers et mineurs, ainsi que plusieurs pièces de canon.

Prenez des mesures pour que la navigation de Damiette au Caire soit sûre et que les blessés puissent filer rapidement dans les hôpitaux du Caire.

Si le citoyen Cretin est au Caire, et que vous ayez une escorte suffisante à lui donner, faites-lui connaître que je désire qu'il vienne à ma rencontre à El-Arich, afin que nous puissions arrêter ensemble les travaux à faire au fort, à Catieh et à Salahieh.

Consultez-vous avec Rouvière pour faire filer deux pièces de 12 et de 18, pour réarmer *l'Etoile* et *le Sans-Quartier*, dont les pièces ont été envoyées au siége et sont cassées. Vous sentez combien il est essentiel que la bouche de Damiette soit bien gardée.

Dans les quinze premiers jours du mois prochain, je compte être bien près du Caire.

Bon est blessé; Lannes ne l'est que légèrement : mon aide-camp Duroc, qui avait été blessé, est guéri.

Venture est mort de maladie.

Je vous amenerai beaucoup de prisonniers et de drapeaux.

BONAPARTE.

Au camp devant Acre, le 27 floréal an 7 (16 mai 1799).

Au divan du Caire.

Enfin, j'ai à vous annoncer mon départ de la Syrie pour le Caire, où il me tarde d'arriver promptement. Je partirai dans trois jours, et j'arriverai dans quinze; j'amenerai avec moi beaucoup de prisonniers et de drapeaux.

J'ai rasé le palais de Djezzar, les remparts d'Acre, et bombardé la ville, de manière qu'il ne reste pas pierre sur pierre. Tous les habitans ont évacué la ville par mer. Djezzar est blessé et retiré avec ses gens dans un des forts du côté de la mer; il est grièvement blessé.

De trente bâtimens chargés de troupes, qui sont venus à son secours, trois ont été pris avec l'artillerie qu'ils portaient, par mes frégates; le reste est dans le plus mauvais état, et entièrement détruit. Je suis d'autant plus impatient de vous voir et d'arriver au Caire, que je sais que, malgré votre zèle, un grand nombre de méchans cherchent à troubler la tranquillité publique. Tout cela disparaîtra à mon arrivée, comme les nuages aux premiers rayons du soleil.

Venture est mort de maladie : sa perte m'a été très-sensible.

BONAPARTE.

Au camp devant Acre, le 27 floréal an 7 (16 mai 1799).

A l'adjudant-général Almeyras.

On va évacuer le plus de blessés possible sur Damiette; si les communications sont libres, faites-les filer sur-le-champ au Caire où ils trouveront plus de commodités. Il y en aura quatre à cinq cents.

Ecrivez à Alexandrie pour qu'on vous remplace les pièces et la poudre que vous avez envoyées à Acre. Vous sentez combien il est nécessaire que Lesbeh soit dans un état de défense respectable. Demandez tout ce qui est nécessaire pour approvisionner vos pièces à cent coups.

Demandez aussi deux pièces de 12 et de 13 pour réarmer *l'Etoile* et *le Sans-Quartier*. Il est nécessaire d'avoir le plus de bâtimens possible à l'embouchure du Nil.

Nous nous sommes emparés de la première enceinte d'Acre; nous avons rasé le palais de Djezzar et écrasé la ville avec des bombes. Les habitans se sont tous sauvés, Djezzar lui-même a été blessé.

L'armement de Chypre, dont vous me parlez, est effectivement arrivé ici; il avait cinq mille hommes de débarquement : presque tous ont été tués ou blessés dans les différentes affaires du siége.

Ne négligez aucun moyen pour terminer les fortifications de Lesbeh et pour vous approvisionner, réorganisez votre flottille, tant sur le lac Menzaleh que sur le Nil.

Dans trois ou quatre jours, je partirai pour le Caire; il sera possible qu'arrivé à Catieh, je passe par Damiette.

Il sera nécessaire d'avoir à Omm-Faredge une certaine quantité de barques prêtes pour les malades ou blessés que nous pourrions avoir avec nous. BONAPARTE.

Au camp devant Acre, le 27 floréal an 7 (16 mai 1799).

A l'adjudant-général Leturc.

Faites filer, citoyen, demain matin, quatre cents blessés sur Tentoura. L'adjudant-général Boyer me mande qu'il en a fait partir aujourd'hui quatre cents par terre et cent cinquante par mer. Vous me mandez que vous n'en avez fait partir aujourd'hui que cent. Ainsi, il serait possible que les frégates se présentassent et qu'il n'y eût pas de blessés, ce qui serait un contre-temps fâcheux : ne perdez donc pas un moment.

Faites en sorte que, demain à midi, j'aie un état des blessés à Caïffa et au mont Carmel. Les malades devront être aussi évacués, mais séparément.

Il est nécessaire que, le 29 au soir, il ne reste pas un seul malade ni blessé à Caïffa ou au mont Carmel.

BONAPARTE.

Au camp devant Acre, le 27 floréal an 7 (16 mai 1799).

A l'adjudant-général Boyer.

Faites filer les blessés sur Jaffa ou sur les frégates. L'adjudant-général Leturc, qui est à Caïffa, vous enverra demain un grand convoi.

Faites en sorte que le 30 au matin, il n'y ait à Tentoura, ni malades ni blessés. Deux cents malades vont être évacués demain à Tentoura, venant de mont Carmel, faites-les évacuer de suite sur Jaffa.

Faites embarquer, autant qu'il vous sera possible, l'artillerie qui vous a été envoyée à Jaffa, sans cependant faire tort aux malades.

Faites en sorte que, demain au soir, j'aie un état exact des blessés évacués et de ce qui reste.

Faites connaître aux blessés que l'ennemi a voulu faire une sortie, qu'il a perdu quatre cents hommes, et qu'on a pris neuf drapeaux. BONAPARTE.

[1] Au camp devant Acre, le 30 germinal an 7 (19 avril 1799).

Au citoyen Poussielgue.

J'ai reçu vos différentes lettres.

Vous aurez appris par Damiette le succès des combats de Nazareth, Saffet, Cana et du mont Thabor : le nombre des ennemis était immense.

Nous avons déjà ici, au camp d'Acre, assez d'artillerie pour prendre cette place; nous attendons encore les cinq pièces de 24 et les pièces de 18 et de 12 que le contre-amiral Perrée a débarquées à Jaffa, et qui seront ici dans trois jours. Vous pouvez calculer que le 5 ou le 6 floréal Acre sera pris : je partirai immédiatement pour me rendre au Caire.

Je vous prie de faire meubler mes nouvelles salles.

Comme je serai au Caire dix ou quinze jours après la réception de mes lettres, je crois inutile de répondre en détail aux différens articles de vos dépêches. BONAPARTE.

[1] Cette lettre, ainsi que la suivante, furent écrites au commencement du siége.

Au camp devant Acre, le 30 germinal an 7 (19 avril 1799).

Au général Dugua.

J'ai reçu, citoyen général, vos différentes lettres jusqu'au 8 germinal.

Acre sera pris le 6 floréal, et je partirai sur-le-champ pour me rendre au Caire.

La conduite de l'émir Hadji est bien extravagante ; mais l'idée que vous avez qu'il pourrait tramer quelque chose de redoutable, est, je vous assure, bien mal fondée ; croyez, je vous prie, qu'avant de lui faire jouer un certain rôle, je me suis assuré qu'il était peu dangereux : aucune habitude guerrière, point de relations, encore moins d'audace, c'est un ennemi très-peu redoutable.

Je ne réponds pas en détail à vos lettres, parce que je serai bientôt de retour.

Vous pouvez incorporer dans les différens corps qui sont dans la Basse-Egypte les mameloucks qui n'auraient pas plus de vingt ans.

Je suis extrêmement mécontent de la scène scandaleuse du commandant de la place : je lui envoie l'ordre de l'état-major de se rendre dans la Haute-Egypte sous les ordres du général Desaix ; vous vous chargerez en attendant de ce commandement : l'état-major vous adressera l'ordre, afin que, si vous jugiez que son exécution eût plus d'inconvéniens que d'avantage, vous la différassiez jusqu'à mon arrivée.

BONAPARTE.

A Jaffa, le 8 prairial an 7 (27 mai 1799).

Au Directoire exécutif.

Je vous ai fait connaître par le courrier que je vous ai expédié le 21 floréal, les événemens glorieux pour la république qui se sont passés depuis trois mois en Syrie, et la résolution où j'étais de repasser promptement le désert pour me retrouver en Egypte avant le mois de juin.

Les batteries de mortiers de 24 furent établies comme je vous l'ai annoncé dans la journée du 23 floréal, pour raser le palais de Djezzar et détruire les principaux monumens d'Acre : elles jouèrent pendant soixante-douze heures, et remplirent l'effet que je m'étais proposé : le feu fut constamment dans la ville.

La garnison désespérée fit une sortie le 27 floréal : le géral de brigade Verdier était de tranchée ; le combat dura trois heures. Le reste des troupes arrivées le 19 de Constantinople, et exercées à l'européenne, débouchèrent sur nos tranchées en colonnes serrées ; nous repliâmes les postes que nous occupions sur les remparts : par là les batteries de pièces de campagne purent tirer à mitraille à quatre-vingts toises sur les ennemis. Près de la moitié resta sur-le-champ de bataille : alors nos troupes battirent la charge dans nos tranchées ; on poursuivit l'ennemi jusque dans la ville la baïonnette dans les reins ; on leur prit dix-huit drapeaux.

L'occasion paraissait favorable pour emporter la ville ; mais nos espions, les déserteurs et les prisonniers, s'accordaient tous dans le rapport que la peste faisait d'horribles ravages dans la ville d'Acre ; que tous les jours, plus de soixante personnes en mouraient ; que les symptômes en étaient terribles : qu'en trente-six heures on était emporté au milieu de convulsions pareilles à celles de la rage.

Répandu dans la ville, il eût été impossible d'empêcher le soldat de la piller ; il aurait rapporté le soir dans le camp les germes de ce terrible fléau ; plus à redouter que toutes les armées du monde.

L'armée partit d'Acre le 1er prairial, et arriva le soir à Tentoura.

Elle campa le 3 sur les ruines de Césarée, au milieu des débris des colonnes de marbre et de granit, qui annoncent ce que devait être autrefois cette ville.

Nous sommes arrivés à Jaffa le 5.

Depuis deux jours, des détachemens filent pour l'Egypte.

Je resterai encore quelques jours à Jaffa, pour en faire sauter les fortifications ; j'irai punir ensuite quelques cantons qui se sont mal conduits, et dans quelques jours je passerai le désert en laissant une forte garnison à El-Arich.

Ma première dépêche sera datée du Caire.

BONAPARTE.

A Salahieh, le 21 prairial an 7 (9 juin 1799).

Au général Marmont.

Nous voici, citoyen général, arrivés à Salahieh. J'ai laissé au fort d'El-Arich dix pièces de canon et cinq à six cents hommes de garnison, autant à Catieh.

Kléber doit être arrivé à Damiette.

L'armée qui devait se présenter devant Alexandrie, et qui était partie de Constantinople le 1er rhamadan, a été détruite sous Acre. Si cependant cet extravagant commandant anglais en faisait embarquer les restes pour se présenter à Aboukir, je ne compte pas que cela puisse faire plus de deux mille hommes. Dans ce cas, faites en sorte de leur donner une bonne leçon.

Le commandant anglais prendra toute espèce de moyens pour se mettre en communication avec la garnison. Prenez les mesures les plus sévères pour l'en empêcher. Ne recevez que très-peu de parlementaires et très au large. Ils ne font que répandre des nouvelles ridicules pour les gens sensés, et qu'il vaut tout autant qu'on ne donne pas. Surtout, quelque chose qui arrive, ne répondez pas par écrit. Vous aurez vu par mon ordre du jour que l'on ne doit à ce capitaine de brûlots que du mépris.

Quand vous aurez reçu cette lettre, je serai au Caire.

Le général Bon et Croizier sont morts de leurs blessures. Lannes et Duroc se portent bien.

Armez donc le fort de Rosette de manière qu'il y ait huit ou dix mille coups de canon à tirer. BONAPARTE.

A Salahieh, le 21 prairial an 7 (9 juin 1799).

Au général Dugua.

L'état-major vous a écrit hier, citoyen général, par un homme du pays, pour vous faire connaître l'arrivée de toute l'armée à Salahieh. Nous avons assez bien traversé le désert.

Le château d'El-Arich, qui est bien armé et en bon état de défense, a cinq ou six cents hommes de garnison. J'en ai laissé autant à Catieh.

Le commandant anglais qui a sommé Damiette, est un extravagant. Comme il a été toute sa vie capitaine de brûlots, il ne connaît ni les égards, ni le style que l'on doit prendre quand on est à la tête de quelques forces. L'armée combinée dont il parle a été détruite devant Acre, où elle est arrivée quinze jours avant notre départ, comme je vous en ai instruit par ma lettre du 27 floréal.

Je partirai d'ici demain, et je serai probablement le 26 ou le 27 à Matarieh, où je désire que vous veniez à la rencontre de l'armée avec toutes les troupes qui se trouvent au Caire, hormis ce qui est nécessaire pour garder les forts. Vous menerez avec vous le divan et tous les principaux du Caire, et vous ferez porter les drapeaux que je vous ai envoyés en différentes occasions, par autant de Turcs à cheval; il faut que ce soit des odjaklis: après quoi nous rentrerons ensemble dans la ville. Quand vous serez à cent toises devant nous, vous vous mettrez en bataille, la cavalerie au centre, et l'infanterie sur les aîles; nous en ferons autant.

Le général Kléber doit, à l'heure qu'il est, être arrivé à Damiette avec sa division.

Gardez le bataillon de la vingt-unième avec vous jusqu'à mon arrivée.

Il me tarde beaucoup d'être au Caire, pour pouvoir, de vive voix, vous témoigner ma satisfaction des services que vous avez rendus pendant mon absence.

Je vous fais passer la relation que je vous ai envoyée par mon courrier Royer. Comme il y a fort long-temps qu'il est parti par mer, je ne sais pas s'il est arrivé. Faites-la imprimer le plus tôt possible, ainsi que celle que je vous ai envoyée de Jaffa, et dont je vous fais passer la copie.

Bonaparte.

Au Caire, le 26 prairial an 7 (14 juin 1799).

Au général Davoust.

J'ai lu, citoyen général, avec intérêt, la relation que vous m'avez envoyée des événemens qui se sont passés dans la

Haute-Egypte, et j'approuve le parti que vous avez pris de vous rendre au Caire. Ce point était d'une telle importance dans l'éloignement où se trouvait l'armée, qu'il devait principalement fixer toutes les sollicitudes. BONAPARTE.

Au Caire, le 26 prairial an 7 (14 juin 1799).

Au général Dommartin.

Il est indispensable, citoyen général, que vous partiez au plus tard, le 1er du mois prochain, pour vous rendre à Rosette et à Alexandrie, pour visiter par vous-même les approvisionnemens de ces places, réformer les équipages de campagne et pourvoir à l'approvisionnement des autres places de l'Egypte. Faites partir demain au soir pour Alexandrie le citoyen Danthouard. Mon intention est qu'il y reste tout l'été pour y commander l'artillerie, sous les ordres du citoyen Faultrier : il pourra être porteur de vos dispositions. Vous connaissez mes intentions par rapport à Rosette, Rahmanieh, Salahieh, etc., et à la formation de l'équipage de campagne.

Mon intention est d'établir à Bourlac un fort, et provisoirement une batterie capable de défendre la passe de ce lac. Il faut donc que vous preniez des mesures pour y faire parvenir les pièces d'artillerie nécessaires. BONAPARTE.

Au Caire, le 27 prairial an 7 (15 juin 1799).

Au général Desaix.

Je suis arrivé hier ici, citoyen général, avec une partie de l'armée.

J'ai laissé une bonne garnison dans le fort d'El-Arich, qui est déja dans une situation respectable.

Le général Kléber est à Damiette. Vous trouverez dans les

relations imprimées le véritable récit des événemens qui se sont passés.

Il est nécessaire que vous me fassiez une relation de tout ce qui s'est passé dans la Haute-Egypte depuis votre départ du Caire, afin que je puisse le faire connaître.

Je crois qu'il me manque de vos lettres, de sorte qu'il y a des lacunes. D'ailleurs, c'est un travail que personne ne peut bien faire que vous-même.

J'attends, d'ici à deux ou trois jours, la nouvelle que vous occupez Cosseir, ce qui me fera un très-grand plaisir.

Nous voici arrivés à la saison où les débarquemens deviennent possibles, je ne vais pas perdre une heure pour me mettre en mesure; les probabilités sont cependant que cette année, il n'y en aura point.

Je vous écrirai plus au long dans trois jours, en vous envoyant un officier de l'état-major. BONAPARTE.

Au Caire, le 27 prairial an 7 (15 juin 1799).

Bonaparte, général en chef, ordonne :

Les fermiers des villages de l'Egypte solderont le prix de leur bail d'ici au 10 messidor.

Ceux qui, au 30 germinal dernier, n'avaient pas soldé les deux tiers du prix de leur bail, paieront cinq pour cent des sommes qu'ils étaient en retard de payer, et en outre du prix du bail.

Ceux qui n'auront pas soldé la totalité au 10 messidor paieront, en outre du prix du bail, dix pour cent des sommes dont ils seront débiteurs à cette époque; passé le 10 messidor, il sera ajouté un pour cent pour chaque jour de retard sur les sommes qui resteront à payer.

L'administrateur général des finances remettra au payeur général, d'ici au 1er du mois, l'état de ce que chaque fermier doit, et de l'amende à laquelle il aura été condamné en conséquence des articles précédens.

Les revenus des villages affermés, dont le prix du bail n'aura pas été soldé au 30 messidor, seront séquestrés et perçus au profit de la république comme ceux des autres villages.

Tout fermier qui, n'ayant pas payé les termes de son bail, sera cependant convaincu d'avoir perçu les villages qui lui étaient affermés, sera et demeurera arrêté, et ses biens seront séquestrés jusqu'à ce qu'il se soit entièrement acquitté.

L'administration des domaines enverra, le 1er thermidor, aux directeurs dans les provinces l'état des fermiers qui auront encouru la peine portée par l'article 5 ci-dessus.

Le présent arrêté sera imprimé en français et en arabe.

L'administrateur général des finances tiendra la main à son exécution.

BONAPARTE.

Au Caire, le 27 prairial an 7 (14 juin 1799).

Bonaparte, général en chef, ordonne :

Un mois après la publication du présent arrêté dans les provinces de l'Egypte, toutes propriétés dont les titres n'auront pas été présentés à l'enregistrement, demeureront irrévocablement acquises à la république, et il ne sera plus admis aucun titre de propriété à l'enregistrement.

Tout propriétaire qui, au 30 messidor prochain, n'aura pas entièrement acquitté le miri de ses propriétés pour l'an 1213, sera déchu, et ses propriétés seront confisquées au profit de la république.

Le présent sera imprimé en français et en arabe.

BONAPARTE.

Au Caire, le 27 prairial an 7 (15 juin 1799).

Bonaparte, général en chef, ordonne.

Les juifs du Caire n'ayant pas satisfait à la contribution extraordinaire, paieront à titre de contribution extraordinaire, une somme de 50,000 francs, qui sera versée dans la caisse du payeur général d'ici au 10 messidor. Il sera ajouté cinq pour cent, pour chaque jour de retard, aux sommes qui n'auront pas été payées à cette époque. BONAPARTE.

Au Caire, le 27 prairial an 7 (15 juin 1799).

Bonaparte, général en chef, ordonne :

Les femmes de Hassan-Bey-El-Geddaoni et de sa suite paieront une contribution de 10,000 talaris, à titre de rachat de leurs maisons et de leur mobilier. Ladite somme devra être versée dans la caisse de l'administrateur des domaines d'ici au 10 messidor prochain, sous peine d'arrestation desdites femmes, et de confiscation de leurs maisons et de leurs meubles. BONAPARTE.

Au Caire, le 29 prairial an 7 (17 juin 1799).

Au général Dommartin.

Le bateau *le Nil* que j'avais destiné pour moi en cas que les événemens m'eussent forcé de me rendre à Damiette, Rosette, ou dans la Haute-Egypte, est prêt pour vous conduire à Rosette.

Arrivé à Rosette, vous le renverrez sur-le-champ avec le rapport que vous me ferez sur la situation de Rahmanieh, et de la défense de l'embouchure du Nil.

Je vous prie de déterminer près d'Alkan, dans une position très-favorable et près d'un endroit où les bateaux échouent ordinairement, l'emplacement d'une redoute, que trente ou quarante hommes devraient pouvoir défendre, mais qui en pourrait contenir un plus grand nombre ; son but principal serait d'empêcher les bâtimens qui viendraient de Rosette de remonter le Nil, et de bien prendre sous sa protection les bâtimens français qui seraient poursuivis par les Arabes.

Je me charge spécialement de faire descendre ces différens bateaux à Rosette. BONAPARTE.

Au Caire, le 29 prairial an 7 (17 juin 1799).

Au général Destaing.

Arrivé au premier village de la province de Bahireh, vous commencerez, citoyen général, par vous faire rendre compte de la levée des impositions, et de forcer les villages à payer : par ce moyen nous utiliserons votre passage.

Arrivé à Rahmanieh, vous me ferez passer, le plus tôt possible, au Caire, la légion nautique.

Vous ferez remettre à l'ingénieur des ponts et chaussées, qui est à Rahmanieh, les sommes qui lui ont été prises pour les travaux du génie militaire, afin de le mettre à même de commencer le travail du canal de Rahmanieh.

Le général Marmont vous fera passer des ordres ultérieurs. Vous ferez passer à Alexandrie le résultat des impositions de la province : vous y ferez également passer tous les grains, bestiaux. Dans tous les événemens qui pourraient survenir, vous suivrez les ordres du général Marmont qui commande les trois provinces. BONAPARTE.

Au Caire, le 29 prairial an 7 (17 juin 1799).

Au général Marmont.

Je donne ordre, citoyen général, au général Destaing de faire remettre à l'ingénieur des ponts et chaussées à Rahmanieh l'argent qui lui a été pris pour le génie militaire.

Voyez, je vous prie, à donner les ordres pour qu'on fasse à ce canal les travaux les plus urgens, afin qu'il soit navigable.

BONAPARTE.

Au Caire, le 29 prairial an 7 (17 juin 1799).

Au même.

Le général Destaing se rend, citoyen général, dans le Bahireh avec un bataillon de la soixante-unième, un bataillon de la quatrième s'y étant précédemment rendu de Menouf. Mon intention est que la légion nautique et la dix-neuvième, qui se trouvent à Rosette, en partent sur-le-champ pour se rendre au Caire, et que le détachement de la vingt-cinquième, qui est à Rosette, se rende à Damiette.

Le général Dommartin part pour Alexandrie ; mon intention est que tout l'équipage de campagne sans distinction, et la partie de l'équipage de siége qu'il jugera nécessaire, se rendent sur-le-champ au Caire. Il est autorisé à laisser à Alexandrie quatre pièces de campagne.

Vous aurez reçu plusieurs lettres que je vous ai écrites de Jaffa et de Catieh. Tous les projets de l'ennemi ont été tellement déconcertés par la campagne imprévue et prématurée de Syrie, que, s'ils tentent quelque chose, cela sera découvert et facile à repousser. La province de Bahireh vous fournira de l'argent ; nous sommes ici fort pauvres.

Je ne conçois pas comment un brick anglais, restant à

croiser devant Alexandrie, se trouve maître de la mer : pourquoi une frégate ou des bricks ne sortent-ils pas? Le citoyen Dumanoir a été autorisé à le faire.

Je vous prie de m'envoyer au Caire l'agent divisionnaire qui a été surpris vendant cent ardeps de blé, et le Français qui les achetait. Faites venir au Caire tout l'argent provenant de la vente des effets de ces deux individus.

Une grande quantité d'employés, d'officiers de santé se sont embarqués pour France sans permission. Il me semble que cette police était aisée à faire.

Vous avez eu tort dans toutes les discussions d'autorité que vous avez eues. Le commissaire Michau se trouvait sous les ordres de l'ordonnateur Laigle, et, eût-il été indépendant, la politique eût dû vous engager à avoir des procédés différens, puisque tous les magasins de l'Egypte se trouvant à la disposition de l'ordonnateur Laigle, c'est peu connaître les hommes, que de ne pas voir que c'était vous priver des approvisionnemens que je désirais avoir dans une place comme Alexandrie.

Sans cette discussion malentendue, vous auriez eu à Alexandrie quatre cent mille rations de biscuit de plus.

L'ennemi se présentant devant Alexandrie ne descendra pas au milieu de la place : ainsi, vous auriez le temps de rappeler les détachemens que vous enverriez pour soutenir le général Destaing et lever les impositions. Vous n'avez rien à espérer que de nos provinces de Rosette et de Bahireh.

BONAPARTE.

Au Caire, le 29 prairial an 7 (17 juin 1799).

Au citoyen Cretin.

Lorsque je vous ai confié, citoyen commandant, l'arme du génie, je n'ai pas eu pour seule considération votre ancienneté. Veuillez donc partir le plus tôt possible pour Rosette. Vous pourrez profiter, pour venir au Caire, du bateau *le Nil* qui part après demain avec le général Dommartin ; votre prompte arrivée au Caire est nécessaire. En passant à Rahmanieh, visitez dans le plus grand détail les établissemens.

Ordonnez également une redoute sur la rive de l'embouchure du lac Madieh, du côté de Rosette. Mon but serait que l'ennemi ne pût raisonnablement opérer un débarquement entre le lac et le bogaz pour marcher sur Rosette, sans s'être, au préalable, emparé de cette redoute, tout comme il ne pourrait débarquer entre le lac et Alexandrie sans s'être emparé du fort d'Aboukir. BONAPARTE.

Au Caire, le 29 prairial an 7 (17 juin 1799).

A l'ordonnateur Leroy.

J'ai reçu, citoyen ordonnateur, les différentes lettres que vous m'avez écrites. Nous allons faire tout ce qui sera possible pour vous mettre à même d'améliorer le sort des marins, et activer les travaux qne j'ai ordonnés. BONAPARTE.

Au Caire, le 30 prairial an 7 (18 juin 1798).

Au général Dommartin.

J'approuve, citoyen général, toutes les mesures que vous proposez pour l'organisation de l'artillerie de campagne de l'armée.

Faites-moi un projet de réglement par articles, pour l'artillerie des bataillons; vous y mettrez les masses telles que vous pensez que l'on doit les accorder aux corps.

Les brigades de cavalerie étant faibles, une artillerie trop nombreuse ne fait que les embarrasser. Ainsi, je pense que deux pièces de 3, attachées à chaque brigade de cavalerie, seront suffisantes : la cavalerie est divisée en deux brigades.

Je désirerais que vous organisassiez de suite l'artillerie des guides et les deux brigades de cavalerie, en donnant aux guides la pièce de 5 du général Reynier et la pièce de 5 de la cavalerie, et en donnant à la cavalerie la pièce de 3 qu'a le général Lannes, la pièce de 3 des guides, la pièce de 3 qu'a le général Lanusse, et en laissant provisoirement une pièce de 5, jusqu'à ce que vous la puissiez remplacer par une pièce de 3 autrichienne.

Il est nécessaire que vous completiez l'approvisionnement de toutes ces pièces à trois cents coups.

Il est également nécessaire de commencer à donner à chaque division deux grosses pièces. Il faudrait approvisionner les pièces de 8 qu'ont les généraux Lannes et Reynier, la pièce de 8 et l'obusier qu'a aujourd'hui le général Davoust; envoyer le plus tôt possible à Kléber deux affûts de rechange, afin qu'il puisse se monter les deux pièces de 8; faire remplacer les pièces de 8 des généraux Lanusse et Fugières par des pièces de 3 vénitiennes, et les attacher aux divisions Lannes ou Rampon.

Il est nécessaire de distribuer les pièces de 3 ou de 4, de manière que chaque division se trouve en avoir deux ou trois; et lorsqu'on donnera aux bataillons leurs pièces, on se trouvera en avoir dans chaque division pour les premiers bataillons des demi-brigades.

Le général Kléber se trouve déjà avoir trois petites pièces.

La pièce qui est à Belbeis peut être attachée à la division Reynier. Il sera nécessaire d'en procurer le plus tôt possible aux divisions Lannes et Rampon. L'armée pourra attendre dans cette situation que vous ayez eu le temps de faire venir l'artillerie de Rosette, et de pouvoir donner à chaque division l'artillerie, comme vous le projetez.

Donnez l'ordre que l'on ne distribue des fusils que par mon ordre : mon intention est de ne commencer à les distribuer que dans cinq ou six jours, et lorsque les corps seront réorganisés.

BONAPARTE.

Au Caire, le 30 prairial an 7 (18 juin 1799).

Au général Desaix.

Le général Dugua me fait part, citoyen général, de vos dernières lettres des 15 et 22 prairial. J'ai appris avec plaisir votre occupation de Cosseir.

Je donne ordre qu'on vous envoie plusieurs officiers du génie, afin de diriger les travaux dans la Haute-Egypte, et spécialement les ouvrages de Cosseir et du fort de Keneh.

Nous sommes toujours sans nouvelles de France.

Tout est parfaitement tranquille en Egypte. Il paraît que les mameloucks refluent dans la Scharkieh et le Bahhireh : on va y mettre ordre.

Vous êtes fort riche. Soyez assez généreux pour nous envoyer 150,000 fr. Nous dépensons de 2 à 300,000 fr. par mois pour les travaux d'El-Arich, Catieh, Salahieh, Damiette, Rosette, Alexandrie, etc.

Faites, je vous prie, mon compliment au général Friant, au général Belliard et à votre adjudant-général, sur l'occupation de Cosseir.

Ja'ttends toujours une relation générale de toute votre campagne de la Haute-Egypte, avec une note de tous les officiers et soldats auxquels vous voulez donner de l'avancement.

Croyez, je vous prie, que rien n'égale l'estime que j'ai pour vous, si ce n'est l'amitié que je vous porte.

BONAPARTE.

Au Caire, le 30 prairial an 7 (18 juin 1799).

Au citoyen Poussielgue.

Je vous prie de faire connaître, citoyen administrateur, aux quatre principaux négocians damasquains, que je désire qu'ils me prêtent chacun 30,000 liv. Vous leur donnerez à chacun une lettre de change de 30,000 livres, payable à la caisse du payeur de l'armée, le 15 thermidor : ces lettres de change seront acceptées par le payeur. Je désire que cet argent soit versé dans la journée de demain.

Lorsque les Cophtes auront versé les 120,000 liv., vous leur ferez connaître que mon intention n'est point qu'ils se payent de ces 120,000 livres sur les adjudications des villages, car alors ce serait comme s'ils ne nous avaient rien prêté. Vous arrangerez avec eux la manière dont ils devront être payés, de sorte qu'ils le soient dans le courant de thermidor.

BONAPARTE.

Au Caire, le 1er messidor an 7 (19 juin 1799).

Au général Dugua.

Faites fusiller, citoyen général, tous les Maugrabins, Mecquains, etc., venus de la Haute-Egypte, et qui ont porté les armes contre nous.

Faites fusiller les deux Maugrabins, Abd-Alleh et Achmet qui ont invité les Turcs a l'insurrection.

L'homme qui se vante d'avoir servi quinze pachas et qui vient de la Haute-Egypte, restera au fort pour travailler aux galères

Faites-vous donner par le capitaine Omar des notes sur tous les Maugrabins de sa compagnie qui sont arrêtés, et faites fusiller tous ceux qui se seraient mal conduits.

Faites venir le scheick Soliman des Terrabins, et qu'il vous dise quels sont les Arabes qui viennent à El-Barratain. Il est chargé de la police de ce canton, et on s'en prendra à lui si les Arabes viennent faire des courses.

BONAPARTE.

Au Caire, le 1er messidor an 7 (19 juin 1799).

A l'ordonnateur en chef.

Le nombre des employés, citoyen ordonnateur, est trop considérable, veuillez me présenter un état de réduction.

Un grand nombre d'officiers et sous-officiers blessés de manière à ne pas pouvoir servir pourraient être employés dans les administrations, et un grand nombre de jeunes gens qui peuvent porter le mousquet et qui sont dans les administrations, pourraient entrer dans les corps.

Voyez à me présenter un projet sur chacun de ces objets.

BONAPARTE.

Au Caire, le 1er messidor an 7 (19 juin 1799).

Au chef de brigade du génie Samson.

Je vous prie, citoyen commandant, de me remettre le devis de ce qu'a coûté le fort Camin, et de ce qu'il en aurait coûté si, au lieu de placer le moulin au-dessus du fort, on l'eût placé à côté.

Je désirerais que vous pussiez faire construire sur la hauteur, derrière le quartier-général, une petite tour qui défendrait la place Esbekieh. Il faudrait qu'elle fût la plus simple et la moins coûteuse possible, de manière à y placer une pièce de canon et quelques hommes de garde. Je vous prie de me présenter le projet.

BONAPARTE.

Au Caire, le 1er messidor an 7 (19 juin 1799).

Au directoire exécutif.

Citoyens directeurs,

Pendant mon invasion en Syrie, il s'est passé dans la Basse-Egypte des événemens militaires que je dois vous faire connaître.

Révolte de Bénêçoùef.

Le 12 pluviose, une partie de la province de Bénêçoùef se révolta. Le général Veaux marcha avec un bataillon de la vingt-deuxième; il remplit de cadavres ennemis quatre lieues de pays. Tout rentra dans l'ordre. Il n'eut que trois hommes tués et vingt blessés.

Bombardement d'Alexandrie.

Le 15 pluviose, la croisière anglaise devant Alexandrie se renforça, et, peu de temps après, elle commença à bombarder le port. Les Anglais jetèrent quinze à seize cents bombes, ne tuèrent personne; ils firent écrouler deux mauvaises maisons, et coulèrent une mauvaise barque.

Le 16 ventose, la croisière disparut; on ne l'a plus revue.

Flottille de la mer Rouge.

Quatre chaloupes canonnières partirent, le 13 pluviose, de Suez, arrivèrent le 18 devant Qosseyr, où elles trouvèrent plusieurs bâtimens chargés des trésors des mameloucks que le général Desaix avait défaits dans la Haute-Egypte. Au premier coup de canon, la chaloupe canonnière *le Tagliamento* prit feu, et sauta en l'air.

La république n'aura jamais de marine, tant que l'on ne refera pas toutes les lois maritimes. Un hamac mal placé, une gargousse négligée, perdent toute une escadre. Il faut proscrire les jurys, les conseils, les assemblées, à bord d'un vaisseau; il ne doit y avoir qu'une autorité, celle du capitaine, qui doit être plus absolue que celle des consuls dans les armées romaines.

Si nous n'avons pas eu un succès sur mer, ce n'est ni faute d'hommes capables, ni de matériel, ni d'argent, mais faute de bonnes lois. Si l'on continue à laisser subsister la même organisation maritime, mieux vaut-il fermer nos ports; c'est y jeter notre argent.

Charqyéh.

Le citoyen Duranteau, chef du troisième bataillon de la trente-deuxième, se porta, le 24 ventose, dans la Charqyéh; le village de Bordéyn, qui s'était révolté, fut brûlé, et ses habitans passés au fil de l'épée.

Arabes du grand désert à Gyseh.

Le 15 ventose, le général Dugua, instruit qu'une nouvelle tribu du fond de l'Afrique arrivait sur les confins de la province de Gyseh, fit marcher le général Lanusse, qui surprit leur camp, leur tendit plusieurs embuscades, et leur prit une grande quantité de chameaux, après leur avoir tué plusieurs centaines d'hommes. Le fils du général Leclerc, jeune homme distingué, fut blessé.

Révolte de l'émir Hhadjy.

L'émir Hhadjy, homme d'un caractère faible et irrésolu, que j'avais comblé de bienfaits, n'a pu résister aux intrigues dont il a été environné ; il s'est inscrit lui-même au nombre de nos ennemis. Réuni à plusieurs tribus d'Arabes et à quelques mameloucks, il s'est présenté dans l'arène. Chassé, poursuivi, il perdit dans un jour les biens que je lui avais donnés, ses trésors et une partie de sa famille qui était encore au Caire, et la réputation d'un homme d'honneur qu'il avait eue jusqu'alors.

L'ange el-Mohdy.

Au commencement de floréal, une scène, la première de ce genre que nous ayons encore vue, mit en révolte la province de Bahyréh. Un homme, venu du fond de l'Afrique, débarqué à Derneh, arrive, réunit des Arabes, et se dit l'ange *el-Mohdy*, annoncé dans le Coran par le prophète. Deux cents Maugrabins arrivent quelques jours après comme par hasard, et viennent se ranger sous ses ordres. L'ange *el-Mohdy* doit descendre du ciel ; cet imposteur prétend être descendu du ciel au milieu du désert : lui qui est nu, prodigue l'or qu'il a l'art de tenir caché. Tous les jours, il trempe ses doigts dans une jatte de lait, se les passe sous les lèvres : c'est la seule nourriture qu'il prend. Il se porte sur Damanhour, surprend soixante hommes de la légion nautique, que l'on avait eu l'imprudence d'y laisser, au lieu de les placer dans la redoute de Ramanieh, et les égorge. Encouragé par ce succès, il exalte l'imagination de ses disciples ; il doit, en jetant un peu de poussière contre nos canons, empêcher la poudre de prendre, et faire tomber devant les vrais croyans les balles de nos fusils : un grand nombre d'hommes attestent cent miracles de cette nature qu'il fait tous les jours.

Le chef de brigade Lefebvre partit de Ramanieh avec quatre cents hommes, pour marcher contre l'ange ; mais voyant à chaque instant le nombre des ennemis s'accroître, il sent l'impossibilité de pouvoir mettre à la raison une si grande quantité d'hommes fanatisés. Il se range en bataillon carré, et tue toute la journée ces insensés qui se précipitent sur nos canons, ne pouvant revenir de leur prestige. Ce n'est que la nuit que ces fanatiques, comptant leurs morts (il y en avait plus de mille) et leurs bles comprennent que *Dieu ne fait plus de miracles.*

Le 19 floréal, le général Lanusse, qui s'est porté avec la plus grande activité partout où il y a eu des ennemis à combattre, arrive à Damanhour, passe quinze cents hommes au fil de l'épée; un monceau de cendres indique la place où fut Damanhour. L'ange *el-Mohdy*, blessé de plusieurs coups, sent lui-même son zèle se refroidir; il se cache dans le fond des déserts, environné encore de partisans; car, dans des têtes fanatisées, il n'y a point d'organes par où la raison puisse pénétrer.

Cependant la nature de cette révolte contribua à accélérer mon retour en Egypte.

Cette scène bizarre était concertée, et devait avoir lieu au même instant où la flotte turque, qui a débarqué l'armée que j'ai détruite sous Acre, devait arriver devant Alexandrie.

L'armement de cette flotte, dont les mameloucks de la Haute-Egypte avaient été instruits par des dromadaires, leur fit faire un mouvement sur la Basse-Egypte; mais, battus plusieurs fois par le chef de brigade Destrées, officier d'une bravoure distinguée, ils descendirent dans la Charqyéh. Le général Dugua ordonna au général Davoust de s'y porter. Le 19 floréal, il attaqua Elfy-bey et les Billys : quelques coups de canon ayant tué trois des principaux kachefs d'Elfy, il fuit épouvanté dans les déserts.

Canonnade de Suez.

Un vaisseau et une frégate anglaise sont arrivés à Suez vers le 15 floréal. Une canonnade s'est engagée; mais les Anglais ont cessé dès l'instant qu'ils ont reconnu Suez muni d'une artillerie nombreuse en état de les recevoir : les deux bâtimens ont disparu.

Combat sur le canal de Moyse.

Le général Lanusse, après avoir délivré la province de Bahyreh, atteignit, le 17 prairial, au village de Kafr-Fourniq, dans la Charqyéh, les Maugrabins et les hommes échappés de la Bahyreh; il leur tua cent cinquante hommes, et brûla le village.

Le 15 prairial, j'arrivai à El-Arich, de retour de Syrie. La chaleur du sable du désert a fait monter le thermomètre à quarante-quatre degrés : l'atmosphère était à trente-quatre. Il fallait faire onze lieues par jour pour arriver aux puits, où se trouve un peu d'eau salée, sulfureuse et chaude, que l'on boit avec plus d'avidité que chez nos restaurateurs une bonne bouteille de vin de Champagne.

Mon entrée au Caire s'est faite le 26 prairial, environné d'un peuple immense qui avait garni les rues, et de tous les muphtis montés sur des mules, *parce que le prophète montait de préférence ces animaux*, de tous les corps de janissaires, des odjaqs, des agas de la police du jour et de nuit, de descendans d'Abou-Bekr, de Fathyme, et des fils de plusieurs saints révérés par les vrais croyans; les chefs des marchands marchaient devant, ainsi que le patriarche Qobthe : la marche était fermée par les troupes auxiliaires grecques.

Je dois témoigner ma satisfaction au général Dugua, au général Lanusse, et au chef de bataillon Duranteau.

Les scheick el-Bekry, el-Cherqaouy, el-Sadat, el-Mahdy, Ssaouy, se sont comportés aussi bien que je le pouvais désirer ; ils prêchent tous les jours dans les mosquées pour nous. Leurs firmans font la plus grande impression dans les provinces. Ils descendent pour la plupart des premiers califes et sont dans une singulière vénération parmi le peuple.

BONAPARTE.

Au Caire, le 3 messidor an 7 (21 juin 1799).

Au commandant du génie.

J'ai visité hier, citoyen commandant, la citadelle du Caire : je me suis convaincu par moi-même que le citoyen Farnée, duquel j'avais eu lieu d'être satisfait, prend, avec le commandant, un ton qui n'est pas convenable.

Le chef de brigade Dupas, uniquement occupé de sa place, commence à connaître à fond les détails de la citadelle, ce qui lui a fait venir un grand nombre d'idées que j'ai trouvées raisonnables.

Je vous prie de conférer avec lui sur ces différens travaux, et de me faire connaître le parti que vous croirez devoir prendre sur plusieurs objets essentiels, tels que le fossé qu'il propose pour isoler entièrement la citadelle du côté de la ville, qu'il faudrait faire calculer avec l'occupation de la tour des janissaires, un chemin qui conduirait tout de suite de la première place sur le rempart de droite en entrant ; un chemin qui conduirait droit de la première place à celle du pacha ; enfin plusieurs idées de détails sur la facilité des communications autour de la forteresse.

Le citoyen Dupas a un grand nombre de prisonniers. En fournissant quelques outils, vous pourrez activer les travaux de manière à faire promptement beaucoup de besogne.

Quant aux logemens intérieurs, la chose dont il faut principalement s'occuper, c'est de nettoyer les souterrains où on pourrait placer la garnison en cas de siége, placer les poudres et la salle d'artifice dans un endroit à l'abri de la bombe; avoir un hôpital à l'abri de la bombe.

Sans cela, trois ou quatre mortiers ruinent tout, et rendent une place intenable. BONAPARTE.

Au Caire, le 3 messidor an 7 (21 juin 1799).

Au général Dugua.

Le nommé Caraoui, prévenu d'être l'un des assassins du général Dupuy, sera fusillé.

Seïd-Abd-Salem, prévenu d'avoir tenu des propos contre les Français, sera fusillé.

Emir-Ali, mamelouck d'Omar-Cachef, rentré au Caire sans passeport, sera fusillé.

Muhammed, mamelouck de Muhammed-Cachef, rentré au Caire sans passeport, sera fusillé.

Kemeas-Achic, scheick-beled du village de Kobibal, sera retenu en prison jusqu'à ce qu'il ait versé deux mille talaris dans la caisse du payeur général de l'armée, indépendamment de ce qu'il pourrait devoir pour son village.

Tous les déserteurs de la compagnie Omar seront interrogés, et vous m'enverrez les notes que donnera sur eux le capitaine Omar.

Vous me ferez passer l'interrogatoire de Dollah-Mahmed, derviche indien.

Mahed-El-Tar, prévenu d'avoir tenu de mauvais propos contre les Français, sera fusillé.

Vous me ferez un rapport sur la fortune et les renseignemens que donne l'aga de Hassan, chez qui l'on a trouvé de la poudre.

Hussan, mamelouck d'Achmet-Bey, sera fusillé.

Vous me ferez un rapport sur la fortune et sur ce que disent avoir été faire dans la Haute-Egypte les dix personnes qui sont détenues pour être revenues sans passeports.

BONAPARTE.

Au Caire, le 3 messidor an 7 (21 juin 1799).

Au général Dugua.

Tous les officiers turcs prisonniers, citoyen général, seront interrogés pour savoir quelle rançon ils veulent payer pour avoir leur liberté. BONAPARTE.

Au Caire, le 3 messidor an 7 (21 juin 1799).

Au général Fugières.

Je reçois, citoyen général, votre lettre du 29 prairial.

Votre payeur doit verser tous les fonds qu'il reçoit dans la caisse du Caire. Tâchez de nous envoyer, le plus tôt possible, 100,000 francs dont nous avons grand besoin ; j'aurai aussi besoin de quarante beaux chevaux pour la remonte de mes guides. La province de Garbieh en a de très-bons, tâchez de nous les envoyer. BONAPARTE.

Au Caire, le 3 messidor an 7 (21 juin 1799).

Au contre-amiral Ganteaume.

Vous vous rendrez, citoyen général, à Rosette et à Alexandrie.

Vous passerez la revue des bâtimens qui se trouvent pour la défense de l'embouchure de Rosette ; vous y ferez envoyer d'Alexandrie tout ce qui pourrait y manquer. Mon intention est que les bâtimens qui n'ont qu'une pièce soient approvisionnés à trois cents coups, et ceux qui en ont deux à deux cents.

Vous ferez partir d'Alexandrie tous les bâtimens propres à la navigation du Nil, et spécialement tous les avisos armés en guerre qui peuvent entrer dans le Nil ou à Bourlos.

Vous prendrez à bord de tous les bâtimens, soit de guerre, soit de convoi, tous les canons, toutes les armes, et autres objets de quelque espèce que ce soit, qui peuvent être utiles à la défense du Nil.

Vous trouverez à Alexandrie le général Dommartin, et vous l'aiderez dans le transport de toutes les poudre, canons, munitions de guerre, etc., qu'il doit envoyer à Rosette, Bourlos et Damiette.

Je désirerais que l'on pût embosser à l'embouchure du lac Bourlos un gros bâtiment armé de grosses pièces, de manière à ce que ce bâtiment pût défendre la passe, et tenir lieu d'un fort que l'on va commencer à construire, mais pour lequel il faudra du temps.

Vous désarmerez à Alexandrie tous les bâtimens, hormis *la Muiron* et *la Carrère* et une demi-douzaine d'avisos ou bâtimens marchands bons marcheurs, qu'il faut tenir prêts à partir pour France.

Vous me ferez faire un rapport sur la meilleure des frégates qui restent, et vous ordonnerez toutes les dispositions pour l'armer, au premier ordre, en matériel.

Vous aurez soin de vous assurer que les futailles des deux frégates *la Muiron* et *la Carrère* soient en meilleur état que celles de l'escadre du contre-amiral Barée.

Vous aurez soin, hormis ce qui vous est nécessaire, de laisser dans chaque bâtiment de guerre de quoi les armer en flûte le plus promptement possible.

Je vous fais passer l'ordre pour que l'ordonnateur de la marine et le commandant des armes ne portent aucun obstacle à vos opérations, et vous secondent de leur pouvoir.

Vous ferez mettre en construction deux à trois petits chebecks semblables à *la Fortune*, et qui puissent entrer dans le Nil et à Omm Faredge. BONAPARTE.

Au Caire, le 3 messidor an 7 (21 juin 1799).

Au général Desaix.

Les trois officiers du génie, une compagnie de canonniers et une centaine d'hommes de cavalerie à pied, ont ordre, citoyen général, de se rendre dans la Haute-Egypte. Les commandans de l'artillerie et du génie font partir des outils et des cartouches.

Si vous écrivez au schérif de la Mecque, faites-lui connaître que l'on m'a présenté hier les différens reïs de ses bâtimens, et que l'on fait passer à force du blé et du riz à Suez pour les lui envoyer. BONAPARTE.

Au Caire, le 4 messidor an 7 (22 juin 1799).

Au même.

Je désirerais, citoyen général, acheter deux ou trois mille nègres ayant plus de seize ans, pour pouvoir en mettre une centaine par bataillon. Voyez s'il n'y aurait pas moyen de commencer le recrutement en commençant les achats. Je n'ai pas besoin de vous faire sentir l'importance de cette mesure.

BONAPARTE.

Au Caire, le 4 messidor an 7 (22 juin 1799).

Au commandant du génie.

Je désirerais, citoyen commandant, que l'on pût placer le plus tôt possible le moulin à vent dont la charpente est faite à la citadelle ; il était destiné pour le fort Camin ; on placera à ce fort le premier que l'on fera. Voyez donc, je vous prie, à faire choisir un emplacement pour ce moulin, et faites-moi un rapport sur cet objet.

Je désirerais également que le nouveau chemin de Boulac à la place Esbekieh fût fini le plus tôt possible.

BONAPARTE.

Au Caire, le 4 messidor an 7 (22 juin 1799).

Au même.

Mon intention, citoyen commandant, est d'établir une redoute à Mit-Kamar et une à Mansoura, remplissant les buts suivans :

Défendre la navigation du Nil, protéger les barques françaises, construire des magasins capables de nourrir un corps de dix mille hommes pour un mois, contenir une ambulance d'une cinquantaine de lits et enfin maintenir les villes de Mansoura et Mit-Kamar.

Je vous prie de me présenter un projet pour ces deux redoutes, auxquelles je désire qu'on travaille de suite, de manière qu'entre Rosette et le Caire il y aura les deux redoutes de Rahmanieh et d'Alkan, et entre Damiette et le Caire celles de Mansoura et de Mit-Kamar.

Je vous prie aussi de me faire un rapport sur la redoute de Rahmanieh. Voilà long-temps que l'on y travaille, et je vois qu'on ne finit jamais.

BONAPARTE.

Au Caire, le 4 messidor an 7 (22 juin 1799).

Au citoyen Lepère, ingénieur des ponts et chaussées.

Je désirerais, citoyen, que le nouveau chemin du Caire à Boulac fût fini le plus promptement possible.

Je désirerais connaître s'il ne serait pas possible de profiter du fossé que vous faites d'un des côtés du chemin, pour s'en servir de canal de communication du Caire à Boulac, au moins pendant sept à huit mois de l'année, et si l'année prochaine on ne pourrait pas s'en servir constamment.

Il est nécessaire également de préparer un rapport sur la conduite des eaux du Nil dans le Kalidj, sur l'inondation des places du Caire et terres adjacentes. BONAPARTE.

Au Caire, le 4 messidor an 7 (22 juin 1799).

Au contre-amiral Ganteaume.

Les demi-galères *la Coquette*, *l'Amoureuse* et la canonnière *la Victoire*, seront armées aussi bien qu'il est possible.

La djerme *la Boulonnaise* sera mise, ainsi que les felouques *le Nil* et *l'Eléphantine*, dans le même état qu'était *l'Italie*, pour servir au même usage.

Vous me ferez faire un rapport sur les djermes *la Syrie* et *la Carinthie*, et sur l'artillerie et autres objets nécessaires pour armer les quatre bâtimens dont il est ci-dessus parlé.

La compagnie des canonniers de la marine qui est au Caire, sera distribuée entre ces quatre bâtimens, *l'Etoile* et *le Sans-Quartier*.

Vous me remettrez demain un état général des bâtimens armés dans le Nil, avec le nombre de canons, d'approvisionnemens, et le nombre d'équipages. BONAPARTE.

Au Caire, le 4 messidor an 7 (22 juin 1799).

Au citoyen Baille, capitaine des grenadiers de la soixante-neuvième demi-brigade.

J'ai reçu, citoyen, les notes que vous m'avez remises, qui prouvent que votre compagnie n'était pas avec les deux autres compagnies au moment où je fus mécontent d'elles, ce qui m'a porté à leur défendre de porter des palmes à leur entrée au Caire, et qu'elle venait au contraire d'être envoyée par le général Rampon à l'attaque d'un poste où elle a montré le courage, l'impétuosité et la bravoure qui doivent distinguer les grenadiers.

BONAPARTE.

Au Caire, le 5 messidor an 7 (23 juin 1799).

Au général Kléber.

Je reçois, citoyen général, vos lettres des 26, 28 et 29 prairial.

L'année passée, nous avions permis le commerce avec la Syrie, et Djezzar-Pacha s'y était opposé. Quelque inconvénient qu'il puisse y avoir, le premier besoin pour nous étant de ne pas laisser tomber l'agriculture, je ne vois pas d'inconvénient à ce que, d'ici à thermidor, vous permettiez le commerce avec la Syrie; mais je crois qu'il est bon de laisser passer tout messidor.

Le bataillon de la vingt-cinquième se rend en droite ligne à Catieh avec le général Leclerc. J'ai envoyé le général Destaing à Rahmanieh.

Le général Dommartin doit être rendu à Alexandrie. Si Lesbeh n'est pas en état aujourd'hui, il est au moins nécessaire que vous donniez les ordres qu'on y travaille avec une telle activité, que tous les mois il acquière un nouveau degré de force, et que, l'année prochaine, il puisse remplir le but qu'on s'était proposé.

Hassan-Thoubar est au Caire, je dois le voir dans une heure. Je ne sais pas trop le parti que je prendrai avec cet homme. Si je lui rends ce qu'il me demande, le préalable sera qu'il me remette ses enfans en ôtage.

Nous sommes toujours ici sans nouvelles du continent. On m'assure aujourd'hui que des vaisseaux anglais ont paru devant Alexandrie; qu'ils ont expédié à Mourad trois exprès sur des dromadaires. Ils auront de la peine à le trouver, car le général Friant est dans ce moment dans les oasis.

Le général Desaix est en pleine jouissance de la Haute-Egypte et de Cosseir. Les impositions se payent régulièrement, et sa division est au courant de sa solde. Avec les impositions des provinces de Damiette et de Mansoura, vous viendrez facilement à bout de payer votre division.

Mettez-vous en correspondance avec Rosette, afin que l'on vous prévienne promptement de tout ce qui pourrait se passer sur la côte. Dès l'instant qu'il y aura un peu d'eau, je vous enverrai les deux demi-galères et la chaloupe canonnière *la Victoire*, qui sont fort bien armées. Dans ce moment-ci les eaux sont trop basses.

Je crois qu'il serait toujours utile de tenir à Omm-Faredge le bateau *le Menzaleh*, et de remplir sa cale de jarres pleines d'eau, car d'ici à un ou deux mois le lac Menzaleh sera un moyen efficace de communication avec Catieh et El-Arich.

Le général Menou n'est pas encore de retour de son inspection d'El-Arich.

Quatre ou cinq négocians de Damiette, chrétiens ou turcs, peuvent vous prêter les 60,000 livres que vous demandez; je crois que cela vaut mieux que de s'adresser à un trop grand nombre.

Choisissez six négocians turcs et deux ou trois chrétiens, et imposez chacun à tant.

Je ne connais pas les membres du divan de Damiette. Cette province a toujours été faiblement administrée, et je ne la calculerai de niveau avec celles de Rosette, du Caire et d'Alexandrie que trois ou quatre décades après votre arrivée. Faites tout ce que la prudence vous fera juger nécessaire.

BONAPARTE.

Au Caire, le 5 messidor an 7 (23 juin 1799).

Au Directoire exécutif.

Citoyens directeurs,

Après la bataille des Pyramides, les mameloucks se divisèrent. Ibrahim-Bey se retira dans la Charqyéh, passa le désert, séjourna à Gaza et à Damas. Affaibli par les pertes qu'il a essuyées pendant mon incursion en Syrie, il est aujourd'hui dans la plus profonde misère.

Mourad-Bey remonta le Nil avec une nombreuse flottille, et se retira dans la Haute-Egypte. Battu à Sédyman, il était toujours maître des provinces supérieures, et dans une position menaçante.

Le 20 frimaire, le général Desaix, ayant été renforcé de la plus grande partie de la cavalerie de l'armée, se mit en marche, et arriva le 9 nivose à Djirdjéh.

A deux journées plus haut, Mourad-Bey l'attendait, réuni à Hhaçan-Bey, à deux mille Arabes d'Yambo, qui venaient de débarquer à Qosséyr, et à une grande quantité de paysans qu'il avait soulevés.

Combats de Soheïdje et de Tahhtah.

Le général Desaix, ayant appris que plusieurs rassemblemens armés occupaient les rives du Nil, et s'opposaient à la marche de la flottille qui portait ses munitions de guerre et ses vivres, envoya le général Davoust avec la cavalerie. Il trouva et dissipa, les 14 et 19 nivose, des rassemblemens de paysans à Soheïdje et à Tahhtah : il massacra dans ces deux affaires plus de deux mille hommes. Le chef de brigade Pinon, à la tête du quinzième, et Boussard, à la tête du vingtième de dragons, se sont particulièrement distingués.

Affaire de Samhoud.

Ayant été rejoint par sa cavalerie et sa flottille, le général Desaix marcha à l'ennemi, qu'il rencontra, le 3 pluviose, au village de Samhoud. Il prit l'ordre de bataille accoutumé, en plaçant son infanterie en carré sur ses ailes, sa cavalerie en carré au centre. La droite était commandée par le général Friant, la gauche par le général Belliard, et le centre par le général Davoust. L'ennemi investit avec un tourbillon de cavalerie notre petite armée; mais ayant été vigoureusement repoussé par la mitraille et la mousqueterie, il fit un mouvement en arrière. Notre cavalerie se déploya alors et le poursuivit. Une centaine d'Arabes et de paysans furent massacrés; le reste s'éparpilla et fuit dans les déserts. Le citoyen Rapp, aide-de-camp du général Desaix, officier d'une grande bravoure, a été blessé d'un coup de sabre.

Le drapeau de la république flotta sur les Cataractes; toute la flottille de Mourad-Bey se trouva prise, et, dès ce moment, la Haute-Egypte fut conquise. Le général Desaix plaça sa division en cantonnemens le long du Nil, et commença l'organisation des provinces.

Le reste des mameloucks et des Arabes d'Yambo ne pouvait vivre dans le désert ; la nécessité de se procurer de l'eau du Nil et des vivres engagea différens combats qui, politiquement, ne pouvaient plus être dangereux. N'ayant plus ni artillerie ni flottille, le succès d'un combat n'avait pour but que le pillage; mais les bonnes dispositions du général Desaix, et la bravoure des troupes, ne leur donnèrent pas même cette consolation.

Combat de Qénéh.

Le chef de brigade Conroux, avec la soixante-unième, fut attaqué à Qénéh, le 22 pluviose, par cinq ou six cents Arabes ; il joncha le champ de bataille de morts.

Combat de Samathah.

Le général Friant marcha, le 24 pluviose, à Samathah, où il savait que se réunissaient les Arabes d'Yambo; il leur tua deux cents hommes.

Combat de Thèbes.

Sur les ruines de Thèbes, deux cents hommes du vingt-deuxième de chasseurs et du quinzième de dragons chargèrent, le 23 pluviose, deux cents mameloucks, qu'ils dispersèrent. Ils regagnèrent le désert, après avoir laissé une partie de leur monde sur le champ de bataille. Le chef de brigade Lasalle, du vingt-deuxième de chasseurs, s'est conduit avec son intrépidité ordinaire.

Combat d'Esné.

Le 7 ventose, Mourad-Bey se porta à Esné : le citoyen Clément, aide-de-camp du général Desaix, le dispersa et l'obligea de regagner le désert.

Combat de Benouthah.

Instruits que j'avais quitté l'Egypte, que j'avais passé le désert pour aller en Syrie, les mameloucks crurent le général Desaix affaibli, et dès-lors le moment favorable pour l'attaquer. Ils redoublèrent d'efforts, accoururent de tous les points du désert sur plusieurs points du Nil ; ils s'emparèrent d'une de nos djermes, en égorgèrent l'équipage, prirent huit pièces de canon, et, renforcés par quinze cents hommes qui venaient de débarquer à Qosséyr, ils se réunirent à Benouthah, où ils se retranchèrent. Le général Belliard marcha à eux, le 20 ventose, les attaqua, tua la moitié de leur monde, et dispersa le reste : c'est le combat où l'ennemi a montré le plus d'opiniâtreté.

Combat de Byralbarr.

Le 13 germinal, le général Desaix, instruit que Hhaçan-Bey avait le projet de se porter sur Qénéh, marcha dans le désert pour le chercher ; le septième de hussards et le dix-huitième de dragons découvrirent l'ennemi, le chargèrent, le dispersèrent après un combat très-opiniâtre. Le citoyen Duplessis, commandant le septième de hussards, fut tué en chargeant à la tête de son régiment.

Combat de Djirdjéh.

Le 16 germinal, le chef de bataillon Moran, attaqué dans le village de Djirdjéh, fut secouru par les habitans, et mit en fuite les Arabes et les paysans, après leur avoir tué plus de cent hommes..

Combat de Théméh.

Le chef de brigade Lasalle marcha à Théméh pendant la nuit du 20 germinal, surprit un rassemblement qui s'y trouvait, tua une cinquantaine d'hommes, et le dispersa.

Combat de Bényhady.

Les mameloucks, voyant la Haute-Egypte garnie de troupes, filèrent par le désert dans la Basse-Egypte. Le général Desaix envoya le général Davoust à leur suite. Il les rencontra au village de Bényhady, les attaqua, les dispersa, après leur avoir tué un millier d'hommes. Nous avons eu trois hommes tués et trente blessés; mais parmi les tués se trouve le chef de brigade Pinon, du quinzième de dragons, officier du plus rare mérite.

Prise de Qosséyr (le 10 prairial).

Le 10 prairial, le général Belliard et l'adjudant-général Donzelot sont entrés à Qosséyr, et ont pris possession de ce poste important: on s'occupe à le mettre dans le meilleur état de défense.

Cette occupation, celle de Suez et d'El-Arich, ferment absolument l'entrée de l'Egypte du côté de la mer Rouge et de la Syrie, tout comme les fortifications de Damiette, Rosette et Alexandrie, rendent impraticable une attaque par mer, et assurent à jamais à la république la possession de cette belle partie du monde, dont la civilisation aura tant d'influence sur la grandeur nationale et sur les destinées futures des plus anciennes parties de l'univers.

Mourad-Bey est retiré avec peu de monde dans les oasis, d'où il va être encore chassé. Hhaçan-Bey est à plus de quinze jours au-dessus des Cataractes; la plupart des tribus arabes sont soumises, et ont donné des ôtages; les paysans s'éclairent, et reviennent tous les jours des insinuations de nos ennemis; des forts nombreux, établis de distance en distance, les retiennent d'ailleurs, s'ils étaient malintentionnés; les Arabes d'Yambo ont péri pour la plupart.

L'état-major vous enverra les noms des officiers auxquels j'ai accordé de l'avancement.

J'ai nommé au commandement du quinzième de dragons le citoyen Barthelemy, chef d'escadron des guides à cheval, ancien officier de cavalerie distingué par ses connaissances.

Je vous demande le grade de général de brigade pour le citoyen Donzelot, adjudant-général du général Desaix.

BONAPARTE.

Au Caire, le 5 messidor an 7 (23 juin 1799).

Au chef de la soixante-neuvième demi-brigade.

J'ai reçu, citoyen, votre mémoire historique sur vos compagnies de grenadiers. Votre tort est de ne pas vous être donné des sollicitudes nécessaires pour purger ces compagnies de quinze à vingts mauvais sujets qui s'y trouvaient. Aujourd'hui, il ne faut penser qu'à organiser ce corps, et le mettre à même de soutenir, aux premiers événemens, la réputation qu'il s'était acquise en Italie. BONAPARTE.

Au Caire, le 5 messidor an 7 (23 juin 1799).

Au commandant du génie.

Je vous prie, citoyen, de profiter du départ du bataillon de la soixante-neuvième qui se rend demain à Mit-Kamar, pour y envoyer les officiers du génie qui doivent tracer la redoute que j'y ai ordonnée. BONAPARTE.

Au Caire, le 5 messidor an 7 (23 juin 1799).

Au citoyen Poussielgue.

Je vous prie, citoyen, de me proposer une mesure, afin qu'il ne sorte de Suez qu'une quantité de riz, blé et sucre, proportionnée à celle du café qui nous arrive. Il ne faudrait pas que le schérif de la Mecque nous enlevât, pour quelques fardes de café, la plus grande partie de nos subsistances.

BONAPARTE.

Au Caire, le 5 messidor an 7 (23 juin 1799).

Au général Kléber.

Hassan-Thoubar, citoyen général, sort de chez moi. Il remet ici, ce soir, son fils en otage : c'est un homme âgé de trente ans. Hassan-Thoubar part sous peu de jours pour Damiette ; il paraît un peu instruit par le malheur : d'ailleurs, son fils nous assure de lui. Je crois qu'il vous sera très-utile pour l'organisation du lac Menzaleh, la province de Damiette, les communications avec El-Arich, et votre espionnage en Syrie.

Je suis en guerre avec presque tous les Arabes. J'ai rompu, à ce sujet, tous les traités possibles, parce que aujourd'hui qu'ils nous connaissent, et qu'il n'y a presqu'aucune tribu qui n'ait eu des relations avec nous, je veux avoir des otages.

BONAPARTE.

Au Caire, le 5 messidor an 7 (23 juin 1799).

Au commandant du génie.

Je vous prie, citoyen commandant, de faire déblayer au plus tôt les murailles qui sont contre les créneaux de la porte du Delta.

Je vous fais passer une lettre de l'administrateur-général des finances; je vous prie de la prendre en considération, et de vous concerter avec les autorités, les ingénieurs des ponts et chaussées et l'administrateur des finances, et de me présenter un projet,

1°. Des maisons nationales à démolir;

2°. Des maisons particulières à acquérir et à démolir, pour avoir une communication large et commode d'ici au quartier de l'Institut, avec une place au milieu de ladite communication;

3°. Pour avoir une communication de la place Esbekieh à la place Birket-el-Fil, avec une place au milieu. Les maisons que l'on a démolies à droite et à gauche défigurent la ville et ruinent les habitations, que nous serons obligés un jour de rétablir.

BONAPARTE.

Au Caire, le 5 messidor an 7 (23 juin 1799).

Au général Kléber.

La province de Mansoura, citoyen général, nous a fourni quelques bons chevaux, elle en doit fournir encore une centaine. Je vous prie de donner l'ordre qu'on procède sans délai à les lever ; cela nous est extrêmement essentiel : surtout, ordonnez qu'on ne prenne pas de chevaux au-dessous de cinq ans. BONAPARTE.

Au Caire, le 5 messidor an 7 (23 juin 1799).

Au général Desaix.

Je vous envoie, citoyen général, trois officiers du génie, des cartouches, des outils et des hommes à pied à monter. Vous garderez les hommes du vingt-deuxième de chasseurs et du vingtième de dragons, et vous me renverrez tout le reste au Caire. Nous avons besoin d'un corps de cavalerie considérable, pour veiller à la défense de la côte.

Nous sommes toujours très-tranquilles. J'attends toujours de vos nouvelles. BONAPARTE.

Au Caire, le 7 messidor an 7 (25 juin 1799).

Au même.

Quoique la caravane de Darfour se soit très-mal conduite, citoyen général, mon intention est que vous fassiez rendre à Krabino, un des chefs de la caravane, sa propre fille qui a été enlevée, et qui est demeurée à un des chirurgiens de votre division. BONAPARTE.

Au Caire, le 7 messidor an 7 (25 juin 1799).

Aux citoyens Hamelin et Liveron.

J'ai reçu, citoyens, votre lettre du 28 prairial. Le citoyen Poussielgue, qui a mis en vous toute sa confiance pour un objet aussi essentiel, garantit votre activité et les moyens que vous aurez pour réussir J'écris au général Desaix pour qu'il vous donne toute la protection que vous pourrez désirer. Autant qu'il sera possible, on levera toutes les difficultés qui pourraient s'opposer à la marche de votre opération. La réussite pourrait faire apprécier les motifs qui vous ont fait mettre en avant, comme seule elle sera la mesure du service que vous vous trouverez avoir rendu. Vous n'aurez réussi que lorsque, vous aurez fait verser, à Boulac, 600,000 ardeps de blé.

BONAPARTE.

Au Caire, le 7 messidor an 7 (25 juin 1799).

Au payeur général.

Ayant autorisé le général Kléber à percevoir, dans les provinces de Mansoura et de Damiette toutes les sommes nécessaires pour sa division, je vous prie de donner l'ordre à vos préposés de faire recette de tous les fonds que fera rentrer le général Kléber, et de suivre tous les ordres qu'il leur donnera pour le paiement, sauf à vous rendre compte.

BONAPARTE.

Au Caire, le 7 messidor an 7 (25 juin 1799).

A l'ordonnateur en chef.

J'ai donné, citoyen ordonnateur, au général Kléber l'autorité nécessaire pour administrer les provinces de Damiette et de Mansoura, de manière à pouvoir solder tout ce dont a besoin sa division.

La même autorité a été donnée au général Marmont pour les provinces d'Alexandrie, Rosette et Bahhireh.

Même autorité au général Desaix pour les trois provinces de la Haute-Egypte.

Je vous prie donc, dans les besoins de l'administration, de distinguer les besoins de la division Desaix, ceux de la division Kléber, l'arrondissement d'Alexandrie, et enfin le Caire et les troupes qui sont dans les autres provinces.

Si vous accordiez pour les divisions Kléber, Desaix et l'arrondissement d'Alexandrie plus qu'il ne faut, les généraux ne feraient pas solder les crédits que je vous ai donnés.

BONAPARTE.

Au Caire, le 7 messidor an 7 (25 juin 1799).

Au chef de brigade d'artillerie Grobert.

Je vous prie, citoyen, de me remettre demain l'état général des pièces et munitions qui se trouvent, soit en batterie à Gizeh, soit au parc général de l'armée, soit au magasin général de la direction.

Je vous prie de tenir à la disposition du commandant de la marine toutes les pièces d'un calibre inférieur à 3, et qui dès-lors ne sont pas propres au service de terre.

Je vous prie de faire remettre au commandant de la marine deux pièces de 6 pour armer la demi-galère embossée à Gizeh.

BONAPARTE.

Au Caire, le 7 messidor an 7 (25 juin 1799).

A l'ordonnateur en chef.

Je viens de faire la visite de l'hôpital de la maison d'Ibrahim-Bey. J'ai vu, avec mécontentement, qu'il y manque plusieurs médicamens essentiels, et surtout la pierre infernale.

Donnez les ordres pour qu'avant le 10 du mois, tous ces objets soient à l'hôpital.

J'ai trouvé que les pharmaciens n'étaient pas à leur poste. Il y avait quelques plaintes sur les chirurgiens.

Il manquait beaucoup de draps, et les chemises étaient

plus sales qu'elles ne l'auraient été à l'ambulance devant Acre.

Fixez, je vous prie, vos yeux sur cet objet essentiel. Faites-vous remettre l'état du linge, des chemises qui ont été données au directeur de l'hôpital, et faites de manière à ce que, d'ici au 10, il y ait cinq ou six cents chemises à cet hôpital.

BONAPARTE.

Au Caire, le 8 messidor an 7 (26 juin 1799).

Au général Marmont.

Je n'ai point reçu, citoyen général, la lettre que vous m'annoncez m'avoir écrite le 1er messidor, je viens de recevoir celle du 3.

Le général Destaing est arrivé à Rahmanieh; il a mené avec lui un bataillon de la soixante-unième, le général Lanusse y avait envoyé un bataillon de la quatrième. Le chef de la quatrième est parti avant-hier avec un autre bataillon. Ainsi, il ne manque pas de forces pour faire payer les contributions et dissiper les rassemblemens. Vous-même, vous pouvez avec une partie de vos forces, vous porter sur Mariout, et détruire ces maudits Arabes.

Le contre-amiral Ganteaume doit être arrivé à Alexandrie. Secondez, je vous prie, toutes ses opérations.

Smith est un jeune fou qui veut faire sa fortune, et cherche à se mettre souvent en évidence. La meilleur manière de le punir, est de ne jamais lui répondre. Il faut le traiter comme un capitaine de brûlot. C'est au reste un homme capable de toutes les folies, et auquel il ne faut jamais prêter un projet profond et raisonné : ainsi, par exemple, il serait capable de faire faire une descente à 800 hommes. Il se vante d'être entré déguisé à Alexandrie. Je ne sais si ce fait est vrai, mais il est très-possible qu'il profite d'un parlementaire pour entrer dans la ville, déguisé en matelot.

La province de Rosette doit beaucoup d'argent, prenez des mesures pour faire tout solder.

Le Nil n'augmente pas encore, mais du moment qu'il sera un peu haut, je vous enverrai six cent mille rations de biscuit et une grande quantité de blé. BONAPARTE.

Au Caire, le 8 messidor an 7 (26 juin 1799).

Au général Kléber.

Je vous prie, citoyen général, d'envoyer au Caire l'osmanli que vous avez déjà renvoyé d'Alexandrie, et qui, par sa mauvaise étoile, n'est pas encore parti. Je le garderai prisonnier à la citadelle; il servira d'ôtage pour les Français prisonniers à Constantinople. BONAPARTE.

Au Caire, le 8 messidor an 7 (26 juin 1799).

Au divan du Caire.

J'ai fait arrêter le cadi, parce que j'ai lieu de m'en méfier, et que son père, que j'avais comblé de bienfaits, m'a payé de la plus noire ingratitude. Je vous prie de me présenter quelqu'un pour remplir cette place. Il faut que ce soit un homme né en Egypte. BONAPARTE.

Au Caire, le 9 messidor an 7 (27 juin 1799).

Au général Dugua.

Je vous prie de réunir demain matin, chez vous, citoyen général, les membres du divan, et de leur faire connaître la lettre ci-jointe, en réponse à celle qu'il m'a écrite ce matin.

Je désire que vous envoyiez de suite quelqu'un rassurer les femmes du cadi, et que vous donniez l'ordre à la citadelle qu'il soit traité avec les plus grands égards.

Je désire également que vous lui fassiez demander le lieu où il désire se rendre, soit qu'il veuille aller en Syrie, soit à Constantinople; je l'y ferai conduire. BONAPARTE.

Au Caire, le 9 messidor an 7 (27 juin 1799).

Au divan du Caire.

J'ai reçu votre lettre ce matin. Ce n'est pas moi qui ai destitué le cadi; c'est le cadi lui-même qui, comblé de mes bienfaits, a poussé l'oubli de ses devoirs jusqu'à quitter son peuple et abandonner l'Egypte pour se retirer en Syrie.

J'avais consenti que, provisoirement, pendant la mission qu'il devait avoir en Syrie, il laissât son fils pour gérer sa place pendant son absence; mais je n'aurais jamais cru que ce fils, jeune, faible, dût remplir définitivement la place de cadi.

La place de cadi s'est donc trouvée vacante. Qu'ai-je donc fait pour suivre le véritable esprit du Coran? C'est de faire nommer le cadi par l'assemblée des scheiks; c'est ce que j'ai fait. Mon intention est donc que le scheick El-Arichi, qui a obtenu vos suffrages, soit reconnu et remplisse les fonctions de cadi. Les premiers califes, en suivant le véritable esprit du Coran, n'ont-ils pas eux-mêmes été nommés par l'assemblée des fidèles?

Il est vrai que j'ai reçu avec bienveillance le fils du cadi lorsqu'il est venu me trouver, aussi mon intention est-elle de ne lui faire aucun mal; et si je l'ai fait conduire à la citadelle, où il est traité avec autant d'égards qu'il le serait chez lui, c'est que j'ai pensé devoir le faire par mesure de sûreté; mais dès que le nouveau cadi sera publiquement revêtu et exercera ses fonctions, mon intention est de rendre la liberté au fils du cadi, de lui restituer ses biens, et de le faire conduire avec sa famille dans le pays qu'il désirera. Je prends ce jeune homme sous ma spéciale protection; aussi bien je suis persuadé que son père même, dont je connaissais les vertus, n'a été qu'égaré.

C'est à vous à éclairer les bien intentionnés, et faites ressouvenir enfin aux peuples d'Egypte qu'il est temps que le règne des osmanlis finisse: leur gouvernement est plus dur cent fois que celui des mameloucks, et y a-t-il quelqu'un qui puisse penser qu'un scheick, natif d'Egypte, n'ait pas le talent et la probité nécessaires pour remplir la place importante de cadi.

Quant aux malintentionnés et à ceux qui seraient rebelles à ma volonté, faites-les moi connaître: Dieu m'a donné la force pour les punir; ils doivent savoir que mon bras n'est pas faible.

Le divan et le peuple d'Egypte doivent donc voir dans cette conduite une preuve toute particulière de ces sentimens que je nourris dans mon cœur pour leur bonheur et leur prospérité; et si le Nil est le premier des fleuves de l'Orient, le peuple d'Egypte, sous mon gouvernement, doit être le premier des peuples.

BONAPARTE.

Au Caire, le 10 messidor an 7 (28 juin 1799).

Au citoyen Poussielgue.

Je vous prie, citoyen, de faire au général Kléber un acte de donation de sa maison.

BONAPARTE.

Au Caire, le 10 messidor an 7 (28 juin 1799).

Au général Dugua.

Vous ferez fusiller, citoyen général, le nommé Joseph, natif de Cherkem, près la mer Noire ;

Le nommé Sélim, natif de Constantinople, tous deux détenus à la citadelle.

Quant au nommé Ibrahim-Kerponteli, on fera interroger celui qu'il cite pour être son père, afin de savoir s'il l'avoue, et vous me ferez donner des notes sur la manière dont son père s'est conduit.

Je vous renvoie les interrogatoires de ces hommes, afin que vous les puissiez mieux reconnaître. BONAPARTE.

Au Caire, le 10 messidor an 7 (28 juin 1799).

Au citoyen Dupas, commandant la citadelle.

Le citoyen James, canonnier au quatrième régiment d'artillerie, citoyen commandant, est détenu depuis six mois à la citadelle. Si vous ignorez les motifs de son arrestation, je vous prie de le faire mettre sur-le-champ en liberté.

Vous ferez mettre en liberté les citoyens Jersay, sapeur à la deuxième compagnie ; Billou, canonnier à la septième compagnie d'artillerie ; Michel Gazette, sapeur ; Robin, mineur.

Vous ferez consigner le citoyen Philippe Bouette au chef de brigade de la vingt-deuxième, pour le mettre dans son corps.

Vous ferez mettre en liberté, le 15 du mois, le citoyen Bataille, soldat à la légion maltaise.

Vous ferez mettre en liberté les citoyens Merel, dromadaire ; Dubourg, volontaire au deuxième bataillon de la soixante-neuvième.

Vous ferez mettre en liberté, ou traduire à un conseil militaire, s'il y a eu lieu, le citoyen Signal, caporal du deuxième bataillon de la trente-deuxième.

Vous ferez mettre en liberté le citoyen Roanet, volontaire au deuxième bataillon de la trente-deuxième.

BONAPARTE.

Au Caire, le 10 messidor an 7 (28 juin 1799).

Au citoyen Fourier, commissaire, près le divan.

Je vous prie, citoyen, de me faire un rapport sur les membres qui composent le grand et le petit divan du Caire, pour me faire connaître s'il y a des places vacantes dans l'un ou l'autre.

Je désire également que vous me fassiez connaître si, parmi les membres du grand divan, il s'en trouverait qui ne mériteraient pas la place qu'ils ont, soit par leur peu de considération, soit par une raison quelconque; que vous me présentiez un certain nombre d'individus pour remplir les places vacantes. Mon intention est de composer ce divan de manière à former un corps intermédiaire entre le gouvernement et l'immense population du Caire, de manière qu'en parlant à ce grand divan, on soit sûr de parler à la masse de l'opinion.

BONAPARTE.

Au Caire, le 10 messidor an 7 (28 juin 1799).

Au général Destaing.

Je reçois presque en même temps vos lettres des 5 et 7 messidor.

Le premier bataillon de la quatrième est parti le 6 à quatre heures après midi du Caire, pour se rendre à Rahmanieh. Si vous êtes parti le 9, comme c'était votre projet, pour remonter votre province, vous vous serez probablement joint à portée de tomber sur le rassemblement de l'ennemi. Le quinzième de dragons et tous les dromadaires disponibles partent cette nuit pour se rendre à Menouf; je donne l'ordre au général Lanusse de se porter au village de . . . . , et de le brûler, ainsi que le village de Zaïra: après quoi il vous fera passer le quinzième et les dromadaires. Ces secours et les trois bataillons que vous avez, vous mettent à même de soumettre la province de Bahireh.

Dès l'instant que vous aurez frappé quelques coups dans votre province, faites-moi passer la légion nautique, dont j'ai le plus grand besoin pour l'organisation de l'armée.

BONAPARTE.

Au Caire, le 10 messidor an 7 (28 juin 1799).

Au Directoire exécutif.

Je vous fais passer plusieurs imprimés qui vous mettront au fait des événemens qui se sont succédés depuis plusieurs mois.

La peste a commencé à Alexandrie, il y a six mois, avec des symptômes très-prononcés.

A Damiette elle a été plus bénigne.

A Gaza et à Jaffa elle a fait plus de ravages.

Elle n'a été ni au Caire, ni à Suez, ni dans la Haute-Egypte.

(*Il résulte de l'état que je vous envoie que l'armée française, depuis son arrivée en Egypte jusqu'au* 10 *messidor an* 7, *avait perdu* 5344 *hommes.*

Vous voyez qu'il nous faudrait cinq cents hommes pour la cavalerie, cinq mille pour l'infanterie, cinq cents pour l'artillerie, pour mettre l'armée dans l'état où elle était lors du débarquement.

La campagne de Syrie a eu un grand résultat : nous sommes maîtres de tout le désert, et nous avons déconcerté pour cette année les projets de nos ennemis. Nous avons perdu des hommes distingués. Le général Bon est mort de ses blessures; Caffarelli est mort; mon aide-de-camp Croisier est mort; beaucoup de monde a été blessé.

Notre situation est très-rassurante. Alexandrie, Rosette, Damiette, El-Arich, Catieh, Salahieh, se fortifient à force; mais si vous voulez que nous nous soutenions, il nous faut, d'ici en pluviose, six mille hommes de renfort. Si vous nous en faites passer en outre 15,000, nous pourrons aller partout, même à Constantinople.

Il nous faudrait alors deux mille hommes de cavalerie pour incorporer dans nos régimens, avec des carabines, selles à la hussarde et sabres; six cents hussards ou chasseurs; six mille hommes de troupes pour incorporer dans nos corps et les recruter; cinq cents canonniers de ligne; cinq cents ouvriers, maçons, armuriers, charpentiers, mineurs, sapeurs; cinq demi-brigades à deux mille hommes chacune; vingt mille fusils; quarante mille baïonnettes; trois mille sabres; six mille paires de pistolets; dix mille outils de pionniers.

S'il vous était impossible de nous faire passer tous ces secours, il faudrait faire la paix; car il faut calculer que, d'ici au mois de messidor, nous perdrons encore six mille hommes. Nous serons, à la saison prochaine, réduits à quinze mille hommes effectifs, desquels, ôtant deux mille hommes aux hôpitaux, cinq cents vétérans, cinq cents ouvriers qui ne se battent pas, il nous restera douze mille hommes, compris cavalerie, artillerie, sapeurs, officiers d'état-major, et nous ne pourrons pas résister à un débarquement combiné avec une attaque par le désert.

Si vous nous faisiez passer quatre ou cinq mille Napolitains, cela serait bon pour recruter nos troupes.

Il nous faudrait dix-huit à vingt médecins, et soixante ou quatre-vingts chirurgiens; il en est mort beaucoup. Toutes les maladies de ce pays-ci ont des caractères qui demandent à être étudiés. Par là, on peut les regarder toutes comme inconnues; mais toutes les années elles seront plus connues et moins dangereuses.

Je n'ai point reçu de lettres de France depuis l'arrivée de Moureau, qui m'a apporté des nouvelles du 5 nivose, et de Belleville, du 20 pluviose. J'espère que nous ne tarderons pas à en avoir.

Nos sollicitudes sont toutes en France. Si les rois l'attaquaient, vous trouveriez dans nos bonnes frontières, dans le génie guerrier de la nation et dans vos généraux, des moyens pour leur rendre funeste leur audace. Le plus beau jour pour nous sera celui où nous apprendrons la formation de la première république en Allemagne.

Je vous enverrai incessamment le nivellement du canal de Suez, les cartes de toute l'Egypte, de ses canaux, et de la Syrie.

Nous avons de fréquentes relations avec la Mecque et Mokka. J'ai écrit plusieurs fois aux Indes, à l'Ile-de-France; j'en attends les réponses sous peu de jours. C'est le schérif de la Mecque qui est l'entremetteur de notre correspondance.

Le contre-amiral Perrée est sorti d'Alexandrie le 19 germinal avec trois frégates et deux bricks; il est arrivé devant Jaffa le 24, s'est mis en croisière, a pris deux bâtimens du convoi turc, chargés de trois cents hommes, cent mineurs et bombardiers, est revenu devant Tentoura pour prendre nos blessés; mais il a été chassé par la croisière anglaise, et a disparu; il sera arrivé en Europe.

Je lui avais remis des instructions pour son retour: personne n'est plus à même que cet officier de nous faire passer des nouvelles et des secours; depuis la bouche d'Omm-Faredge, Damiette, Bourlos, Rosette, Alexandrie, il peut choisir dans ce moment-ci; et depuis le 15 ventose il n'y a point de croisière devant Alexandrie ni Damiette : cela nous a été utile pour l'approvisionnement d'Alexandrie.

J'ai été très-satisfait de la conduite du contre-amiral Perrée dans toute cette croisière, je vous prie de le lui faire connaître.

BONAPARTE.

Au Caire, le 12 messidor an 7 (30 juin 1799).

Au sultan de Darfour.

Au nom de Dieu clément et miséricordieux ! il n'y a d'autre Dieu que Dieu, et Mahomet est son prophète.

Au sultan de Darfour Abd-el-Rahman, serviteur des deux cités saintes, calife du glorieux prophète de Dieu et maître des mondes.

J'ai reçu votre lettre, j'en ai compris le contenu.

Lorsque votre caravane est arrivée, j'étais absent, ayant été en Syrie pour punir et pour détruire nos ennemis. Je vous prie de m'envoyer par la première caravane deux mille esclaves noirs ayant plus de seize ans, forts et vigoureux : je les acheterai tous pour mon compte.

Ordonnez à votre caravane de venir de suite, et de ne pas s'arrêter en route. Je donne des ordres pour qu'elle soit protégée partout.

BONAPARTE.

Au Caire, le 12 messidor an 7 (30 juin 1799).

Au schérif de la Mecque.

Au nom de Dieu clément et miséricordieux : il n'y a pas d'autre Dieu que Dieu, et Mahomet est son prophète.

J'ai reçu votre lettre, et j'en ai compris le contenu.

J'ai donné les ordres pour que tout ce qui peut vous persuader de l'estime et de l'amitié que j'ai pour vous, soit fait.

J'espère qu'à la saison prochaine vous ferez partir une grande quantité de bâtimens chargés de café et de marchandises des Indes : ils seront toujours protégés.

Je vous remercie de ce que vous avez fait passer mes lettres aux Indes et à l'Ile de France : faites-y passer celles-ci, et envoyez-moi la réponse.

Croyez à l'estime que j'ai pour vous et au cas que je fais de votre amitié.

BONAPARTE.

Au Caire, le 12 messidor an 7 (30 juin 1799).

Au commandant de l'Ile de France.

Je vous prie, citoyen commandant, de faire payer au schérif de la Mecque la somme de 94,000 fr., que le payeur de l'armée tire en trois lettres de change sur le payeur de l'Ile de France, et dont la trésorerie nationale tiendra compte.

J'ai pensé devoir me servir de ce moyen pour avoir un canal sûr pour correspondre avec vous, malgré les croiseurs qui infestent la mer Rouge.

Je vous salue.

BONAPARTE.

Au Caire, le 12 messidor an 7 (30 juin 1799).

Au commandant des Iles de France et de la Réunion.

Vous aurez sans doute appris, citoyen commandant, que depuis un an la république est maîtresse de l'Egypte. Je vous ai fait passer plusieurs lettres par la voie de Mokka, et j'espère que vous les aurez reçues.

Les ports de Suez et de Cosseir sont occupés par des garnisons françaises et armés, les avisos que vous pourriez m'envoyer pour correspondre avec moi, seront donc sûrs d'y être protégés.

Je désirerais que vous me fissiez passer le plus tôt possible quelques avisos pour pouvoir correspondre avec les Indes, et que vous profitassiez de ces bâtimens pour nous envoyer trois mille fusils de calibre, quinze cents paires de pistolets, mille sabres.

La grande quantité de vaisseaux anglais qui inondent la Méditerranée, rend difficile l'arrivée des bâtimens de Toulon. Mes dernières nouvelles de France sont du mois de ventose : nous nous étions emparés du royaume de Naples, qui s'était déclaré pour les Anglais, et la république était dans l'état le plus florissant.

Faites-moi passer par vos avisos toutes les nouvelles que vous pourriez avoir des Indes.

L'établissement solide que la république vient de faire en Egypte sera une source de prospérité pour l'Ile de France.

L'état-major vous fait passer différens imprimés qui vous feront connaître les événemens qui se sont passés dans ce pays-ci.

Croyez, je vous prie, au désir que j'ai de faire quelque chose qui vous soit agréable.

BONAPARTE.

An Caire, le 13 messidor an 7 (1er juillet 1799).

Au général Marmont.

J'ordonne au payeur, citoyen général, de faire passer 50,000 fr. à Alexandrie pour pourvoir à un mois de solde et aux différens crédits que le payeur ouvrira au génie, à l'artillerie et aux administrations.

Les ouadis sont venus me trouver : quoique ces scélérats eussent bien mérité que je profitasse du moment pour les faire fusiller, j'ai pensé qu'il était bon de s'en servir contre la nouvelle tribu, qui paraît décidément être leur ennemie. Ils ont prétendu n'être entrés pour rien dans tous les mouvemens du Bahireh : ils sont partis trois cents des leurs avec le général Murat, qui a trois cents hommes de cavalerie, trois compagnies de grenadiers de la soixante-neuvième, et deux pièces d'artillerie. Je lui ai donné ordre de rester huit ou dix jours dans le Bahireh pour détruire les Arabes et aider le général Destaing à soumettre entièrement cette province : mon intention est que tous les Arabes soient chassés au-delà de Marcouf. Le général Destaing avait reçu auparavant un bataillon de la quatrième, le quinzième de dragons et une compagnie du régiment des dromadaires.

J'espère que des sommes considérables entreront promptement dans la caisse du payeur d'Alexandrie. Du moment où le Nil sera navigable, on vous enverra deux cent mille rations de biscuit, qui sont ici toutes prêtes.

BONAPARTE.

Au Caire, le 13 messidor an 7 (1er juillet 1799).

Au général Kléber.

Hassan Thoubar, citoyen général, se rend à Damiette. Il a laissé ici son fils en ôtage. Il compte habiter Damiette, ou du moins y laisser sa femme et sa famille pour assurer davantage de sa fidélité. Je lui ai restitué ses biens patrimoniaux. Quant aux femmes qu'il réclame, je n'ai rien statué, parce que j'ai pensé qu'elles étaient données à d'autres, et que d'ailleurs il serait ridicule qu'un homme dont nous avons eu tant à nous plaindre, reprît tout à coup une si grande autorité dans le pays. Par la suite, vous verrez le parti que vous pourrez tirer de cet homme. BONAPARTE.

Au Caire, le 14 messidor an 7 (2 juillet 1799).

Au général Dugua.

Je vous envoie, citoyen général, les noms de cinq mameloucks, qui, je crois, sont ici sans passeport, puisqu'ils ne sont pas sur votre état. Prenez des renseignemens sur ces hommes, et, s'ils sont les mêmes que ceux que l'on m'a adressés comme mauvais sujets, faites-les arrêter de suite et conduire à la citadelle : Hussein, de la suite d'Oshman ; Bey-Cherchaoui ; l'émir Ahmed-Aboukul, de la maison Hussein-Bey ; l'émir Hassan, mamelouck d'Ayoub-Bey ; Aly-Effendi, de chez Sélim-Bey.

Faites rechercher, je vous prie, s'il y aurait dans la ville d'autres mameloucks également sans passeport.

BONAPARTE.

Au Caire, le 14 messidor an 7 (2 juillet 1799).

Au général Desaix.

Je reçois, citoyen général, votre lettre du 3 messidor. J'ai reçu en même temps une lettre du général Friant de Bénéçouef, du 12 messidor; il m'annonce que Mourad-Bey fuit dans le Bahhireh. Il est indispensable que vous fassiez partir tout de suite pour le Caire tous les escadrons ou hommes montés des neuvième de hussards, troisième, quatorzième et quinzième de dragons. Gardez avec vous tous les hommes du vingt-deuxième de chasseurs et du vingtième de dragons. Il me paraît qu'il se trame quelque chose dans le Bahhireh; plusieurs tribus d'Arabes et quelques centaines de Maugrabins s'y sont rendus de l'intérieur de l'Afrique; Mourad-Bey s'y rend. Si ce rassemblement prenait de la consistance, il pourrait se faire que les Anglais et les Turcs y joignissent plusieurs milliers d'hommes.

Nous n'avons encore, ni devant Damiette, ni devant Alexandrie, aucune espèce de croisière ennemie.

On travaille tous les jours avec la plus grande activité aux fortifications d'El-Arich et de Catieh.

On vous envoie tout ce qui reste du vingt-deuxième de chasseurs et du vingtième de dragons.

Il part également une centaine d'hommes de votre division qui vont vous rejoindre. Si vous pouvez vous passer du bataillon de la soixante-unième, envoyez-le ici.

Le général Davoust est tombé malade et n'a pu remplir la mission que je voulais lui confier.

L'état-major n'a pas l'état des officiers auxquels vous avez accordé de l'avancement, envoyez-le moi, ainsi que celui des soldats auxquels vous désirez qu'il soit accordé des récompenses,

J'attends des nouvelles d'Europe. Le vent commence à devenir bon et nos ports sont ouverts. Au reste, Perrée, avec ses trois frégates, doit y être arrivé : il était chargé de nos instructions particulières.

J'attache une importance majeure à la prompte exécution du mouvement de cavalerie dont je vous ai parlé plus haut.

Le général Dommartin se rendant à Alexandrie sur un bâtiment armé, a été attaqué par les Arabes. Il est parvenu, quoique échoué, à les repousser avec la mitraille ; mais il a deux blessures qui ne sont pas dangereuses. On dit que vous avez quelques gros bâtimens provenant des mameloucks, et quelques djermes désarmées : faites passer tout cela au Caire, nous tâcherons d'en tirer parti. BONAPARTE.

Au Caire, le 15 messidor an 7 (3 juillet 1799).

Au scheick El-Békri, le premier des schérifs et notre ami.

Je vous écris la présente pour vous faire passer la demande que vous m'avez faite pour votre femme, pour dix karats de village, uniquement pour vous donner une preuve de l'estime que je fais de vous, et du désir que j'ai de voir tous vos vœux et tout ce qui peut vous rendre heureux s'accomplir.

BONAPARTE.

Au Caire, le 15 messidor an 7 (3 juillet 1799).

Au général Reynier.

J'ai reçu, citoyen général, votre lettre de Seneta, du 10 messidor. Toute la cavalerie de l'armée est dans ce moment-ci dans le Bahhireh ; il sera possible, cependant, de réunir une centaine de chevaux d'ici au 20, en y mettant une partie de mes guides. Faites en sorte que, ce jour-là, les cent hommes de cavalerie que vous avez soient à Belbeis, afin que ces deux cents hommes réunis, avec une pièce de canon, et deux cents hommes d'infanterie puissent nettoyer l'oasis. Je confierai cette opération au général Lagrange.

Le seul moyen qui vient de réussir parfaitement au général Rampon, et qui lui a fait lever en très-peu de temps cent chevaux et tout le miri du Kelioubeh, c'est d'arrêter les scheicks qui ne payent pas, et de les tenir en ôtages jusqu'à ce qu'ils aient donné de bons chevaux et payé le miri. Avec votre infanterie et votre pièce de canon, vous en avez autant qu'il vous en faut pour ne pas vous détourner un instant de l'importante affaire de la levée du miri.

Pour surprendre Elfy-Bey dans l'ouádi, il faut que les troupes partent le soir de Belbeis, marchent toute la nuit dans le désert, de manière à arriver, à la petite pointe du jour, au santon.

BONAPARTE.

Au Caire, le 15 messidor an 7 (3 juillet 1799).

Au général Friant.

J'ai reçu, citoyen général, la lettre que vous m'avez écrite du Fayoum. La rapidité et la précision de votre marche vous ont mérité la gloire de détruire Mourad-Bey.

Le général Murat, qui est depuis cinq à six jours dans le Bahhireh, et que j'ai prévenu de l'intention où était Mourad-Bey de s'y rendre, vous le renverra probablement.

L'état-major vous écrit pour que vous fassiez une course dans la province d'Alfiéli, afin de détruire les mameloucks qui pourraient s'y être établis.

BONAPARTE.

Au Caire, le 17 messidor an 7 (5 juillet 1799).

Au général Lanusse.

Je reçois, citoyen général, votre lettre du 17 messidor ; je suis fort aise que le village de Tatan soit innocent.

Le général Friant m'instruit, par une lettre du 14, que Mourad-Bey est toujours à la fontaine de Rayenne. Il paraît qu'il y est malade de sa personne. Le général Friant va se mettre en route pour le déloger. Faites passer cette lettre au général Murat, et donnez-moi exactement toutes les nouvelles que vous pourrez avoir de ce qui se passe dans le Bahhireh.

Je vous ai envoyé plusieurs procès-verbaux sur les assassinats commis sur nos courriers dans les villages de votre province ; faites punir les scheicks de ces villages. Faites qu'avant l'inondation le miri soit levé. Envoyez-moi la note des villages qui, selon vous, ne sont pas assez taxés, afin de leur demander un supplément. J'attends les trente chevaux que je vous ai demandés.

Je vais sous peu de jours me rendre à Menouf, pour, de là, reconnaître l'emplacement d'un fort au ventre de la Vache. Faites-moi connaître le nombre d'ouvriers que vous pourrez rassembler dans votre province, afin de pouvoir pousser vivement ce travail.

Je désire fort que vous ayez la gloire de joindre Mourad-Bey. Elle serait due à l'activité et aux services que vous avez rendus pendant notre absence.

Je n'ai point reçu le rapport du général Destaing, qui aura probablement été pris sur un des courriers égarés. Faites-moi part des renseignemens qu'il vous aurait donnés.

BONAPARTE.

Au Caire, le 19 messidor an 7 (7 juillet 1799).

Au général Fugières.

Le nommé Achmet Abouzahra, scheick arabe, doit se rendre dans son village, où je désire que vous le rétablissiez dans ses terres et dans ses maisons. Il paiera trois mille talaris dans la caisse du payeur. Cela est soumis cependant aux renseignemens que vous aurez sur les lieux. Il est fort recommandé par des gens de considération. BONAPARTE.

Au Caire, le 19 messidor an 7 (7 juillet 1799).

Au général Murat.

Je reçois, citoyen général, votre lettre sans date, par laquelle vous m'annoncez que vous avez pris plusieurs mameloucks dans un santon, et que vous vous mettez en marche pour tomber à la pointe du jour sur le rassemblement. On m'assure que Sélim-Cachef, qui est votre prisonnier, est un grand coquin; méfiez-vous-en et envoyez-le moi sous bonne garde.

Ne leur donnez pas un moment de relâche. Si Mourad-Bey descend dans le Bahhireh, ce qui ne paraît pas probable actuellement, il n'a pas avec lui plus de deux ou trois cents hommes mal armés et éclopés. D'ailleurs, je le ferai suivre par une bonne colonne.

Si vous n'avez pas encore marché sur Mariouf, je désire que vous y alliez, et, dans ce cas, que vous ordonniez au général Marmont d'y envoyer de son côté une forte colonne d'Alexandrie.

Tâchez de nous envoyer une cinquantaine de dromadaires, pour monter les hommes qui sont au dépôt.

BONAPARTE.

Au Caire, le 19 messidor an 7 (7 juillet 1799).

Au général Lanusse.

Je reçois votre lettre du 19, citoyen général ; je crois faux les renseignemens que vous avez. Mourad-Bey n'a pas bougé de la fontaine de Rayenne, située à douze lieues de Fayoum et à quatre journées du lac Natron.

Le général Friant est parti le 18, et a dû arriver le 19 à la fontaine de Rayenne. Si Mourad-Bey avait pris le parti de se rendre au lac Natron, il arriverait le 22. Ainsi, sous ce point de vue, votre séjour à Terraneh peut être utile pour remplir le but que vous vous proposez. Je ne crois pas qu'il se rende au lac Natron.

Je donne ordre au commandant de la province de Gizeh de partir avec seize hommes et une pièce de canon pour lever le miri dans sa province. Il combinera sa marche de manière à être le 22 à Wardam.

Si donc vous faisiez une course au lac Natron, vous lui donneriez l'ordre de vous y suivre. C'est le chef de bataillon Faure qui commande cette province.

BONAPARTE.

Au Caire, le 20 messidor an 7 (8 juillet 1799).

A l'ordonnateur en chef.

Le médecin en chef désire retourner en France, citoyen ordonnateur ; sa demande me paraît fondée sur un besoin réel de famille. Veuillez lui faire connaître que j'ai demandé au gouvernement son remplacement, je ne doute pas qu'il ne l'accorde ; mais, dans tous les cas, je ne consentirai à son départ que lorsqu'il sera remplacé.

BONAPARTE.

Au Caire, le 20 messidor an 7 (8 juillet 1799).

Au général Dugua.

Vous ferez, citoyen général, trancher la tête à Abdalla-Aga, ancien gouverneur de Jaffa, détenu à la citadelle. D'après ce que m'ont dit les habitans de Syrie, c'est un monstre dont il faut délivrer la terre. BONAPARTE.

Au Caire, le 21 messidor an 7 (9 juillet 1799).

Au général Lagrange.

Vous ferez partir ce soir, citoyen général, les deux cents hommes d'infanterie et les deux pièces de canon, qui iront coucher à Birket-el-Hadji. Ils en partiront demain pour se rendre à El-Menayer. Vous partirez avec la cavalerie demain au jour pour vous rendre à Birket-el-Hadji; vous y resterez toute la journée de demain, et vous en partirez à la nuit, pour arriver au jour au petit village à une lieue en deçà de Belbeis. En passant à El-Menayer, vous prendrez notre infanterie. Vous partirez le 20, à la nuit, de ce village, pour vous rendre par le désert dans l'Ouadi, à la suite d'Elfy-Bey. Le général Reynier doit avoir envoyé cent hommes de cavalerie à Belbeis pour tromper les espions; vous lui enverrez l'ordre de venir vous joindre à la nuit dans l'endroit où vous serez : ce mouvement rétrograde pourra faire croire que cette cavalerie va au Caire. Si cette cavalerie n'était pas encore arrivée, vous donneriez l'ordre qu'elle vienne vous rejoindre.

Vous ferez prendre à vos troupes pour cinq jours de vivres au Caire. Je donne ordre à l'ordonnateur de vous fournir huit chameaux, sur lesquels vous mettrez pour cinq jours de vivres. Vous aurez soin que chacun de vos hommes ait un bidon, et vous ferez mener un chameau avec des outres par cent hommes ; vous prendrez pour cela les chameaux du corps.

Le but de votre expédition est d'obliger Elfi-Bey de dépasser El-Arich, si vous ne pouvez pas le surprendre et le détruire ; de reconnaître la route qui va à Suez sans passer par Salabiar. Il doit y avoir des puits dans cette direction.

Votre colonne doit être composée de deux cents hommes d'infanterie, de cent cinquante de cavalerie, de cent hommes de cavalerie que vous devez trouver à Belbeis, de cent Grecs à pied, commandés par le capitaine Nicolet, de trente à quarante hommes à cheval, commandés par le chef de bataillon Barthélemy. Vous aurez avec vous deux pièces d'artillerie et un ingénieur des ponts et chaussées. Vous ferez passer les ordres au chef de bataillon Barthélemy et au capitaine Nicolet de partir ce soir avec votre infanterie. BONAPARTE.

Au Caire, le 24 messidor an 7 (12 juillet 1799).

Au sultan de Darfour.

Au nom de Dieu, clément et miséricordieux. Il n'y a pas d'autre Dieu que Dieu, et Mahomet est son prophète.

Au sultan de Darfour, Abd-El-Rahmons, serviteur des deux cités saintes, et calife du glorieux prophète de Dieu, maître des mondes.

Je vous écris la présente pour vous recommander Aga-Cachef, qui est auprès de vous, et son médecin Soliman, qui se rend à Darfour et vous remettra ma lettre.

Je désire que vous me fassiez passer deux mille esclaves mâles, ayant plus de seze ans.

Croyez, je vous prie, au désir que j'ai de faire quelque chose qui vous soit agréable. BONAPARTE.

Au Caire, le 24 messidor an 7 (12 juillet 1799).

Au général Dugua.

Vous ferez fusiller, citoyen général, les nommés Hassan, Jousset, Ibrahim, Saleh, Mahamet, Bekir, Hadj-Saleh, Mustapha, Mahamed, tous mameloucks.

Quant aux nommés Osman, Ismael, Hussein, autres mameloucks, vous les ferez tenir en prison à la citadelle jusqu'à nouvel ordre.

BONAPARTE.

Au Caire, le 24 messidor an 7 (12 juillet 1799).

Au général Lanusse.

Mourad-Bey, après avoir fait semblant de se rendre dans la Haute-Egypte, citoyen général, a fait contre-marche dans la nuit, et a couché le 22 à Zaoé. Il est passé hier, à quatre heures après midi, à Aboukir, à trois lieues de Girgeh. On pense qu'il a été au lac Natron. Faites passer cet avis en toute diligence au général Destaing et au général Murat : j'attends dans une heure des détails ultérieurs. Il a avec lui deux cents hommes, compris les domestiques; il n'a que quarante chevaux; il est dans un grand état de délabrement; il est vivement poursuivi par le général Friant.

BONAPARTE.

Au Caire, le 24 messidor an 7 (12 juillet 1799).

Au Directoire exécutif.

Le citoyen Venture, secrétaire interprète pour les langues orientales, est mort en Syrie : c'était un homme de mérite. Il a laissé une famille qui a des titres à la protection du gouvernement.

Le payeur général envoie à sa famille un bon de 12,000 fr. sur la trésorerie nationale pour une année d'appointemens.

BONAPARTE.

Au Caire, le 24 messidor an 7 (12 juillet 1799).

Au général Murat.

Je reçois, citoyen général, votre lettre du 23 messidor, aujourd'hui à cinq heures du soir. Vous m'apprenez votre voyage au lac Natron et votre départ, à cinq heures du soir pour Terraneh, où je suppose que vous êtes arrivé le 24 au matin.

Vous verrez, par la copie de la lettre du général Friant, qu'il a pris quelques chameaux à Mourad-Bey, qui, après avoir fait une marche dans la Haute-Egypte, est rapidement retourné sur ses pas, a marché trois jours et trois nuits, et est arrivé hier 23 à quatre heures du soir au village de Dachour, près les pyramides de Sahara; il en est parti à cinq heures du soir pour prendre la route du désert : on croit qu'il s'est rendu au lac Natron.

Le général Junot est aux pyramides : j'ai envoyé de tous côtés des hommes pour m'instruire de la marche de Mourad-Bey.

Mourad-Bey a avec lui deux cents mameloucks, moitié à cheval, moitié sur des chameaux, en très-mauvais état, et cinquante à soixante Arabes : si le bonheur eût voulu que vous fussiez resté vingt-quatre heures de plus au lac Natron, il est très-probable que vous nous apportiez sa tête.

Vous vous conduirez selon les nouvelles que vous recevrez; vous vous rendrez au lac Natron ou sur tout autre point du Bahhireh où vous penserez devoir vous porter pour nous débarrasser de cet ennemi si redoutable et aujourd'hui en si mauvais état.

Le général qui aura le bonheur de détruire Mourad-Bey aura mis le sceau à la conquête de l'Egypte : je désire bien que le sort vous ait réservé cette gloire. BONAPARTE.

Gizeh, le 27 messidor an 7 (15 juillet 1799).

Au général Kléber.

L'adjudant-général Julien vous aura sans doute appris, citoyen général, la nouvelle de l'arrivée d'une flotte turque dans la rade d'Aboukir, le 24 messidor; et si la présence de l'ennemi ne vous en pas empêché, vous aurez opéré votre mouvement sur Rosette, en vous portant avec la majeure partie de vos forces sur l'extrémité de votre province, afin de pouvoir, dans le moins de temps possible, combiner vos mouvemens avec le reste.

Je pars dans la nuit pour Terraneh, d'où je me rendrai probablement à Rahmanieh.

Il faut livrer El-Arich et Catieh à leurs propres forces; et si aucune force imposante n'a encore paru devant Damiette, vous vous porterez dans une position quelconque, le plus près possible de Rosette.

J'ai toute la journée couru les déserts, au-delà des pyramides, pour donner la chasse à Mourad-Bey.

BONAPARTE.

Gizeh, le 27 messidor an 7 (15 juillet 1799).

Au général Dugua.

Je vais, citoyen général, partir pour quelques jours. Je retournerai au Caire, aussitôt que la nature des bâtimens qui ont paru et les forces qu'ils pourront porter me seront connues.

Je vous fais passer copie de la lettre que j'écris au général Desaix : si jamais mes exprès étaient interceptés, et que vous appreniez qu'il se passe des événemens majeurs, vous êtes autorisé à le faire venir.

Faites-moi passer tous les dromadaires et toute la cavalerie qui viendra de la Haute-Egypte ou du général Lagrange. Vous sentez combien il est nécessaire que j'aie quelques centaines d'hommes de cavalerie.

Je donne ordre au payeur de vous faire solder tout ce qui vous est dû pour frais de table et bureaux de la place.

Quant aux généraux Reynier et Lagrange, vous verrez que je ne décide encore rien sur leur destination : je les préviens seulement de se tenir prêts à faire un mouvement sur moi. Comme mes ordres pourraient être interceptés, ce sera à vous, si les circonstances l'exigent, à les en prévenir.

J'ai donné ordre au capitaine Nicolet de rentrer au Caire avec ses Grecs. Envoyez plusieurs exprès pour le lui réitérer.

Je vous prie de faire partir demain, par terre, une copie de ma lettre au général Desaix. BONAPARTE.

Au Caire, le 27 messidor an 7 (15 juillet 1799).

Au citoyen Poussielgue.

Je m'éloigne pour quelques jours, citoyen administrateur ; je vous prie de me donner très-souvent des nouvelles de ce qui se passera au Caire. Je ne doute pas que vous ne contribuiez, par votre activité et votre esprit conciliateur, à y maintenir la tranquillité, comme vous l'avez fait précédemment pendant mon incursion en Syrie. BONAPARTE.

Terraneh, le 29 messidor an 7 (17 juillet 1799).

Au général Kléber.

Le quartier-général est aujourd'hui, citoyen général, à Terraneh. Le général Lanusse va se réunir avec le général Fugières et le général Robin pour former, dans le Delta, une colonne mobile, qui pourra se porter rapidement, soit sur un des points de la côte, soit sur les communications qui seraient sérieusement menacées.

Je compte être le 1er thermidor à Rahmanieh.

BONAPARTE.

P. S. J'ai reçu des lettres, du 26, d'Alexandrie, par lesquelles on m'informe qu'il avait été aperçu, depuis le 24, une flotte ennemie, composée, tant gros que petits bâtimens, d'une soixantaine de voiles, dont seulement cinq de guerre.

Terraneh, le 29 messidor an 7 (17 juillet 1799).

Au général Marmont.

J'ai reçu, citoyen général, votre lettre du 24, à la pointe du jour, de Rosette. Je n'ai eu aucune sollicitude pour Alexandrie. Soutenez Rosette. Je pense que vous serez posté à Aboukir, comme vous me l'annonciez, pour tomber sur les flancs de l'ennemi, s'il osait débarquer entre Aboukir et Rosette pour tenter un coup de main.

Des troupes arrivent ce soir à Rahmanieh. Je couche ici ce soir avec l'armée. Je serai, le 1er thermidor, au soir, à Rahmanieh.

J'ai fait mettre garnison et des canons dans les couvens du lac Natron.

Mourad-Bey, chassé, poursuivi de tous côtés, s'est retiré

dans le Fayoum; il a avec lui une centaine de mameloucks, 50 arabes et quarante hommes, tous exténués de fatigues et dans le dernier délabrement.

Vous avez sans doute appris que le 24 du mois le général Lagrange est arrivé à la pointe du jour dans les oasis situés dans le désert, entre Suez, la Syrie et Belbeis, a surpris deux cents mameloucks, tué Osman-Bey-Cherkaoui, un des coryphées du pays, et pris sept cents chameaux.

BONAPARTE.

Terraneh, le 29 messidor an 7 (17 juillet 1799).

A Moussa, chef de la tribu des Annadis.

Nous vous faisons savoir par une lettre, que nous sommes arrivés aujourd'hui à Terraneh avec l'armée, pour nous porter dans le Bahhireh, afin de pouvoir anéantir d'un seul coup nos ennemis, et confondre tous les projets qu'ils pourraient avoir conçus.

Nous désirons que vous nous envoyiez, pour le premier thermidor au soir, à Rahmanieh, quelqu'un de votre part pour nous donner des nouvelles de tout ce qui se passe à Marion et dans le désert, ainsi que de tout ce qui serait à votre connaissance.

Nous désirons aussi vous voir bientôt, avec bon nombre de vos gens, pour éclairer notre armée.

Recommandez à tous vos Arabes de se bien comporter, afin qu'ils méritent toujours notre protection.

J'ai fait occuper par nos troupes, et mettre des canons dans les couvens du lac Natron. Il sera donc nécessaire, quand quelqu'un de votre tribu ira, qu'il se fasse reconnaître, car j'ai ordonné qu'ils soient traités comme amis. Faites connaître le contenu de cette lettre à tous les scheicks, sur qui soit le salut.

BONAPARTE.

Terraneh, le 29 messidor an 7 (17 juillet 1799).

PROCLAMATION.

Il n'y a d'autre dieu que Dieu, et Mahomet est son prophète.

Aux scheicks, ulémas, schérifs, imans et fellahs de la province de Bahhireh.

Tous les habitans de la province de Bahhireh mériteraient d'être châtiés; car les gens éclairés et sages sont coupables lorsqu'ils ne contiennent pas les ignorans et les méchans. Mais Dieu est clément et miséricordieux, le prophète a ordonné, dans presque tous les chapitres du Koran, aux hommes sages et bons d'être clémens et miséricordieux : je le suis envers vous. J'accorde par le présent firman un pardon général à tous les habitans de la province de Bahhireh qui se seront mal comportés, et je donne des ordres pour qu'il ne soit formé contre eux aucune recherche. J'espère que désormais le peuple de la province de Bahhireh me fera sentir par sa conduite qu'il est digne de pardon. BONAPARTE.

Terraneh, le 29 messidor an 7 (17 juillet 1799).

Au général Dugua.

Le nombre des vaisseaux ennemis, citoyen général, s'est augmenté d'une quinzaine de bâtimens légers. Vous sentez combien il serait nécessaire de presser le départ de tous les hommes dispersés. J'espère que le général Lagrange sera parti du Caire pour l'armée quand vous recevrez ceci. Il y a beaucoup de chefs de bataillon qui ne sont pas à leurs corps, parce qu'ils sont un peu incommodés, et qui ont pensé que ce n'était seulement qu'une course contre les Arabes. Faites que tous ces hommes nous rejoignent; il est essentiel que tout cela marche en corps : j'estime que les détachemens doivent être au moins de deux cents hommes.

Ecrivez au général Desaix les nouvelles que je reçois, et que j'imagine que la colonne mobile contre Mourad-Bey est partie, et qu'il presse le départ de la cavalerie que je lui ai demandée. Dès que le bataillon de la 22ᵉ, ainsi que le général Rampon et sa colonne, seront arrivés au Caire, qu'il file en toute diligence sur Rahmanieh.

Instruisez le général Reynier qu'il est nécessaire qu'il réunisse la garnison de Salahieh, en y laissant en tout, compris sapeurs et canonniers, cent vingt hommes, et qu'il soit prêt, à tout événement, à se porter de Belbeis par le Delta sur Rahmanieh : vous lui enverrez tous les grenadiers et l'artillerie de sa division. Il pourra aussi m'amener un millier d'hommes, qui pourront m'être d'un grand secours. Si dans trente-six-heures vous ne recevez pas de lettre de moi, vous ordonnerez ce mouvement.

Envoyez un des généraux qui sont au Caire en convalescence pour commander à Gizeh.

Faites partir les deux demi-galères et la chaloupe canonnière *la Victoire* pour Rahmanieh. Faites-y embarquer deux mille paires de souliers. Envoyez-nous sous leur escorte à Rahmanieh encore deux ou trois cent mille rations de biscuit et de la farine : l'ordonnateur en chef donne des ordres pour cet objet.

Le convoi escorté par les trois djermes *la Vénitienne*, etc., n'est pas encore arrivé.

Je serai le 1ᵉʳ thermidor au soir à Rahmanieh.

Je vous expédierai constamment deux courriers par jour.

Si les Anadis continuent à nous rester fidèles, vous ne manquerez pas de nouvelles. Le citoyen Rosetti peut vous servir beaucoup en cela : ayez cependant l'œil sur les démarches de cet homme.

Sélim-Cachef, le dernier qui est venu du Bahhireh, m'est représenté comme un homme extrêmement dangereux ; faites-le appeler, dites-lui que comme je vais dans le Bahhireh, je désire l'avoir avec moi, à cause de ses connaissances locales, et sur ce faites-le embarquer sur une des demi-galères, en le consignant au commandant et lui recommandant d'avoir pour lui quelques égards ; que cependant il en répond comme d'une chose capitale.

Faites fusiller les prisonniers qui se permettront le moindre mouvement.

Fixez les yeux sur les approvisionnemens de la citadelle de Gizeh, Ibrahim-Bey et des petits forts.

Faites connaître au divan que, vu les troubles survenus dans le Bahhireh et le grand nombre de mécontens qui s'y trouvent, j'ai jugé à propos de m'y rendre moi-même. Quant aux bâtimens qu'ils pourraient savoir être sur la côte, dites que nous croyons que ce sont des Anglais, et que l'on dit que la paix est faite entre les deux puissances.

Dites que vous savez que je leur ai écrit, et sur ce demandez-leur s'ils ont reçu ma lettre : montrez-leur ma proclamation aux habitans du Bahhireh ; amusez-les avec l'expédition du général Menou au lac Natron et du général Destaing à Mariouf.

BONAPARTE.

Au Caire, le 29 messidor an 7 (17 juillet 1799).

Au général Desaix.

Mourad-Bey a été au lac Natron, citoyen général ; il n'a pas trouvé le rassemblement des bayouchi et des mameloucks : il est retourné : il a couché la nuit du 25 au 26 aux pyramides. Bertram, chef des Arabes, lui a fourni ce dont il avait besoin : il a disparu. Il est, à ce que mande le général Murat, au village de Dachour, à six ou sept heures d'ici : cela me contrarie beaucoup.

Le 24, une flotte turque, composée de cinq vaisseaux de ligne, trois frégates, cinquante à soixante bâtimens légers ou de transport, a mouillé dans la rade d'Aboukir. Je n'ai des nouvelles de Damiette que du 23.

Ibrahim-Bey est à Gaza, où il menace. Le général Lagrange a nettoyé les ouadis, près le camp des mameloucks, descendus de la Haute-Egypte, tué Osman-Bey-Cherkaoui et chassé le reste dans le désert; mais il occupe le reste de ma cavalerie : ainsi il faut, dans ce moment, contenir Mourad-Bey qui est sur la lisière de la province de Gizeh, Osman-Bey, etc., et pourvoir au débarquement. Vous voyez qu'il est nécessaire de prendre des mesures promptes et essentielles.

Je suis fâché que le général Friant n'ait pas suivi Mourad-Bey, ou du moins il ne devait pas, étant à portée du Caire, s'en éloigner sans savoir ce que j'en pensais.

Il faut vous approcher de Bénéçoüef, réunir toutes vos troupes en échelon, de manière à pouvoir en peu de jours, être au Caire, avec la première colonne et les suivantes, à trente-six heures d'intervalle les unes des autres; tenir à Cosseir cent hommes, autant dans le fort de Kench. Si le débarquement est une chose sérieuse, il faudra évacuer la Haute-Egypte, laissant vos dépôts en garnison dans vos forts; s'il n'est composé que de cinq ou six mille hommes, alors il faut que vous envoyiez une colonne pour contenir Mourad-Bey, le suivre partout où il descendra, dans le Bahhireh, le Delta, la Scharkieh ou dans la province de Gizeh. Pour ce moment, mon intention est que vous vous prépariez à un grand mouvement, et que vous vous contentiez de faire partir de suite une colonne pour poursuivre Mourad-Bey. Vous la dirigerez sur Gizeh.

Je pense que vous aurez fait partir tous les hommes des septième de hussards, quatorzième, troisième et quinzième de dragons : nous en avons bien besoin. Je vais me porter dans le Bahhireh, avec cent hommes de mes guides, pour toute cavalerie. Je suis fâché que Destrée ne soit pas parti avec son régiment.

BONAPARTE.

Rahmanieh, le 2 thermidor an 7 (21 juillet 1799).

Au général Kléber.

Nous arrivons à Rahmanieh, citoyen général ; l'adjudant-général Jullien m'apprend que l'avant-garde de votre division arrive à Rosette, et que vous-même n'en êtes pas éloigné avec le reste de votre division.

Il paraît que l'ennemi a décidément débarqué à Aboukir, et est dans ce moment maître de la redoute.

Ma ligne d'opération sera Alexandrie, Birket et Rosette. Je me tiendrai avec la masse de l'armée à Birket. Le général Marmont est à Alexandrie, et vous vous trouverez à Rosette l'un et l'autre ayant à peu près autant de monde, de sorte que vous vous trouvez former la droite, le général Marmont la gauche, et je suis au centre. Si l'ennemi est en force, je me battrai dans un bon champ de bataille, ayant avec moi ou ma droite ou ma gauche : celle des deux qui ne pourra pas être avec moi, je tâcherai qu'elle puisse arriver pour servir de réserve.

Birket est à une lieue de la hauteur d'Elouah et à une lieue du village de Bécentor, village assez considérable. Prenez tous les renseignemens nécessaires sur la situation d'Efkout, village sur la route de Rosette à Aboukir par rapport à Birket, et tâchez de vous organiser de manière à pouvoir au premier ordre vous porter le plus promptement possible à Efkout ou à Birket, et comme il serait possible que nos communications fussent interceptées, tâchez d'avoir beaucoup de monde en campagne pour savoir ce que je fais et où je suis, afin que s'il arrivait des cas où il n'y eût pas d'inconvénient à un mouvement et où des avis vous feraient penser que j'ai dû vous ordonner de le faire, vous le fassiez.

Vous trouverez à Rosette quelques pièces de campagne dont vous pourrez vous servir.

Je vous envoie quatre copies de cette lettre, afin qu'elle vous parvienne.

Quelque chose qui arrive, je compte entièrement sur la bravoure de seize à dix-huit mille hommes que vous avez avec vous : je ne pense pas que l'ennemi en aurait autant, quand même ces cent bâtimens seraient chargés de troupes.

BONAPARTE.

Rahmanieh, le 2 thermidor an 7 (21 juillet 1799).

Au divan de Rosette.

Je vous écris cette lettre pour vous faire connaître que je suis arrivé à Rahmanieh, et que je me dispose à me porter contre ceux qui voudraient troubler la tranquillité de l'Egypte.

Depuis assez long-temps l'Egypte a été sous le pouvoir des mameloucks et des osmanlis, qui ont tout détruit et tout pillé. Dieu l'a mise en mon pouvoir, afin que je lui fasse reprendre son ancienne splendeur. Pour accomplir ses volontés, il m'a donné la force nécessaire pour anéantir tous nos ennemis. Je désire que vous teniez note de tous les hommes qui dans cette circonstance se conduiront mal, afin de pouvoir les châtier exemplairement. Je désire également que vous me fassiez passer deux fois par jour des exprès, pour me faire savoir ce qui se passe, et que vous envoyiez à Aboukir des gens intelligens pour en être instruits.

Le général Abdallah Menou va se rendre à Rosette.

BONAPARTE.

Rahmanieh, le 2 thermidor an 7 (21 juillet 1799).

Au général Marmont.

Les divisions Rampon et Launes, citoyen général, achèvent d'arriver aujourd'hui. Le général Murat, avec la soixante-neuvième, la cavalerie, un escadron de dromadaires et de l'artillerie, sera cette nuit sur la hauteur d'Ellouah.

Si l'ennemi a pris Aboukir, envoyez la cavalerie et les dromadaires à Birket avec deux pièces de 8 bien approvisionnées, mon intention étant au préalable de réunir toute la cavalerie de l'armée.

Si l'ennemi n'a pas pris Aboukir, mais qu'il y ait une nécessité imminente de le secourir, partez; le général Murat a ordre de vous seconder.

Si Aboukir peut attendre encore que je prenne un parti moi-même, faites en sorte que j'aie demain au soir des nouvelles positives de l'état des choses. Je n'attends que ce rapport et la journée de demain pour le repos des troupes, pour marcher. Dans ces deux cas, préparez votre artillerie de campagne et vos obusiers.

Dans tous les cas, vous recevrez un renfort de canonniers.

Les rassemblemens du Bahhireh ayant été absolument détruits, Mourad poursuivi, réduit à une poignée de monde, ne sachant où se réfugier, je regarde l'opération des ennemis comme entièrement manquée.

BONAPARTE.

Rahmanieh, le 3 thermidor an 7 (22 juillet 1799).

A l'adjudant-général Jullien.

J'ai reçu, citoyen commandant, des nouvelles d'Alexandrie; l'ennemi n'a encore fait aucun mouvement; on croit que le fort d'Aboukir tient toujours. J'attends ce soir le général Menou avec une colonne.

Envoyez tous les jours des reconnaissances, afin que je puisse être prévenu à temps si l'ennemi faisait un mouvement sur vous. J'attends ce soir quatre cents hommes de cavalerie, et dans quelques jours autant : alors il y aura des postes en échelons jusqu'au débouché du lac Madieh, qui vous couvriront; mais jusqu'alors envoyez tous les matins de fortes reconnaissances pour me prévenir à temps; et, pour vous, rentrez dans votre fort. BONAPARTE.

Rahmanieh, le 3 thermidor an 7 (22 juillet 1799).

Au général Murat.

J'attends ce soir, citoyen général, le chef de brigade Duvivier avec les cent soixante hommes qu'avait le général Lagrange, et deux cents hommes des septième hussards, quatorzième et quinzième de dragons, venant de la Haute-Egypte, et qui étaient arrivés le 29 à Boulac. Le chef de brigade Destrées arrivera trois jours après avec deux cents hommes.

J'ai eu des nouvelles de Rosette en date d'hier au matin; il n'y avait rien de nouveau.

Je fais partir ce soir cent cannonniers, et j'envoie cent hommes de troupes de la garnison d'Alexandrie pour s'y rendre; je vous les adresse pour que vous régliez la marche pour le passage. BONAPARTE.

Rahmanieh, le 3 thermidor an 7 (22 juillet 1799).

Au général Dugua.

Je reçois, citoyen général, votre lettre du 30. J'attends avec la plus grande impatience la cavalerie que vous m'annoncez. Le général Reynier a dû vous envoyer tous les hommes du quatorzième qu'il a. Bessières m'assure qu'une trentaine de mes guides seraient disponibles en leur donnant des chevaux.

Ecrivez à Destrées d'activer sa marche avec le plus de monde qu'il pourra.

La trente-deuxième et la dix-huitième ont laissé, à elles deux, plus de six cents hommes au Caire. Si vous ne faites pas partir tous ces hommes de suite, je me trouverai avec fort peu de monde. Faites une revue scrupuleuse, et que tout ce qui appartient à la vingt-deuxième, même le bataillon qui doit être arrivé de Bénêçoüef, à la dix-huitième, à la trente-deuxième, à la treizième, à la soixante-neuvième, parte sans le moindre délai.

Le général Rampon aura sans doute, à l'heure qu'il est, dépassé le Caire. Il avait avec lui soixante hommes d'artillerie à cheval qu'il faut m'envoyer.

Faites partir le chef de bataillon Faure avec cent canonniers qui sont nécessaires pour jeter dans Alexandrie.

L'ennemi débarque toujours à Aboukir.

J'ai trouvé ici et à Rosette des pièces de campagne. Je m'organise. J'ai été joint par les généraux Lanusse, Robin et Fugières. On a cependant laissé à Menouf une centaine d'hommes.

J'attends aujourd'hui à midi le général Menou qui est de retour du lac Natron.

Je vous envoie une lettre que vous remettrez au divan du Caire.

Que tous les envois que vous me faites soient toujours de deux cent cinquante à trois cents hommes, afin d'éviter toute espèce d'accidens.

Je demande au payeur de nous envoyer 100,000 fr. ; il sera bon alors pour l'escorte de profiter d'un moment où vous aurez quatre cents hommes à nous envoyer.

Je vous recommande de nous envoyer jour par jour, et même deux fois par jour, les hommes qui doivent nous rejoindre : vous en sentez l'importance. Toutes les heures il peut y avoir une affaire décisive, et dans le petit nombre de troupes que j'ai, trois cents hommes ne sont pas une faible chance.

BONAPARTE.

Rahmanieh, le 3 thermidor an 7 (22 juillet 1799).

Au divan du Caire.

Choisis parmi les gens les plus sages, les plus instruits et les plus éclairés, que le salut du prophète soit sur eux !

Je vous écris cette lettre pour vous faire connaître qu'après avoir fait occuper le lac Natron, et presque le Bahhireh, pour rendre la tranquillité à ce malheureux pays et punir nos ennemis, nous nous sommes rendus à Rahmanieh. Nous avons accordé un pardon général à la province, qui est aujourd'hui parfaitement tranquille.

Quatre-vingts bâtimens, petits et gros, se sont présentés pour attaquer Alexandrie ; mais, ayant été accueillis par des bombes et des boulets, ils ont été mouiller à Aboukir, où ils commencent à débarquer. Je les laisse faire, parce que mon intention est, lorsqu'ils seront tous débarqués, de les atteindre, de tuer tout ce qui ne voudra pas se rendre, et de laisser la vie aux autres pour les mener prisonniers, ce qui fera un beau spectacle pour la ville du Caire. Ce qui avait conduit cette flotte ici, était l'espoir de se réunir aux mameloucks et aux Arabes pour piller et dévaster l'Egypte. Il y a sur cette flotte des Russes, qui ont en horreur ceux qui croient à l'unité de Dieu, parce que, selon leurs mensonges, ils croient qu'il y en a trois. Mais ils ne tarderont pas à voir que ce n'est pas le nombre des dieux qui fait la force, et qu'il n'y en a qu'un seul, père de la victoire, clément et miséricordieux, combattant toujours pour les bons, confondant les projets des méchans, et qui, dans sa sagesse, a décidé que je viendrais en Egypte pour en changer la face, et substituer à un régime dévastateur un régime d'ordre et de paix. Il donne par là une marque de sa haute puissance : car ce que n'ont jamais pu faire ceux qui croient à trois, nous l'avons fait, nous qui croyons qu'un seul gouverne la nature et l'univers.

Et, quant aux musulmans qui pourraient se trouver avec eux, ils seront réprouvés, puisqu'ils se sont alliés, contre l'ordre du prophète, à des puissances infidèles et à des idolâtres. Ils ont donc perdu la protection qui leur aurait été accordée; ils périront misérablement. Le musulman qui est embarqué sur un bâtiment où est arboré la croix, celui qui tous les jours entend blasphémer contre le seul Dieu, est pire qu'un infidèle même. Je désire que vous fassiez connaître ces choses aux différens divans de l'Egypte, afin que les malintentionnés ne troublent pas la tranquillité des différentes villes : car ils périront comme Dahmanour et tant d'autres, qui, par leur mauvaise conduite, ont mérité ma vengeance.

Que le salut de paix soit sur les membres du divan!

BONAPARTE.

Rahmanieh, le 3 thermidor an 7 (22 juillet 1799).

Au général Dugua.

Tous les drogmans, citoyen général, nous ont manqué : ces messieurs ont probablement assez volé. Je vous prie de faire arrêter le citoyen Bracevich, et en général tous les drogmans des généraux qui sont ici, de les embarquer sur une djerme armée, et de les envoyer à Rahmanieh.

Le citoyen Poussielgue a deux jeunes gens de ceux que j'avais amenés de France, je vous prie de m'envoyer le plus intelligent.

BONAPARTE.

Rahmanieh, le 3 thermidor an 7 (22 juillet 1799).

Au général Marmont.

Un renfort de canons, citoyen général, quelques hommes épars de votre garnison, et, ce qui est plus précieux encore, le citoyen Faultrier, partent pour vous rejoindre.

Le général Murat, qui est parti hier pour reconnaître l'ennemi à Aboukir et prendre position à Birket, aura déjà communiqué avec vous, et vous aura fait passer mes dépêches.

Le général Menou part dans l'instant même pour prendre le commandement de Rosette et de la province.

Gardez-vous avec la plus grande vigilance ; ne dormez que de jour ; baraquez vos corps très à portée ; faites battre la diane bien avant le jour ; exigez qu'aucun officier, surtout officier supérieur, ne se déshabille la nuit ; faites battre souvent de nuit l'assemblée ou toute autre sonnerie convenue, pour voir si tout le monde connaît bien le poste qui lui a été désigné, et réservez la générale pour les alertes réelles. Il doit y avoir à Alexandrie une grande quantité de chiens dont vous pouvez aisément vous servir en en liant un grand nombre à une petite distance de vos murailles. Relisez avec soin le réglement sur le service des places assiégées : c'est le fruit de l'expérience, il est rempli de bonnes choses.

L'état-major vous envoie les signaux convenus pour pouvoir communiquer pendant le siége ou le blocus, si le cas arrivait.

Si d'Aboukir ils vous écrivent pour vous sommer de vous rendre, faites beaucoup d'honnêtetés au parlementaire; faites-leur sentir que l'usage n'est pas de rendre une place avant qu'elle soit investie, que s'ils l'investissent, alors vous pourrez devenir plus traitable; poussez cette négociation aussi loin que vous pourrez, car je regarderais comme un grand bonheur, si la facilité avec laquelle ils ont pris Aboukir pouvait les porter à vous bloquer : ils seraient alors perdus. Sous peu de jours, j'aurai ici un millier d'hommes de cavalerie.

S'ils ne vous font pas de proposition, et que vous ayez une ouverture naturelle de traiter avec eux, vous pourriez les tâter. La transition alors pourrait être de connaître la capitulation d'Aboukir, les sûretés qu'on a données à la garnison de passer en France, et si on tiendra cette promesse : ce qui, naturellement, vous mène à pouvoir faire sentir que vous les trouvez très-heureux.

Bonaparte.

Rahmanieh, le 3 thermidor an 7 (22 juillet 1799).

Au général Menou.

Arrivé à Rosette, citoyen général, votre première sollicitude sera de débarrasser le fort de tout ce qui l'encombre, vivres, artillerie, malades, d'envoyer tout à Rahmanieh.

Le général Kléber doit avoir opéré son mouvement sur Rosette. Ma ligne d'opérations est Alexandrie, Birket et Rosette. Il faut que vous désigniez d'abord une garnison raisonnable pour le fort, qu'avec le reste vous vous teniez toujours organisé pour pouvoir vous porter sur Birket, qui est le point de toutes mes opérations.

Faites partir demain soir de Rosette trente chameaux chargés de riz pour Birket, et dix chargés de biscuit : ce sera un grand service que vous me rendrez. Les chameaux retourneront pour faire un second voyage. Si vous pouvez aussi nous y faire passer vingt mille cartouches, cela nous rendra un service essentiel. Les cent hommes que vous chargerez de cette escorte, formeront une première patrouille de Rosette à Birket.

Entretenez une correspondance très-active avec le général Kléber, et faites écrire par le divan de Rosette aux divans de Garbieh, Menouf et Damiette, pour leur donner les nouvelles telles qu'elles sont, et détruire les faux bruits qui pourraient circuler.

Si l'ennemi faisait un mouvement en force sur Rosette, et que vous ne vous jugiez pas suffisant pour pouvoir le culbuter, vous vous renfermeriez dans le fort, et vous attendriez qu'une colonne partie de Birket se portât sur Ef-Kout pour prendre l'ennemi en flanc et par ses derrières; il en échapperait fort peu. Si le bataillon de Rosette vous avait rejoint, vous laisseriez l'adjudant-général Jullien dans le fort, et vous opéreriez votre retour sur Birket ou Rahmanieh.

Dès l'instant que la cavalerie que j'attends sera arrivée, il y aura de très-fréquentes patrouilles de Birket à Ef-Kout et à Rosette.

Au reste, dans toutes les circonstances qui peuvent arriver, le principal but, si vous êtes attaqué sérieusement, c'est de défendre le fort de Rosette, afin que l'ennemi n'ait pas l'embouchure du Nil; le second but est d'empêcher l'ennemi d'arriver à Rosette. Vous vous trouverez, avec une pièce de canon et votre garnison, à même de vous opposer à un détachement de quatre à cinq cents hommes qui voudraient passer Rosette.

Enfin de vous trouver prêt, avec la colonne dont vous pouvez disposer, à me rejoindre sur le point de Birket.

BONAPARTE.

Rahmanieh, le 3 thermidor an 7 (22 juillet 1799).

Au divan de Rosette.

Dieu est grand et miséricordieux.

Au divan de Rosette, choisi parmi les plus sages et les plus justes.

J'ai reçu vos lettres et j'en ai compris le contenu.

J'ai appris avec plaisir que vous avez les yeux ouverts pour maintenir tout le monde de la ville de Rosette dans le bon ordre. Le général Menou partira ce soir avec un bon corps de troupes; je porterai moi-même mon quartier-général à Birket, où je vous prie de m'envoyer les renseignemens que vous pourrez avoir. Faites une circulaire pour faire connaître à tous les villages de la province, que heureux ceux qui se comporteront bien et contre qui je n'ai pas de plainte à faire: car ceux qui sont mes ennemis périront indubitablement.

Que le salut du prophète soit sur vous. BONAPARTE.

Rahmanieh, le 4 thermidor an 7 (23 juillet 1799).

Au général Desaix.

L'ennemi, citoyen général, a été renforcé de trente bâtimens, ce qui fait cent vingt ou cent trente bâtimens existans dans la rade d'Aboukir, et il est maître de la redoute et du fort d'Aboukir depuis le 23 messidor.

Je pars aujourd'hui pour aller reconnaître sa position et voir s'il est possible de l'attaquer et culbuter dans la mer : car il paraît qu'il ne veut pas se hasarder à attaquer Alexandrie, et qu'il se contente, en attendant qu'il connaisse les mouvemens de Mourad-Bey et d'Ibrahim-Bey, de se fortifier dans la presqu'île d'Aboukir.

Je désirerais bien avoir la cavalerie que je vous ai demandée, si je reste en position devant lui, parce que sa position serait telle qu'il serait impossible de l'attaquer.

Le général Friant sera sans doute à la suite de Mourad-Bey : vous serez réunis de manière à pouvoir vous porter promptement au Caire. Je désire que vous vous y portiez de votre personne avec votre première colonne : vous vous ferez remplacer à Bénêçouêf par votre seconde colonne.

Arrivé au Caire, vous réunirez ce qui s'y trouve de la division Reynier, pour vous trouver à même de marcher à Ibrahim-Bey s'il passait le désert sans toucher à El-Arich ni à Catieh ; il devrait avoir, dans cette hypothèse, un millier de chameaux avec lui, et dès l'instant qu'il aurait touché aux terres d'Egypte, ce qui pourrait être entre Belbeis et le Caire, il faudrait marcher à lui. La garnison du Caire trouvera dans les forts un refuge certain, qui contiendront la ville, quelque événement qu'il puisse arriver. BONAPARTE.

Au camp d'Aboukir, le 9 thermidor an 7 (27 juillet 1799).

Au général Desaix.

Vous aurez appris, par l'état-major, les succès de la bataille d'Aboukir : de quinze mille hommes qui étaient débarqués, mille sont restés sur le champ de bataille, huit mille se sont noyés en voulant rejoindre à la nage leur escadre, qui était si éloignée, que pas un n'a pu arriver ; trois mille sont cernés dans le château, six mortiers tirent dessus ; cinq cents hommes se sont noyés hier en voulant rejoindre leur escadre. Il y a déjà eu plusieurs parlementages pour se rendre; mais ils sont dans la plus grande anarchie.

Le pacha est prisonnier : c'est ce si célèbre Mustapha qui a battu les Russes plusieurs fois la campagne passée. Nous avons pris plus de deux cents drapeaux, et quarante canons de campagne, la plupart de 4 de modèle français. Le général Fugières et le général Murat, le chef de brigade Morangié et Cretin ont été blessés : ce dernier est mort; le chef de brigade Duvivier a été tué, ainsi que l'adjudant-général Leturc, et mon aide-de-camp Guibert. La cavalerie s'est couverte de gloire : nous avons eu cent hommes tués et quatre cents blessés. Si vous êtes au Caire, retournez le plus tôt possible dans la Haute-Egypte, pour y achever la levée des impositions et des six cents dromadaires; je vous recommande surtout de faire filer les hommes du septième de hussards, du troisième, du quatorzième et quinzième de dragons. BONAPARTE.

Au camp d'Aboukir, le 9 thermidor an 7 (27 juillet 1799).

Au général Reynier.

Vous avec reçu en route, citoyen commandant, l'ordre de retourner dans la Scharkieh.

Ne perdez pas un instant, puisque l'inondation approche, pour lever les impositions.

L'ennemi avait débarqué quinze mille hommes à Aboukir, pas un ne s'est échappé; plus de huit mille hommes se sont noyés en voulant rejoindre les bâtimens : leurs cadavres ont été jetés sur la côte au même endroit où furent, l'année dernière, jetés les cadavres anglais et français.

Le pacha a été fait prisonnier.

L'on m'assure que le visir, avec huit mille hommes, est arrivé à Damas, et qu'il avait le projet de se rendre dans la

Scharkieh. Aux moindres nouvelles que vous en auriez, réunissez toute votre division à Belbeis ; ayez soin que Salahieh soit approvisionné ; faites-y une visite pour activer les travaux de manière que les redoutes soient à l'abri d'un coup de main.

Je donne ordre pour qu'on vous fasse passer de Rahmanieh un obusier et une pièce de 8 ; nous ne manquons pas de pièces de 4, car nous en avons pris trente à l'ennemi ; nous avons eu cent hommes tués et quatre cents blessés ; Murat, Fugières, Morangié sont des seconds ; Leturc, Cretin, Duvivier et mon aide-de-camp Guibert, sont des premiers.

Le bataillon de la quatre-vingt-cinquième, qui est à Rosette, va retourner au Caire. BONAPARTE.

Au camp d'Aboukir, le 9 thermidor an 7 (27 juillet 1799).

Au général Dugua.

L'état-major vous aura instruit du résultat de la bataille d'Aboukir, c'est une des plus belles que j'aie vues ; de l'armée ennemie débarquée, pas un homme ne s'est échappé.

Le bataillon de la quatre-vingt-cinquième part de Rosette pour se rendre au Caire.

Aux moindres nouvelles de Syrie, réunissez toutes les troupes de la division Reynier à Belbeis.

J'écris au général Desaix de retourner dans la Haute-Egypte.

Le général Lanusse se rend à Menouf.

Le général Kléber sera à Damiette lorsque vous recevrez cette lettre.

Je reste ici quelques jours pour débrouiller ce chaos : d'Alexandrie, au moindre événement, je puis être au Caire dans trois jours.

Comme il est possible que je passe par Rosette, envoyez-m'y les dépêches importantes, que vous m'adresseriez par duplicata.

Je pense rester à Alexandrie jusqu'au 12. BONAPARTE.

Au camp d'Aboukir, le 9 thermidor an 7 (27 juillet 1799).

Au général Menou.

La place d'Aboukir est un poste important, je n'ai pas cru pouvoir la confier en meilleures mains que celles de l'adjudant-général Jullien.

Le bataillon de la soixante-neuvième va se rendre auprès de vous pour remplacer celui de la quatre-vingt-cinquième, qu'il est très-urgent de faire passer au Caire.

Dix-huit vaisseaux de guerre français ont passé de Brest à Toulon, où ils sont bloqués par l'escadre anglaise. L'hiver les fera arriver.

Restez à votre position jusqu'à ce que le fort soit pris.

La moitié de la garnison veut se rendre, et l'autre moitié aime mieux se noyer. Ce sont des animaux avec lesquels il faut beaucoup de patience. Au reste, la reddition ne nous coûtera que des boulets. BONAPARTE.

Au quartier-général d'Alexandrie, le 9 thermidor an 7 (27 juillet 1799).

Au Directoire exécutif.

Bataille d'Aboukir.

Je vous ai annoncé, par ma dépêche du 21 floréal, que la saison des débarquemens me déterminait à quitter la Syrie.

Le 23 messidor, cent voiles, dont plusieurs de guerre, se présentent devant Alexandrie, et mouillent à Aboukir. Le 27, l'ennemi débarque, prend d'assaut, et avec une intrépidité singulière, la redoute palissadée d'Aboukir. Le fort capitule;

l'ennemi débarque son artillerie de campagne, et, renforcé par cinquante voiles, il prend position, sa droite appuyée à la mer, sa gauche au lac Maadieh, sur de hautes collines de sable.

Je pars de mon camp des Pyramides le 27, j'arrive le 1er thermidor à Rahmanieh, je choisis Birket pour le centre de mes opérations, et, le 7 thermidor, à sept heures du matin, je me trouve en présence de l'ennemi.

Le général Lannes marche le long du lac, et se range en bataille vis-à-vis la gauche de l'ennemi, dans le temps que le général Murat, qui commande l'avant-garde, fait attaquer la droite par le général Destaing : il est soutenu par le général Lanusse.

Une belle plaine de quatre cents toises sépare les ailes de l'armée ennemie : notre cavalerie y pénètre, et, avec la rapidité de la pensée, se trouve sur les derrières de la gauche et de la droite de l'ennemi, qui, sabré, culbuté, se noie dans la mer : pas un n'échappe. Si c'eût été une armée européenne, nous eussions fait trois mille prisonniers : ici ce furent trois mille hommes morts.

La seconde ligne de l'ennemi, située à cinq ou six cents toises, occupe une position formidable. L'isthme est là extrêmement étroit ; il était retranché avec le plus grand soin, flanqué par trente chaloupes canonnières : en avant de cette position, l'ennemi occupait le village d'Aboukir, qu'il avait crénelé et barricadé. Le général Murat force le village, le général Lannes, avec la vingt-deuxième et une partie de la soixante-neuvième, se porte sur la gauche de l'ennemi ; le général Fugières, en colonnes serrées, attaque la droite. La défense et l'attaque sont également vives, mais l'intrépide cavalerie du général Murat a résolu d'avoir le principal honneur de cette journée ; elle charge l'ennemi sur sa gauche, se porte sur les derrières de la droite, la surprend à un mauvais passage, et en fait une horrible boucherie. Le citoyen Bernard, chef de bataillon de la soixante-neuvième, et le citoyen Baylle, capitaine de grenadiers de cette demi-brigade, entrent les premiers dans la redoute, et par là se couvrent de gloire.

Toute la seconde ligne de l'ennemi, comme la première, reste sur le champ de bataille ou se noie.

Il reste à l'ennemi trois mille hommes de réserve qu'il a placés dans le fort d'Aboukir, situé à quatre cents toises derrière la seconde ligne; le général Lanusse l'investit : on le bombarde avec six mortiers.

Le rivage, où, l'année dernière, les courans ont porté les cadavres anglais et français, est aujourd'hui couvert de ceux de nos ennemis : on en a compté plusieurs milliers : pas un seul homme de cette armée ne s'est échappé.

Kuceïi Mustapha, pacha de Romélie, général en chef de l'armée, et cousin germain de l'ambassadeur turc à Paris, est prisonnier avec tous ses officiers : je vous envoie ses trois queues.

Nous avons eu cent hommes tués, et cinq cents blessés. Parmi les premiers, l'adjudant-général Leturcq, le chef de brigade Duvivier, le chef de brigade Cretin, et mon aide-de-camp Guibert. Les deux premiers étaient deux excellens officiers de cavalerie, d'une bravoure à toute épreuve, que le sort de la guerre avait long-temps respectés; le troisième était l'officier du génie que j'ai connu qui possédait le mieux cette science difficile, et dans laquelle les moindres bévues ont tant d'influence sur le résultat des campagnes et les destinées des états : j'avais beaucoup d'amitié pour le quatrième.

Les généraux Murat et Fugières, et le chef de brigade Morangié, ont été blessés. Le général Fugières a eu le bras gauche emporté d'un coup de canon; il crut mourir : *Général*, me dit-il, *vous envierez un jour mon sort, je meurs sur le champ d'honneur*. Mais le calme et le sang-froid, premières qualités d'un véritable soldat, l'ont déjà mis hors de danger; et, quoiqu'il ait été amputé à l'épaule, il sera rétabli avant quinze jours.

Le gain de cette bataille est dû principalement au général Murat : je vous demande pour ce général le grade de général de division; sa brigade de cavalerie a fait l'impossible.

Le chef de brigade Bessières, à la tête des guides, a soutenu la réputation de son corps; l'adjudant-général de cavalerie Roize a manœuvré avec le plus grand sang-froid : le général Junot a eu son habit criblé de balles.

Je vous enverrai dans quelques jours de plus grands détails, avec l'état des officiers qui se sont distingués.

J'ai fait présent au général Berthier, de la part du directoire exécutif, d'un poignard d'un beau travail, comme marque de satisfaction des services qu'il n'a cessé de rendre pendant toute la campagne.

BONAPARTE.

Alexandrie, le 10 thermidor an 7 (28 juillet 1799).

Au citoyen Faultrier.

Indépendamment, citoyen général, des quatre pièces de 24, des deux mortiers à la Gomère, de douze pouces, et des deux mortiers de 10 pouces à grande portée, j'ordonne qu'on vous fasse encore passer deux pièces de 24. Il faut les placer de manière à raser les maisons qui sont hors du fort. Arrangez-vous de manière à tirer cent vingt bombes par mortier dans vingt-quatre heures : c'est le seul moyen d'avoir quelque bon résultat.

J'ordonne qu'on fasse partir cent cinquante marins pour servir aux travaux. Il faut décidément éloigner les chaloupes canonnières, raser les maisons du village, et de vos sept mortiers accabler le fort de bombes. J'espère que, dans la matinée ou demain tout ce résultat sera rempli. Vous aurez par là rendu un grand service.

BONAPARTE.

Alexandrie, le 15 thermidor an 7 (2 août 1799).

Au général Dugua.

Le fort d'Aboukir, citoyen général, où l'ennemi avait sa réserve pendant la bataille, et qui avait été renforcé par quelques fuyards, vient de se rendre. Nous n'avons pas cessé de lui jeter des bombes avec sept mortiers, et nous l'avons entièrement rasé avec huit pièces de 24. Nous avons fait deux mille cinq cents prisonniers, parmi lesquels se trouvent le fils du pacha et plusieurs de leurs grands : indépendamment de cela, il y a un grand nombre de blessés et une quantité infinie de cadavres. Ainsi, de quinze à dix-huit mille hommes qui avaient débarqué en Egypte, pas un homme n'a échappé ; tout a été tué dans les différentes batailles, noyé ou fait prisonniers. Je laisse un millier de ces derniers pour les travaux d'Alexandrie, le reste file sur le Caire.

Le 18, nous serons tous à Rahmanieh.

Faites mettre les Anglais au fort de Sullowski ; faites préparer un logement à la citadelle pour le pacha, son fils, le grand trésorier, une trentaine de grands, et à peu près deux cents officiers du grade de colonel jusqu'à celui de capitaine. S'il est nécessaire, vous pourrez mettre les prisonniers arabes dans un autre fort. Quant aux soldats, j'en enverrai du Caire à Damiette, Belbeis, Salahieh, pour les travaux.

Dix-huit vaisseaux de guerre et l'escadre de Brest sont depuis deux mois à Toulon ; ils sont bloqués par l'escadre anglaise. Les marins prétendent ici qu'ils arriveront en toute sûreté au mois de novembre.

Il doit vous être arrivé des cartouches et beaucoup d'artillerie que j'ai ordonné d'envoyer de Rosette au Caire.

BONAPARTE.

Alexandrie, le 15 thermidor an 7 (2 août 1799).

Au général Menou.

Vous devez avoir reçu, citoyen général, les ordres de l'état-major relativement aux troupes qui sont actuellement sous vos ordres, et aux prisonniers. Dans la journée de demain, il ne vous restera plus qu'un bataillon de la soixante-neuvième, les trois bataillons de la quatrième légère, et différens détachemens d'artillerie ; faites sur-le-champ travailler à démolir les deux villages ; faites déblayer toute l'artillerie de siége sur Alexandrie, hormis quatre pièces de 24, qui resteront à Aboukir, et deux mortiers à la Gomère. Faites embarquer à Rosette pour le Caire la pièce de 8 et l'obusier qui s'y trouvent ; faites évacuer sur Rosette toutes les pièces de 4 ou de 3 qui ont été prises sur les Turcs, hormis deux qui resteront à Aboukir. Ordonnez qu'à mesure qu'elles arriveront à Rosette, on les fasse partir pour le Caire, hormis deux que l'on gardera pour le service de Rosette.

Faites rétablir le ponton pour servir au passage du lac ; faites armer de deux pièces de 12 ou de 16 la batterie Picot, et, comme il est nécessaire qu'elle soit à l'abri d'un coup de main, commencez par faire fermer par un bon fossé et un mur crénelé cette batterie.

Faites recueillir et mettez dans un magasin toutes les tentes ; avec le temps on les évacuera sur Rosette.

Quant aux blessés, j'ai écrit par un parlementaire aux Anglais de venir les reprendre, je vous ferai connaître leur réponse. Pour ce moment, faites-les réunir ensemble sous quelques tentes dans une mosquée.

Je désire que vous restiez encore quelques jours à Aboukir pour mettre les travaux en train, et réorganiser tout dans cette partie.

Ordonnez à l'adjudant-général Jullien de se rendre à Aboukir. Vous lui laisserez le commandement lorsque vous verrez les choses dans un état satisfaisant. BONAPARTE.

Rahmanieh, le 20 thermidor an 7 (7 août 1799).

Au général Destaing.

Vous avez mal fait, citoyen général, d'attaquer les Anadis, et vous avez encore bien plus mal calculé de penser que je vous enverrais de la cavalerie pour une attaque que j'ignorais et qui était contre mes intentions. Je ne vois pas effectivement pourquoi aller sans artillerie, presque sans cavalerie, attaquer des tribus nombreuses qui sont toujours à cheval, et qui ne nous disaient rien. Puisque vous pensiez que je ne devais pas tarder à arriver à Rahmanieh avec la cavalerie, il était bien plus simple de l'attendre. Je n'ai reçu votre lettre que près de Rahmanieh, et j'avais alors envoyé le général Andréossi avec toute la cavalerie et deux pièces de canon à la poursuite des Ouladis. Je ne sais pas s'il les rencontrera et ce qu'il fera. Vous nous avez fait perdre une occasion que nous ne retrouverons que difficilement. Nous nous étions cependant bien expliqués à Alexandrie, de commencer à traiter avec les Anadis pour pouvoir les surprendre ensuite avec la cavalerie. J'imagine que les Arabes seront actuellement bien loin dans le désert. Au reste, je laisse l'ordre à Rahmanieh, au général Andréossi, de protéger, avec la cavalerie et les dromadaires, les opérations qui pourraient être nécessaires pour éloigner les Arabes, en supposant qu'ils ne seraient pas acculés dans le désert. BONAPARTE.

Au Caire, le 23 thermidor an 7 (10 août 1799).

Au directoire exécutif.

Siége du fort d'Aboukir.

Le 8 thermidor, je fis sommer le château d'Aboukir de se rendre : le fils du pacha, son kiaya et les officiers voulaient capituler ; mais ils n'étaient pas écoutés des soldats.

Le 9, on continua le bombardement.

Le 10, plusieurs batteries furent établies sur la droite et la gauche de l'isthme : plusieurs chaloupes canonnières furent coulées bas, une frégate fut démâtée, et prit le large.

Le même jour, l'ennemi, commençant à manquer de vivres, se faufila dans quelques maisons du village qui touche le fort : le général Lannes y étant accouru fut blessé à la jambe ; le général Menou, le remplaça dans le commandement du siége.

Le 12, le général Davoust était de tranchée ; il s'empara de toutes les maisons où était logé l'ennemi, et le jeta dans le fort, après lui avoir tué beaucoup de monde. La vingt-deuxième demi-brigade d'infanterie légère et le chef de brigade Magni, qui a été légèrement blessé, se sont parfaitement conduits. Le succès de cette journée, qui a accéléré la reddition du fort, est dû aux bonnes dispositions du général Davoust.

Le 15, le général Robin était de tranchée : nos batteries étaient sur la contrescarpe ; nos mortiers faisaient un feu très-vif ; le château n'était plus qu'un monceau de pierres. L'ennemi n'avait point de communication avec l'escadre, il mourait de soif et de faim ; il prit le parti, non de capituler (ces gens-ci ne capitulent pas), mais de jeter ses armes, et de venir en foule embrasser les genoux du vainqueur. Le fils du pacha, le kiaya et deux mille hommes ont été faits prisonniers. On a trouvé dans le château trois cents blessés, dix-huit cents cadavres. Il y a telle de nos bombes qui a tué jusqu'à six hommes. Dans les premières vingt-quatre heures de la sortie de la garnison turque, il est mort plus de quatre cents prisonniers, pour avoir trop bu, et mangé avec trop d'avidité.

Ainsi cette affaire d'Aboukir coûte à la Porte dix-huit mille hommes et une grande quantité de canons.

Pendant les quinze jours qu'a duré cette expédition, j'ai été très-satisfait de l'esprit des habitans d'Egypte : personne n'a remué, et tout le monde a continué de vivre comme à l'ordinaire.

Les officiers du génie Bertrand et Liédot, le commandant de l'artillerie Faultrier, se sont comportés avec la plus grande distinction. BONAPARTE.

Au Caire, le 24 thermidor an 7 (11 août 1799).

Au général Desaix.

J'ai été peu satisfait, citoyen général, de toutes vos opérations pendant le mouvement qui vient d'avoir lieu. Vous avez reçu l'ordre de vous porter au Caire, et vous n'en avez rien fait. Tous les événemens qui peuvent survenir ne doivent jamais empêcher un militaire d'obéir, et le talent, à la guerre, consiste à lever les difficultés qui peuvent rendre difficile une opération et non pas à la faire manquer. Je vous dis ceci pour l'avenir. BONAPARTE.

Au Caire, le 24 thermidor an 7 (11 août 1799).

Au même.

Les provinces de Fayoum, de Minief et de Bénêçouef, citoyen général, n'ont jamais dû fournir aux besoins de votre division, puisque même l'administration ne vous en a pas été confiée. Je vous prie de ne vous mêler d'aucune manière de l'administration de ces provinces. BONAPARTE.

Au Caire, le 24 thermidor an 7 (11 août 1799).

Au même.

Vous m'avez fait connaître, citoyen général, à mon retour de Syrie, que vous alliez faire passer 150,000 fr. au payeur général; vous m'apprenez par une de vos dernières lettres, que l'ordre du jour qui ordonne le paiement de thermidor et fructidor, vous empêchait d'exécuter ce versement. Cet ordre ne devait pas regarder votre division, puisqu'elle n'est arriérée que de ces deux mois, tandis que tout le reste de l'armée, indépendamment de ces deux mois, l'est encore de sept autres mois; et ce n'est avoir ni zèle pour la chose publique, ni considération pour moi, que de ne voir, surtout dans une opération de la nature de celle-ci, que le point où on se trouve. D'ailleurs, l'organisation de la république veut que tout l'argent soit versé dans les caisses des préposés du payeur général, pour n'en sortir que par son ordre. Le payeur général n'aurait jamais donné un ordre qui favorisât un corps de troupes plutôt qu'un autre.

Il est nécessaire que le payeur de votre division envoie, dans le plus court délai, au payeur général l'état des recettes et dépenses; je vous prie de m'en envoyer un pareil. Vous sentez combien il est essentiel pour l'ordre, que l'on connaisse toute la comptabilité de l'armée. Je sais que vous vous êtes empressé d'y mettre tout l'ordre que l'on peut désirer.

BONAPARTE.

Au Caire, le 24 thermidor an 7 (11 août 1799).

Au général Klébler.

J'arrive à l'instant, général, au Caire. Le maudit château d'Aboukir nous a occupés six jours. Nous avons fini par y avoir huit mortiers et six pièces de 24. Chaque coup de canon tuait cinq à six hommes. Enfin, ils sont sortis le 15 en foule sans capitulation et jetant leurs armes. Quatre cents sont morts dans les premières vingt-quatre heures de leur sortie, il y avait six jours que ces enragés buvaient de l'eau de la mer. On a trouvé dans le fort dix-huit cents cadavres ; nous avons en notre pouvoir à peu près autant de prisonniers, parmi lesquels le fils du pacha et les principaux officiers.

On va vous envoyer des pièces de campagne, afin que vous en ayez six à votre disposition. Procurez-vous des chevaux.

Rien de bien intéressant d'aucun côté.

Je vous enverrai demain ou après une grande quantité de gazettes anglaises, où vous verrez d'étranges choses.

BONAPARTE.

Au Caire, le 25 thermidor an 7 (12 août 1799).

Au général Desaix.

J'ai reçu, citoyen général, votre lettre du 18 thermidor ; j'approuve complètement les projets que vous avez formés. Vous n'aurez effectivement achevé votre expédition de la Haute-Egypte qu'en détruisant Mourad-Bey. Il est devenu si petit, qu'avec quelques centaines d'hommes montés sur des chameaux, vous pourrez le pousser dans le désert et en venir à bout.

Je vous ai demandé le bataillon de la soixante-unième, afin de reformer cette demi-brigade et de lui donner quelques jours de repos à Rosette. Dès l'instant que vous serez venu à bout de Mourad-Bey, je ferai relever toutes vos troupes. Je prépare, à cet effet, la treizième et une autre demi-brigade. Je serais d'ailleurs fort aise d'avoir vos troupes s'il arrivait quelque événement, ou sur la lisière de la Syrie, ou sur la côte. Les nouvelles que j'ai de Gaza ne me font pas penser que l'ennemi veuille rien entreprendre : ce n'est pas une chose aisée. Il n'y aurait de sensé pour lui que de s'emparer d'El-Arich, et lorsqu'il l'aurait pris, il n'aurait fait qu'un pas. Quant à l'opération de traverser le désert, il faut rester cinq jours et même sept sans eau. Il serait difficile, même impossible de transporter de l'artillerie, ce qui les mettrait hors d'état de prendre même une maison.

Je donne ordre qu'on vous envoie quatre pièces de 3 vénitiennes qui sont extrêmement légères. Je vous laisse la vingt-unième, la quatre-vingt-huitième, la vingt-deuxième et la vingtième.

Dès l'instant que l'inondation aura un peu couvert l'Egypte, j'enverrai le général Davoust, comme cela avait été mon projet, avec un corps de cavalerie, d'infanterie, pour commander les provinces de Fayoum, Miniet et Bénêçouef : jusqu'alors, laissez-y des corps de troupes ; arrangez-vous de manière que vous soyez maître de ne laisser qu'une centaine d'hommes à Cosseir ; que Keneh puisse contenir tous vos embarras, et que vous puissiez, en cas d'invasion sérieuse, pouvoir rapidement et successivement replier toutes vos troupes sur le Caire.

Faites filer sur le Caire toutes les carcasses de barques,

avisos ou bricks appartenant aux mameloucks, nous les emploierons pour la défense des bouches du Nil.

J'ai reçu des gazettes anglaises jusqu'au 10 juin. La guerre a été déclarée le 13 mars par la France à l'empereur. Plusieurs batailles ont été livrées ; Jourdan a été battu à Feldkirch, dans la forêt Noire, et a repassé le Rhin. Schérer, auquel on avait confié le commandement d'Italie, a été battu à Rivoli, et a repassé le Mincio et l'Oglio. Mantoue était bloquée. Lors de ces affaires, les Russes n'étaient point encore arrivés, le prince Charles commandait contre Jourdan, et M. Kray contre Schérer.

L'escadre française, forte de vingt-deux vaisseaux de guerre et de dix-huit frégates, et partie de Brest dans les premiers jours d'avril, est arrivée au détroit, a présenté le combat aux Anglais, qui n'étaient que dix-huit, et est entrée à Toulon. Elle a été jointe par trois vaisseaux espagnols. L'escadre espagnole est sortie de Cadix et est entrée à Carthagène : elle est forte de vingt-sept vaisseaux de guerre, dont quatre à trois ponts ; une nouvelle escadre anglaise est, peu de jours après, entrée dans la Méditerranée, et s'est réunie à Jervis et à Nelson. Ces escadres réunies doivent monter à plus de quarante vaisseaux. Les Anglais bloquent Toulon et Carthagène.

Le ministre de la marine Bruix commande l'escadre française.

A la première occasion, je vous enverrai tous ces journaux.

Corfou a été pris par famine. La garnison a été conduite en France.

Malte est ravitaillée pour deux ans. BONAPARTE.

Au Caire, le 25 thermidor an 7 (12 août 1799).

Au citoyen Poussielgue.

Vous voudrez bien, citoyen administrateur, faire signifier à la femme de Hassan-Bey que, si, dans la journée de demain, elle n'a pas payé ce qui reste dû de sa contribution, elle sera arrêtée et tous ses effets confisqués.

Vous prendrez toutes les mesures pour accélérer le paiement de Hadji-Husseim.

Les juifs n'ont encore payé que 20,000 fr. : il faut que dans la journée de demain, ils en payent 30,000 autres.

Parmi les individus qui doivent, il y en a auxquels il ne fallait qu'une simple lettre pour les faire payer, entre autres Rosetti, Caffe, Calvi, et tous les individus de l'armée. Il y a la négligence la plus coupable de la part de l'administrateur des finances.

Mon intention n'est pas d'accepter pour comptant du fermage des Cophtes, les différens emprunts que je leur ai faits, que je leur solderai en temps et lieu.

Vous ferez demander 10,000 fr. à titre d'emprunt aux six principaux négocians damasquains, qui doivent être payés dans la journée de demain, et vous leur ferez connaître que mon intention est de les solder en blé.

Faites-moi un rapport sur les affaires du tabac de Rosette; les renseignemens que j'ai eus sont que cela a dû rapporter 14 ou 15,000 fr.

Faites-moi connaître ce qu'ont produit et ce que doivent les provinces de Gisey et du Caire.

Faites-moi également connaître ce qu'ont rendu les douanes de Suez et de Cosseir depuis que nous sommes en Egypte, et ce qui serait dû par ces deux douanes. BONAPARTE.

Au Caire, le 25 thermidor an 7 (12 août 1799).

Au général Lanusse.

Je vous prie, citoyen général, de garder mes guides et mes équipages; je n'ai pas pu me rendre à Menouf, vu le désir que j'avais de prendre connaissance des affaires du Caire, et de mettre tout en train : car, selon l'usage des Turcs, ils ne payent rien et ne croient pas à la victoire jusqu'à mon arrivée; mais je compte, dans deux jours, débarquer au ventre de la Vache et vous aller trouver à Menouf.

Je vous ferai prévenir vingt-quatre heures d'avance.

BONAPARTE.

Au Caire, le 25 thermidor an 7 (12 août 1799).

Au général Dugua.

Vous ferez, citoyen général, interroger tous les scheicks El-Belet qui sont à la citadelle, pour savoir pourquoi ils ne payent pas leurs contributions; vous leur ferez connaître que, si, d'ici au premier fructidor, ils ne les ont pas payées, ils paieront un tiers de plus, et que, si, d'ici au 10 fructidor, ils n'ont pas payé ce tiers et l'imposition, ils auront le cou coupé.

BONAPARTE.

Au Caire, le 25 thermidor an 7 (12 août 1799).

Au général Marmont.

Je donne ordre, citoyen général, que les deux demi-galères et la chaloupe canonnière *la Victoire* se rendent à Rosette pour concourir à la défense du Bogaz, afin d'être en mesure, si M. Smith, ce que je ne crois pas, voulait tenter quelque chose avec ses chaloupes canonnières : cet homme est capable de toutes les folies.

Vous sentez qu'il est nécessaire qu'un aussi grand nombre de bâtimens soient commandés par un homme de tête. Si le commandant des armes à Rosette n'avait pas le courage et le talent nécessaires, tâchez de trouver à Alexandrie un officier qui ait la grande main à cette défense : la faible garnison de Rosette fait que la défense du Nil est spécialement confiée à la flottille. BONAPARTE.

Au Caire, le 25 thermidor an 7 (12 août 1799).

Il est ordonné au citoyen Desnoyers, officier des guides, de se rendre sur-le-champ à Boulaq; il se présentera chez le commandant de la marine, qui mettra à sa disposition une demi-galère armée.

Il s'embarquera dessus, se rendra à Rahmanieh, se présentera chez le commandant de la place, montrera l'ordre ci-joint pour avoir une escorte, et arrivera en toute diligence à Alexandrie; il remettra en propres mains la lettre ci-jointe au général Ganteaume : c'est sa dépêche principale. Il ne partira d'Alexandrie que lorsque le général Ganteaume l'expédiera; il retournera à Rahmanieh, il restera dans le fort jusqu'à ce qu'il reçoive de nouveaux ordres; un officier que je dois y envoyer lui portera les ordres, probablement du 2 au 5. Il est nécessaire qu'il soit rendu à Rahmanieh le 2 à midi, au plus tard. BONAPARTE.

Au Caire, le 26 thermidor an 7 (13 août 1799).

Au général Desaix.

Je vous envoie, citoyen général, un sabre d'un très-beau travail, sur lequel j'ai fait graver : *Conquête de la Haute-*

Egypte, qui est due à vos bonnes dispositions et à votre constance dans les fatigues.

Voyez-y, je vous prie, une preuve de mon estime et de la bonne amitié que je vous ai vouée. BONAPARTE.

Au Caire, le 26 thermidor an 7 (13 août 1799).

Au général Veaux.

Je suis très-peiné, citoyen général, d'apprendre que vos blessures vont mal : je vous engage à passer le plus tôt possible en France; je donne tous les ordres que vous désirez, pour vous en faciliter les moyens : j'écris au gouvernement conformément à vos désirs : vous avez été blessé au poste d'un brave qui veut redonner de l'élan à des troupes qu'il voit chanceler. Vous ne devez pas douter que, dans toutes les circonstances, je ne prenne le plus vif intérêt à ce qui vous regarde. BONAPARTE.

Au Caire, le 27 thermidor an 7 (14 août 1799).

Au scheick El-Arichi Cadiashier, distingué par sa sagesse et sa justice.

Nous vous faisons connaître que notre intention est que vous ne confiez la place de cadi à aucun Osmanli : vous ne confirmerez, dans les provinces, pour la place de cadi, que des Egyptiens. BONAPARTE.

Au Caire, le 27 thermidor an 7 (14 août 1799).

Au général Dugua.

Je vous prie, citoyen général, de faire arrêter tous les hommes de la caravane de Maroc qui seraient restés en arrière, et que les Maugrabins venant à Cosseir ne s'arrêtent qu'un jour, et filent pour leur pays sans passer par Alexandrie.

BONAPARTE.

Au Caire, le 28 thermidor an 7 (15 août 1799).

Au sultan de Maroc.

Il n'y a pas d'autre Dieu que Dieu, et Mahomet est son prophète.

Au nom de Dieu clément et miséricordieux !

Au sultan de Maroc, serviteur de la sainte Caabé, puissant parmi les rois, et fidèle observateur de la loi du vrai prophète.

Nous profitons du retour des pélerins de Maroc pour vous écrire cette lettre et vous faire connaître que nous leur avons donné toute l'assistance qui était en nous, parce que notre intention est de faire, dans toutes les occasions, ce qui peut vous convaincre de l'estime que nous avons pour vous. Nous vous recommandons, en échange, de bien traiter tous les Français qui sont dans vos états ou que le commerce pourrait y appeler.

BONAPARTE.

Au Caire, le 28 thermidor an 7 (15 août 1799).

Au bey de Tripoli.

Il n'y a pas d'autre Dieu que Dieu, et Mahomet est son prophète.

Au nom de Dieu, clément et miséricordieux !

Au bey de Tripoli, serviteur de la Sainte Caabé, le modèle des beys, fidèle observateur de la loi du vrai prophète.

Nous profitons de l'occasion qui se présente pour vous recommander de bien traiter tous les Français qui sont dans vos états, parce que notre intention est de faire dans toutes les occasions tout ce qui pourra vous être agréable et de vivre en bonne intelligence avec vous. BONAPARTE.

Au Caire, le 28 thermidor an 7 (15 août 1799).

Au général Desaix.

J'ai reçu, citoyen général, un grand nombre de lettres de vous, qui avaient été me chercher à Alexandrie et à Aboukir, et qui sont de retour.

Vous aurez déjà reçu différentes lettres par lesquelles je vous fais connaître que vous pouvez rentrer dans vos positions de la Haute-Egypte, et de détruire Mourad-Bey.

Je vous laisse le maître de lui accorder toutes les conditions de paix que vous croirez utiles. Je lui donnerai son ancienne ferme près de Gizeh; mais il ne pourrait jamais avoir avec lui plus de dix hommes armés : mais si vous pouviez nous en débarrasser, cela vaudrait beaucoup mieux que tous ces arrangemens. BONAPARTE.

Au Caire, le 28 thermidor an (7 15 août 1999).

Au général Kléber.

Je reçois à l'instant, citoyen général, votre lettre du 26 à six heures du matin; l'Arabe qui l'a apportée me dit être parti à neuf heures.

Je suis instruit qu'un grand nombre de bâtimens de ceux qui étaient à Aboukir en sont partis le 25, et, si ce ne sont pas ceux-là qui viennent faire de l'eau au Bogaz, ce sont des bâtimens qui étaient mouillés à Alexandrette, et que le bruit des premiers succès d'Aboukir aura fait mettre à la voile.

Le bataillon de la vingt-cinquième est parti pour vous rejoindre.

Je vous envoie la demi-galère l'*Amoureuse*.

Vous pouvez disposer du général Vial qui est dans la Garbieh avec un bataillon de la trente-deuxième; il a avec lui une pièce de canon.

La cavalerie qui était à Alexandrie, qui arrive à l'instant, se reposera la journée de demain, et, si cela est nécessaire, je la ferai partir sur-le-champ.

Quelque chose que ce convoi puisse être, je ne doute pas que vous n'ayez eu le temps de réunir votre division et de vous mettre bien en mesure.

J'ai des nouvelles de Syrie à peu près conformes aux vôtres. Ibrahim-Bey a avec lui deux cent cinquante mamelouks à cheval et cent cinquante à pied, cinq cents hommes à cheval de Djezzar, et six cents hommes à pied. Elfy-Bey n'a avec lui que quatre-vingts mamelouks : une partie des Arabes cherche, comme à l'ordinaire, les moyens de les piller.

J'espère recevoir de vous, dans la journée de demain, des renseignemens positifs sur cette flotte : pourvu qu'ils mettent trois jours à débarquer, comme ils ont fait à Aboukir, et je ne suis plus en peine de rien.

Je fais partir le chef de bataillon Rutty pour commander votre artillerie.

BONAPARTE.

Au Caire, le 28 thermidor an 7 (15 août 1799).

Au général Marmont.

Je vous envoie, citoyen général, deux pelisses, une pour le commandant turc, l'autre pour le scheick El-Messiri; je vous prie de les revêtir publiquement en grande solennité, et de leur dire que c'est pour leur donner une marque de l'estime que j'ai pour eux, et vous leur remettrez une copie de l'ordre du jour.

BONAPARTE.

Au Caire, le 30 thermidor an 7 (17 août 1799).

Au même.

J'ai voulu, citoyen général, conclure un marché avec des Francs, qui devaient me fournir vingt-quatre mille aunes de drap; je comptais les avoir pour 20 fr. et payer moitié en argent, moitié en riz ou en blé. Ayant accaparé tous les draps du pays, ils sentent qu'ils sont à même de me faire les conditions qu'ils veulent : il est cependant indispensable que j'habille l'armée, voici le parti auquel je me résous.

Vous ferez venir chez vous les négocians toscans et impériaux qui ont plus de vingt mille aunes de drap de toute les couleurs à Alexandrie ou à Rosette. Vous leur ferez connaître que la guerre a été déclarée par la république française à l'empereur et au grand-duc de Toscane, que les lois constantes de tous les pays vous autorisent à confisquer leurs bâtimens marchands et mettre le scellé sur leurs magasins; que cependant je veux bien leur accorder une faveur particulière, et ne point les comprendre dans cette mesure générale; mais que j'ai besoin de vingt-quatre mille aunes de drap pour habiller mon armée; qu'il est nécessaire qu'ils fassent de suite la déclaration du drap qu'ils ont; qu'ils en consignent vingt-quatre mille aunes, soit à Alexandrie, soit à Rosette. Ils seront consignés au commissaire des guerres, qui les fera partir en toute diligence au Caire; le procès-verbal en sera fait, et les draps estimés et payés selon l'estimation, sans que le maximum de l'aune passe 18 fr. Un de ces négocians, chargé de pouvoirs des autres, se rendra au Caire pour conférer avec l'ordonnateur en chef, et s'arranger pour le mode de paiement.

Si, au lieu de se prêter à cette mesure de bonne grâce, ces messieurs faisaient les récalcitrans, vous ferez mettre le scellé sur leurs effets, papiers et maisons ; vous les ferez mettre dans une maison de sûreté ; vous ferez abattre les armes de l'empereur et celles de Toscane, et vous en donnerez avis à l'ordonnateur de la marine, pour qu'il confisque tous les bâtimens appartenant aux Impériaux, Toscans et Napolitains : je préfère la première mesure à la deuxième.

BONAPARTE.

Au Caire, le 30 thermidor an 7 (17 août 1799).

A l'ordonnateur en chef.

Il sera fait une assimilation pour les officiers turcs qui auraient un grade supérieur à celui de capitaine. Comme ils ont tous de l'argent, il leur sera donné tous les jours le pain et la viande, et une certaine quantité de riz tous les quinze jours.

Je vous prie d'envoyer six ardeps de riz au pacha.

BONAPARTE.

Au Caire, le 30 thermidor an 7 (17 août 1799).

Au général Zayonschek.

Vous n'êtes soumis en rien, citoyen général, au général Desaix pour l'administration de la province. Vous regarderez comme nuls tous les ordres qu'il vous donnerait à ce sujet : vous avez eu tort de lui laisser prendre de l'argent ; vous verrez, par l'ordre du jour, que mon intention est de n'accorder aucune indemnité sur le miri. Faites-le percevoir avec la plus grande rigueur.

BONAPARTE.

Au Caire, le 30 thermidor an 7 (17 août 1799).

Au citoyen Poussielgue.

Je pars demain matin avant le jour, citoyen administrateur : je vous recommande de pousser vivement ce qui concerne la rentrée des fermages et des autres impositions ; de m'envoyer à Menouf toutes les notes que vous pourrez avoir et qui me feront connaître les villages qui sont peu chargés dans le Garbieh et le Menoufieh ; enfin, de vivre en bonne intelligence avec les scheicks, de maintenir la paix dans le Caire. Je recommande au général Dugua de frapper ferme au premier événement, qu'il fasse couper six têtes par jour ; mais riez toujours.

Faites dans ce qui vous concerne tout ce que vous jugerez à propos, en prenant toujours la voie qui approche le moins de la nouveauté.

Croyez à l'estime que je vous ai vouée, et au désir que j'ai de vous en donner des preuves.

Ecrivez-moi le plus souvent que vous pourrez.

BONAPARTE.

Au Caire, le 30 thermidor an 7 (17 août 1799).

Au divan du Caire.

Au nom, etc.

Je pars demain pour me rendre à Menouf, d'où je ferai différentes tournées dans le Delta, afin de voir par moi-même les injustices qui pourraient être commises, et prendre connaissance et des hommes et du pays.

Je vous recommande de maintenir la confiance parmi le peuple. Dites-lui souvent que j'aime les musulmans, et que mon intention est de faire leur bonheur. Faites-leur connaître que j'ai pour conduire les hommes les plus grands moyens, la persuasion et la force; qu'avec l'une, je cherche à faire des amis, qu'avec l'autre je détruis mes ennemis.

Je désire que vous me donniez le plus souvent possible de vos nouvelles, et que vous m'informiez de la situation des choses. BONAPARTE.

Au Caire, le 30 thermidor an 7 (17 août 1799).

Au général Kléber.

Je renvoie, citoyen général, l'effendi pris à Aboukir à Constantinople, avec une longue lettre pour le grand-visir: c'est une ouverture de négociation que je fais. Faites-le partir sur une djerme pour Chypre, traitez-le bien; mais qu'il ait peu de communication. Faites la plus grande ostension de forces que vous pourrez. BONAPARTE.

Au Caire, le 30 thermidor an 7 (17 août 1799).

Au général Dugua.

Je vous envoie, citoyen général, une lettre cachetée pour le grand visir, avec une pour le général Kléber.

Vous vous adresserez à Sulfukiar pour faire venir demain chez vous l'effendi fait prisonnier à Aboukir. Vous le ferez partir pour Damiette, et vous lui remettrez la lettre pour le grand-visir. Vous lui donnerez un officier de votre état-major pour le conduire, et que personne n'ait de communication avec lui; traitez-le cependant avec égards.

BONAPARTE.

Au Caire, le 30 thermidor an 7 (17 août 1799).

Au grand-visir.

Grand parmi les grands éclairés et sages, seul dépositaire de la confiance du plus grand des sultans.

J'ai l'honneur d'écrire à votre excellence par l'effendi qui a été fait prisonnier à Aboukir, et que je lui renvoie pour lui faire connaître la véritable situation de l'Egypte, et entamer des négociations entre la Sublime Porte et la république française, qui puissent mettre fin à la guerre qui se trouve exister pour le malheur de l'un et de l'autre état.

Par quelle fatalité la Porte et la France, amies de tous les temps, et dès-lors par habitude, amies par l'éloignement de leurs frontières, la France ennemie de la Russie et de l'empereur, la Porte ennemie de la Russie et de l'empereur, sont-elles cependant en guerre ?

Comment votre excellence ne sentirait-elle pas qu'il n'y a pas un Français de tué qui ne soit un appui de moins pour la Porte ?

Comment votre excellence, si éclairée dans la connaissance de la politique et des intérêts des divers états, pourrait-elle ignorer que la Russie et l'empereur d'Allemagne se sont plusieurs fois entendus pour le partage de la Turquie, et que ce n'a été que l'intervention de la France qui l'a empêché ?

Votre excellence n'ignore pas que le vrai ennemi de l'islamisme est la Russie. L'empereur Paul 1er s'est fait grand-maître de Malte, c'est-à-dire a fait vœu de faire la guerre aux musulmans : n'est-ce pas lui qui est chef de la religion grecque, c'est-à-dire des plus nombreux ennemis qu'ait l'Islamisme ?

La France, au contraire, a détruit les chevaliers de Malte, rompu les chaînes des Turcs qui y étaient détenus en esclavage, et croit, comme l'ordonne l'Islamisme, qu'il n'y a qu'un seul Dieu.

Ainsi donc la Porte a déclaré la guerre à ses véritables amis, et s'est alliée à ses véritables ennemis.

Ainsi donc la Sublime-Porte a été l'amie de la France tant que cette puissance a été chrétienne, lui a fait la guerre dès l'instant que la France, par sa religion, s'est rapprochée de la croyance musulmane. Mais, dit-on, la France a envahi l'Egypte; comme si je n'avais pas toujours déclaré que l'intention de la république française était de détruire les mameloucks, et non de faire la guerre à la Sublime-Porte; était de nuire aux Anglais, et non à son grand et fidèle ami l'empereur Selim.

La conduite que j'ai tenue envers tous les gens de la Porte qui étaient en Egypte, envers les bâtimens du grand-seigneur, envers les bâtimens de commerce portant pavillon ottoman, n'est-elle pas un sûr garant des intentions pacifiques de la république française?

La Sublime-Porte a déclaré la guerre dans le mois de janvier à la république française avec une précipitation inouïe, sans attendre l'arrivée de l'ambassadeur Descorches, qui déjà était parti de Paris pour se rendre à Constantinople; sans me demander aucune explication, ni répondre à aucune des avances que j'ai faites.

J'ai cependant espéré, quoique sa declaration de guerre me fût parfaitement connue, pouvoir la faire revenir, et j'ai à cet effet, envoyé le citoyen Beauchamp, consul de la république, sur la caravelle. Pour toute réponse, on l'a emprisonné; pour toute réponse, on a créé des armées, on les a réunies à Gaza, et on leur a ordonné d'envahir l'Egypte. Je me suis trouvé alors obligé de passer le désert, préférant faire la guerre en Syrie, à ce qu'on la fît en Egypte.

Mon armée est forte, parfaitement disciplinée, et approvisionnée de tout ce qui peut la rendre victorieuse des armées, fussent-elles aussi nombreuses que les sables de la mer ; des citadelles et des places fortes hérissées de canon se sont élevées sur les côtes et sur les frontières du désert : je ne crains donc rien, et je suis ici invincible ; mais je dois à l'humanité, à la vraie politique, au plus ancien, comme au plus vrai des alliés, la démarche que je fais.

Ce que la Sublime-Porte n'obtiendra jamais par la force des armes, elle peut l'obtenir par une négociation. Je battrai toutes les armées, lorsqu'elles projetteront l'envahissement de l'Egypte ; mais je répondrai d'une manière conciliante à toutes les ouvertures de négociations qui me seront faites. La république française, dès l'instant que la Sublime-Porte ne fera plus cause commune avec nos ennemis, la Russie et l'Empereur, fera tout ce qui sera en elle pour rétablir la bonne intelligence, et lever tout ce qui pourra être un sujet de désunion entre les deux états.

Cessez donc des armemens dispendieux et inutiles ; vos ennemis ne sont pas en Egypte, ils sont sur le Bosphore, ils sont à Corfou, ils sont aujourd'hui par votre extrême imprudence au milieu de l'Archipel.

Radoubez et réarmez vos vaisseaux ; reformez vos équipages ; tenez-vous prêt à déployer bientôt l'étendard du prophète, non contre la France, mais contre les Russes et les Allemands qui rient de la guerre que nous nous faisons, et qui, lorsque vous aurez été affaibli, leveront la tête, et déclareront bien haut les prétentions qu'ils ont déjà.

Vous voulez l'Egypte, dit-on ; mais l'intention de la France n'a jamais été de vous l'ôter.

Chargez votre ministre à Paris de vos pleins pouvoirs, ou envoyez quelqu'un chargé de vos intentions ou de vos pleins pouvoirs en Egypte. On pourra, en deux heures d'entretien tout arranger : c'est là le seul moyen de rasseoir l'empire musulman, en lui donnant la force contre ses véritables ennemis, et de déjouer leurs projets perfides; ce qui, malheureusement, leur a déjà si fort réussi.

Dites un mot, nous fermons la mer Noire à la Russie, et nous cesserons d'être le jouet de cette puissance ennemie que nous avons tant de sujets de haïr, et je ferai tout ce qui pourra vous convenir.

Ce n'est pas contre les musulmans que les armées françaises aiment à déployer, et leur tactique, et leur courage; mais c'est, au contraire, réunies à des musulmans, qu'elles doivent un jour, comme cela a été de tout temps, chasser leurs ennemis communs.

Je crois en avoir assez dit par cette lettre à votre excellence; elle peut faire venir auprès d'elle le citoyen Beauchamp, que l'on m'assure être détenu dans la mer Noire. Elle peut prendre tout autre moyen pour me faire connaître ses intentions.

Quant à moi, je tiendrai pour le plus beau jour de ma vie celui où je pourrai contribuer à faire terminer une guerre à la fois impolitique et sans objet.

Je prie votre excellence de croire à l'estime et à la considération distinguée que j'ai pour elle. BONAPARTE.

Menouf, le 2 fructidor an 7 (19 août 1799).

Au général Dugua.

Désirant m'assurer par moi-même des mouvemens de la côte, et être à même de combiner le rapport qu'il pourrait y avoir entre l'augmentation de voiles qui pourront paraître à Damiette avec celles qui disparaîtront d'Aboukir, je vais voir s'il m'est possible de descendre par les canaux jusqu'à Bourlos. J'enverrai prendre mes dépêches à Rosette, où vous pourrez m'adresser tout ce qu'il y aura de nouveau, et, s'il y avait quelque chose de très-urgent, envoyez-moi des duplicata à Rosette, Menouf et Damiette. BONAPARTE.

Menouf, le 2 fructidor an 7 (19 août 1799).

Au général Kléber.

Je reçois, citoyen général, votre lettre du 27. Je suis à peu près certain qu'il n'y a dans la Méditerranée aucun armement considérable dirigé contre nous. Ainsi, les vingt-quatre bâtimens mouillés devant Damiette, ou sont les mêmes qui étaient à Aboukir et ont quitté cette rade, ou c'est une arrière-garde que le pacha attendait et qui porte fort peu de monde.

La division Reynier, réorganisée avec une bonne artillerie, se portera contre ce qui pourrait venir du côté de la Syrie. Je destine pour le même objet les mille ou douze cents hommes de cavalerie que j'ai au Caire prêts à marcher.

Je me rends à Rosette, où je me trouverai bien au fait de tous les mouvemens de la côte, depuis la tour des Arabes, jusqu'à El-Arich. Si vous avez besoin de quelque secours, je vous ferai passer des troupes qui se trouvent dans le Bahhireh et à Alexandrie, désirant tenir intactes les divisions Reynier, Bon et Lannes pour s'opposer à ce qui pourrait venir par terre, quoique les derniers renseignemens que j'ai, me tranquillisent entièrement. J'ai le quinzième de dragons et différens détachemens de cavalerie dans le Bahhireh.

Vous recevrez cette lettre le 3 ou le 4; partez, je vous prie, sur-le-champ, pour vous rendre, de votre personne, à Rosette, si vous ne voyez aucun inconvénient à vous absenter de Damiette : sans quoi, envoyez moi un de vos aides-de-camp : je désirerais qu'il pût arriver à Rosette dans la journée du 7. J'ai à conférer avec vous sur des affaires extrêmement importantes.

Vous devez avoir reçu l'effendi ou commissaire de l'armée, fait prisonnier à Aboukir, et que j'envoie à Constantinople.

BONAPARTE.

Alexandrie, le 5 fructidor an 7 (22 août 1799).

Au divan du Caire.

Ayant été instruit que mon escadre était prête, et qu'une armée formidable était embarquée dessus, convaincu, comme je vous l'ai dit plusieurs fois, que, tant que je ne frapperai pas un coup qui écrase à la fois tous mes ennemis, je ne pourrai jouir tranquillement et paisiblement de la possession de l'Egypte, la plus belle partie du monde; j'ai pris le parti d'aller me mettre moi-même à la tête de mon escadre, en laissant le commandement, pendant mon absence, au général Kléber, homme d'un mérite distingué et auquel j'ai recommandé d'avoir pour les ulémas et les scheicks la même amitié que moi. Faites ce qui vous sera possible pour que le peuple de l'Egypte ait en lui la même confiance qu'en moi, et qu'à mon retour, qui sera dans deux ou trois mois, je sois content du peuple de l'Egypte, et que je n'aie que des louanges et des récompenses à donner aux scheicks.

BONAPARTE.

Alexandrie, le 5 fructidor an 7 (22 août 1799).

A l'armée.

Les nouvelles d'Europe m'ont décidé à partir pour la France. Je laisse le commandement de l'armée au général Kléber. L'armée aura bientôt de mes nouvelles, je ne puis pas en dire davantage. Il me coûte de quitter des soldats auxquels je suis le plus attaché ; mais ce ne sera que momentanément, et le général que je leur laisse à la confiance du gouvernement et la mienne. BONAPARTE.

Alexandrie, le 5 fructidor an 7 (22 août 1799).

Au général Menou.

Vous vous rendrez de suite à Alexandrie, citoyen général ; vous prendrez le commandement d'Alexandrie, Rosette et Bahhireh.

Je pars ce soir pour France, le général Kléber doit être rendu dans deux ou trois jours à Rosette ; vous lui ferez passer le pli ci joint, dont je vous envoie un double, que vous lui ferez passer par une occasion très-sûre.

Le général Marmont part avec moi. Je vous prie, pour empêcher les faux bruits, d'envoyer au général Kléber un bulletin de notre navigation, jusqu'à ce qu'on n'ait plus connaissance des frégates.

Vous préviendrez le général Kléber que la djerme *la Boulonnaise* est à Rahmanieh.

Je laisse ici quatre-vingts chevaux des guides à cheval sellés, que vous ferez passer au Caire pour monter le reste des guides et de la cavalerie.

Vous ne ferez partir la lettre ci-jointe, pour le général Dugua et pour le Caire, que quarante-huit heures après que les frégates auront disparu. BONAPARTE.

Alexandrie, le 5 fructidor an 7 (22 août 1799).

Au général Kléber.

Vous trouverez ci-joint, citoyen général, un ordre pour prendre le commandement en chef de l'armée. La crainte que la croisière anglaise ne reparaisse d'un moment à l'autre me fait précipiter mon voyage de deux ou trois jours.

J'emmène avec moi les généraux Berthier, Andréossi, Murat, Lannes et Marmont, et les citoyens Monge et Berthollet.

Vous trouverez ci-joint les papiers anglais et de Francfort jusqu'au 10 juin. Vous y verrez que nous avons perdu l'Italie, que Mantoue, Turin et Tortone sont bloqués. J'ai lieu d'espérer que la première tiendra jusqu'à la fin de novembre. J'ai l'espérance, si la fortune me sourit, d'arriver en Europe avant le commencement d'octobre.

Vous trouverez ci-joint un chiffre pour correspondre avec le gouvernement, et un autre chiffre pour correspondre avec moi.

Je vous prie de faire partir, dans le courant d'octobre, Junot ainsi que mes domestiques et tous les effets que j'ai laissés au Caire; cependant, je ne trouverai pas mauvais que vous engagiez à votre service ceux de mes domestiques qui vous conviendraient.

L'intention du gouvernement est que le général Desaix parte pour l'Europe dans le courant de novembre, à moins d'événemens majeurs.

La commission des arts passera en France sur un parlementaire que vous demanderez à cet effet, conformément au cartel d'échange, dans le courant de novembre, immédiatement après qu'elle aura achevé sa mission. Elle est maintenant occupée à voir la Haute-Egypte; cependant ceux de ses membres que vous jugerez pouvoir vous être utiles, vous les mettrez en réquisition sans difficulté.

L'effendi fait prisonnier à Aboukir est parti pour se rendre à Damiette. Je vous ai écrit de l'envoyer en Chypre; il est porteur, pour le grand-visir, d'une lettre dont vous trouverez ci-joint la copie.

L'arrivée de notre escadre de Brest à Toulon, et de l'escadre espagnole à Carthagène, ne laisse plus de doute sur la possibilité de faire passer en Egypte les fusils, les sabres, les pistolets, fers coulés dont vous pourriez avoir besoin, et dont j'ai l'état le plus exact, avec une quantité de recrues suffisante pour réparer les pertes des deux campagnes.

Le gouvernement vous fera connaître alors lui-même ses intentions, et moi, comme homme public et comme particulier, je prendrai des mesures pour vous faire avoir fréquemment des nouvelles. Si, par des événemens incalculables, toutes les tentatives étaient infructueuses, et qu'au mois de mai vous n'ayez reçu aucun secours ni nouvelles de France, et si, malgré toutes les précautions, la peste était en Egypte cette année et vous tuait plus de quinze cents soldats, perte considérable, puisqu'elle serait en sus de celles que les événemens de la guerre vous occasioneront journellement : je pense que, dans ce cas, vous ne devez pas hasarder de soutenir la campagne, et que vous êtes autorisé à conclure la paix avec la Porte-Ottomane, quand même la condition principale serait l'évacuation de l'Egypte. Il faudrait seulement éloigner l'exécution de cette condition, si cela était possible, jusqu'à la paix générale.

Vous savez apprécier aussi bien que moi combien la possession de l'Egypte est importante à la France : cet empire turc qui menace ruine de tous côtés, s'écroule aujourd'hui, et l'évacuation de l'Egypte serait un malheur d'autant plus grand, qne nous verrions de nos jours cette belle province passer en d'autres mains européennes.

Les nouvelles des succès ou des revers qu'aura la république, doivent aussi entrer puissamment dans vos calculs.

Si la Porte répondait, avant que vous eussiez reçu de mes nouvelles de France, aux ouvertures de paix que je lui ai faites, vous devez déclarer que vous avez tous les pouvoirs que j'avais et entamer les négociations : persistant toujours dans l'assertion que j'ai avancée, que l'intention de la France n'a jamais été d'enlever l'Egypte à la Porte; demander que la Porte sorte de la coalition et nous accorde le commerce de la mer Noire ; qu'elle mette en liberté les Français prisonniers; et enfin, six mois de suspension d'armes, afin que, pendant ce temps-là, l'échange des ratifications puisse avoir lieu.

Supposant que les circonstances soient telles que vous croyez devoir conclure ce traité avec la Porte, vous ferez sentir que vous ne pouvez pas le mettre à exécution, qu'il ne soit ratifié ; et, selon l'usage de toutes les nations, l'intervalle entre la signature d'un traité et sa ratification, doit toujours être une suspension d'hostilité.

Vous connaissez, citoyen général, quelle est ma manière de voir sur la politique intérieure de l'Egypte : quelque chose que vous fassiez, les chrétiens seront toujours nos amis. Il faut les empêcher d'être trop insolens, afin que les Turcs n'aient pas contre nous le même fanatisme que contre les chrétiens, ce qui nous les rendrait irréconciliables. Il faut endormir le fanatisme, avant qu'on puisse le déraciner. En captivant l'opinion des grands scheicks du Caire, on a l'opinion de toute l'Egypte ; et, de tous les chefs que ce peuple peut avoir, il n'y en a aucun moins dangereux que des scheicks qui sont peureux, ne savent pas se battre, et qui, comme tous les prêtres, inspirent le fanatisme sans être fanatiques.

Quant aux fortifications d'Alexandrie, El-Arich, voilà les clefs de l'Egypte. J'avais le projet de faire établir cet hiver des redoutes de palmiers, deux depuis Salahieh à Catieh, deux de Catieh à El-Arich : l'une se serait trouvée à l'endroit où le général Menou a trouvé de l'eau potable.

Le général Samson, commandant du génie, et le général Songis, commandant l'artillerie, vous mettront chacun au fait de ce qui regarde sa partie.

Le citoyen Poussielgue a été exclusivement chargé des finances, je l'ai reconnu travailleur et homme de mérite. Il commence à avoir quelques renseignemens sur le chaos de l'administration de l'Egypte. J'avais le projet, si aucun nouvel événement ne survenait, de tâcher d'établir cet hiver un nouveau mode d'imposition, ce qui nous aurait permis de nous passer à peu près des Cophtes; cependant, avant de l'entreprendre, je vous conseille d'y réfléchir long-temps. Il vaut mieux entreprendre cette opération un peu plus tard qu'un peu trop tôt.

Des vaisseaux de guerre français paraîtront cet hiver indubitablement à Alexandrie, Bourlos ou Damiette. Faites construire une bonne tour à Bourlos; tâchez de réunir cinq ou six cents mameloucks que, lorsque les vaisseaux français seront arrivés, vous ferez en un jour arrêter au Caire et dans les autres provinces, et embarquer pour la France. Au défaut de mameloucks, des ôtages d'Arabes, des scheicks Belet qui, pour une raison quelconque, se trouveraient arrêtés, pourront y suppléer. Ces individus arrivés en France, y seront retenus un ou deux ans, verront la grandeur de la nation, prendront quelques idées de nos mœurs et de notre langue, et, de retour en Egypte, y formeront autant de partisans.

J'avais déjà demandé plusieurs fois une troupe de comédiens: je prendrai un soin particulier de vous en envoyer. Cet article est très-important pour l'armée, et pour commencer à changer les mœurs du pays.

La place importante que vous aller occuper en chef va vous mettre à même enfin de déployer les talens que la nature vous a donnés. L'intérêt de ce qui se passera ici est vif, et les résultats en seront immenses pour le commerce, pour la civilisation; ce sera l'époque d'où dateront de grandes révolutions.

Accoutumé à voir la récompense des peines et des travaux

de la vie dans l'opinion de la postérité, j'abandonne avec le plus grand regret l'Egypte. L'intérêt de la patrie, sa gloire, l'obéissance, les événemens extraordinaires qui viennent de se passer, me décident seuls à passer au milieu des escadres ennemies pour me rendre en Europe. Je serai d'esprit et de cœur avec vous. Vos succès me seront aussi chers que ceux où je me trouverais en personne, et je regarderai comme mal employés tous les jours de ma vie où je ne ferai pas quelque chose pour l'armée dont je vous laisse le commandement, et pour consolider le magnifique établissement dont les fondemens viennent d'être jetés.

L'armée que je vous confie est toute composée de mes enfans; j'ai eu dans tous les temps, même au milieu des plus grandes peines, des marques de leur attachement. Entretenez-les dans ces sentimens, vous le devez à l'estime et à l'amitié toute particulière que j'ai pour vous et à l'attachement vrai que je leur porte.

BONAPARTE.

FIN DU DEUXIÈME LIVRE.

LIVRE TROISIÈME.

CONSULAT.

Paris, le 18 brumaire an 8 (9 novembre 1799).

Bonaparte, général en chef, aux citoyens composant la garde nationale sédentaire de Paris.

Citoyens, le Conseil des Anciens, dépositaire de la sagesse nationale, vient de rendre le décret ci-joint [1]; il est autorisé par les articles 102 et 103 de l'acte constitutionnel.

Il me charge de prendre les mesures nécessaires pour la sûreté de la représentation nationale. Sa translation est nécessaire et momentanée. Le corps législatif se trouvera à même de tirer la représentation du danger imminent où la désorganisation de toutes les parties de l'administration nous conduit.

Il a besoin, dans cette circonstance essentielle, de l'union et de la confiance des patriotes. Ralliez-vous autour de lui : c'est le seul moyen d'asseoir la république sur les bases de la liberté civile, du bonheur intérieur, de la victoire et de la paix.

BONAPARTE.

1 Par ce décret rendu le 17 brumaire, le Conseil des Anciens chargeait le général Bonaparte de prendre toutes les mesures nécessaires à la sûreté de la représentation nationale, transférée à Saint-Cloud.

Au quartier-général de Paris, le 18 brumaire an 8 (9 novembre 1799).

Aux soldats composant la force armée de Paris.

Soldats, le décret extraordinaire du Conseil des Anciens est conforme aux art. 102 et 103 de l'acte constitutionnel. Il m'a remis le commandement de la ville et de l'armée.

Je l'ai accepté pour seconder les mesures qu'il va prendre et qui sont tout entières en faveur du peuple.

La république est mal gouvernée depuis deux ans. Vous avez espéré que mon retour mettrait un terme à tant de maux; vous l'avez célébré avec une union qui m'impose des obligations que je remplis; vous remplirez les vôtres et vous seconderez votre général avec l'énergie, la fermeté et la confiance que j'ai toujours vues en vous.

La liberté, la victoire et la paix replaceront la république française au rang qu'elle occupait en Europe, et que l'ineptie où la trahison a pu seule lui faire perdre.

Vive la république ! BONAPARTE.

[1] Paris, 18 et 19 brumaire an 8 (9 et 10 novembre 1799).

(Barras, l'un des cinq directeurs, effrayé de la tournure que prenaient les affaires, envoya, dans la matinée, à Saint-Cloud son sécrétaire Bottot, afin de savoir de Bonaparte ses intentions. Le général, entouré d'une foule de militaires de tout grade, le reçut avec hauteur, et lui parlant comme s'il se fût adressé au Directoire, il lui tint ce foudroyant langage):

[1] Nous rapporterons sous cette date les discours tenus par Bonaparte dans ces deux journées mémorables qui devaient changer la face de la France. Ils seront un jour recueillis par l'histoire, car les moindres phrases qui les composent portent l'empreinte de cette ame ambitieuse et extraordinaire qui devait donner des fers à toute l'Europe.

Qu'avez-vous fait de cette France que je vous ai laissée si brillante ? Je vous ai laissé la paix, j'ai retrouvé la guerre : je vous ai laissé des victoires, j'ai retrouvé des revers : je vous ai laissé les millions de l'Italie, et j'ai trouvé partout des lois spoliatrices et la misère. Qu'avez-vous fait de cent mille Français que je connaissais, tous mes compagnons de gloire ? Ils sont morts.

Cet état de chose ne peut durer : avant trois ans il nous menerait au despotisme ; mais nous voulons la république, la république assise sur les bases de l'égalité, de la morale, de la liberté civile et de la tolérance politique. Avec une bonne administration, tous les individus oublieront les factions dont on les fit membres, pour leur permettre d'être français. Il est temps enfin que l'on rende aux défenseurs de la patrie la confiance à laquelle ils ont tant de droits. A entendre quelques factieux, bientôt nous serions tous les ennemis de la république, nous qui l'avons affermie par nos travaux et notre courage. Nous ne voulons pas de gens plus patriotes que les braves qui sont mutilés au service de la république.

(Le Conseil des Anciens s'assembla le 19 brumaire à deux heures, dans la grande galerie du château de Saint-Cloud. A quatre heures, le général Bonaparte fut introduit, et ayant reçu du président le droit de parler, il s'exprima ainsi :)

Représentans du peuple, vous n'êtes point dans des circonstances ordinaires ; vous êtes sur un volcan. Permettez-moi de vous parler avec la franchise d'un soldat, aveo celle d'un citoyen zélé pour le bien de son pays, et suspendez, je vous en prie, votre jugement jusqu'à ce que vous m'ayez entendu jusqu'à la fin.

J'étais tranquille à Paris, lorsque je reçus le décret du Conseil des Anciens, qui me parla de ses dangers, de ceux de la république. A l'instant j'appelai, je retrouvai mes frères d'armes, et nous vînmes vous donner notre appui ; nous vînmes vous offrir les bras de la nation, parce que vous en étiez la tête. Nos intentions furent pures, désintéressées ; et pour prix du dévouement que nous avons montré hier, aujourd'hui déjà on nous abreuve de calomnies. On parle d'un nouveau César, d'un nouveau Cromwel ; on répand que je veux établir un gouvernement militaire.

Représentans du peuple, si j'avais voulu opprimer la liberté de mon pays, si j'avais voulu usurper l'autorité suprême, je ne me serais pas rendu aux ordres que vous m'avez donnés, je n'aurais pas eu besoin de recevoir cette autorité du sénat. Plus d'une fois, et dans des circonstances très-favorables, j'ai été appelé à la prendre. Après nos triomphes en Italie, j'y ai été appelé par le vœu de mes camarades, par celui de ces soldats qu'on a tant maltraités, depuis qu'ils ne sont plus sous mes ordres, de ces soldats qui sont obligés, encore aujourd'hui, d'aller faire dans les déserts de l'Ouest, une guerre horrible que la sagesse et le retour aux principes avaient calmée, et que l'ineptie ou la trahison viennent de rallumer.

Je vous le jure, représentans du peuple, la patrie n'a pas de plus zélé défenseur que moi ; je me dévoue tout entier pour faire exécuter vos ordres ; mais c'est sur vous seuls que repose son salut ; car il n'y a plus de directoire ; quatre des membres qui en faisaient partie ont donné leur démission, et le cinquième a été mis en surveillance pour sa sûreté. Les dangers sont pressans, le mal s'accroît ; le ministre de la police vient de m'avertir que dans la Vendée plusieurs places étaient tombées entre les mains des chouans. Représentans du peuple, le Conseil des Anciens est investi d'un grand pouvoir ; mais il est encore animé d'une plus grande sagesse ; ne consultez qu'elle et l'imminence du danger, prévenez les déchiremens, évitons de perdre ces deux choses pour lesquelles nous avons fait tant de sacrifices, la liberté et l'égalité !....

(Interrompu par un membre qui lui rappelait la constitution, Bonaparte continua de cette manière :)

La constitution ! vous l'avez violée au 18 fructidor ; vous l'avez violée au 22 floréal ; vous l'avez violée au 30 prairial. La constitution ! elle est invoquée par toutes les factions, et elle a été violée par toutes ; elle est méprisée par toutes ; elle ne peut plus être pour nous un moyen de salut, parce qu'elle n'obtient plus le respect de personne. Représentans du peuple, vous ne voyez pas en moi un misérable intrigant qui se couvre d'un masque hypocrite. J'ai fait mes preuves de dévouement à la république, et toute dissimulation m'est inutile. Je ne vous tiens ce langage que parce que je désire que tant de sacrifices ne soient pas perdus. La constitution, les droits du peuple ont été violés plusieurs fois : et puisqu'il ne nous est plus permis de rendre à cette constitution le respect qu'elle devait avoir, sauvons les bases sur lesquelles elle se repose ; sauvons l'égalité, la liberté ; trouvons des moyens d'assurer à chaque homme la liberté qui lui est due et que la constitution n'a pas su lui garantir. Je vous déclare qu'aussitôt que les dangers qui m'ont fait confier des pouvoirs extraordinaires, seront passés, j'abdiquerai ces pouvoirs. Je ne veux être, à l'égard de la magistrature que vous aurez nommée, que le bras qui la soutiendra et fera exécuter ses ordres.

(Un membre demande que le général Bonaparte fournisse des preuves des dangers qu'il annonce.)

Bonaparte. S'il faut s'expliquer tout-à-fait ; s'il faut nommer les hommes, je les nommerai ; je dirai que les directeurs Barras et Moulins m'ont proposé de me mettre à la tête d'un parti tendant à renverser tous les hommes qui ont des idées libérales....

(On discute si Bonaparte continuera de s'énoncer publiquement et si l'assemblée ne se formera pas en comité secret. Il est décidé que le général sera entendu en public.)

Bonaparte. Je vous le répète, représentans du peuple ; la constitution, trois fois violée, n'offre plus de garantie aux citoyens ; elle ne peut entretenir l'harmonie, parce qu'il n'y a plus de diapazon ; elle ne peut point sauver la patrie, parce qu'elle n'est respectée de personne. Je le répète encore, qu'on ne croie point que je tiens ce langage pour m'emparer du pouvoir après la chute des autorités ; le pouvoir, on me l'a offert encore depuis mon retour à Paris. Les différentes factions sont venues sonner à ma porte, je ne les ai pas écoutées, parce que je ne suis d'aucune cotterie, parce que je ne suis que du grand parti du peuple français.

Plusieurs membres du Conseil des Anciens savent que je les ai entretenus des propositions qui ont été faites, et je n'ai accepté l'autorité que vous m'avez confiée que pour soutenir la cause de la république. Je ne vous le cache pas, représentans du peuple, en prenant le commandement, je n'ai compté que sur le Conseil des Anciens. Je n'ai point compté sur le Conseil des Cinq-cents qui est divisé, sur le Conseil des Cinq-cents où se trouvent des hommes qui voudraient nous rendre la convention, les comités révolutionnaires et les échafauds ; sur le Conseil des Cinq-cents où les chefs de ce parti viennent de prendre séance en ce moment ; sur le Conseil des Cinq-cents, d'où viennent de partir des émissaires chargés d'aller organiser un mouvement à Paris.

Que ces projets criminels ne vous effrayent point, représentans du peuple : environné de mes frères d'armes, je saurai vous en préserver ; j'en atteste votre courage, vous mes braves camarades, vous aux yeux de qui l'on voudrait me peindre comme un ennemi de la liberté ; vous grenadiers dont j'aperçois les bonnets, vous braves soldats dont j'aperçois les baïonnettes que j'ai si souvent fait tourner à la honte de l'ennemi, à l'humiliation des rois, que j'ai employées à fonder des républiques : et si quelqu'orateur, payé par l'étranger, parlait de me mettre *hors la loi*, qu'il prenne garde de porter cet arrêt contre lui-même ! S'il parlait de me mettre *hors la loi*, j'en appellerais à vous, mes braves compagnons d'armes; à vous, braves soldats que j'ai tant de fois menés à la victoire ; à vous, braves défenseurs de la république avec lesquels j'ai partagé tant de périls pour affermir la liberté et l'égalité : je m'en remettrais, mes braves amis, au courage de vous tous et à ma fortune.

Je vous invite, représentans du peuple, à vous former en comité général, et à y prendre des mesures salutaires que l'urgence des dangers commande impérieusement. Vous trouverez toujours mon bras pour faire exécuter vos résolutions.

(Le président invite le général, au nom du conseil, à dévoiler dans toute son étendue le complot dont la république était menacée.)

Bonaparte. J'ai eu l'honneur de dire au Conseil que la constitution ne pouvait sauver la patrie, et qu'il fallait arriver à un ordre de chose tel que nous puissions la retirer de l'abîme où elle se trouve. La première partie de ce que je viens de vous répéter, m'a été dite par les deux membres du directoire que je vous ai nommés, et qui ne seraient pas plus coupables qu'un très-grand nombre d'autres Français, s'ils n'eussent fait qu'articuler une chose qui est connue de la France entière. Puisqu'il est reconnu que la constitution ne peut pas sauver la république, hâtez-vous donc de prendre des moyens pour la retirer du danger, si vous ne voulez pas recevoir de sanglans et d'éternels reproches du peuple français, de vos familles et de vous-mêmes.

(Le général se retire sans vouloir s'expliquer davantage.)

Paris, 19 brumaire an 8, à onze heures du soir (10 novembre 1799).

Proclamation du général Bonaparte au peuple français.

A mon retour à Paris, j'ai trouvé la division dans toutes les autorités, et l'accord établi sur cette seule vérité, que la constitution était à moitié détruite, et ne pouvait sauver la liberté.

Tous les partis sont venus à moi, tous m'ont confié leurs desseins, dévoilé leurs secrets, et ont demandé mon appui; j'ai refusé d'être l'homme d'un parti.

Le Conseil des Anciens m'a appelé; j'ai répondu à son appel. Un plan de restauration générale avait été concerté par des hommes en qui la nation est accoutumée à voir des défenseurs de la liberté, de l'égalité, de la propriété: ce plan demandait un examen calme, libre, exempt de toute influence et de toute crainte. En conséquence le Conseil des Anciens a résolu la translation du corps-législatif à Saint-Cloud; il m'a chargé de la disposition de la force nécessaire à son indépendance. J'ai cru devoir à mes concitoyens, aux soldats périssant dans nos armées, à la gloire nationale acquise au prix de leur sang, d'accepter le commandement.

Les Conseils se rassemblent à Saint-Cloud; les troupes républicaines garantissent la sûreté au dehors; mais des assassins établissent la terreur au dedans; plusieurs députés du Conseil des Cinq-cents, armés de stilets et d'armes à feu, font circuler autour d'eux des menaces de mort.

Les plans qui devaient être développés sont resserrés, la majorité désorganisée, les orateurs les plus intrépides déconcertés, et l'inutilité de toute proposition sage, évidente.

Je porte mon indignation et ma douleur au Conseil des Anciens, je lui demande d'assurer l'exécution de ses généreux desseins; je lui représente les maux de la patrie qui les lui ont fait concevoir : il s'unit à moi par de nouveaux témoignages de sa constante volonté.

Je me présente au Conseil des Cinq-cents, seul, sans armes, la tête découverte, tel que les Anciens m'avaient reçu et applaudi; je venais rappeler à la majorité ses volontés, et l'assurer de son pouvoir.

Les stilets qui menaçaient les députés, sont aussitôt levés sur leur libérateur; vingt assassins se précipitent sur moi et cherchent ma poitrine: les grenadiers du corps législatif, que j'avais laissés à la porte de la salle, accourent et se mettent entre les assassins et moi. L'un de ces braves grenadiers (Thomé) est frappé d'un coup de stilet, dont ses habits sont percés. Ils m'enlèvent.

Au même moment les cris de *hors la loi* se font entendre contre le défenseur de *la loi*. C'était le cri farouche des assassins, contre la force destinée à les réprimer.

Ils se pressent autour du président, la menace à la bouche : les armes à la main, ils lui ordonnent de prononcer le *hors la loi* : l'on m'avertit; je donne ordre de l'arracher à leur fureur, et six grenadiers du corps-législatif s'en emparent. Aussitôt après des grenadiers du corps législatif entrent au pas de charge dans la salle et la font évacuer.

Les factieux intimidés se dispersent et s'éloignent. La majorité soustraite à leurs coups, rentre librement et paisiblement dans la salle de ses séances, entend les propositions qui devaient lui être faites pour le salut public, délibère et prépare la résolution salutaire qui doit devenir la loi nouvelle et provisoire de la république.

Français! vous reconnaissez sans doute à cette conduite le zèle d'un soldat de la liberté, d'un citoyen dévoué à la république. Les idées conservatrices, tutélaires, libérales, sont rentrées dans leurs droits par la dispersion des factieux qui opprimaient les Conseils, et qui, pour être devenus les plus odieux des hommes, n'ont pas cessé d'être les plus méprisables. BONAPARTE.

Au quartier-général à Paris, le 20 brumaire an 8 (11 novembre 1799).

A l'armée.

Le général Lefebvre conserve le commandement de la dix-septième division militaire.

Les troupes rentreront dans leurs quartiers respectifs; le service se fera comme à l'ordinaire.

Le général Bonaparte est très-satisfait de la conduite des troupes de ligne, des invalides, des gardes nationales sédentaires, qui, dans la journée d'hier, si heureuse pour la république, se sont montrés les vrais amis du peuple; il témoigne sa satisfaction particulière aux braves grenadiers près la représentation nationale, qui se sont couverts de gloire en sauvant la vie à leur général prêt à tomber sous les coups de représentans armés de poignards. BONAPARTE.

Paris, le 21 brumaire an 8 (12 novembre 1799).

Au peuple français.

La constitution de l'an III péraissait; elle n'avait su, ni garantir vos droits, ni se garantir elle-même. Des atteintes multipliées lui ravissaient sans retour le respect du peuple; des factions haineuses et cupides se partageaient la république. La France approchait enfin du dernier terme d'une désorganisation générale.

Les patriotes se sont entendus. Tout ce qui pouvait vous nuire a été écarté; tout ce qui pouvait vous servir, tout ce qui était resté pur dans la représentation nationale s'est réuni sous les bannières de la liberté.

Français, la république, raffermie et replacée dans l'Europe au rang qu'elle n'aurait jamais dû perdre, verra se réaliser toutes les espérances des citoyens, et accomplira ses glorieuses destinées.

Prêtez avec nous le serment que nous faisons *d'être fidèles à la république, une et indivisible, fondée sur l'égalité, la liberté et le système représentatif.*

Par les consuls de la république,

ROGER-DUCOS, BONAPARTE, SYEYES.

Paris, le 21 brumaire an 8 (12 novembre 1799).

Au citoyen Quinette.

Les consuls de la république, citoyen, viennent de nommer le citoyen Laplace au ministère de l'intérieur. Vous voudrez bien, en conséquence, lui faire la remise du portefeuille. Il a ordre de se rendre de suite, à cet effet, à la maison de votre ministère.

Les consuls de la république, connaissant les services que vous avez constamment rendus, et se souvenant que votre dévouement, dans une circonstance difficile, vous a valu d'honorables souffrances, saisiront toutes les occasions de faire quelque chose qui puisse vous convenir.

Par les consuls de la république,

ROGER-DUCOS, BONAPARTE, SYEYES.

Paris, le 24 brumaire an 8 (15 novembre 1799).

A la commission législative du conseil des Cinq-cents.

Citoyens représentans,

Par un rapport joint au présent message, le ministre des finances vient d'exposer aux consuls de la république la nécessité de rapporter la loi sur l'emprunt forcé, et de lui substituer une subvention de guerre, réglée dans la proportion des vingt-cinq centimes des contributions foncière, mobilière et somptuaire.

En conformité de l'art. 9 de la loi du 19 de ce mois, les consuls de la république vous font la proposition formellement nécessaire de statuer sur cet objet.

Par les consuls de la république,

ROGER-DUCOS, BONAPARTE, SYEYES.

Paris, le 1er frimaire an 8 (22 novembre 1799).

A la commission législative du conseil des Cinq-cents.

Citoyens représentans,

L'article 3 de la capitulation conclue entre le général Bonaparte et le grand maître de l'ordre de Saint-Jean de Jérusalem, lors de la conquête de l'île de Malte, porte : « Les chevaliers de l'ordre de Saint-Jean de Jérusalem, qui sont français, actuellement à Malte, et dont l'état sera arrêté par le général en chef, pourront rentrer dans leur patrie, et leur résidence sera comptée comme une résidence en France. »

Cependant une loi du 28 mars 1793 avait assimilé les chevaliers de l'ordre de Saint-Jean de Jérusalem aux étrangers, et déclaré qu'on ne pouvait opposer *comme excuse ou prétexte d'absence la résidence à Malte.* La loi du 25 brumaire an 5, confirmant cette disposition, avait ensuite établi *que la résidence en pays conquis et réunis*, *ne comptait que depuis la conquête.*

L'article 3 de la capitulation a donc changé à cet égard la condition des chevaliers nés français, qui se trouvaient à Malte au moment de la conquête. Ils ont obtenu par une prompte adhésion aux volontés d'une armée victorieuse, que la résidence à Malte produisît pour eux les mêmes effets que la résidence en France, sans qu'on pût en induire que ceux qui ne prouveraient pas qu'ils ont constamment résidé, soit en France, soit à Malte, depuis l'époque du 9 mai 1792, fixée par les lois pour la résidence de tous les Français, eussent droit au bénéfice de la capitulation; ils se trouvaient au contraire dans le cas où les lois exigent l'exclusion du territoire de la république.

Les consuls de la république, empressés de signaler leur respect pour la foi publique, vous adressent, citoyens représentans, la proposition formelle et nécessaire de donner la force législative à un acte qui assura les fruits de la victoire, en épargnant le sang des braves de l'armée d'Orient.

Par les consuls de la république,

ROGER-DUCOS, BONAPARTE, SYEYES.

Paris, le 4 nivose an 8 (25 décembre 1799).

Bonaparte, premier consul de la république, aux Français.

Rendre la république chère aux citoyens, respectable aux étrangers, formidable aux ennemis, telles sont les obligations que nous avons contractées en acceptant la première magistrature.

Elle sera chère aux citoyens, si les lois, si les actes de l'autorité sont toujours empreints de l'esprit d'ordre, de justice, de modération.

Sans l'ordre, l'administration n'est qu'un chaos; point de finances, point de crédit public; et avec la fortune de l'état s'écroulent les fortunes particulières. Sans justice, il n'y a que des partis, des oppresseurs et des victimes.

La modération imprime un caractère auguste aux gouvernemens comme aux nations. Elle est toujours la compagne de la force et de la durée des institutions sociales.

La république sera imposante aux étrangers, si elle sait

respecter dans leur indépendance le titre de sa propre indépendance ; si ses engagemens préparés par la sagesse, formés par la franchise, sont gardés par la fidélité.

Elle sera enfin formidable aux ennemis, si ses armées de terre et de mer sont fortement constituées, si chacun de ses défenseurs trouve une famille dans le corps auquel il appartient, et dans cette famille un héritage de vertus et de gloire ; si l'officier formé par de longues études, obtient par un avancement régulier la récompense due à ses talens et à ses services.

A ces principes tiennent la stabilité du gouvernement, les succès du commerce et de l'agriculture, la grandeur et la prospérité des nations.

En les développant, nous avons tracé la règle qui doit nous juger. Français, nous vous avons dit nos devoirs ; ce sera vous qui nous direz si nous les avons remplis. BONAPARTE.

Paris, le 4 nivose an 8 (25 décembre 1799).

Aux soldats français.

Soldats ! en promettant la paix au peuple français, j'ai été votre organe ; je connais votre valeur.

Vous êtes les mêmes hommes qui conquirent la Hollande, le Rhin, l'Italie, et donnèrent la paix sous les murs de Vienne étonnée.

Soldats, ce ne sont plus vos frontières qu'il faut défendre, ce sont les états ennemis qu'il faut envahir.

Il n'est aucun de vous qui n'ait fait plusieurs campagnes, qui ne sache que la qualité la plus essentielle d'un soldat est de savoir supporter les privations avec constance. Plusieurs années d'une mauvaise administration ne peuvent être réparées dans un jour.

Premier magistrat de la république, il me sera doux de

faire connaître à la nation entière les corps qui mériteront, par leur valeur et leur discipline, d'être proclamés les soutiens de la patrie.

Soldats, lorsqu'il en sera temps je serai au milieu de vous, et l'Europe étonnée se souviendra que vous êtes de la race des braves. Le premier consul, Bonaparte.

Paris, le 4 nivose an 8 (25 décembre 1799).

A l'armée d'Italie.

Les circonstances qui me retiennent à la tête du gouvernement m'empêchent de me trouver au milieu de vous.

Vos besoins sont grands : toutes les mesures sont prises pour y pourvoir.

Les premières qualités du soldat sont la constance et la discipline : la valeur n'est que la seconde.

Soldats, plusieurs corps ont quitté leurs positions ; ils ont été sourds à la voix de leurs officiers : la dix-septième légère est de ce nombre.

Sont-ils donc tous morts, les braves de Castiglione, de Rivoli, de Neumarck ? Ils eussent péri plutôt que de quitter leurs drapeaux, et ils eussent ramené leurs jeunes camarades à l'honneur et au devoir.

Soldats, des distributions ne vous sont pas régulièrement faites, dites-vous ? Qu'eussiez-vous fait si, comme les quatrième et vingt-deuxième légères, les dix-huitième et trente-deuxième de ligne, vous vous fussiez trouvés au milieu du désert, sans pain ni eau, mangeant du cheval et des mulets ? *La victoire nous donnera du pain*, disaient-elles ; et vous !... Vous quittez vos drapeaux !

Soldats d'Italie ! Un nouveau général vous commande [1] ; il

[1] Massena.

fut toujours à l'avant-garde dans les plus beaux jours de votre gloire. Entourez-le de votre confiance : il ramenera la victoire dans vos rangs.

Je me ferai rendre un compte journalier de la conduite de tous les corps, et spécialement de la dix-septième et de la soixante-troisième de ligne ; *elles se ressouviendront de la confiance que j'avais en elles.* BONAPARTE.

Paris, 4 nivose an 8 (25 décembre 1799).

Aux citoyens de Saint-Domingue.

Citoyens,

Une constitution qui n'a pu se soutenir contre des violations multipliées, est remplacée par un nouveau pacte destiné à affermir la liberté.

L'art. XCI porte : que les colonies françaises seront réglées par des lois spéciales.

Cette disposition dérive de la nature des choses et de la différence des climats.

Les habitans des colonies françaises situées en Amérique, en Asie, en Afrique, ne peuvent être gouvernés par la même loi.

La différence des habitudes, des mœurs, des intérêts, la diversité du sol, des cultures, des productions, exigent des modifications diverses.

Un des premiers actes de la nouvelle législation sera la rédaction des lois destinées à vous régir.

Loin qu'elles soient pour vous un sujet d'alarmes, vous y reconnaîtrez la sagesse et la profondeur des vues qui animent les législateurs de la France.

Les consuls de la république, en vous annonçant le nouveau pacte social, vous déclarent que les principes sacrés de la liberté et de l'égalité des Noirs n'éprouveront jamais, parmi vous, d'atteintes ni de modification.

S'il est, dans la colonie de Saint-Domingue, des hommes mal intentionnés, s'il en est qui conservent des relations avec les puissances ennemies, *braves Noirs, souvenez-vous que le peuple français seul reconnaît votre liberté et l'égalité de vos droits.* *Le premier consul*, BONAPARTE.

Paris, le 5 nivose an 8 (26 décembre 1799).

RÉPUBLIQUE FRANÇAISE. — SOUVERAINETÉ DU PEUPLE. — LIBERTÉ. — EGALITÉ.

Bonaparte, premier consul de la république, à S. M. le roi de la Grande-Bretagne.

Appelé par le vœu de la nation française à occuper la première magistrature de la république, je crois convenable, en entrant en charge, d'en faire directement part à V. M.

La guerre qui, depuis huit ans, ravage les quatre parties du monde, doit-elle être éternelle ? N'est-il donc aucun moyen de s'entendre ?

Comment les deux nations les plus éclairées de l'Europe, puissantes et fortes plus que ne l'exigent leur sûreté et leur indépendance, peuvent-elles sacrifier à des idées de vaine grandeur le bien du commerce, la prospérité intérieure, le bonheur des familles ? Comment ne sentent-elles pas que la paix est le premier des besoins comme la première des gloires ?

Ces sentimens ne peuvent pas être étrangers au cœur de V. M. qui gouverne une nation libre et dans le seul but de la rendre heureuse.

V. M. ne verra dans cette ouverture que mon désir sincère de contribuer efficacement, pour la deuxième fois, à la pacification générale, par une démarche prompte, toute de confiance, et dégagée de ces formes qui, nécessaires peut-être pour déguiser la dépendance des états faibles, ne décèlent dans les états forts que le désir mutuel de se tromper.

La France, l'Angleterre, par l'abus de leurs forces, peuvent long-temps encore, pour le malheur de tous les peuples, en retarder l'épuisement ; mais, j'ose le dire, le sort de toutes les nations civilisées est attaché à la fin d'une guerre qui embrâse le monde entier.

BONAPARTE.

Paris, le 5 nivose an 8 (26 décembre 1799).

Au général de division Saint-Cyr.

Le ministre de la guerre m'a rendu compte, citoyen général, de la victoire que vous avez remportée sur l'aile gauche de l'armée autrichienne.

Recevez comme témoignage de ma satisfaction, un beau sabre que vous porterez les jours de combat.

Faites connaître aux soldats qui sont sous vos ordres que je suis content d'eux et que j'espère l'être davantage encore.

Le ministre de la guerre vous expédie le brevet de premier lieutenant de l'armée.

Comptez sur mon estime et mon amitié.

BONAPARTE.

Paris, le 6 nivose an 8 (27 décembre 1799).

Au sénat conservateur.

Sénateurs,

Les consuls de la république s'empressent de vous faire connaître que le gouvernement est installé. Ils emploieront dans toutes les circonstances, tous leurs moyens pour détruire l'esprit de faction, créer l'esprit public et consolider la constitution qui est l'objet des espérances du peuple français. Le sénat conservateur sera animé du même esprit, et par sa réunion avec les consuls, seront déjoués les mal intentionnés, s'il pouvait en exister dans les premiers corps de l'état.

Le premier consul, BONAPARTE.

Paris, le 7 nivose an 8 (28 décembre 1799).

Au général Augereau, commandant en chef l'armée française en Batavie.

Je vous ai nommé, citoyen général, au poste important de commandant en chef l'armée française en Batavie.

Montrez, dans tous les actes que votre commandement vous donnera lieu de faire, que vous êtes au-dessus de ces misérables divisions de tribunes, dont le contre-coup a été malheureusement, depuis dix ans, la cause de tous les déchiremens de la France.

La gloire de la république est le fruit du sang de nos camarades; nous n'appartenons à aucune autre cotterie qu'à celle de la nation entière.

Si les circonstances m'obligent à faire la guerre par moi-même, comptez que je ne vous laisserai pas en Hollande, et que je n'oublierai jamais la belle journée de Castiglione [1].

Je vous salue. BONAPARTE.

Paris, le 8 nivose an 8 (29 décembre 1799).

Aux habitans des départemens de l'Ouest.

PROCLAMATION.

Une guerre impie menace d'embraser une seconde fois les départemens de l'Ouest. Le devoir des premiers magistrats de

[1] Cette dernière phrase justifie pleinement Bonaparte du reproches qu'on lui a fait si souvent d'avoir oublié la part glorieuse qu'Augereau avait prise à la victoire de Castiglione.

la république est d'en arrêter les progrès et de l'éteindre dans son foyer ; mais ils ne veulent déployer la force qu'après avoir épuisé les voies de la persuasion et de la justice.

Les artisans de ces troubles sont des traîtres vendus à l'Anglais, et instrumens de ses fureurs, ou des brigands qui ne cherchent dans les discordes civiles que l'aliment et l'impunité de leurs forfaits.

A de tels hommes le gouvernement ne doit ni ménagement, ni déclaration de ses principes.

Mais il est des citoyens chers à la patrie qui ont été séduits par leurs artifices ; c'est à ces citoyens que sont dues les lumières et la verité.

Des lois injustes ont été promulguées et exécutées ; des actes arbitraires ont alarmé la sécurité des citoyens et la liberté des consciences ; partout des inscriptions hasardées sur des listes d'émigrés, ont frappé des citoyens qui n'avaient jamais abandonné ni leur patrie, ni même leurs foyers ; enfin de grands principes d'ordre social ont été violés.

C'est pour réparer ces injustices et ces erreurs qu'un gouvernement, fondé sur les bases sacrées de la liberté, de l'égalité, du système représentatif, a été proclamé et reconnu par la nation. La volonté constante, comme l'intérêt et la gloire des premiers magistrats qu'elle s'est donnés, sera de fermer toutes les plaies de la France, et déjà cette volonté est garantie par des actes qui sont émanés d'eux.

Ainsi la loi désastreuse de l'emprunt forcé, la loi, plus désastreuse, des ôtages, ont été révoquées ; des individus déportés sans jugement préalable, sont rendus à leur patrie et à leur famille. Chaque jour est etsera marqué par des actes de justice, et le conseil d'état travaille sans relâche à préparer la réformation des mauvaises lois, et une combinaison plus heureuse des contributions publiques.

Les consuls déclarent encore que la liberté des cultes est garantie par la constitution ; qu'aucun magistrat ne peut y porter atteinte; qu'aucun homme ne peut dire à un autre : *Tu exerceras un tel culte, tu ne l'exerceras qu'un tel jour.*

La loi du 11 prairial an 3 qui laisse aux citoyens l'usage des édifices destinés au culte religieux, sera exécutée.

Tous les départemens doivent être également soumis à l'empire des lois générales ; mais les premiers magistrats accorderont toujours et des soins et un intérêt plus marqué à l'agriculture, aux fabriques et au commerce, dans ceux qui ont éprouvé de plus grandes calamités.

Le gouvernement pardonnera : il fera grâce au repentir; l'indulgence sera entière et absolue ; mais il frappera quiconque, après cette déclaration, oserait encore résister à la souveraineté nationale.

Français habitans des départemens de l'Ouest, ralliez-vous autour d'une constitution qui donne aux magistrats qu'elle a créés la force, comme le devoir de protéger les citoyens, qui les garantit également et de l'instabilité et de l'intempérance des lois.

Que ceux qui veulent le bonheur de la France, se séparent des hommes qui persisteraient à vouloir les égarer pour les livrer au fer de la tyrannie, ou à la domination de l'étranger.

Que les bons habitans des campagnes rentrent dans leurs foyers et reprennent leurs utiles travaux ; qu'ils se défendent des insinuations de ceux qui voudraient les ramener à la servitude féodale.

Si malgré toutes les mesures que vient de prendre le gouvernement, il était encore des hommes qui osassent provoquer la guerre civile, il ne resterait aux premiers magistrats qu'un devoir triste, mais nécessaire à remplir, celui de les subjuguer par la force.

Mais non : tous ne connaîtront plus qu'un seul sentiment, l'amour de la patrie. Les ministres d'un Dieu de paix seront les premiers moteurs de la réconciliation et de la concorde ; qu'ils parlent aux cœurs le langage qu'ils apprirent à l'école de leur maître ; qu'ils aillent dans ces temples qui se rouvrent pour eux, offrir, avec leurs concitoyens, le sacrifice qui expiera les crimes de la guerre et le sang qu'elle a fait verser.

Le premier consul, BONAPARTE.

Paris, le 9 nivose an 8 (30 décembre 1799).

Aux Bourgmestre et sénat de la ville libre et impériale de Hambourg.

Nous avons reçu votre lettre, messieurs ; elle ne vous justifie pas. [1]

Le courage et les vertus conservent les états ; la lâcheté et les vices les ruinent.

Vous avez violé l'hospitalité. Cela ne fût pas arrivé parmi les hordes les plus barbares du désert. Vos concitoyens vous le reprocheront éternellement.

Les deux infortunés que vous avez livrés, meurent illustres : mais leur sang fera plus de mal à leurs persécuteurs, que n'aurait pu le faire une armée.

Le premier consul, BONAPARTE.

[1] Le gouvernement de Hambourg avait livré à celui d'Angleterre deux individus, malgré leur titre de Français.

Paris, le 15 nivose an 8 (5 janvier 1800).

A l'armée de l'Ouest.

PROCLAMATION.

Soldats !

Le gouvernement a pris les mesures pour éclairer les habitans égarés des départemens de l'Ouest ; avant de prononcer, il les a entendus. Il a fait droit à leurs griefs, parce qu'ils étaient raisonnables. La masse des bons habitans a posé les armes. Il ne reste plus que des brigands, des émigrés, des stipendiés de l'Angleterre.

Des Français stipendiés de l'Angleterre ! ce ne peut être que des hommes sans aveu, sans cœur et sans honneur. Marchez contre eux ; vous ne serez pas appelés à déployer une grande valeur.

L'armée est composée de plus de soixante mille braves : que j'apprenne bientôt que les chefs des rebelles ont vécu. Que les généraux donnent l'exemple de l'activité ! La gloire ne s'acquiert que par les fatigues, et si l'on pouvait l'acquérir en tenant son quartier-général dans les grandes villes, ou en restant dans de bonnes casernes, qui n'en aurait pas ?

Soldats, quel que soit le rang que vous occupiez dans l'armée, la reconnaissance de la nation vous attend. Pour en être dignes, il faut braver l'intempérie des saisons, les glaces, les neiges, le froid excessif des nuits, surprendre vos ennemis à la pointe du jour, et exterminer ces misérables, le déshonneur du nom français.

Faites une campagne courte et bonne. Soyez inexorables pour les brigands ; mais observez une discipline sévère.

BONAPARTE.

Paris, le 21 nivose an 8 (11 janvier 1800).

Aux habitans des départemens de l'Ouest.

Tout ce que la raison a pu conseiller, le gouvernement l'a fait pour ramener le calme et la paix au sein de vos foyers; après de longs délais, un nouveau délai a été donné pour le repentir. Un grand nombre de citoyens a reconnu ses erreurs et s'est rallié au gouvernement qui, sans haine et sans vengeance, sans crainte et sans soupçon, protége également tous les citoyens, et punit ceux qui en méconnaissent les devoirs.

Il ne peut plus rester armés contre la France que des hommes sans foi comme sans patrie, des perfides, instrumens d'un ennemi étranger, ou des brigands noircis de crimes, que l'indulgence même ne saurait pardonner.

La sûreté de l'état et la sécurité des citoyens veulent que de pareils hommes périssent par le fer, et tombent sous le glaive de la force nationale; une plus longue patience ferait le triomphe des ennemis de la république.

Des forces redoutables n'attendent que le signal pour disperser et détruire ces brigands, que le signal soit donné.

Gardes nationales, joignez les efforts de vos bras à celui des troupes de ligne. Si vous connaissez parmi vous des hommes partisans des brigands, arrêtez-les; que nulle part ils ne trouvent d'asile contre le soldat qui va les poursuivre; et s'il était des traîtres qui osassent les recevoir et les défendre, qu'ils périssent avec eux!

Habitans de l'Ouest, de ce dernier effort dépend la tranquillité de votre pays, la sécurité de vos familles, la sûreté de vos propriétés; d'un même coup vous terrasserez et les scélérats qui vous dépouillent, et l'ennemi qui achète et paie leurs forfaits. *Le premier consul*, BONAPARTE.

Paris, le 25 nivose an 8 (15 janvier 1800).

Au brave Léon Aune, sergent des grenadiers de la trente-deuxième demi-brigade [1].

J'ai reçu votre lettre, mon brave camarade; vous n'aviez pas besoin de me parler de vos actions : je les connais toutes.

[1] Cette pièce est la réponse à une lettre que nous rapporterons à cause de son originalité, et parce qu'elle fait connaître l'un des plus dignes enfans de nos armées victorieuses.

Léon Aune, sergent des grenadiers de la trente-deuxième demi-brigade, au citoyen Bonaparte, premier consul.

Toulon, le 16 frimaire an 8

Citoyen consul,

Votre arrivée sur le territoire de la république a consolé toutes les ames pures, principalement la mienne, n'ayant plus d'espoir qu'en vous. Je viens à vous comme à mon Dieu tutélaire, vous priant de donner une place dans votre bon souvenir à Léon, que vous avez tant de fois comblé d'honneur au champ de bataille.

N'ayant pu m'embarquer pour l'Egypte, y cueillir de nouveaux lauriers sous votre commandement, je me trouve au dépôt de votre demi-brigade en qualité de sergent. Ayant appris par mes camarades que vous aviez souvent parlé de moi en Egypte, je vous prie de ne pas m'abandonner, en me faisant connaître que vous vous souvenez de moi. Il est inutile de vous rappeler les affaires où je me suis montré comme un républicain, et mérité l'estime de mes supérieurs; néanmoins, à l'affaire de Montenotte j'ai sauvé la vie au général Rampon et au chef de brigade Masse, comme ils vous l'ont certifié eux-mêmes; à l'affaire de Dego, j'ai pris un drapeau à l'ingénieur en chef de l'armée ennemie; à l'affaire de Lodi, j'ai été le premier à monter à l'assaut et j'ai ouvert les portes à nos frères d'armes; à l'affaire de Borghetto, j'ai passé le premier sur des pontons, le pont étant rompu, j'ai fondu sur l'ennemi, et pris le commandant de ce poste; à l'hôpital, étant fait prisonnier, j'ai tué le commandant ennemi, et par cet acte de bravoure, quatre cents hommes, prisonniers comme moi, ont été rejoindre leurs corps respectifs. En outre, j'ai cinq blessures sur le corps; j'ose tout espérer de vous, et suis bien persuadé que vous aurez toujours égard aux braves qui ont si bien servi leur patrie.

Salut et respect. Léon Aune.

Vous êtes le plus brave grenadier de l'armée, depuis la mort de Benezette. Vous avez eu un des cent sabres que j'ai distribués à l'armée. Tous les soldats étaient d'accord que c'était vous qui le méritiez davantage.

Je désire beaucoup vous voir. Le ministre de la guerre vous envoie l'ordre de venir à Paris. BONAPARTE.

Paris, le 27 nivose an 8 (17 janvier 1800).

Au général Lefebvre, commandant la dix-septième division militaire.

Je reçois, citoyen général, le rapport que vous me faites sur les événemens qui viennent de se passer dans le département de l'Orne [1]. Faites connaître au général Merle et au commissaire du gouvernement Marceau, que j'attends, pour leur donner une marque publique de la satisfaction que j'éprouve de leur conduite, que tous les rebelles qui sont encore dans le département de l'Orne, aient vécu. Le brigadier-fourrier du neuvième régiment, Bache, sera promu au grade de sous-lieutenant. BONAPARTE.

Paris, le 28 nivose an 8 (18 janvier 1800).

Au citoyen Lévêque, commissaire du gouvernement près l'administration centrale du Calvados.

Les consuls de la république, citoyen, ne peuvent qu'approuver l'intention que vous manifestez de rester au poste où vous vous trouvez dans des circonstances difficiles. Ils apprécient les sentimens qui vous déterminent et comptent que

[1] C'était l'annonce d'une victoire remportée par le général de brigade Merle sur les chouans du département de l'Orne, organisés en *légion royale du Perche*.

vous déploierez tout votre zèle pour maintenir dans le département du Calvados la tranquillité qui y règne encore.

Ils ne doutent pas que si elle venait à être troublée, les rebelles n'éprouvassent, par l'effet de vos soins, la même résistance qui vient, dans le département de l'Orne, d'être couronnée d'un succès complet.

Le général Gardanne, qui commande la division, brûle de détruire les rebelles ; secondez-le de tous vos moyens.

Le premier consul, BONAPARTE.

Paris, le 9 pluviose an 8 (29 janvier 1800).

Au général Lefebvre.

Le général Brune, citoyen général, a fait filer sur Vannes, toutes les troupes qui se trouvaient dans les départemens de la Sarthe, de la Mayenne et de l'Orne; j'imagine qu'il aura également appelé à lui le général Gardanne.

Ainsi les vingt-deuxième et quatorzième divisions militaires se trouvent presque dégarnies de troupes.

Mon intention est que le général Chambarlhac, quels que soient les ordres qu'il pourrait recevoir du général Brune, reste constamment dans le département de l'Orne, en vous faisant cependant part, par un courrier extraordinaire, de tous les ordres qu'il recevrait.

Si en conséquence des ordres du général Brune, le général Guidal est parti pour Vannes, le général Chambarlhac prendra le commandement du département de l'Orne. Il se mettra en correspondance avec les généraux qui seraient restés dans la Sarthe et la Mayenne.

M. Bourmont [1] qui commande les chouans dans ce département, a accédé à la pacification. Il n'en est pas moins nécessaire que le général Chambarlhac pousse vivement tous les rassemblemens qui existeraient encore, soit dans le département de l'Orne, soit dans la Sarthe ou la Mayenne. Il aura à cet effet de bonnes colonnes, commandées par le général Merle et le général Champeaux.

Vous ferez partir demain le deuxième bataillon de la quarante-troisième et le deuxième bataillon de la soixante-seizième; trois pièces d'artillerie légère, et le cinquième de dragons.

Cette colonne sera commandée par le chef de brigade de la quarante-troisième. Cette colonne se rendra à Verneuil où elle restera en réserve. Vous en préviendrez le général Chambarlhac, qui n'en disposera qu'en cas d'un besoin éminent. Le commandant de cette colonne vous préviendra, par des courriers extraordinaires, de tout ce qui sera à sa connaissance, soit du côté d'Evreux, soit du côté de Nogent-le-Républicain. S'il se présente des rassemblemens de chouans, il les poursuivra. Vous lui ferez connaître que sa principale mission est de rester en observation, et d'être à votre disposition, selon les circonstances et les nouvelles ultérieures que je recevrai.

BONAPARTE.

Paris, le 18 pluviose an 8 (7 février 1800).

Ordre du jour pour la garde des consuls et pour toutes les troupes de la république.

Washington est mort. Ce grand homme s'est battu contre la tyrannie; il a consolidé la liberté de sa patrie; sa mémoire sera toujours chère au peuple français, comme à tous les hommes libres des deux mondes, et spécialement aux soldats français qui, comme lui et les soldats américains, se battent pour l'égalité et la liberté.

En conséquence, le premier consul ordonne que, pendant dix jours, des crêpes noirs seront suspendus à tous les drapeaux et guidons des troupes de la république. BONAPARTE.

Paris, le 18 pluviose an 8 (7 février 1800).

PROCLAMATION.

Les consuls de la république, en conformité de l'art. 5 de la loi du 23 frimaire, qui règle la manière dont la constitution sera présentée au peuple français; après avoir entendu le rapport des ministres de la justice, de l'intérieur, de la guerre et de la marine;

Proclament le résultat des votes émis par les citoyens français sur l'acte constitutionnel.

Sur trois millions douze mille cinq cent soixante-neuf votans, 1562 ont rejeté; trois millions onze mille sept cents ont accepté la constitution. *Le premier consul*, BONAPARTE.

Paris, le 14 ventose an 8 (5 mars 1800).

MESSAGE AU SÉNAT CONSERVATEUR.

Bonaparte, premier consul, au sénat conservateur.

Le premier consul pensant que les places au sénat doivent être occupées par des citoyens qui ont rendu des services essentiels à la république, ou qui se distinguent par des talens supérieurs, vous propose, en conformité de l'art. 16 de la constitution, pour candidat à la place vacante de sénateur, le citoyen Darçon, l'officier le plus estimé du corps du génie, l'un des corps militaires les plus considérés de l'Europe.

Le premier consul, BONAPARTE.

Paris, le 17 ventôse an 8 (8 mars 1800).

Les consuls de la république aux Français.

PROCLAMATION.

Français !

Vous désirez la paix : votre gouvernement la désire avec plus d'ardeur encore. Ses premiers vœux, ses démarches constantes ont été pour elle. Le ministère anglais la repousse; le ministère anglais a trahi le secret de son horrible politique. Déchirer la France, détruire sa marine et ses ports, l'effacer du tableau de l'Europe, ou l'abaisser au rang des puissances secondaires, tenir toutes les nations du continent divisées, pour s'emparer du commerce de toutes et s'enrichir de leurs dépouilles; c'est pour obtenir ces affreux succès que l'Angleterre répand l'or, prodigue les promesses et multiplie les intrigues.

Mais ni l'or, ni les promesses, ni les intrigues de l'Angleterre n'enchaîneront à ses vues les puissances du continent. Elles ont entendu le vœu de la France; elles connaissent la modération des principes qui la dirigent; elles écouteront la voix de l'humanité et la voix puissante de leur intérêt.

S'il en était autrement, le gouvernement, qui n'a pas craint d'offrir et de solliciter la paix, se souviendra que c'est à vous de la commander. Pour la commander, il faut de l'argent, du fer et des soldats.

Que tous s'empressent de payer le tribut qu'ils doivent à la défense commune; que les jeunes citoyens marchent; ce n'est plus pour des factions; ce n'est plus pour le choix des tyrans qu'ils vont s'armer : c'est pour la garantie de ce qu'ils ont de plus cher; c'est pour l'honneur de la France; c'est pour les intérêts sacrés de l'humanité et de la liberté. Déjà les armées ont repris cette attitude, présage de la victoire; à leur aspect, à l'aspect de la nation entière, réunie dans les mêmes intérêts et dans les mêmes vœux, n'en doutez point, Français, vous n'aurez plus d'ennemis sur le continent. Que si quelque puissance encore veut tenter le sort des combats, le premier consul a promis la paix; il ira la conquérir à la tête de ces guerriers qu'il a plus d'une fois conduits à la victoire. Avec eux il saura retrouver ces champs encore pleins du souvenir de leurs exploits; mais au milieu des batailles, il invoquera la paix, et il jure de ne combattre que pour le bonheur de la France et le repos du monde.

Le premier consul, BONAPARTE.

Paris, le 17 ventose an 8 (8 mars 1800).

Aux préfets de département.

Le vœu et l'espoir du gouvernement, citoyens, étaient que votre entrée dans l'administration fût marquée par la paix. Ses démarches pour l'obtenir sont connues de l'Europe; il l'a voulue avec franchise, et il la voudra toujours quand elle sera digne de la nation.

Et en effet, après des succès qu'avouent ses ennemis, quelle autre ambition peut rester au premier consul, que celle de rendre à la France son ancienne prospérité, d'y ramener les arts et les vertus de la paix, de guérir les blessures qu'a faites une révolution trop prolongée, et d'arracher enfin l'humanité toute entière au fleau qui la dévore depuis tant d'années?

Tels étaient ses sentimens et ses vœux lorsqu'il signait la paix à Campo-Formio; ils n'ont pu que s'accroître et se fortifier depuis qu'une confiance honorable l'a porté à la première magistrature, et lui a imposé le devoir plus étroit de travailler au bonheur des Français.

Cependant ses désirs ne sont pas accomplis. L'Angleterre respire encore la guerre et l'humiliation de la France. Les autres puissances, pour se déterminer, attendent quelle sera notre attitude, et quelles seront nos ressources.

Si nous sommes toujours cette nation qui a étonné l'Europe de son audace et de ses succès : si une juste confiance ranime nos forces et nos moyens, nous n'aurons qu'à nous montrer, et le continent aura la paix. C'est là ce qu'il faut faire sentir aux Français ; c'est à un généreux et dernier effort qu'il faut appeler tous ceux qui ont une patrie et l'honneur national à défendre. Déployez, pour ranimer ce feu sacré, tout ce que vous avez d'énergie, tout ce que votre réputation et vos talens doivent vous donner de pouvoirs et d'influence sur les esprits et sur les cœurs. Portez dans les familles cette juste confiance, que le gouvernement ne veut que le bonheur public : que les sacrifices qu'il demande seront les derniers sacrifices et la source de la prospérité commune. Réveillez dans les jeunes citoyens cet enthousiasme qui a toujours caractérisé les Français; qu'ils entendent la voix de l'honneur et la voix plus puissante de la patrie ; qu'ils se remontrent ce qu'ils étaient aux premiers jours de la révolution, ce qu'ils n'ont pu cesser d'être que quand ils ont cru qu'ils avaient à combattre pour des factions ; qu'à votre voix paternelle tout s'ébranle. Ce ne sont plus les accens de la terreur qu'il faut faire entendre aux Français. Ils aiment l'honneur, ils aiment la patrie ; ils aimeront un gouvernement qui ne veut exister que pour l'un et pour l'autre. Vous trouverez dans la proclamation ci-jointe [1] et dans l'arrêté qui l'accompagne, tout ce que les consuls attendent de votre zèle et du courage des Français.

BONAPARTE.

[1] C'est celle qui précède.

Paris, 18 ventose an 8 (9 mars 1800).

Réponse du premier consul à une députation du tribunat.

Les consuls de la république reconnaissent dans ce que vous venez de leur dire, le bon esprit qui a animé le tribunat pendant toute la session.

Toute espérance de paix continentale n'est pas encore entièrement évanouie, et s'il est hors du pouvoir de la république de réaliser promptement le dernier des vœux que vous venez de manifester au nom du tribunat, l'union et l'élan de tous les Français leur est un sûr garant que le premier sera rempli.

BONAPARTE.

Paris, 24 ventose an 8 (15 mars 1800).

Aux magistrats de la ville de Francfort.

J'ai reçu votre lettre du 5 ventose.

De tous les fléaux qui peuvent affliger les peuples, la guerre est un des plus terribles.

Votre intéressante ville, entourée de différentes armées, ne doit espérer la fin de ses maux que dans le rétablissement de la paix.

L'Europe entière connaît le désir du peuple français pour terminer une guerre qui n'a déjà que trop duré.

Rien ne m'a coûté pour seconder son désir; et si la paix n'avait pas lieu, c'est que des obstacles insurmontables s'y seraient opposés; alors la cause du peuple français sera celle de toutes les nations, puisque la guerre pèse sur toutes.

Si le peuple français est assez fort pour suffire à sa cause, il ne lui est pas moins important que l'Europe en connaisse la justice et s'intéresse au succès de ses armes.

Le premier consul, BONAPARTE.

Paris, 29 ventose an 8 (20 mars 1800).

Aux jeunes Français.

Le premier consul reçoit beaucoup de lettres de jeunes citoyens empressés de lui témoigner leur attachement à la république et le désir qu'ils ont de s'associer aux efforts qu'il va faire pour conquérir la paix. Touché de leur dévouement, il en reçoit l'assurance avec un vif intérêt ; la gloire les attend à Dijon. C'est lorsqu'il les verra réunis sous les drapeaux de l'armée de réserve, qu'il se propose de les remercier et d'applaudir à leur zèle. BONAPARTE.

Paris, le 12 germinal an 8 (2 avril 1800).

Au général Berthier, ministre de la guerre.

Les talens militaires dont vous avez donné tant de preuves, citoyen général, et la confiance du gouvernement vous appellent au commandement d'une armée [1]. Vous avez pendant l'hiver réorganisé le ministère de la guerre ; vous avez pourvu, autant que les circonstances l'ont permis, aux besoins de nos armées ; il vous reste à conduire pendant le printemps et l'été, nos soldats à la victoire, moyen efficace d'arriver à la paix et de consolider la république.

Recevez, je vous prie, citoyen général, les témoignages de satisfaction du gouvernement sur votre conduite au ministère. BONAPARTE.

[1] Celui de l'armée de réserve, auquel il était nommé par un arrêté transmis avec la lettre.

Paris, le 16 germinal an 8 (6 avril 1800).

AU NOM DU PEUPLE FRANÇAIS.

Brevet d'honneur pour le citoyen Marin, sergent de la quatre-vingt-dixième demi-brigade [1].

Bonaparte, premier consul de la république, d'après le compte qui lui a été rendu de la conduite distinguée du citoyen Marin, sergent à la quatre-vingt-dixième demi-brigade, lorsque l'hôpital d'Anvers manquant de fonds et ne pouvant se procurer les objets nécessaires, il donna sa bourse, fruit de ses économies, pour être employée au soulagement de ses compagnons d'armes, blessés comme lui en Hollande, pendant la campagne de l'an 8, lui décerne, à titre de récompense nationale, un fusil d'honneur.

Il jouira des prérogatives attachées à ladite récompense par l'arrêté du 4 nivose an 8. BONAPARTE.

Paris, le 1er floréal an 8 (21 avril 1800).

Aux habitans des départemens mis hors la constitution par la loi du 24 nivose an 8.

PROCLAMATION.

Citoyens, ce fut à regret que les consuls de la république se virent forcés d'invoquer et d'exécuter une loi que les circonstances avaient rendue nécessaire. Ces circonstances ne sont plus ; les agens de l'étranger ont fui de votre territoire ; ceux qu'ils égarèrent ont abjuré leurs erreurs ; le gouverne-

[1] Les brevets d'honneur ont précédé immédiatement l'institution plus généreuse de la légion d'honneur. Nous en insérons un ici pour donner un modèle de leur accord.

ment ne voit plus désormais parmi vous que des Français soumis aux mêmes lois, liés par de communs intérêts, unis par les mêmes sentimens.

Si pour opérer ce retour, il fut obligé de déployer un grand pouvoir, il en confia l'exécution au général en chef Brune, qui sut unir à des rigueurs nécessaires, cette bienveillance fraternelle qui, dans les discordes civiles, ne cherche que des innocens, et ne trouve que des hommes dignes d'excuse ou de pitié.

La constitution reprend son empire. Vous vivrez désormais sous des magistrats qui, presque tous, sont connus de vous par des talens et des vertus; qui, étrangers aux divisions intestines, n'ont ni haine ni vengeance à exercer. Confiez-vous à leurs soins; ils rappelleront parmi vous l'harmonie; ils vous feront jouir du bienfait de la liberté.

Oubliez tous les événemens que le caractère français désavoue; tous ceux qui ont démenti votre respect pour les lois, votre fidélité à la patrie; qu'il ne reste de vos divisions et de vos malheurs qu'une haine implacable contre l'ennemi étranger qui les a enfantés et nourris; qu'une douce confiance vous attache à ceux qui, chargés de vos destinées, ne mettent d'autre prix à leurs travaux que votre estime, qui ne veulent de gloire que celle d'avoir arraché la France aux discordes domestiques, et d'autre récompense que l'espoir de vivre dans votre souvenir. BONAPARTE.

Au quartier-général de Martigni, le 28 floréal an 8 (18 mai 1800).

Au ministre de l'intérieur.

Citoyen ministre,

Je suis au pied des grandes Alpes, au milieu du Valais. Le grand Saint-Bernard a offert bien des obstacles qui ont été surmontés avec ce courage héroïque qui distingue les troupes françaises dans toutes les circonstances. Le tiers de l'artillerie est déjà en Italie ; l'armée descend à force ; Berthier est en Piémont ; dans trois jours tout sera passé.

BONAPARTE.

Au quartier-général de Milan, le 17 prairial an 8 (6 juin 1800).

A l'armée de réserve.

PROCLAMATION.

Soldats !

Un de nos départemens était au pouvoir de l'ennemi ; la consternation était dans tout le midi de la France.

La plus grande partie du territoire du peuple ligurien, le plus fidèle ami de la république, était envahi.

La république cisalpine, anéantie dès la campagne passée, était devenue le jouet du grotesque régime féodal.

Soldats ! Vous marchez..... et déjà le territoire français est délivré ! la joie et l'espérance succèdent dans notre patrie à la consternation et à la crainte.

Vous rendrez la liberté et l'indépendance au peuple de Gênes. Il sera pour toujours délivré de ses éternels ennemis.

Vous êtes dans la capitale de la Cisalpine !

L'ennemi épouvanté n'aspire plus qu'à regagner ses frontières. Vous lui avez enlevé ses hôpitaux, ses magasins, ses parcs de réserve.

Le premier acte de la campagne est terminé.

Des millions d'hommes, vous l'entendez tous les jours, vous adressent des actes de reconnaissance.

Mais aura-t-on donc impunément violé le territoire français ? Laisserez-vous retourner dans ses foyers l'armée qui a porté l'alarme dans vos familles ? Vous courez aux armes !....

Eh bien marchez à sa poursuite, opposez-vous à sa retraite; arrachez-lui les lauriers dont elle s'est parée, et par-là apprenez au monde que la malédiction est sur les insensés qui osent insulter le territoire du grand peuple.

Le résultat de tous nos efforts sera *gloire sans nuage* et *paix solide*. *Le premier consul*, BONAPARTE.

Au quartier-général de Milan, le 20 prairial an 8 (9 juin 1800).

Aux deux consuls restés à Paris.

Vous aurez vu, citoyens consuls, par les lettres de M. de Melas, qui étaient jointes à ma précédente lettre, que le même jour que l'ordre de lever le blocus de Gênes arrivait au général Ott, le général Masséna, forcé par le manque absolu de vivres, a demandé à capituler. Il paraît que le général Masséna a dix mille combattans; le général Suchet en a à peu près autant; si ces deux corps se sont, comme je le pense, réunis entre Oneille et Savonne, ils pourront entrer rapidement en Piémont par le Tanaro, et être fort utiles, dans le temps que l'ennemi serait obligé de laisser quelques troupes dans Gênes.

La plus grande partie de l'armée est dans ce moment à Stradella. Nous avons un pont à Plaisance, et plusieurs trailles vis-à-vis Pavie. Orsi, Novi, Brescia et Crémone sont à nous.

Vous trouverez ci-joints plusieurs bulletins et différentes lettres interceptées, qu'il vous paraîtra utile de rendre publiques.

Je vous salue. BONAPARTE.

Au quartier-général de Broui, le 21 prairial an 8 (10 juin 1800).

Au citoyen Petiet, conseiller-d'état.

Nous avons eu hier une affaire fort brillante. Sans exagération, l'ennemi a eu quinze cents hommes tués, deux fois autant de blessés; nous avons fait quatre mille prisonniers et pris cinq pièces de canon. C'est le corps du lieutenant-général Ott, qui est venu de Gênes à marches forcées; il voulait rouvrir la communication avec Plaisance.

Comme je n'ai pas le temps d'expédier un courrier à Paris, je vous prie de donner ces nouvelles aux consuls par un courrier extraordinaire.

L'armée continue sa marche sur Tortone et Alexandrie.

La division de l'armée du Rhin est arrivée en entier; il y en a déjà une partie au-delà du Pô. BONAPARTE.

Au quartier-général de Torre de Garofola, le 27 prairial an 7 (16 juin 1800).

Aux consuls de la république.

Le lendemain de la bataille de Marengo, citoyens consuls, le général Mélas a fait demander aux avant-postes qu'il lui fût permis de m'envoyer le général Sckal. On a arrêté, dans la journée, la convention dont vous trouverez ci-joint la copie [1]. Elle a été signée dans la nuit, par le général Berthier et le général Mélas. J'espère que le peuple français sera content de son armée. BONAPARTE.

[1] C'est la fameuse capitulation du général Mélas à Alexandrie.

Lyon, le 10 messidor an 8 (29 juin 1800).

Aux consuls de la république.

J'arrive à Lyon, citoyens consuls ; je m'y arrête pour poser la première pierre des façades de la place Bellecourt, que l'on va rétablir. Cette seule circonstance pouvait retarder mon arrivée à Paris ; mais je n'ai pas tenu à l'ambition d'accélérer le rétablissement de cette place que j'ai vue si belle et qui est aujourd'hui si hideuse. On me fait espérer que dans deux ans elle sera entièrement achevée.

J'espère qu'avant cette époque, le commerce de cette ville, dont s'enorgueillissait l'Europe entière, aura repris sa première prospérité.

Je vous salue. BONAPARTE.

Paris, le 25 messidor an 8 (14 juillet 1800).

Réponse de Bonaparte aux officiers chargés de présenter au gouvernement les drapeaux conquis par les deux armées du Rhin et d'Italie.

Les drapeaux présentés au gouvernement devant le peuple de cette immense capitale [1] attestent le génie des généraux en chef Moreau, Masséna et Berthier, les talens militaires des généraux leurs lieutenans, et la bravoure du soldat français.

De retour dans les camps, dites aux soldats que pour l'époque du 1er vendémiaire, où nous célébrerons l'anniversaire de la république, le peuple français attend, ou la publication de la paix, ou, si l'ennemi y mettait des obstacles invincibles, de nouveaux drapeaux, fruits de nouvelles victoires.

BONAPARTE.

[1] Cette présentation avait lieu au Champ-de-Mars, au milieu d'une fête pompeuse qui attirait tout Paris.

Paris, le 29 messidor an 8 (18 juillet 1800).

Au sénat conservateur.

Sénateurs,

Depuis deux ans la garnison de Malte résiste aux plus grandes privations. En prêtant serment au pacte social, les soldats de la garnison de Malte ont juré de tenir jusqu'à la dernière once de pain, et de s'ensevelir sous les ruines de cette inexpugnable forteresse. Le premier consul croit ne pouvoir donner une plus grande preuve de la satisfaction du peuple français et de l'intérêt qu'il prend aux braves de la garnison de Malte, qu'en vous proposant le général Vaubois qui la commande, pour une place au sénat conservateur.

En conséquence, et conformément aux articles 15 et 16 de l'acte constitutionnel, le premier consul présente le général Vaubois, comme candidat au sénat conservateur.

Bonaparte.

Paris, le 29 messidor an 8 (18 juillet 1800).

Au ministre de la justice.

Les consuls ont reçu, citoyen ministre, le dernier travail de la commission des émigrés ; ils n'en ont pas été satisfaits.

Le bureau particulier que vous aviez chargé de préparer le travail de la commission a donné l'exemple de la partialité. La commission propose la radiation des émigrés, qui naguère portaient encore les armes contre la république. Le gouvernement est obligé de faire recommencer ce travail.

Renvoyez le citoyen Lepage; il a abusé de votre confiance. Présentez dans le courant de la décade prochaine, au gouvernement un nouveau projet pour la formation des bureaux de la commission. N'y comprenez point ceux qui composaient le premier bureau : ils n'ont pas la confiance publique.

Composez votre bureau particulier d'hommes justes, intègres et forts. Qu'ils soient bien convaincus que l'intention du gouvernement n'est pas de fermer la porte aux réclamations des individus victimes de l'incohérence des lois sur l'émigration, mais qu'il sera inexorable pour ceux qui ont été les ennemis de la patrie.

Il vous appartient de surveiller l'exécution des lois : ne présentez à la signature du premier consul aucun acte qu'elles réprouvent. *Le premier consul,* BONAPARTE.

Paris, 5 thermidor an 8 (24 juillet 1800).

Au ministre de la marine.

Les consuls n'ont pu voir qu'avec peine, citoyen ministre, que plusieurs vaisseaux de l'escadre de Brest ont été désarmés, et que dans un moment où, plus que jamais, il était essentiel de compléter l'organisation de notre escadre, on s'est laissé décourager par les premières difficultés qui se sont présentées.

C'est dans le moment où la guerre continentale absorbait les principales ressources de la nation, et la principale attention du gouvernement, que le ministre de la marine, les amiraux, les ordonnateurs, devaient redoubler de courage et surmonter tous les obstacles.

Faites rechercher la conduite des ordonnateurs, ou des officiers qui ont ordonné le désarmement des quatre vaisseaux qui ont quitté la rade et sont entrés dans le port, et de ceux qui auraient autorisé le congédiement des matelots. Ces opérations n'ont pas pu être légitimes sans un ordre spécial du gouvernement.

Prenez des mesures pour qu'à la fois, sur toutes nos côtes, on lève des gens de mer; pour que, pendant le même temps, on grée nos vaisseaux, et qu'on les approvisionne de tout ce qui peut être nécessaire à leur navigation. Le peuple français veut une marine ; il le veut fortement. Il fera tous les sacrifices nécessaires pour que sa volonté soit remplie.

Portez un coup d'œil juste, mais sévère, sur vos bureaux et sur les différentes branches de l'administration ; il est temps que les dilapidations finissent. Renvoyez ceux des individus qui, dès long-temps, ne sont que trop désignés par l'opinion publique pour avoir participé à des marchés frauduleux ; puisque la loi ne peut pas les atteindre, mettons-les au moins dans l'impuissance de nous nuire davantage.

Dans le courant de fructidor, si les circonstances le permettent, le premier consul ira visiter l'escadre de Brest. Faites qu'il n'ait alors que des éloges à donner au ministre et aux principaux agens du gouvernement. Les consuls feront connaître au peuple français les officiers, les administrateurs qui l'auront servi avec zèle, et désigneront à l'opinion publique ceux qui, par une coupable apathie, ne se seraient pas montrés dignes de lui.

Des récompenses seront décernées au vaisseau qui sera le mieux tenu, et dont l'équipage sera le plus discipliné.

Ordonnez au général commandant l'escadre de Brest, ainsi qu'à tous les généraux et capitaines de vaisseaux, de rester constamment à leur bord, de coucher dans leur bâtiment et d'exercer les équipages avec une nouvelle activité ; établissez par un réglement des prix pour les jeunes matelots qui montreront le plus d'activité, et pour les canonniers qui se distingueraient dans le tir. Il ne doit pas se passer une seule journée sans que l'on ait, sur chaque vaisseau, fait l'exercice du canon à boulet, en tirant alternativement sur des buttes que l'on établirait sur la côte et sur des carcasses qui seraient placées dans la rade. *Le premier consul*, BONAPARTE.

Paris, le 5 thermidor an 8 (24 juillet 1800).

Au ministre de la guerre.

Les consuls sont instruits, citoyen ministre, que le citoyen Foissac-Latour est de retour d'Autriche, et déshonore, en le portant, l'habit de soldat français. Faites-lui connaître qu'il a cessé d'être au service de la république le jour où il a lâchement rendu la place de Mantoue, et défendez-lui expressément de porter aucun habit uniforme. Sa conduite à Mantoue est plus encore du ressort de l'opinion que des tribunaux ; d'ailleurs, l'intention du gouvernement est de ne plus entendre parler de ce siége honteux, qui sera long-temps une tache pour nos armes. Le citoyen Foissac-Latour trouvera dans le mépris public la plus grande punition que l'on puisse infliger à un Français.

Le premier consul, BONAPARTE.

Paris, le 5 thermidor an 8 (24 juillet 1800).

Au général Jourdan [1].

Le gouvernement croit devoir une marque de distinction au vainqueur de Fleurus. Il sait qu'il n'a pas tenu à lui qu'il ne se trouvât dans les rangs des vainqueurs de Marengo. Les consuls ne doutent pas, citoyen général, que vous ne portiez dans la mission qu'ils vous confient cet esprit conciliateur et modéré qui, seul, peut rendre la nation française aimable à ses voisins.

Je vous salue. BONAPARTE.

[1] Nommé ministre extraordinaire de la république à Turin.

Paris, le 6 thermidor an 8 (25 juillet 1800).

Au ministre de la marine et des colonies.

Le gouvernement avait ordonné, citoyen ministre, que les frégates sortant du bassin de Dunkerque se rendissent à Flessingue, où elles devaient achever leur armement.

Il n'en a rien été; toutes les frégates sont restées dans la rade de Dunkerque, et l'on n'a pris aucune mesure pour la sûreté de ces bâtimens, et surtout pour les mettre à l'abri des brûlots. Cependant il y avait dans le port des chaloupes canonnières et d'autres petits navires armés, qu'un peu plus de surveillance et de zèle auraient pu faire mettre en rade.

Il est revenu au gouvernement, que de misérables rivalités entre l'ordonnateur, le commandant des armes et le commandant de la rade, ont été cause d'une négligence aussi préjudiciable.

Le gouvernement sait combien de fois ces rivalités ont été, dans la marine, funestes au service.

Vous voudrez bien donner sur-le-champ les ordres pour faire arrêter à Dunkerque, le chef de l'administration, l'officier commandant le port, le général commandant la rade, le capitaine de *la Désirée* et tous les officiers et contre-maîtres qui étaient de *quart* lorsque cette frégate a été surprise par l'ennemi. Vous ferez conduire ces officiers à Paris, où ils seront jugés. Vous prendrez des mesures pour que le service ne souffre point pendant leur absence.

Le premier consul, BONAPARTE.

Paris, 7 thermidor an 8 (26 juillet 1800).

Au préfet du département de la Vendée.

On m'a rendu compte, citoyen préfet, de la bonne conduite qu'ont tenue les habitans de Noirmoustier, la Crosnière, Barbâtre et Beauvoir, dans les différentes descentes tentées par les Anglais. On ne m'a pas laissé ignorer que ce sont ceux-là même que la guerre civile avait le plus égarés, qui ont montré le plus de courage et d'attachement au gouvernement.

Faites choisir douze des habitans qui se sont le mieux comportés dans ces affaires et envoyez-les à Paris, accompagnés de l'officier de gendarmerie qui les a conduits. Je veux voir ces braves et bons Français ; je veux que le peuple de la capitale les voie, et qu'ils rapportent à leur retour dans leurs foyers les témoignages de la satisfaction du peuple français. Si parmi ceux qui se sont distingués, il y a des prêtres, envoyez-les moi de préférence ; car j'estime et j'aime les prêtres qui sont bons Français et qui savent défendre la patrie contre ces éternels ennemis du nom français, ces méchans hérétiques d'Anglais. *Le premier consul*, BONAPARTE.

Paris, le 19 fructidor an 8 (6 septembre 1800).

ARRÊTÉ.

Les consuls de la république arrêtent ce qui suit :

Art. 1er Il sera élevé un monument à la mémoire des généraux Desaix et Kléber, morts le même jour, dans le même quart-d'heure, l'un après la bataille de Marengo, qui reconquit l'Italie aux armes de la république, et l'autre en Afrique, après la bataille d'Héliopolis, qui reconquit l'Egypte aux Français.

2. Ce monument sera élevé au milieu de la place des Victoires. La première pierre en sera posée par le premier consul, le 1er vendémiaire prochain.

Un orateur sera chargé de prononcer l'oraison funèbre de ces deux illustres citoyens.

3. Le ministre de l'intérieur est chargé de l'exécution du présent arrêté, qui sera imprimé au bulletin des lois.

BONAPARTE.

Paris, le 1er vendémiaire an 8 (23 septembre 1800).

Aux fonctionnaires publics envoyés des départemens [1].

Les préliminaires de paix ont été signés à Paris [2] le 9 thermidor entre le citoyen Talleyrand, ministre des relations extérieures, et le comte Saint-Julien, et ratifiés vingt-quatre heures après par les consuls.

Le citoyen Duroc a été chargé de les porter à Vienne. Les intrigues de la faction ennemie de la paix, qui paraît encore y jouir de quelque crédit, ont porté l'empereur à refuser de les ratifier. Ce refus était motivé sur une note du roi d'Angleterre, qui demandait qu'on admît ses envoyés au congrès de Lunéville, conjointement avec les plénipotentiaires de l'empereur.

Le général Moreau a eu ordre de communiquer au général ennemi les préliminaires tels qu'ils ont été imprimés dans le journal officiel, et de lui faire connaître que s'ils n'étaient pas ratifiés dans les vingt-quatre heures, ou que si S. M. l'empereur avait besoin d'explications ultérieures, elle devait re-

[1] Les consuls avaient ordonné que pour donner plus de solennité à la fête du 1er vendémiaire, anniversaire de la fondation de la république, chaque département enverrait à Paris une députation de fonctionnaires chargés d'y assister.

[2] Préliminaires de la paix de Lunéville entre l'empereur et la république.

mettre à l'armée française les trois places d'Ulm, d'Ingolstadt et de Philipsbourg, sinon que les hostilités recommenceraient.

Le gouvernement a aussi fait connaître au roi d'Angleterre, qu'il ne verrait aucun inconvénient à admettre ses envoyés au congrès de Lunéville, s'il consentait à une trêve maritime qui offrît à la France le même avantage qu'offre à l'empereur la continuation de la trêve continentale.

Le gouvernement reçoit à l'instant même par le télégraphe, la nouvelle « que S. M. l'empereur s'est porté lui-même à son armée sur l'Inn, a consenti à livrer les trois places d'Ulm, d'Ingolstadt et de Philipsbourg, qui sont aujourd'hui occupées par les troupes de la république, et que M. de Lerbach, muni des pouvoirs nécessaires de S. M. l'empereur, est au quartier-général d'Altæfing, avec l'ordre de se rendre à Lunéville ».

Les difficultés qu'ont dû présenter naturellement les conditions d'une trêve maritime, entraîneront encore quelques retards; mais si les deux gouvernemens ne s'accordent pas sur les conditions de ladite trêve, alors la France et S. M. l'empereur traiteront séparément pour une paix particulière sur les bases des préliminaires; et si, ce que l'on ne saurait penser, le parti de l'Angleterre parvient à influencer encore les ministres de Vienne, les troupes de la république ne redouteront ni les neiges ni la rigueur des saisons, et pousseront la guerre pendant l'hiver, à toute outrance, sans laisser le temps aux ennemis de former de nouvelles armées.

Ainsi, les principes du gouvernement sont : extrême modération dans les conditions, mais ferme résolution de pacifier promptement le continent.

Les mesures les plus vigoureuses sont prises pour seconder, dans cet objet essentiel, la volonté du peuple français.

Tel est tout le secret de la politique du gouvernement français. BONAPARTE.

Paris, le 7 vendémiaire an 9 (29 septembre 1800).

Au ministre de la marine.

Bonaparte, premier consul de la république, ordonne qu'A-Sam, chinois, originaire de Nankin, soit embarqué sur l'une des corvettes commandées par le capitaine de vaisseau Baudin, pour être conduit, aux frais de la république, à l'Ile-de-France, et de là dans sa patrie.

Il est expressément recommandé au capitaine Baudin et aux chefs militaires et d'administration de la marine, d'avoir pour A-Sam les égards qu'il mérite par sa qualité d'étranger, et par la bonne conduite qu'il a tenue pendant son séjour sur le territoire de la république.

Le premier consul, BONAPARTE.

Paris, le 24 vendémiaire an 9 (16 octobre 1800).

Réponse du premier consul à une députation du tribunat.

Je remercie le tribunat de cette marque d'affection. Je n'ai point réellement couru de danger [1]. Ces sept ou huit malheureux, pour avoir la volonté, n'avaient pas le pouvoir de commettre les crimes qu'ils méditaient. Indépendamment de l'assistance de tous les citoyens qui étaient au spectacle, j'avais avec moi un piquet de cette brave garde, la terreur des méchans. Les misérables n'auraient pu supporter ses regards.

[1] Il s'agit de la tentative d'assassinat effectuée sur la personne de Bonaparte dans la soirée du 17 vendémiaire, à l'Opéra, par Aréna, Ceracchi et autres conjurés.

La police avait pris des mesures plus efficaces encore.

J'entre dans tous ces détails parce qu'il est peut-être nécessaire que la France sache que son premier magistrat n'est exposé dans aucune circonstance. Tant qu'il sera investi de la confiance de la nation, il saura remplir la tâche qui lui a été imposée.

Si jamais il était dans sa destinée de perdre cette confiance, il ne mettrait plus de prix à une vie qui n'inspirerait plus d'intérêt aux Français. BONAPARTE.

Paris, le 25 vendémiaire an 9 (17 octobre 1800).

Réponse du premier consul à une députation du département de la Seine [1].

Le gouvernement mérite l'affection du peuple de Paris. Il est vrai de dire que votre cité est responsable à la France entière de la sûreté du premier magistrat de la république..... Je dois déclarer que dans aucun temps, cette immense commune n'a montré plus d'attachement à son gouvernement; jamais il n'y eut besoin de moins de troupes de ligne, même pour y maintenir la police.

Ma confiance particulière dans toutes les classes du peuple de la capitale, n'a point de bornes; si j'étais absent, que j'éprouvasse le besoin d'un asile, c'est au milieu de Paris que je viendrais le chercher.

Je me suis fait remettre sous les yeux tout ce que l'on a pu trouver sur les événemens les plus désastreux qui ont eu lieu dans la ville de Paris dans ces dix dernières années: je dois déclarer, pour la décharge du peuple de Paris, aux yeux des nations et des siècles à venir, que le nombre des méchans citoyens a toujours été extrêmement petit; sur quatre cents, je

[1] Encore au sujet de l'attentat du 17 vendémiaire.

me suis assuré que plus des deux tiers étaient étrangers à la ville de Paris. Soixante ou quatre-vingts ont seuls survécu à la révolution.

Vos fonctions vous appellent à communiquer tous les jours avec un grand nombre de citoyens ; dites-leur que gouverner la France après dix années d'événemens aussi extraordinaires, est une tâche difficile.

La pensée de travailler pour le meilleur et le plus puissant peuple de la terre, a besoin elle-même d'être associée au tableau du bonheur des familles, de l'amélioration de la morale publique et des progrès de l'industrie; je dirais même au témoignage de l'affection et du contentement de la nation.

BONAPARTE.

Paris, le 26 vendémiaire an 9 (18 octobre 1800).

Anecdote [1].

Le général Moreau, de retour d'Allemagne à Paris, était encore dans le salon du premier consul, lorsque le ministre de l'intérieur entra, apportant une superbe paire de pistolets, d'un travail parfait, et enrichis de diamans; le Directoire les avait fait faire pour être donnés en présent à un prince étranger, et depuis ils étaient restés chez le ministre de l'intérieur. Ces pistolets furent trouvés très-beaux. *Ils viennent bien à propos*, dit le premier consul en les présentant au général Moreau; et se retournant vers le ministre de l'intérieur : « Citoyen ministre, ajouta-t-il, faites-y graver quelques-unes des batailles qu'a gagnées le général Moreau; ne les mettez pas toutes, il faudrait ôter trop de diamans; et quoique le

[1] Nous la rapportons parce qu'elle est également honorable pour Bonaparte et pour le général Moreau, le plus dangereux rival que le premier consul eût alors dans l'opinion publique.

général Moreau n'y attache pas un grand prix, il ne faut pas trop déranger le dessin de l'artiste. » BONAPARTE.

Paris, le 27 frimaire an 9 (18 décembre 1800).

Message au sénat conservateur.

Sénateurs,

Le premier consul, conformément à l'art. 16 de la constitution, vous présente pour candidats aux deux places auxquelles le sénat doit nommer en exécution de l'art. 15 de la constitution ;

Le citoyen Dedelay d'Agier, qui a réuni les suffrages du tribunat et du corps-législatif ;

Le citoyen Rampon, général de division actuellement en Egypte. Ce soldat a rendu des services dans les circonstances les plus essentielles de la guerre. Il est digne, d'ailleurs, du peuple français, de donner une marque de souvenir et d'intérêt à cette brave armée qui, attaquée à la fois du côté de la mer Rouge et de la Méditerranée par les milices de l'Arabie et de l'Asie entière, a été sur le point de succomber par les intrigues et la perfidie sans exemple du ministère anglais ; mais elle se ressouvint de ce qu'exigeait la gloire, et confondit aux champs d'Héliopolis, et l'Arabie, et l'Asie et l'Angleterre. Séparés depuis trois ans de la patrie, que les soldats de cette armée sachent qu'ils sont tous présens à notre mémoire. *Le premier consul*, BONAPARTE.

Paris, 4 nivose an 9 (25 décembre 1800).

Réponse du premier consul à une députation du département de la Seine.

J'ai été touché des preuves d'affection que le peuple m'a données dans cette circonstance [1]. Je les mérite, parce que l'unique but de mes désirs et de mes actions est d'accroître sa prospérité et sa gloire. Tant que cette poignée de brigands m'a attaqué directement, j'ai dû laisser aux lois et aux tribunaux ordinaires leur punition; mais puisqu'ils viennent par un crime sans exemple dans l'histoire, de mettre en danger une partie de la population de la cité, la punition sera aussi prompte qu'exemplaire. Assurez, en mon nom, le peuple de Paris que cette centaine de misérables qui ont calomnié la liberté par les crimes qu'ils ont commis en son nom, seront désormais mis dans l'impuissance absolue de faire aucun mal. Que les citoyens n'aient aucune inquiétude; je n'oublierai pas que mon premier devoir est de veiller à la défense du peuple, contre ses ennemis intérieurs et extérieurs.

BONAPARTE.

Paris, le 12 nivose an 9 (2 janvier 1801).

Au corps législatif.

Législateurs,

La république triomphe, et ses ennemis implorent encore sa modération.

La victoire de Hohenlinden a retenti dans toute l'Europe; elle sera comptée par l'histoire au nombre des plus belles

[1] Il s'agit de l'attentat du 3 nivose, connu sous le nom de *machine infernale.*

journées qui aient illustré la valeur française ; mais à peine avait-elle été comptée par nos défenseurs, qui ne croient avoir vaincu que quand la patrie n'a plus d'ennemis.

L'armée du Rhin a passé l'Inn ; chaque jour a été un combat, et chaque combat un triomphe.

L'armée gallo-batave a vaincu à Bamberg ; l'armée des Grisons, à travers les neiges et les glaces, a franchi le Splugen pour tourner les redoutables lignes du Mincio et de l'Adige. L'armée d'Italie a emporté de vive force le passage du Mincio et bloque Mantoue. Enfin, Moreau n'est plus qu'à cinq journées de Vienne, maître d'un pays immense et de tous les magasins des ennemis.

C'est là qu'a été demandé par le prince Charles, et accordé par le général en chef de l'armée du Rhin l'armistice dont les conditions vont être mises sous vos yeux.

M. de Cobentzel, plénipotentiaire de l'empereur, à Lunéville, a déclaré par une note en date du 31 décembre, qu'il était prêt d'ouvrir les négociations pour une paix séparée. Ainsi, l'Autriche est affranchie de l'influence du gouvernement anglais.

Le gouvernement, fidèle à ses principes et au vœu de l'humanité, dépose dans votre sein et proclame à la France et à l'Europe entière les intentions qui l'animent.

La rive gauche du Rhin sera la limite de la république française ; elle ne prétend rien sur la rive droite. L'intérêt de l'Europe ne veut pas que l'empereur dépasse l'Adige. L'indépendance des républiques helvétique et batave sera assurée et reconnue. Nos victoires n'ajoutent rien aux prétentions du peuple français. L'Autriche ne doit pas attendre de ses défaites ce qu'elle n'aurait pas obtenu par des victoires.

Telles sont les intentions invariables du gouvernement. Le bonheur de la France sera de rendre le calme à l'Allemagne et à l'Italie; sa gloire, d'affranchir le continent du génie avide et malfaisant de l'Angleterre.

Si la bonne foi est encore trompée, nous sommes à Prague, à Vienne et à Venise.

Tant de dévouement et tant de succès appellent sur nos armées toute la reconnaissance de la nation.

Le gouvernement voudrait trouver de nouvelles expressions pour consacrer leurs exploits; mais il en est une qui, par sa simplicité, sera toujours digne des sentimens et du courage des soldats français.

En conséquence, le gouvernement vous propose les quatre projets de loi ci-joints [1].

Le premier consul, BONAPARTE.

Paris, le 18 nivose an 9 (8 janvier 1801).

Au sénat conservateur.

Le premier consul, conformément à l'article 16 de la constitution, vous présente comme candidats aux quatre places vacantes au sénat conservateur :

Pour la première place, le citoyen Collot, général de division à l'armée du Rhin;

Ce soldat a rendu des services essentiels dans toutes les campagnes de la guerre. C'est d'ailleurs une occasion de donner un témoignage de considération à cette invincible armée du Rhin qui, des champs de Hohinlenden, est arrivée jusqu'aux portes de Vienne, dans le mois le plus rigoureux de l'année, en vainquant tous les obstacles.

[1] Ces quatre projets de loi déclaraient que les quatre armées du Rhin, gallo-batave, d'Italie et des Grisons avaient bien mérité de la patrie. La première était commandée par Moreau; la deuxième par Augereau; la troisième par Brune, et la quatrième par Macdonald.

Pour la deuxième place, le citoyen Tronchet, le premier jurisconsulte de France, président du tribunal de cassation.

Le gouvernement désire que le premier corps judiciaire voie dans la présentation de son président un témoignage de satisfaction pour la conduite patriotique qu'il a constamment tenue.

Pour la troisième place, le citoyen Crassous, qui a réuni les suffrages du tribunat et du corps législatif;

Et pour la quatrième, le citoyen Harville, général de division.

Ce soldat a rendu des services importans dans toutes les campagnes, depuis la bataille de Jemmapes jusqu'à celle de Marengo. *Le premier consul*, BONAPARTE.

Paris, le 19 nivose an 9 (9 janvier 1801).

Au corps législatif.

Législateurs,

Le gouvernement vous propose le projet de loi suivant :

« L'armée d'Orient, les administrateurs, les savans et les artistes qui travaillent à organiser, à éclairer et à faire connaître l'Egypte, ont bien mérité de la patrie ».

Ce projet de loi est l'expression d'un vœu émis par le tribunat, et répété par tout le peuple français.

Quelle armée, en effet, quels citoyens ont mieux mérité de recevoir ce témoignage de la reconnaissance nationale ?

A travers combien de périls et de travaux l'Egypte a été conquise ! Par combien de prodiges de courage et de patience elle a été conservée à la république !

L'Egypte était soumise; l'élite des janissaires de la Turquie européenne avait péri au combat d'Aboukir. Le grand-visir et ses milices tumultuaires n'étaient pas encore dans la Syrie.

Nos revers en Italie et en Allemagne retentissaient dans l'Orient ; on y apprend que la coalition menace les frontières de la France, et que la discorde s'apprête à lui en livrer les débris.

Au bruit des malheurs de sa patrie, le sentiment, le devoir rappellent en Europe celui qui avait dirigé l'expédition d'Egypte.

L'Anglais saisit cette circonstance et sème des rumeurs sinistres : « Que l'armée d'Orient est abandonnée par son général ; qu'oubliée de la France, elle est condamnée à périr hors de sa patrie par les maladies ou par le fer des ennemis ; que la France elle-même a perdu sa gloire et ses conquêtes, et perdra bientôt son existence avec sa liberté. »

A Paris, de vains orateurs accusaient l'expédition d'Egypte, et déploraient nos guerriers sacrifiés à un système désastreux et à une basse jalousie.

Ces bruits, ces discours recueillis et propagés par les émissaires de l'Angleterre, portent dans l'armée les soupçons, les inquiétudes et la terreur.

El-Arisch est attaqué; El-Arisch tombe au pouvoir du grand-visir par les intrigues des Anglais et par le découragement de nos soldats.

Mais pour arriver en Egypte, il reste un immense désert à traverser. Point de puits dans ce désert qu'au point de Catieh, et là une forteresse et de l'artillerie. Au-delà du désert, le fort de Salahieh, une armée pleine de vigueur et de santé, nouvellement habillée, d'abondantes munitions, des vivres de toute espèce, plus de forces enfin qu'il n'en faut pour résister à trois armées telles que celle du grand-visir.

Mais nos guerriers n'avaient plus qu'un désir, qu'une espérance, celle de revoir, de sauver leur patrie ; Kléber cède à leur impatience. L'Anglais trompe, menace, caresse, arrache enfin par ses artifices la capitulation d'El-Arisch.

Les généraux les plus courageux et les plus habiles sont au désespoir. Le vertueux Desaix signe, en gémissant, un traité qu'il réprouve.

Cependant la bonne foi exécute la convention que l'intrigue a surprise. Les forts de Suez, Catieh, Salahieh, Belbeis, la Haute-Egypte sont évacués. Déjà Damiette est au pouvoir des Turcs, et les mameloucks sont au Caire.

Quatre-vingts vaisseaux turcs attendent notre armée au port d'Alexandrie pour la recevoir. La forteresse du Caire, Gizeh, tous les forts vont être abandonnés dans deux jours, et l'armée n'aura plus d'asile que ces vaisseaux qui sont destinés à devenir sa prison !

Ainsi l'a voulu la perfidie.

Le gouvernement britannique refuse de reconnaître un traité qu'a entamé, qu'a conduit *son ministre plénipotentiaire à la Porte, le commandant de ses forces navales destinées à agir contre l'expédition d'Egypte* [1], et que ce plénipotentiaire, ce commandant a signé conjointement avec le grand-visir.

La France doit à cette conduite la plus belle de ses possessions, et l'armée que l'Anglais a le plus outragée lui doit une nouvelle gloire.

Des bricks expédiés de France ont annoncé la journée du 18 brumaire, et que déjà la face de la république est changée.

Au refus prononcé par les Anglais de reconnaître le traité d'El-Arisch, Kléber s'indigne, et son indignation passe dans toute l'armée. Pressé entre la mauvaise foi des Anglais et l'obstination du grand-visir, qui exige l'accomplissement d'un traité que lui-même ne peut pas exécuter, elle court au

[1] Ce sont les titres que prenait dans tous ses actes Sidney Smith, qui avait signé la capitulation d'El-Arisch.

combat et à la vengeance. Le grand-visir et son armée sont dispersés aux champs d'Héliopolis.

Ce qui reste de Français dans la forteresse du Caire brave toutes les forces des mameloucks et toutes les fureurs d'un peuple exalté par le fanatisme.

Bientôt la terreur et l'indulgence ont reconquis toutes les places et tous les cœurs. Mourad-Bey, qui avait été le plus redoutable de nos ennemis, a été désarmé par la loyauté française, et soumis à la république; il s'honore d'être son tributaire et l'instrument de sa puissance.

Cette puissance s'affermit par la sagesse; l'administration prend une marche régulière et assurée : l'ordre ranime toutes les parties du service; les savans poursuivent leurs travaux, et l'Egypte a désormais l'aspect d'nne colonie française.

La mort du brave Kléber, si affreuse, si imprévue, ne trouble point le cours de nos succès.

Sous Menou, et par son impulsion, se développent de nouveaux moyens de défense et de prospérité. De nouvelles fortifications s'élèvent sur tous les points que l'ennemi pourrait menacer ! Les revenus publics s'accroissent. Estève dirige avec intelligence et fidélité une administration de finances que l'Europe ne désavouerait pas. Le trésor public se remplit et le peuple est soulagé. Conté propage les arts utiles; Champy fabrique la poudre et le salpêtre; Lepeyre retrouve le système des canaux qui fécondaient l'Egypte, et ce canal de Suez qui unira le commerce de l'Europe au commerce de l'Asie.

D'autres cherchent et découvrent des mines jusqu'au sein des déserts; d'autres s'enfoncent dans l'intérieur de l'Afrique pour en connaître la situation et les productions, pour étudier les peuples qui l'habitent, leurs usages et leurs mœurs, pour en rapporter dans leur patrie des lumières qui éclairent les sciences, et des moyens de perfectionner nos arts ou d'étendre les spéculations de nos négocians.

Enfin le commerce appelle les vaisseaux d'Europe au port d'Alexandrie, et déjà le mouvement qu'il imprime réveille l'industrie dans nos départemens méridionaux.

Tels sont, citoyens législateurs, les droits qu'ont à la reconnaissance de la nation l'armée d'Egypte et les Français qui se sont dévoués au succès de cet établissement : en prononçant qu'ils ont bien mérité de la patrie, vous récompenserez leurs premiers efforts, et vous donnerez une nouvelle énergie à leurs talens et à leur courage.

Le premier consul, BONAPARTE.

Paris, le 21 nivose an 9 (11 janvier 1801).

Au corps législatif.

Législateurs,

Le gouvernement vous adresse une nouvelle copie du projet de loi relatif à l'établissement d'un tribunal criminel spécial, dans laquelle il n'y a d'autres changemens que la suppression de l'art. 32.

Le gouvernement a pensé que les dispositions de cet article devaient faire partie d'un projet de loi qu'il se propose de vous présenter, relativement à la police de la capitale.

Le premier consul, BONAPARTE.

Paris, le 24 pluviose an 9 (13 février 1801).

Message au corps législatif et au tribunat.

Législateurs, tribuns,

La paix continentale a été signée à Lunéville. Elle est telle que la voulait le peuple français. Son premier vœu fut la limite du Rhin. Des revers n'avaient point ébranlé sa vo-

* La rapidité avec laquelle nous avons dû publier cet ouvrage pour satisfaire l'impatience des souscripteurs a fait commettre une faute dans la pagination de 221 à 228 ; il n'y a point ici de lacune.

lonté, des victoires n'ont point dû ajouter à ses prétentions.

Après avoir replacé les anciennes limites de la Gaule, il devait rendre à la liberté les peuples qui lui étaient unis par une commune origine, par le rapport des intérêts et des mœurs.

La liberté de la Cisalpine et de la Ligurie est assurée.

Après ce devoir, il en était un autre que lui imposaient la justice et la générosité.

Le roi d'Espagne a été fidèle à notre cause, et a souffert pour elle. Ni nos revers, ni les insinuations perfides de nos ennemis, n'ont pu le détacher de nos intérêts ; il sera payé d'un juste retour : un prince de son sang va s'asseoir sur le trône de Toscane.

Il se souviendra qu'il le doit à la fidélité de l'Espagne et à l'amitié de la France ; ses rades et ses ports seront fermés à nos ennemis et deviendront l'asile de notre commerce et de nos vaisseaux.

L'Autriche, et c'est là qu'est le gage de la paix, l'Autriche, séparée désormais de la France par de vastes régions, ne connaîtra plus cette rivalité, ces ombrages qui, depuis tant de siècles, ont fait le tourment de ces deux puissances et les calamités de l'Europe.

Par ce traité, tout est fini pour la France ; elle n'aura plus à lutter contre les formes et les intrigues d'un congrès.

Le gouvernement doit un témoignage de satisfaction au ministre plénipotentiaire qui a conduit cette négociation à cet heureux terme. Il ne reste ni interprétation à craindre, ni explication à demander, ni de ces dispositions équivoques dans lesquelles l'art de la diplomatie dépose le germe d'une guerre nouvelle.

Pourquoi faut-il que ce traité ne soit pas le traité de la paix générale ! C'était le vœu de la France ! C'était l'objet constant des efforts du gouvernement !

Mais tous ses efforts ont été vains. L'Europe sait tout ce

que le ministère britannique a tenté pour faire échouer les négociations de Lunéville.

En vain un agent du gouvernement lui déclara, le 9 octobre 1800, que la France était prête à entrer avec lui dans une négociation séparée : cette déclaration n'obtint que des refus, sous le prétexte que l'Angleterre ne pouvait abandonner son allié. Depuis, lorsque cet allié a consenti à traiter sans l'Angleterre, ce gouvernement cherche d'autres moyens d'éloigner une paix si nécessaire au monde.

Il viole des conventions que l'humanité avait consacrées, et déclare la guerre à de misérables pêcheurs.

Il élève des prétentions contraires à la dignité et aux droits de toutes les nations. Tout le commerce de l'Asie et de colonies immenses ne suffit plus à son ambition. Il faut que toutes les mers soient soumises à la souveraineté exclusive de l'Angleterre. Il arme contre la Russie, le Danemarck et la Suède, parce que la Russie, la Suède et le Danemarck ont assuré par des traités de garantie, leur souveraineté et l'indépendance de leurs pavillons.

Les puissances du Nord, injustement attaquées, ont droit de compter sur la France. Le gouvernement français vengera avec elles une injure commune à toutes les nations, sans perdre jamais de vue qu'il ne doit combattre que pour la paix et pour le bonheur du monde.

Le premier consul, BONAPARTE.

Paris, le 25 pluviose an 9 (14 février 1801).

Réponse du premier consul à une députation du corps législatif [1].

Le gouvernement reçoit avec plaisir la députation du corps législatif.

[1] Envoyée pour le féliciter sur la paix de Lunéville.

Le peuple ne goûtera pas encore tous les bienfaits de la paix, tant qu'elle ne sera pas faite avec l'Angleterre; mais un esprit de vertige s'est emparé de ce gouvernement qui ne connaît plus rien de sacré. Sa conduite est injuste, non-seulement envers le peuple français, mais encore envers toutes les puissances du continent, et lorsque les gouvernemens ne sont pas justes, leur prospérité n'est que passagère.

Toutes les puissances du continent s'entendront pour faire rentrer l'Angleterre dans le chemin de la modération, de l'équité et de la raison.

Mais la paix intérieure a précédé la paix extérieure.

Dans le voyage que je viens de faire dans plusieurs départemens, j'ai été touché de l'accord et de l'union qui régnaient entre tous les citoyens. On ne doit attacher aucune importance aux harangues inconsidérées de quelques hommes [1].

Le gouvernement se plaît à rendre justice au zèle du corps législatif, pour la prospérité du peuple français et à son attachement pour le gouvernement. En mon particulier, je désire que vous lui fassiez bien connaître la confiance que j'ai en lui, et combien je suis sensible à cette démarche spontanée et au discours que vient de m'adresser son président.

Le premier consul, BONAPARTE.

[1] Allusion aux discours très-hardis et très-libéraux prononcés au sein du tribunat lors de la discussion du projet de loi sur les tribunaux spéciaux. Ces discours avaient tellement déplu à Bonaparte, que tous les historiens s'accordent à regarder le mécontentement qu'ils lui firent éprouver, comme la cause principale de la suppression ultérieure du tribunat.

Paris, le 25 pluviose an 9 (14 février 1801).

Réponse du premier consul aux Belges qui faisaient partie de la députation du corps législatif [1].

Il n'était plus au pouvoir du gouvernement de transiger pour les neuf départemens qui formaient autrefois la Belgique, puisque, depuis leur réunion, ils font partie intégrante du territoire français. Il est cependant vrai de dire que le droit public, tel qu'il était à cette époque reconnu en Europe, a pu autoriser des individus qui voyaient dans S. M. l'empereur leur légitime souverain, à ne pas se reconnaître comme Français.

Mais depuis le traité de Campo-Formio, tout habitant de la Belgique qui a continué à reconnaître l'empereur pour son souverain, et est resté à son service, a par cela seul trahi son devoir et sa patrie ; car depuis ce traité les Belges étaient français, comme le sont les Normands, les Languedociens, les Lorrains, les Bourguignons.

Dans la guerre qui a suivi ce traité, les armées ont éprouvé quelques revers; mais quand même l'ennemi aurait eu son quartier-général au faubourg Saint-Antoine, le peuple français n'eût jamais, ni cédé ses droits, ni renoncé à la réunion de la Belgique.

BONAPARTE.

Paris, le 3 ventose an 9 (22 février 1801).

Au ministre des finances.

Je sens vivement, citoyen ministre, la perte que nous venons de faire du conseiller-d'état Dufresne, directeur du trésor public.

L'esprit d'ordre et la sévère probité qui le distinguaient si éminemment, nous étaient encore bien nécessaires.

[1] Les députés belges qui faisaient partie de la députation avaient adressé à Bonaparte une harangue particulière.

L'estime public est la récompense des gens de bien. J'ai quelque consolation à penser que, du sein de l'autre vie, il sent les regrets que nous éprouvons.

Je désire que vous fassiez placer son buste dans la salle de la trésorerie [1].

Je vous salue affectueusement. BONAPARTE.

Paris, le 21 messidor an 9 (10 juillet 1801).

Aux Français.

PROCLAMATION [2].

Français,

Ce jour est destiné à célébrer cette époque d'espérance et de gloire où tombèrent des institutions barbares; où vous cessâtes d'être divisés en deux peuples, l'un condamné aux humiliations, l'autre marqué pour les distinctions et pour les grandeurs; où vos propriétés furent libres comme vos personnes; où la féodalité fut détruite, et avec elle ces nombreux abus que des siècles avaient accumulés sur vos têtes.

Cette époque, vous la célébrâtes en 1790, dans l'union des mêmes principes, des mêmes sentimens et des mêmes vœux. Vous l'avez célébrée depuis, tantôt au milieu des triomphes, tantôt sous le poids des fers, quelquefois aux cris de la discorde et des factions.

Vous la célébrez aujourd'hui sous de plus heureux auspices. La discorde se taît, les factions sont comprimées; l'intérêt de la patrie règne sur tous les intérêts. Le gouvernement ne connaît d'ennemis que ceux qui le sont de la tranquillité du peuple.

[1] Ce buste, exécuté par le sculpteur Masson, fut placé le 30 pluviose an 10 dans la salle désignée par Bonaparte.

[2] Elle devait être, et fut en effet lue le 25 messidor pendant la solennité de la fête destinée à célébrer l'anniversaire du 14 juillet.

La paix continentale a été conclue par la modération. Votre puissance et l'intérêt de l'Europe en garantissent la durée.

Vos frères, vos enfans rentrent dans vos foyers, tous dévoués à la cause de la liberté, tous unis pour assurer le triomphe de la république.

Bientôt cessera le scandale des divisions religieuses.

Un Code civil, mûri par la sage lenteur des discussions, protégera vos propriétés et vos droits.

Enfin une dure, mais utile expérience, vous garantit du retour des dissensions domestiques, et sera long-temps la sauve-garde de votre prospérité.

Jouissez, Français, jouissez de votre position, de votre gloire et des espérances de l'avenir ; soyez toujours fidèles à ces principes et à ces institutions qui ont fait vos succès et qui feront la grandeur et la félicité de vos enfans. Que de vaines inquiétudes ne troublent jamais vos spéculations ni vos travaux. Vos ennemis ne peuvent plus rien contre votre tranquillité.

Tous les peuples envient vos destinées.

« Bonaparte, premier consul de la république, ordonne que la proclamation ci-dessus sera insérée au Bulletin des lois, publiée, imprimée et affichée dans tous les départemens de la république. » *Le premier consul*, BONAPARTE.

Paris, le 7 fructidor an 9 (24 août 1801).

Aux soldats du premier régiment d'artillerie [1].

Soldats !

Votre conduite dans la citadelle de Turin a retenti dans toute l'Europe.

[1] Le premier régiment d'artillerie, en garnison à Turin, s'était insurgé contre ses chefs, et avait tué sur le pont-levis de la forteresse le chef de bataillon Jacquemain, commandant qui voulait en défendre l'entrée. Bonaparte ordonna que

Nos ennemis se sont réjouis de vous voir insubordonnés et criminels.

Une douleur profonde a précédé dans le cœur de vos concitoyens le cri de la vengeance.

Vous avez rendu de grands services... Vous êtes couverts d'honorables blessures ; vous les avez reçues pour la gloire de la république... Elle a triomphé de ses ennemis ; elle tient le premier rang parmi les puissances!!!

Mais que lui importerait tant de grandeur, si ses enfans indisciplinés se laissaient guider par les passions effrénées de quelques misérables!!!

Vous êtes entrés sans ordre et tumultueusement dans une forteresse, en violant toutes les consignes, sans porter aucun respect au drapeau du peuple français, qui y était arboré.

Le brave officier qui était chargé de la défendre, vous l'avez tué, vous avez passé sur son cadavre... Vous êtes tous coupables.

Les officiers qui n'ont pas su vous préserver d'un tel égarement, ne sont pas dignes de commander... Le drapeau que vous avez abandonné, qui n'a pu vous rallier, sera suspendu au temple de Mars et couvert d'un crêpe funèbre... Votre corps est dissous.

Soldats! Vous allez rentrer dans de nouveaux corps ; donnez-y des preuves d'une sévère discipline. Faites que l'on dise : Ils ont dû servir d'exemples, mais ils sont toujours ce qu'ils ont été, *les braves et bons enfans de la patrie.*

Le premier consul, BONAPARTE.

ce régiment fût cassé, ses compagnies distribuées dans d'autres corps, et les officiers jugés par un conseil de guerre.

Paris, le 17 brumaire an 10 (8 novembre 1801).

Aux habitans de Saint-Domingue.

Quelles que soient votre origine et votre couleur, vous êtes tous Français, vous êtes tous libres, et tous égaux devant Dieu et devant la république.

La France a été, comme Saint-Domingue, en proie aux factions et déchirée par la guerre civile et par la guerre étrangère. Mais tout a changé; tous les peuples ont embrassé les Français et leur ont juré la paix et l'amitié. Tous les Français se sont embrassés aussi et ont juré d'être tous des amis et des frères. Venez aussi embrasser les Français et vous réjouir de revoir vos amis et vos frères d'Europe.

Le gouvernement vous envoie le capitaine-général Leclerc; il amène avec lui de grandes forces pour vous protéger contre vos ennemis et contre les ennemis de la république. Si l'on vous dit : *Ces forces sont destinées à vous ravir votre liberté*; répondez : *La république ne souffrira pas qu'elle nous soit enlevée.*

Ralliez-vous autour du capitaine-général, il vous rapporte l'abondance et la paix; ralliez-vous tous autour de lui. Qui osera se séparer du capitaine-général, sera un traître à la patrie, et la colère de la république le dévorera, comme le feu dévore vos cannes dessechées.

Le premier consul, BONAPARTE.

Paris, le 17 brumaire an 10 (8 novembre 1801).

Au citoyen Toussaint-Louverture, général en chef de l'armée de Saint-Domingue.

Citoyen général,

La paix avec l'Angleterre et toutes les puissances de l'Europe qui vient d'asseoir la république au premier degré de puissance et de grandeur, met le gouvernement à même de s'occuper de la colonie de Saint-Domingue. Nous y envoyons le citoyen Leclerc, notre beau-frère, en qualité de capitaine-général, comme premier magistrat de la colonie. Il est accompagné de forces convenables pour faire respecter la souveraineté du peuple français. C'est dans ces circonstances que nous nous plaisons à espérer que vous allez nous prouver, et à la France entière, la sincérité des sentimens que vous avez constamment exprimés dans les différentes lettres que vous nous avez écrites. Nous avons conçu pour vous de l'estime, et nous nous plaisons à reconnaître et à proclamer les grands services que vous avez rendus au peuple français. Si son pavillon flotte sur Saint-Domingue, c'est à vous et aux braves Noirs qu'il le doit. Appelé par vos talens et la force des circonstances au premier commandement, vous avez détruit la guerre civile, mis un frein à la persécution de quelques hommes féroces, remis en honneur la religion et le culte du Dieu de qui tout émane. La constitution que vous avez faite, en renfermant beaucoup de bonnes choses, en contient qui sont contraires à la dignité et à la souveraineté du peuple français, dont Saint-Domingue ne forme qu'une portion.

Les circonstances où vous vous êtes trouvé, environné de tous côtés d'ennemis, sans que la métropole puisse ni vous secourir, ni vous alimenter, ont rendu légitimes les articles de cette constitution qui pourraient ne plus l'être. Mais aujourd'hui que les circonstauces sont si heureusement changées, vous serez le premier à rendre hommage à la souveraineté de la nation qui vous compte au nombre de ses plus illustres citoyens, par les services que vous lui avez rendus et par les talens et la force de caractère dont la nature vous a doué. Une conduite contraire serait inconciliable avec l'idée que nous avons conçue de vous. Elle vous ferait perdre vos droits nombreux à la reconnaissance et aux bienfaits de la république, et creuserait sous vos pas un précipice qui, en vous engloutissant, pourrait contribuer au malheur de ces braves Noirs dont nous aimons le courage, et dont nous nous verrions avec peine obligés de punir la rébellion.

Nous avons fait connaître à vos enfans et à leur précepteur les sentimens qui nous animent [1]. Nous vous les renvoyons.

Assistez de vos conseils, de votre influence et de vos talens le capitaine-général. Que pourrez-vous désirer, la liberté des Noirs? Vous savez que dans tous les pays où nous avons été, nous l'avons donnée aux peuples qui ne l'avaient pas. De la considération, des honneurs, de la fortune? Ce n'est pas après les services que vous avez rendus, que vous pouvez rendre encore dans cette circonstance, avec les sentimens particuliers que nous avons pour vous, que vous devez être incertain sur votre considération, votre fortune et les honneurs qui vous attendent.

Faites connaître aux peuples de Saint-Domingue que la sollicitude que la France a toujours portée à leur bonheur a été souvent impuissante par les circonstances impérieuses de la guerre; que les hommes venus du continent pour l'agiter et alimenter les factions, étaient le produit des factions, qui elles-mêmes déchiraient la patrie; que désormais la paix et la force du gouvernement assurent leur prospérité et leur liberté. Dites-leur que si la liberté est pour eux le premier des biens, ils ne peuvent en jouir qu'avec le titre de citoyens français, et que tout acte contraire aux intérêts de la patrie, à l'obéissance qu'ils doivent au gouvernement et au capitaine-général qui en est le délégué, serait un crime contre la souveraineté nationale, qui éclipserait leurs services et rendrait Saint-Domingue le théâtre d'une guerre malheureuse, où des pères et des enfans s'entr'égorgeraient.

[1] Les enfans de Toussaint-Louverture étaient élevés à Paris, aux frais de la république. Le général Leclerc était chargé de les ramener au général noir avec leur précepteur.

Et vous, général, songez que vous êtes le premier de votre couleur qui soit arrivé à une si grande puissance et qui se soit distingué par sa bravoure et ses talens militaires, vous êtes aussi devant Dieu et nous, le principal responsable de leur conduite.

S'il était des malveillans qui disent aux individus qui ont joué le principale rôle dans les troubles de Saint-Domingue, que nous venons pour rechercher ce qu'ils ont fait pendant les temps d'anarchie; assurez-les que nous ne nous informerons que de leur conduite dans cette dernière circonstance, et que nous ne rechercherons le passé que pour connaître les traits qui les auraient distingués dans la guerre qu'ils ont soutenue contre les Espagnols et les Anglais qui ont été nos ennemis.

Comptez sans réserve sur notre estime, et conduisez-vous comme doit le faire un des principaux citoyens de la plus grande nation du monde.

Le premier consul, BONAPARTE.

Paris, le 18 brumaire an 10 (9 novembre 1801).

Aux Français.

Français!

Vous l'avez enfin toute entière, cette paix que vous avez méritée par de si longs et de si généreux efforts [1]!

Le monde ne vous offre plus que des nations amies; et sur toutes les mers, s'ouvrent pour vos vaisseaux des ports hospitaliers.

Fidèle à vos vœux et à ses promesses, le gouvernement n'a cédé ni à l'ambition des conquêtes, ni à l'attrait des entreprises hardies et extraordinaires. Son devoir était de rendre le repos à l'humanité et de rapprocher par des liens solides

[1] Les préliminaires de paix entre la France et l'Angleterre avaient été signés le 9 vendémiaire (1er octobre 1801).

et durables cette grande famille européenne dont la destinée est de faire les destinées de l'Univers.

Sa première tâche est remplie ; une autre commence pour vous et pour lui. A la gloire des combats faisons succéder une gloire plus douce pour les citoyens, moins redoutable pour nos voisins.

Perfectionnons, mais surtout apprenons aux générations naissantes, à chérir nos institutions et nos lois. Qu'elles croissent pour l'égalité civile, pour la liberté publique, pour la prospérité nationale ! Portons dans les ateliers de l'agriculture et des arts cette ardeur, cette constance, cette patience qui ont étonné l'Europe dans toutes nos circonstances difficiles. Unissons aux efforts du gouvernement les efforts des citoyens pour enrichir, pour féconder toutes les parties de notre vaste territoire.

Soyons le lien et l'exemple des peuples qui nous environnent. Que l'étranger qu'un intérêt de curiosité attirera parmi nous, s'y arrête, attaché par le charme de nos mœurs, par le spectacle de notre union, de notre industrie et par l'attrait de nos jouissances ; qu'il s'en retourne dans sa patrie plus ami du nom français, plus ami et meilleur.

S'il reste encore des hommes que tourmente le besoin de haïr leurs concitoyens, ou qu'aigrisse le souvenir de leurs pertes, d'immenses contrées les attendent ; qu'ils osent aller y chercher des richesses et l'oubli de leurs infortunes et de leurs peines. Les regards de la patrie les y suivront ; elle secondera leur courage : un jour, heureux de leurs travaux, ils reviendront dans son sein, dignes d'être citoyens d'un état libre, et corrigés du délire des persécutions.

Français ! il y a deux ans, ce même jour vit terminer vos dissentions civiles, s'anéantir toutes les factions ! Dès-lors vous pûtes concentrer votre énergie, embrasser tout ce qui est grand aux yeux de l'humanité, tout ce qui est utile aux intérêts de la patrie : partout le gouvernement fut votre guide et votre appui. Sa conduite sera constamment la même. Votre grandeur fait la sienne, et votre bonheur est la seule récompense à laquelle il aspire.

Le premier consul, BONAPARTE.

Paris, le 1er frimaire an 10 (22 novembre 1801).

Au corps législatif.

EXPOSÉ DE LA SITUATION DE LA RÉPUBLIQUE.

C'est avec une douce satisfaction que le gouvernement offre à la nation le tableau de la situation de la France pendant l'année qui vient de s'écouler. Tout au dedans et au dehors a pris une face nouvelle ; et de quelque côté que se portent les regards, s'ouvre une longue perspective d'espérance et de bonheur.

Dans l'ouest et dans le midi, des restes de brigands infestaient les routes et désolaient les campagnes, invisibles à la force armée qui les poursuivait, ou protégés contre elle par la terreur même qu'ils inspiraient à leurs victimes jusqu'au sein des tribunaux, si quelquefois ils y étaient traduits, leur audace glaçait d'effroi les accusateurs et les témoins, les jurés et les juges. Des mains de la justice, ces monstres impunis s'élançaient à de nouveaux forfaits.

Il fallait contre ce fléau destructeur de toute société, d'autres armes que les formes lentes et graduées avec lesquelles la vindicte publique poursuit des coupables isolés qui se cachent dans le silence et dans l'ombre.

Des tribunaux spéciaux ont été créés, dont l'action plus rapide et plus sûre pût les atteindre et les frapper. De grands coupables ont été saisis ; les témoins ont cessé d'être muets ; les juges ont obéi à leur conscience et la société a été vengée. Ceux qui ont échappé à la justice fuient désormais de repaires en repaires ; et chaque jour la république vomit de son sein cette dernière écume des vagues qui l'ont si long-temps agitée.

Cependant l'innocence n'a eu rien à redouter ; la sécurité des citoyens n'a point été alarmée des mesures destinées à punir leurs oppresseurs ; et les sinistres présages dont on avait voulu épouvanter la liberté, ne se sont réalisés que contre le crime.

Du mois de floréal an 9, jusqu'au 1er vendémiaire an 10, sept cent vingt-quatre jugemens ont été prononcés par les tribunaux spéciaux ; dix-neuf seulement ont été rejetés par le tribunal de cassation, à raison d'incompétence. On ne peut donc leur reprocher ni excès de pouvoir, ni invasion de la justice ordinaire.

Le gouvernement, dès les premiers jours de son installation, proclama la liberté des consciences. Cet acte solennel porta le calme dans des ames que des rigueurs imprudentes avaient effarouchées. Il a depuis annoncé la fin des dissensions religieuses ; et en effet des mesures ont été concertées avec le souverain pontife de l'Eglise catholique pour réunir dans les mêmes sentimens ceux qui professent une commune croyance. En même temps un magistrat chargé de tout ce qui concerne les cultes, s'est occupé des droits de tous. Il a recueilli dans des conférences avec des ministres luthériens et calvinistes, les lumières nécessaires pour préparer les réglemens qui assureront à tous la liberté qui leur appartient, et la publicité que l'intérêt de l'ordre social autorise à leur accorder.

Des mesures égales pourvoiront à l'entretien de tous les cultes ; rien ne sera laissé à la disposition arbitraire de leurs ministres, et le trésor public n'en sentira point de surcharge.

Si quelques citoyens avaient été alarmés par de vaines rumeurs, qu'ils se rassurent : le gouvernement a tout fait pour rapprocher les esprits ; mais il n'a rien fait qui pût blesser les principes et l'indépendance des opinions.

La paix continentale fixa ce qui restait encore d'inquiétude et de craintes vagues dans les esprits ; déjà heureux de tout le bonheur qu'ils attendaient encore, les citoyens se reposèrent au sein de la constitution, et y attachèrent toute leur destinée.

Des administrateurs éclairés et fidèles ont bien secondé cette disposition des esprits ; presque partout l'action de l'autorité, transmise par eux, n'a rencontré qu'empressement, amour et reconnaissance.

De là, dans le gouvernement cette sécurité qui a fait sa force. Il n'a pas plus douté de l'opinion publique que de ses propres sentimens, et il ose la provoquer sans craindre sa réponse. Ainsi un prince [1], issu d'un sang qui régna sur la France, a traversé nos départemens, a séjourné dans la capitale, a reçu du gouvernement des honneurs qui étaient dus à sa couronne, a reçu des citoyens tous les égards qu'un peuple doit à un autre peuple dans la personne de celui qui est appelé à le gouverner ; et aucun soupçon n'a altéré le calme du commandement, aucune rumeur n'a troublé la tranquillité des esprits ; partout on a vu la contenance d'un peuple libre et les affections d'un peuple hospitalier : les étrangers, les ennemis de la patrie, ont reconnu que la république etait dans le cœur des Français, et qu'elle y avait déjà toute la maturité des siècles.

La rentrée de nos guerriers sur le territoire de la France, a été une suite de fêtes et de triomphes. Ces vainqueurs si redoutés dans les combats ont éte parmi nous des amis et des [illegible] heureux du bonheur public, jouissant sans orgueil [illegible] reconnaissance qu'ils avaient méritée, et se montrant,

[1] Le [illegible] Etrurie, issu de la branche des Bourbons d'Espagne.

par la plus sévère discipline, dignes des victoires qu'ils avaient obtenues.

Dans la guerre qui nous restait encore à soutenir, les événemens ont été mêlés de succès et de revers. Réduite à lutter contre la marine d'Angleterre, avec des forces inégales, notre marine s'est montrée avec courage sur la Méditerranée couverte de flottes ennemies ; elle a rappelé sur l'Océan quelques souvenirs de son ancien éclat ; elle a, par une glorieuse résistance, étonné l'Angleterre accourue sur ses rives pour être témoin de sa défaite ; et sans le retour de la paix, il lui était permis d'espérer qu'elle vengerait ses malheurs passés et les fautes qui les avaient produits.

En Egypte, les soldats de l'armée d'Orient ont cédé ; mais ils ont cédé aux circonstances plus qu'aux forces de la Turquie et de l'Angleterre ; et certainement ils eussent vaincu s'ils avaient combattu réunis. Enfin ils rentrent dans leur patrie ; ils y rentrent avec la gloire qui est due à quatre années de courage et de travaux ; ils laissent à l'Egypte d'immortels souvenirs, qui, peut-être un jour y réveilleront les arts et les institutions sociales. L'histoire du moins ne taira pas ce qu'ont fait les Français pour y reporter la civilisation et les connaissances de l'Europe ; elle dira par quels efforts ils l'avaient conquise ; par quelle sagesse, par quelle discipline ils l'ont si long-temps conservée ; et, peut-être, elle en déplorera la perte comme une nouvelle calamité du genre humain.

Vingt-huit mille Français entrèrent en Egypte pour la conquérir : d'autres y ont été depuis envoyés à différentes époques ; mais d'autres, en nombre à peu près égal, en étaient revenus. Vingt-trois mille rentrent en France après l'évacuation, non compris les étrangers qui ont suivi leur fortune. Ainsi, quatre campagnes, de nombreux combats, et les maladies n'auront pas enlevé un cinquième de l'armée d'Orient.

Après la guerre continentale, tout ce que les circonstances ont permis de réformer dans le militaire, le gouvernement l'a opéré.

Des congés absolus sont accordés; ils le sont sans préférence, sans faveur, et dans un ordre irrévocablement fixé. Ceux qui, les premiers, ont pris les armes pour obéir aux lois de la réquisition, en obtiennent les premiers.

Pour remplir le vide que ces congés laisseront dans l'armée, il sera nécessaire d'appeler des conscrits de l'an 9 et de l'an 10; et, dans cette session, un projet de loi sera présenté au corps législatif pour les mettre à la disposition du gouvernement; mais le gouvernement n'en appellera que le nombre qui sera strictement nécessaire pour maintenir l'armée au complet de l'état de paix.

Nous jouirons de la paix; mais la guerre laissera un fardeau qui pesera long-temps sur nos finances: acquitter des dépenses qui n'ont pu être prévues ni calculées, récompenser les services de nos défenseurs, ranimer les travaux dans nos arsenaux et dans nos ports, rendre une marine à la France; recréer tout ce que la guerre a détruit, tout ce que le temps a consumé; porter enfin tous nos établissemens au point où les demandent la grandeur et la sûreté de la république; tout cela ne peut se faire qu'avec un accroissement de revenus. Les revenus s'accroîtront d'eux-mêmes avec la paix; le gouvernement les ménagera avec la plus sévère économie: mais si l'accroissement naturel des revenus, si l'économie la plus sévère ne peuvent suffire, la nation jugera les besoins, et le gouvernement proposera les ressources que les circonstances rendront nécessaires.

Dans tout le cours de l'an 9, à peine quelques communications rares ont existé entre la métropole et ses colonies.

La Guadeloupe a conservé un reste de culture et de prospérité; mais la souveraineté de la république y a reçu plus d'un outrage. En l'an 8, un agent unique y commandait; il est déporté par une faction. Trois agens lui succèdent; deux déportent le troisième et le remplacent par un homme de leur choix. Un autre meurt; et les deux qui restent s'investissent seuls du pouvoir qui devait être exercé par trois. Sous cette agence militaire et illégale, l'anarchie, le despotisme règnent tour à tour; les colons, les alliés l'accusent et lui imputent des erreurs et des crimes. Le gouvernement a tenté d'organiser une administration nouvelle; un capitaine-général, un préfet, un commissaire de justice subordonnés entre eux; mais se succédant l'un à l'autre si les circonstances l'exigent, offrent un pouvoir unique qui a une sorte de censure, mais point de rivalité qui en trouble l'action et en paralyse la force. Cette administration existe, et bientôt on saura si elle a justifié les espérances qu'on en avait conçues.

Dès son arrivée, le capitaine-général a eu à combattre l'esprit de faction; il a cru devoir envoyer en France treize individus artisans de troubles et moteurs de déportations.

Le gouvernement a pensé que de pareils hommes seraient dangereux en France, et a ordonné qu'ils fussent renvoyés dans celle des colonies qu'ils voudraient choisir, la Guadeloupe exceptée.

A Saint-Domingue, des actes irréguliers ont alarmé la soumission. Sous des apparences équivoques, le gouvernement n'a voulu voir que l'ignorance qui confond les noms et les choses, qui usurpe quand elle ne croit qu'obéir. Mais une flotte et une armée qui s'apprêtent à partir des ports de l'Europe, auront bientôt dissipé tous les nuages; et Saint-Domingue rentrera tout entier sous les lois de la république.

A Saint-Domingue et à la Guadeloupe il n'y a plus d'esclaves: tout y est libre; tout y restera libre.

La sagesse et le temps y rameneront l'ordre et y rétabliront la culture et les travaux.

A la Martinique, ce seront des principes différens. La Martinique a conservé l'esclavage, et l'esclavage y sera conservé. Il en a trop coûté à l'humanité pour tenter encore, dans cette partie, une révolution nouvelle.

La Guyanne a prospéré sous un administrateur actif et vigoureux ; elle prospérera davantage sous l'empire de la paix, et agrandie d'un nouveau territoire qui appelle la culture et promet des richesses.

Les Iles de France et de la Réunion sont restées fidèles à la métropole au milieu des factions et sous une administration faible, incertaine, telle que le hasard l'a faite, et qui n'a reçu du gouvernement ni impulsion ni secours. Ces colonies si importantes sont rassurées ; elles ne craignent plus que la métropole, en donnant la liberté aux noirs, ne constitue l'esclavage des blancs.

L'ordre établi, dès l'année dernière, dans la perception des revenus et dans la distribution des dépenses, n'avait laissé que peu d'amélioration à faire dans cette partie. Une surveillance active a porté la lumière sur des dilapidations passées et sur des abus présens ; des coupables ont été dénoncés à l'opinion publique et aux tribunaux.

L'action des régies a été concentrée ; et de là plus d'énergie et d'ensemble dans l'administration, plus de célérité dans les informations et dans les résultats.

Des mesures ont été prises pour accélérer encore les versemens dans les caisses publiques, pour assurer plus de régularité dans l'acquittement des dépenses, pour en rendre la comptabilité plus simple et plus active.

L'art des faussaires a fait des progrès alarmans pour la société. Avec des pièces fausses, on établissait des fournitures qui n'avaient jamais été faites ; on en établissait sur des pièces achetées à Paris; et avec ces titres on trompait les liquidateurs, et on dévorait la fortune publique. Pour prévenir désormais ces abus et ces crimes, le gouvernement a voulu que les liquidations faites dans les bureaux des ministres fussent soumises à une nouvelle épreuve, et ne constituassent la république débitrice qu'après qu'elles auraient été vérifiées par un conseil d'administration.

Le ministre des finances est rendu tout entier aux travaux qu'exigent la perception des revenus et le système de nos contributions.

Un autre veille immédiatement sur le dépôt de la fortune publique, et sa responsabilité personnelle en garantit l'inviolabilité.

La caisse d'amortissement a reçu une organisation plus complette. Un seul homme en dirige les mouvemens; mais quatre administrateurs en surveillent les détails; conseils et, s'il le fallait, censeurs de l'agent qu'ils doivent seconder.

La propriété la plus précieuse de la république, les forêts nationales ont été confiées à une administration qui, toute entière à cet objet unique, y portera des yeux plus exercés, des connaissances plus positives et une surveillance plus sévère.

L'instruction publique a fait quelques pas à Paris et dans un petit nombre de départemens; dans presque tous les autres, elle est languissante et nulle. Si nous ne sortons pas de la route tracée, bientôt il n'y aura de lumières que sur quelques points, et ailleurs ignorance et barbarie.

Un système d'instruction publique plus concentré a fixé les pensées du gouvernement. Des écoles primaires affectées à une ou plusieurs communes, si les circonstances locales permettent cette association, offriront partout aux enfans des citoyens, ces connaissances élémentaires sans lesquelles l'homme n'est guère qu'un agent aveugle et dépendant de tout ce qui l'environne.

Les instituteurs y auront un traitement fixe, fourni par les communes, et un traitement variable, formé de rétributions convenues avec les parens qui seront en état de les supporter.

Quelques fonctions utiles pourront être assignées à ces instituteurs, si elles peuvent se concilier avec leur fonction première et nécessaire.

Dans des écoles secondaires, s'enseigneront les élémens des langues anciennes, de la géographie, de l'histoire et du calcul.

Ces écoles se formeront, ou par des entreprises particulières avouées de l'administration publique, ou par le concours des communes.

Elles seront encouragées par des concessions d'édifices publics; par des places gratuites dans les écoles supérieures, accordées aux élèves qui se seront le plus distingués; et enfin par des gratifications accordées à un nombre déterminé de professeurs qui auront fourni le plus d'élèves aux écoles supérieures.

Trente écoles, sous le nom de *lycées*, seront formées et entretenues aux frais de la république, dans les villes principales qui, par leur situation et les mœurs de leurs habitans, seront plus favorables à l'étude des lettres et des sciences.

Là seront enseignées les langues savantes, la géographie, l'histoire, la logique, la physique, la géométrie, les mathématiques; dans quelques-unes, les langues modernes dont l'usage sera indiqué par leur situation.

Six mille élèves de la patrie seront distribués dans ces trente établissemens, entretenus et instruits aux dépens de la république.

Trois mille seront des enfans de militaires ou de fonctionnaires qui auront bien servi l'état.

Trois mille autres seront choisis dans les écoles secondaires, d'après des examens et des concours déterminés, et dans un nombre proportionné à la population des départemens qui devront les fournir.

Les élèves des départemens réunis seront appelés dans les lycées de l'intérieur, s'y formeront à nos habitudes et à nos mœurs, s'y nourriront de nos maximes et reporteront dans leurs familles l'amour de nos institutions et de nos lois.

D'autres élèves y seront reçus, entretenus et instruits aux frais de leurs parens.

Six millions seront destinés chaque année à la formation et à l'entretien de ces établissemens, à l'entretien et à l'instruction des élèves de la patrie, au traitement des professeurs, au traitement des directeurs et des agens comptables.

Les écoles speciales formeront le dernier degré d'instruction publique; il en est qui sont déjà constituées, et qui conserveront leur organisation; d'autres seront établies dans les lieux que les convenances indiqueront, et pour les professions auxquelles elles seront nécessaires.

Tel est en raccourci le système qui a paru au gouvernement réunir le plus d'avantages, le plus de chances de succès, et que dans cette session il proposera au corps législatif, réduit en projet de loi. Sa surveillance peut suffire à trente établissemens; un plus grand nombre échapperait à ses soins et à ses regards; mais surtout un plus grand nombre ne trouverait aujourd'hui ni ces professeurs distingués qui font la réputation des écoles, ni des directeurs capables d'y maintenir une sévère discipline, ni des conseils assez éclairés pour en diriger l'administration.

Trente lycées, sagement distribués sur le territoire de la république, en embrasseront toute l'étendue par leurs rapports, répandront sur toutes ses parties l'éclat de leurs lumières et de leurs succès, frapperont jusqu'aux regards de l'étranger, et seront pour eux ce qu'étaient naguère pour nous quelques écoles d'Allemagne et d'Angleterre, ce que furent quelques universités fameuses, qui, vues dans le lointain, commandaient l'admiration et le respect de l'Europe.

Le Code civil fut annoncé l'année dernière aux délibérations du corps législatif; mais le travail s'accrut sous la main des rédacteurs; les tribunaux furent appelés à le perfectionner; et, enrichi de leurs observations, il est soumis dans le conseil-d'état à une sévère discussion.

Toutes les parties qui le composent seront successivement présentées à la sanction des législateurs : ainsi cet important ouvrage aura subi toutes les épreuves, et sera le résultat de toutes les lumières.

Les ateliers se multiplient dans les maisons d'arrêt et de détention, et le travail en bannit l'oisiveté qui corrompt encore ceux qui étaient déjà corrompus. Dans nombre de départemens il n'y a plus de mendicité.

Les hospices sortent peu à peu de cet état de détresse qui faisait la honte de la nation et la douleur du gouvernement; déjà la bienfaisance particulière les enrichit de ses offrandes, et atteste le retour de ces sentimens fraternels que des lois imprudentes et de longs malheurs semblaient avoir bannis pour toujours.

Sur toutes les grandes communications, les routes ont été ou seront bientôt réparées. Le produit de la taxe d'entretien éprouve partout des accroissemens progressifs. Le plus intéressant de tous les canaux est creusé aux dépens du trésor public, et d'autres seront bientôt créés par l'industrie particulière.

Les lettres et les arts ont reçu tout ce que les circonstances ont permis de leur donner d'encouragement et de secours.

Des projets ont été conçus pour l'embellissement de Paris, et déjà quelques-uns s'exécutent. Une association particulière formée par le zèle, bien plus que par l'intérêt, lui construit des ponts qui ouvriront des communications utiles et nécessaires. Une autre association lui donnera un canal et des eaux salubres, qui manquent encore à cette capitale.

Les départemens ne seront point négligés. De tous côtés on recherche quels travaux sont nécessaires pour les orner ou les féconder. Des collections de tableaux sont destinées à former des muséum dans les villes principales; leur vue inspirera aux jeunes citoyens le goût des arts, et ils arrêteront la curiosité des voyageurs.

Au moment où la paix générale va rendre aux arts et au commerce toute leur activité, le devoir le plus cher au gouvernement est d'éclairer leur route, d'encourager leurs travaux, d'écarter tout ce qui pourrait arrêter leur essor. Il appellera sur ces grands intérêts toutes les lumières; il réclamera tous les conseils de l'expérience; il fixera auprès de lui, pour les consulter, les hommes qui, par des connaissances positives, par une probité sévère, par des vues désintéressées, seront dignes de sa confiance et de l'estime publique.

Heureux si le génie national seconde son ardeur et son zèle, si par ses soins, la prospérité de la république égale un jour ses triomphes et sa gloire.

Dans nos relations extérieures, le gouvernement ne craindra point de dévoiler ses principes et ses maximes : fidélité pour nos alliés, respect pour leur indépendance, franchise et loyauté avec nos ennemis; telle a été sa politique.

La Batavie reprochait à son organisation de n'avoir pas été conçue pour elle.

Mais depuis plusieurs années cette organisation régissait la Batavie. Le principe du gouvernement est que rien n'est plus funeste au bonheur des peuples que l'instabilité des institutions; et quand le directoire batave l'a pressenti sur des changemens, il l'a constamment rappelé à ce principe.

Mais enfin le peuple batave a voulu changer, et il a adopté une constitution nouvelle. Le gouvernement l'a reconnue cette constitution; et il a dû la reconnaître, parce qu'elle était dans la volonté d'un peuple indépendant.

Vingt-cinq mille Français devaient rester en Batavie, aux termes du traité de la Haye, jusqu'à la paix générale. Les Bataves ont désiré que ces forces fussent réduites; et en vertu d'une convention récente, elles ont été réduites à dix mille hommes.

L'Helvétie a donné, pendant l'an 9, le spectacle d'un peuple déchiré par les partis, et chacun de ces partis invoquant le pouvoir, et quelquefois les armes de la France.

Nos troupes ont reçu l'ordre de rentrer sur notre territoire; quatre mille hommes seulement restent encore en Helvétie, d'après le vœu de toutes les autorités locales, qui ont réclamé leur présence.

Souvent l'Helvétie a soumis au premier consul des projets d'organisation; souvent elle lui a demandé des conseils : toujours il l'a rappelée à son indépendance.

« Souvenez-vous seulement, a-t-il dit, quelquefois, du courage et des vertus de vos pères; ayez une organisation simple comme leurs mœurs. Songez à ces religions, à ces langues différentes qui ont leurs limites marquées, à ces vallées, à ces montagnes qui vous séparent, à tant de souvenirs attachés à ces bornes naturelles; et qu'il reste de tout cela une empreinte dans votre organisation. Surtout, pour l'exemple de l'Europe, conservez la liberté et l'égalité à cette nation qui leur a, la première, appris à être indépendans et libres. »

Ce n'était là que des conseils, et ils ont été froidement écoutés. L'Helvétie est restée sans pilote au milieu des orages. Le ministre de la république n'a montré qu'un conciliateur aux partis divisés, et le général de nos troupes a refusé aux factions l'appui de ses forces.

La Cisalpine, la Ligurie ont enfin arrêté leur organisation. L'une et l'autre craignent, dans les mouvemens des premières nominations, le réveil des rivalités et des haines. Elles ont paru désirer que le premier consul se chargeât de ces nominations.

Il tâchera de concilier ce vœu de deux républiques qui sont chères à la France, avec les fonctions plus sacrées que sa place lui impose.

Lucques a expié dans les angoisses d'un régime provisoire les erreurs qui lui méritèrent l'indignation du peuple français. Elle s'occupe aujourd'hui à se donner une organisation définitive.

Le roi de Toscane, tranquille sur son trône, est reconnu par de grandes puissances et le sera bientôt par toutes.

Quatre mille Français lui gardent Livourne, et attendent, pour l'évacuer, qu'il ait organisé une armée nationale.

Le Piémont forme notre vingt-septième division militaire, et, sous un régime plus doux, oublie les malheurs d'une longue anarchie.

Le Saint-Père, souverain de Rome, possède ses états dans leur intégrité. Les places de Pesaro, de Fano, de Castel Saint-Leone qui avaient été occupées par les troupes cisalpines, lui ont été restituées.

Quinze cents Français sont encore dans la citadelle d'Ancône, pour en assurer les communications avec l'armée du midi.

Après la paix de Lunéville, la France pouvait tomber de tout son poids sur le royaume de Naples, punir le souverain d'avoir, le premier, rompu les traités, et le faire repentir des affronts que les Français avaient reçus dans le port même de Naples : mais le gouvernement se crut vengé dès qu'il fut maître de l'être ; il ne se sentit plus que le désir et la nécessité de la paix ; pour la donner, il ne demande que les ports d'Otrante, nécessaires à ses desseins sur l'Orient, depuis que Malte était occupée par les Anglais.

Paul 1er avait aimé la France ; il voulait la paix de l'Europe, il voulait surtout la liberté des mers. Sa grande âme fut émue des sentimens pacifiques que le premier consul avait manifestés ; elle le fut depuis de nos succès et de nos victoires : de là, de premiers liens qui l'attachèrent à la république.

Huit mille Russes avaient été faits prisonniers en combattant avec les alliés ; mais le ministère, qui dirigeait alors l'Angleterre, avait refusé de les échanger contre des prisonniers français. Le gouvernement s'indigna de ce refus ; il résolut de rendre à leur patrie de braves guerriers abandonnés de leurs alliés ; il les rendit d'une manière digne de la république, digne d'eux et de leur souverain. De là, des nœuds plus étroits et un rapprochement plus intime.

Tout-à-coup, la Russie, le Danemarck, la Suède, la Prusse s'unissant, une coalition est formée pour garantir la liberté des mers ; le Hanovre est occupé par les troupes prussiennes ; de grandes, de vastes opérations se préparent ; mais Paul 1er meurt subitement.

La Bavière s'est hâtée de reformer les liens qui l'unissaient à la France. Cet allié important pour nous a fait de grandes pertes sur la rive gauche du Rhin. L'intérêt et le désir de la France sont que la Bavière obtienne sur la rive droite une juste et entière indemnité.

De grandes discussions se sont élevées à Ratisbonne sur l'exécution du traité de Lunéville ; mais ces discussions ne regardent pas immédiatement la république. La paix de Lunéville conclue avec l'Europe et ratifiée par la diète, a fixé irrévocablement de ce côté-là tous les intérêts de la France.

Si la république prend encore part aux discussions de Ratisbonne, ce n'est que comme garant de stipulations contenues dans l'article 7 du traité de Lunéville, et pour maintenir un juste équilibre dans la Germanie.

La paix avec la Russie a été signée, et rien ne troublera désormais les relations de deux grands peuples, qui, avec tant de raison de s'aimer, n'en ont aucune de se craindre, et que la nature a placés aux deux extrémités de l'Europe pour en être le contre-poids au nord et au midi.

La Porte rendue à ses véritables intérêts et à son inclination pour la France, a retrouvé son allié le plus ancien et le plus fidèle.

Avec les Etats-Unis d'Amérique toutes les difficultés ont été aplanies.

Enfin, des préliminaires de paix avec l'Angleterre ont été ratifiés.

La paix avec l'Angleterre devait être le produit de longues négociations, soutenues d'un système de guerre qui, quoique lent dans ses préparatifs, était infaillible dans ses résultats.

Déjà la plupart de ses alliés l'avaient abandonnée. Le Hanovre, seule possession de son souverain sur le continent, était toujours au pouvoir de la Prusse; la Porte, menacée par nos positions importantes sur l'Adriatique, avait entamé une négociation particulière.

Le Portugal lui restait : soumis depuis si long-temps à l'influence et au commerce exclusif des Anglais, le Portugal n'était plus en effet qu'une province de la Grande-Bretagne. C'était là que l'Espagne devait trouver une compensation pour la restitution de l'île de la Trinité. Son armée s'avance; une division des troupes de la république campe sur la frontière du Portugal pour appuyer ses opérations; mais après les premières hostilités et quelques légères escarmouches, le ministère espagnol ratifie séparément le traité de Badajoz. Dès-lors on dut pressentir pour l'Espagne la perte de la Trinité; dès-lors, en effet, l'Angleterre la regarda comme une possession qui lui était acquise, et désormais écarta de la négociation tout ce qui pouvait en faire supposer la restitution possible.

Avant de ratifier le traité particulier de la France avec le Portugal, le gouvernement fit connaître au cabinet de Madrid cette détermination de l'Angleterre.

L'Angleterre s'est refusée avec la même inflexibilité à la restitution de l'île de Ceylan; mais la république batave trouvera dans les nombreuses possessions qui lui sont rendues, le rétablissement de son commerce et de sa puissance.

La France a soutenu les intérêts de ses alliés avec autant de force que les siens; elle a été jusqu'à sacrifier des avantages plus grands qu'elle aurait pu obtenir pour elle-même; mais elle a été forcée de s'arrêter au point où toute négociation devenait impossible. Ses alliés épuisés ne lui offraient plus de ressources pour la continuation de la guerre; et les objets dont la restitution leur était refusée par l'Angleterre, ne balançaient pas pour eux les chances d'une nouvelle campagne et toutes les calamités dont elle pouvait les accabler.

Ainsi, dans toutes les parties du monde, la république n'a plus que des amis ou des alliés, et partout son commerce et son industrie rentrent dans leurs canaux accoutumés.

Dans tout le cours de la négociation, le ministère actuel d'Angleterre a montré une volonté franche de mettre un terme aux malheurs de la guerre; le peuple anglais a embrassé la paix avec enthousiasme; les haines de la rivalité sont éteintes; il ne restera que l'imitation de grandes actions et les entreprises utiles.

Le gouvernement avait mis son ambition à replacer la

France dans ses rapports naturels avec toutes les nations; il mettra sa gloire à maintenir son ouvrage, et à perpétuer une paix qui fera son bonheur comme celui de l'humanité.

Le premier consul, BONAPARTE.

Paris, le 3 frimaire an 10 (24 novembre 1801).

Réponse du premier consul à une députation du corps législatif[1].

Le gouvernement apprécie la démarche du corps législatif. Il est sensible à ce que vous venez de lui dire de sa part.

Les actes du corps législatif, pendant la dernière session, ont contribué à aider la marche de l'administration et à nous faire arriver à l'état où nous sommes.

Il portera les mêmes sentimens dans les travaux de la session qui commence. C'est un moyen sûr de faire le bien-être et la prospérité du peuple français, *notre souverain à tous*...

C'est lui qui juge tous nos travaux. Ceux qui le serviront avec pureté et zèle seront accompagnés dans leur retraite par la considération et l'estime de leurs concitoyens.

BONAPARTE.

Paris, le 25 frimaire an 10 (16 décembre 1801).

Au sénat conservateur.

Sénateurs,

Depuis la paix générale c'est la première fois que, pour se conformer au vœu de la constitution, le premier consul a à vous présenter des candidats pour les places vacantes au sénat.

Dans cette mémorable circonstance, il a paru convenable de choisir des citoyens militaires pour donner aux armées un

[1] Envoyée pour remercier le premier consul de son exposé de la situation de la république.

témoignage de la satisfaction et de la reconnaissance nationales.

En conséquence, le premier consul, conformément à l'article 16 de la constitution, vous présente comme candidats à la place vacante par la mort du citoyen Crassous, sénateur, et aux deux places auxquelles le sénat doit nommer, en exécution de l'art. 15 de la constitution ;

Le citoyen Lamartillière, général de division d'artillerie, qui, quoique déjà dans un âge avancé, a commandé constamment, pendant toute la guerre de la liberté, l'artillerie aux différentes armées. Il n'a voulu se donner aucun repos tant qu'il y a eu des ennemis à combattre ;

Le général Jourdan, vainqueur à Fleurus, et administrateur général du Piémont ;

Le général Berruyer, commandant en chef des invalides.

Le premier consul désire que les vétérans de la patrie voient dans la présentation de leur chef une marque du souvenir du gouvernement.

Le premier consul, Bonaparte.

Paris, 12 nivose an 10 (2 janvier 1802).

Au corps législatif.

Législateurs,

Le gouvernement a arrêté de retirer le projet de loi du Code civil et celui sur le rétablissement de la marque pour les condamnés.

C'est avec peine qu'il se trouve obligé de remettre à une autre époque les lois attendues avec tant d'intérêt par la nation. Mais il s'est convaincu que le temps n'est pas venu où l'on portera dans ces grandes discussions le calme et l'unité d'intention qu'elles demandent.

Le premier consul, Bonaparte.

Paris, 16 nivose an 10 (6 janvier 1802).

Au citoyen Reding.

Citoyen Reding, depuis deux ans vos compatriotes m'ont quelquefois consulté sur leurs affaires. Je leur ai parlé comme l'aurait fait le premier magistrat des Gaules dans le temps où l'Helvétie en faisait partie.

Les conseils que je leur ai donnés pouvaient les conduire à bien, et leur épargner deux mois d'angoisses ; ils en ont peu profité. Vous me paraissez animé du désir du bonheur de votre patrie ; soyez secondé par vos compatriotes, et que l'Helvétie se replace enfin parmi les puissances de l'Europe.

Les circonstances de la guerre ont conduit les armées françaises sur votre territoire : le désir de la liberté a armé vos peuples, et surtout ceux des campagnes, contre les priviléges. Des événemens de différente nature se sont succédés en peu d'années ; vous avez éprouvé de grands maux ; un grand résultat vous reste : l'égalité et la liberté de vos concitoyens.

Quel que soit le lieu où naisse un Suisse aujourd'hui, sur les bords du Léman comme sur ceux de l'Aaar, il est libre : c'est la seule chose que je vois distinctement dans votre état politique actuel.

La base des droits publics de l'Europe est aujourd'hui de maintenir dans chaque pays l'ordre existant. Si toutes les puissances ont adopté ce principe, c'est que toutes ont besoin de la paix et du retour des relations diplomatiques et commerciales.

Le peuple français ne peut donc reconnaître qu'un gouvernement qui serait fondé sur les principes qui vous régissent aujourd'hui.

Vous êtes sans organisation, sans gouvernement, sans volonté nationale... Pourquoi vos compatriotes ne feraient-ils pas un effort? Qu'ils évoquent les vertus patriotiques de leurs pères ! Qu'ils sacrifient l'esprit de système, l'esprit de faction, à l'amour du bonheur et de la liberté publics !

Alors vous ne craindrez pas d'avoir des autorités qui soient le produit de l'usurpation momentanée d'une faction ; vous aurez un gouvernement, parce qu'il aura pour lui l'opinion et qu'il sera le résultat de la volonté nationale. Toute l'Europe renouvellera avec vous ses relations ; la France ne sera arrêtée par aucun calcul d'intérêt particulier ; elle fera tous les sacrifices qui pourront assurer davantage votre constitution, l'égalité et la liberté de vos concitoyens ; elle continuera par-là à montrer pour vous ses sentimens affectueux et paternels qui, depuis tant de siècles, forment les liens de ces deux parties indépendantes d'un même peuple.

BONAPARTE.

Lyon, 6 pluviose an 10 (26 janvier 1802).

Discours prononcé par le premier consul au sein de la consulte ou assemblée italienne convoquée par lui à Lyon. [1].

La république cisalpine, reconnue depuis Campo-Formio, a déjà éprouvé bien des vicissitudes.

Les premiers efforts que l'on a faits pour la constituer ont mal réussi.

Envahie depuis par des armées ennemies, son existence ne paraissait plus probable, lorsque le peuple français, pour la deuxième fois, chassa, par la force de ses armes, vos ennemis de votre territoire.

Depuis ce temps on a tout tenté pour vous démembrer :

[1] Bonaparte voulant donner à la république cisalpine, fondée par lui en 1796, une dernière organisation, avait convoqué à Lyon les membres les plus influens de cette république. Une constitution avait été créée, et Bonaparte nommé président de la république régénérée. M. de Melzi, l'un des Italiens les plus distingués, fut choisi par lui pour vice-président.

mais la protection de la France l'emporte, et vous avez été reconnus à Lunéville.

Accrus d'un cinquième, vous existez plus puissans, plus consolidés, avec plus d'espérance !!

Composés de six nations différentes, vous allez être réunis sous le régime d'une constitution plus adaptée que toute autre à vos mœurs et à vos circonstances.

Je vous ai réunis à Lyon autour de moi comme les principaux citoyens de la Cisalpine. Vous m'avez donné les renseignemens nécessaires pour remplir la tâche auguste que m'imposait mon devoir, comme premier magistrat du peuple français et comme l'homme qui a le plus contribué à votre création.

Les choix que j'ai faits pour remplir vos premières magistratures l'ont été indépendamment de tout esprit de parti, de tout esprit de localité.

Celle de président, je n'ai trouvé personne parmi vous qui eût encore assez de droits sur l'opinion publique, qui fût assez indépendant de l'esprit de localité, et qui eût enfin rendu d'assez grands services à son pays, pour la lui confier.

Le procès-verbal que vous m'avez fait remettre, par votre comité du 30, où sont analysées avec autant de précision que de vérité les circonstances extérieures et intérieures dans lesquelles se trouve votre patrie, m'a vivement pénétré.

J'adhère à votre vœu : je conserverai encore pendant le temps que ces circonstances le voudront, la grande pensée de vos affaires.

Au milieu des méditations coontinuelles qu'exige le poste où je me trouve, tout ce qui vous sera relatif et pourra consolider votre existence et votre prospérité, ne sera point étranger aux affections les plus chères de mon ame.

Vous n'avez que des lois particulières ; il vous faut désormais des lois générales.

Votre peuple n'a que des habitudes locales, il faut qu'il prenne des habitudes nationales.

Enfin vous n'avez point d'armée; les puissances qui pourraient devenir vos ennemies en ont de fortes; mais vous avez ce qui peut les produire, une population nombreuse, des campagnes fertiles et l'exemple qu'a donné dans toutes les circonstances essentielles le premier peuple de l'Europe.

BONAPARTE.

Lyon, le 7 pluviose an 10 (27 janvier 1802).

Aux maires de Lyon.

Citoyens Parent-Munet, Rousset, Bernard-Charpieux, maires de la ville de Lyon, je suis satisfait de l'union et de l'attachement au gouvernement qui animent Lyon, depuis que vous êtes maires. Je désire que vous portiez cette *écharpe de distinction*, et qu'elle soit un témoignage pour la ville du contentement que j'y ai éprouvé pendant mon séjour.

BONAPARTE.

Paris, le 12 pluviose an 10 (1er février 1802).

Réponse du premier consul à une députation du corps législatif [1].

Il était de la gloire et de l'intérêt de la France d'assurer pour toujours le sort d'une république qu'elle a créée [2].

J'espère que sa constitution et ses nouveaux magistrats feront son repos et son bonheur.

Ce bonheur et ce repos ne seront pas étrangers au nôtre. Notre prospérité ne peut désormais être séparée de la prospérité des peuples qui nous environnent.

J'ai recueilli dans mon voyage la plus douce récompense

[1] A son retour de Lyon.

[2] La république cisalpine.

des efforts que j'ai faits pour la patrie ; j'y ai recueilli surtout l'expression libre et franche de l'opinion publique, dans l'abandon de la confiance particulière, dans le langage simple du commerçant, du manufacturier, du cultivateur.

Tous demandent que le gouvernement soit fidèle aux principes qu'ils a développés ; c'est de là qu'ils attendent leur bonheur.

J'étais déjà plein de reconnaissance pour les marques d'intérêt dont la nation a honoré mes premiers efforts.

Je reviens, pénétré de sentimens encore plus profonds.

Le sacrifice de toute mon existence ne saurait payer les émotions que j'ai senties. J'en éprouve une bien douce en vous voyant associer votre vœu au vœu de la nation.

BONAPARTE.

Paris, le 24 pluviose an 10 (13 février 1802).

Au sénat conservateur.

Sénateurs,

Le gouvernement vous transmet les listes d'éligibilité nationale des départemens d'Ile-et-Vilaine et des Deux-Nèthes.

Il s'est fait rendre compte des réclamations élevées contre les listes qui lui sont parvenues jusqu'à ce jour.

Elles sont très-peu nombreuses, et aucune ne lui a paru pouvoir motiver une dénonciation.

Si quelques citoyens recommandables ont été oubliés sur la liste nationale, ils pourront y être portés au prochain remplacement.

La loi du 30 ventose an 9 n'ayant rien statué sur la manière d'opérer le retirement des listes, une loi nouvelle qui sera nécessaire pour organiser cette partie de la constitution, conciliera tout ce qu'exigent l'intérêt public et les droits des citoyens.

BONAPARTE.

Paris, le 23 ventose an 10 (13 mars 1802).

Note inscrite dans le Moniteur [1].

Depuis dix jours tous les journaux anglais crient comme des forcénés, à la guerre... Quelques orateurs du parlement ne se déguisent pas davantage. Leur cœur ne distile que du fiel.

Le premier consul ne veut pas la paix ! ! Les ministres réparateurs auxquels l'Europe et l'humanité entière doivent tant, M. Addington, lord Hawkesbury, etc., sont joués ! !...

Cependant il y a plus de quinze jours, si l'on en croit des personnes dignes de foi, que l'on est, à Amiens, d'accord sur tous les articles; que même les discussions de rédaction sont terminées, et que si l'on ne signe pas, c'est que l'on attend toujours de Londres un dernier courrier.

Que signifie donc le langage de ces turbulens écrivassiers ! ! Les avantages que les préliminaires donnent à la Grande-Bretagne ne sont-ils donc pas assez grands ! ! Il fallait restreindre la puissance continentale de la France ! ! Pourquoi donc le roi et le cri unanime de la nation ont-ils ratifié les préliminaires ? Et s'il fallait imposer à la France des sacrifices continentaux, pourquoi, M. Grenville, n'avez-vous pas traité lorsque vous aviez des alliés, que leur armée campait sur les Alpes, que les armées russes étaient incertaines sur leur marche rétrograde, et que la Vendée fumante occupait une portion de l'armée française ? Et puisque vous ne pensiez pas alors que la France fût encore assez affaiblie pour arriver à votre but, et que vous croyiez devoir continuer la guerre,

[1] Tout le monde sait que Bonaparte se plaisait à écrire dans le Moniteur. Plus d'une fois les notes qu'il faisait insérer dans cet arsenal de sa politique sont devenues des causes ou des annonces de guerre. Jaloux de recueillir tout ce qui provient de cet homme extraordinaire, nous rapporterons celles qui nous paraissent avoir un caractère d'authenticité irrévocable.

il fallait, M. Windham, les mieux diriger ; il fallait que ces vingt-cinq mille hommes qui se promenaient inutilement, et à tant de frais, sur les côtes de l'Océan et devant Cadix, entrassent dans Gênes le même jour que Melas ; il fallait ne pas donner au monde le spectacle hideux, et presque sans exemple, de bombarder les sujets d'un roi, votre allié, jusque dans sa capitale, et sans même avoir renvoyé son ambassadeur [1].

Qu'espérez-vous aujourd'hui ? Renouveler une coalition ? Le canon de Copenhague les a tuées pour cinquante ans.

Que voulez-vous donc ? Culbuter le ministère dont la main sage a su guérir une partie des plaies que vous avez faites ! Mais enfin si, pour assouvir votre ambition, vous parveniez à entraîner votre patrie dans un gouffre de maux, votre nation ne tarderait pas à regretter les préliminaires de Londres, comme elle a regreté l'armistice d'El-Arisch.

Les détails du congrès d'Amiens mis au grand jour, la nation anglaise qui tient un rang si distingué dans le monde, par son sens droit et profond et la libéralité de ses idées, aurait, envers le premier consul de France, un nouveau mouvement d'estime et de bienveillance, parce qu'elle verrait qu'il n'aurait pas dépendu de lui que la paix fût prompte, honorable et éternelle. Vos passions basses et haineuses seraient à découvert, et vous ne pourriez pas long-temps tromper une nation qui, spontanément unissant sa voix à celle du monde entier, vous déclarerait les ennemis des hommes.

Paris, le 27 germinal an 10 (17 avril 1802).

Proclamation aux Français.

Français,

Du sein d'une révolution inspirée par l'amour de la patrie;

[1] Le bombardement de la capitale du Danemarck.

éclatèrent tout-à coup au milieu de vous des dissensions religieuses qui devinrent le fléau de vos familles, l'aliment des factions et l'espoir de vos ennemis.

Une politique insensée tâcha de les étouffer sous les ruines de la religion même. A sa voix cessèrent les pieuses solennités où les citoyens s'appelaient du doux nom de frères et se reconnaissaient tous égaux sous la main du Dieu qui les avait créés; le mourant, seul avec sa douleur, n'entendit plus cette voix consolante qui appelle les chrétiens à une meilleure vie, et Dieu même sembla exilé de la nature.

Mais la conscience publique, mais le sentiment de l'indépendance des opinions se soulevèrent, et bientôt, égarés par les ennemis du dehors, leur explosion porta le ravage dans nos départemens; des Français oublièrent qu'ils étaient Français et devinrent les instrumens d'une haine étrangère.

D'un autre côté, les passions déchaînées, la morale sans appui, le malheur sans espérance de l'avenir, tout se réunissait pour porter le désordre dans la société.

Pour arrêter ce désordre, il fallait rasseoir la religion sur sa base, et on ne pouvait le faire que par des mesures avouées par la religion même.

C'était au souverain pontife que l'exemple des siècles et la raison commandaient de recourir, pour rapprocher les opinions et réconcilier les cœurs.

Le chef de l'église a pesé dans sa sagesse et dans l'intérêt de l'église, les propositions que l'intérêt de l'état avait dictées; sa voix s'est fait entendre aux pasteurs: ce qu'il approuve, le gouvernement l'a consenti, et les législateurs en ont fait une loi de la république.

Ainsi disparaissent tous les élémens de discorde; ainsi s'évanouissent tous les scrupules qui pouvaient alarmer les consciences, et tous les obstacles que la malveillance pouvait opposer au retour de la paix intérieure.

Ministres d'une religion de paix, que l'oubli le plus profond couvre vos dissensions, vos malheurs et vos fautes; que cette religion qui vous unit, vous attache tous par les mêmes nœuds, par des nœuds indissolubles, aux intérêts de la patrie.

Déployez pour elle tout ce que votre ministère vous donne de force et d'ascendant sur les esprits; que vos leçons et vos exemples forment les jeunes citoyens à l'amour de nos institutions, au respect et à l'attachement pour les autorités tutélaires qui ont été créées pour les protéger; qu'ils apprennent de vous que le Dieu de la paix est aussi le Dieu des armées, et qu'il combat avec ceux qui défendent la liberté et l'indépendance de la France.

Citoyens qui professez les religions protestantes, la loi a également étendu sur vous sa sollicitude. Que cette morale si sainte, si pure, si fraternelle, les unisse tous dans le même amour pour la patrie, dans le même respect pour ses lois, dans la même affection pour tous les membres de la grande famille.

Que jamais des combats de doctrines n'altèrent ces sentimens que la religion inspire et commande.

Français, soyons tous unis pour le bonheur de la patrie; et pour le bonheur de la patrie et pour le bonheur de l'humanité, que cette religion qui a civilisé l'Europe soit encore le lien qui en rapproche les habitans, et que les vertus qu'elle exige soient toujours associées aux hommes qui nous éclairent.

Le premier consul, BONAPARTE.

Paris, le 15 floréal an 8 (5 mai 1802).

Au corps législatif.

Législateurs,

Le gouvernement vous adresse le traité qui met un terme aux dernières dissensions de l'Europe et achève le grand ouvrage de la paix.

La république avait combattu pour son indépendance; son indépendance est reconnue; l'aveu de toutes les puissances consacre tous les droits qu'elle tenait de la nature et les limites qu'elle devait à ses victoires.

Une autre république est venue se former au milieu d'elle, s'y pénétrer de ses principes, et y reprendre à sa source l'esprit antique des Gaulois. Attachée à la France par le souvenir d'une commune origine, par des institutions communes, et surtout par le lien des bienfaits, la république italienne a pris son rang parmi les puissances comme parmi nos alliés; elle s'y maintiendra par le courage et s'y distinguera par les vertus.

La Batavie rendue à l'unité d'intérêts, affranchie de cette double influence qui tourmentait ses conseils et qui égarait sa politique, a repris son indépendance, et trouve dans la nation qui l'avait conquise la garantie la plus fidèle de son existence et de ses droits. La sagesse de son administration lui conservera sa spledeur, et l'active économie de ses citoyens lui rendra toute sa prospérité.

La république helvétique, reconnue au dehors, est toujours agitée au dedans par des factions qui se disputent le pouvoir. Le gouvernement, fidèle aux principes, n'a dû exercer sur une nation indépendante d'autre influence que celle des conseils; ses conseils, jusqu'ici, ont été impuissans; il espère encore que la voix de la sagesse et de la modération sera écoutée, et que les puissances voisines de l'Helvétie ne seront pas forcées d'intervenir pour étouffer des troubles dont la continuation menacerait leur propre tranquillité.

La république devait à ses engagemens et à la fidélité de l'Espagne, de faire tous ses efforts pour lui conserver l'intégrité de son territoire. Ce devoir, elle l'a rempli dans tout le cours de la négociation avec toute l'énergie que permettaient les circonstances. Le roi d'Espagne a reconnu la loyauté de ses alliés, et sa générosité a fait à la paix le sacrifice qu'ils s'étaient efforcés de lui épargner. Il acquiert par là de nouveaux droits à l'attachement de la France, et un titre sacré à la reconnaissance de l'Europe. Déjà le retour du commerce console ses états de la calamité de la guerre, et bientôt un esprit vivifiant portera dans ses vastes possessions une nouvelle activité et une nouvelle industrie.

Rome, Naples, l'Etrurie sont rendues au repos et aux arts de la paix.

Lucques, sous une constitution qui a réuni les esprits et étouffé les haines, a retrouvé le calme et l'indépendance.

La Ligurie a posé dans le silence des partis les principes de son organisation, et Gênes voit rentrer dans son port le commerce et les richesses.

La république des Sept-Iles est encore, ainsi que l'Helvétie, en proie à l'anarchie; mais d'accord avec la France, l'empereur de Russie y fait passer les troupes qu'il avait à Naples, pour y reporter les seuls biens qui manquent à ces heureuses contrées, la tranquillité, le règne des lois, et l'oubli des haines et des factions.

Ainsi, d'une extrémité à l'autre, l'Europe voit le calme renaître sur le continent et sur les mers, et son bonheur s'asseoir sur l'union des grandes puissances et sur la foi des traités.

En Amérique, les principes connus du gouvernement ont rendu la sécurité la plus entière à la Martinique, à Tabago, à Sainte-Lucie. On n'y redoute plus l'empire de ces lois imprudentes qui auraient jeté dans les colonies la dévastation et la mort. Elles n'aspirent plus qu'à se réunir à la métropole, et elles lui rapportent, avec leur confiance et leur attachement, une prospérité au moins égale à celle qu'elle y avait laissée.

A Saint-Domingue, de grands maux ont été faits; de

grands maux sont à réparer; mais la révolte est chaque jour plus réprimée. Toussaint, sans trésor, sans place et sans armée, n'est plus qu'un brigand errant de morne en morne, avec quelques brigands comme lui, que nos intrépides éclaireurs poursuivent, et qu'ils auront bientôt atteints et détruits.

La paix est connue à l'Ile-de-France et dans l'Inde. Les premiers soins du gouvernement y ont déjà reporté l'amour de la république, la confiance en ses lois et toutes les espérances de la prospérité.

Bien des années s'écouleront désormais pour nous sans victoires, sans triomphes, dans ces négociations éclatantes qui font la destinée des états; mais d'autres succès doivent marquer l'existence des nations, et surtout l'existence de la république. Partout l'industrie s'éveille, partout le commerce et les arts tendent à s'unir pour effacer les malheurs de la guerre. Des travaux de tous les genres appellent la pensée du gouvernement.

Le gouvernement remplira cette nouvelle tâche avec succès aussi long-temps qu'il sera investi de l'opinion du peuple français.

Les années qui vont s'écouler seront, il est vrai, moins célèbres; mais le bonheur de la France s'accroîtra des chances de gloire qu'elle aura dédaignées.

Le premier consul, BONAPARTE.

Paris, le 17 floréal an 10 (7 mai 1802).

Réponse du premier consul au général Menou à son retour d'Egypte.

Celui-ci venait de lui dire : « Consul, en me présentant devant vous, la douleur d'avoir vu perdre votre plus belle conquête se renouvelle vivement. »

Le sort des batailles, lui répondit Bonaparte, est incertain. Vous avez fait tout ce qu'on pouvait, après la malheureuse journée du 30, attendre d'un homme de cœur et d'expérience. Votre longue résistance à Alexandrie a contribué à la bonne issue des préliminaires de Londres. Votre bonne administration vous a mérité l'estime de tous les hommes qui en apprécient l'influence sur la prospérité publique.

Je connais bien tout ce qui s'est passé à votre armée. Vos malheurs ont été grands, sans doute ; mais ils ne vous ont rien fait perdre dans mon estime, et je m'empresserai de le témoigner hautement, afin qu'aucune clameur ne puisse entacher votre conduite [1].

Le premier consul, BONAPARTE.

Paris, le 17 floréal an 10 (7 mai 1802).

Réponse du premier consul à une députation du tribunat [2].

Le gouvernement est vivement touché des sentimens que vous manifestez au nom du tribunat.

Cette justice que vous rendez à ses opérations est le prix le plus doux de ses efforts. Il y reconnaît le résultat de ces communications plus intimes qui vous mettent en état de mieux apprécier la pureté de ses vues et de ses pensées.

Pour moi, je reçois avec la plus sensible reconnaissance le vœu émis par le tribunat.

Je ne désire d'autre gloire que celle d'avoir rempli toute

[1] Cette réponse de Bonaparte étonnera tous ceux qui savent que la perte de l'Egypte doit être attribuée à la mauvaise administration et à la conduite pusillanime du général Menou. L'histoire dira sans doute pour quelle cause un homme aussi bien à même de juger des événemens que Bonaparte, se montra toujours tellement aveuglé sur le compte du général Menou que, pour le récompenser de sa prétendue belle conduite en Egypte, il lui confia depuis une mission éclatante en Italie.

[2] Envoyée pour le féliciter sur la paix d'Amiens, et lui annoncer que le tribunat avait émis le vœu qu'il fût donné au général Bonaparte un gage éclatant de la reconnaissance nationale.

entière la tâche qui m'est imposée. Je n'ambitionne d'autre récompense que l'affection de mes concitoyens; heureux s'ils sont bien convaincus que tous les maux qu'ils pourraient éprouver seraient toujours pour moi les maux les plus sensibles ; que la vie ne m'est chère que par les services que je puis rendre à la patrie ; que la mort même n'aura point d'amertume pour moi, si mes derniers regards peuvent voir le bonheur de la république aussi assuré que sa gloire.

Le premier consul, BONAPARTE.

Paris, le 19 floréal an 10 (9 mai 1802).

Au sénat conservateur [1].

Sénateurs,

La preuve honorable d'estime consignée dans votre délibération du 18, sera toujours gravée dans mon cœur.

Le suffrage du peuple m'a investi de la suprême magistrature. Je ne me croirais pas assuré de sa confiance, si l'acte qui m'y retiendrait n'était encore sanctionné par son suffrage.

Dans les trois années qui viennent de s'écouler, la fortune a souri à la république ; mais la fortune est inconstante, et combien d'hommes qu'elle avait comblés de ses faveurs, ont vécu trop de quelques années [2].

L'intérêt de ma gloire et celui de mon bonheur sembleraient avoir marqué le terme de ma vie publique, au moment où la paix du monde est proclamée.

Mais la gloire et le bonheur du citoyen doivent se taire, quand l'intérêt de l'état et la bienveillance publique l'appellent.

Vous jugez que je dois au peuple un nouveau sacrifice; je

[1] Le sénat venait de rendre un sénatus-consulte portant réélection de Bonaparte au consulat pour dix années à ajouter aux dix années qui lui étaient déjà dévolues par l'article 39 de la constitution.

[2] Napoléon Bonaparte à l'île Sainte-Hélène en est un nouvel et terrible exemple.

le ferai si le vœu du peuple me commande ce que votre suffrage autorise. BONAPARTE.

Paris, le 24 floréal an 10 (14 mai 1802).

Réponse du premier consul à une députation du corps législatif [1].

Les sentimens que vous venez d'exprimer et cette députation solennelle sont pour le gouvernement un gage précieux de l'estime du corps législatif.

J'ai été appelé à la magistrature suprême dans des circonstances telles, que le peuple n'a pu peser dans le calme de la réflexion le mérite de son choix.

Alors la république était déchirée par la guerre civile; l'ennemi menaçait les frontières; il n'y avait plus ni sécurité ni gouvernement. Dans une telle crise, ce choix a pu ne paraître que le produit indélibéré de ses alarmes.

Aujourd'hui la paix est rétablie avec toutes les puissances de l'Europe; les citoyens n'offrent plus que l'image d'une famille réunie, et l'expérience qu'ils ont faite de leur gouvernement les a éclairés sur la valeur de leur premier choix. Qu'ils manifestent leur volonté dans toute sa franchise et dans toute son indépendance; elle sera obéie : quelle que soit ma destinée, consul ou citoyen, je n'existerai que pour la grandeur et la félicité de la France.

Le premier consul, BONAPARTE.

[1] L'ambition de Bonaparte n'était pas encore satisfaite des dix années ajoutées à sa magistrature par le sénatus-consulte cité plus haut. Les deux autres consuls, sans doute d'après son impulsion, arrêtèrent le 20 floréal (10 mai) que le peuple français serait consulté sur cette question : Napoléon Bonaparte sera-t-il consul à vie? Cet arrêté fut converti en loi par le corps législatif, et une députation de cent dix membres fut chargée d'en instruire Bonaparte. C'est à cette députation que Bonaparte va répondre.

Réponse à la députation du tribunat, envoyée pour le même objet.

Ce témoignage de l'affection du tribunat est précieux au gouvernement. L'union de tous les corps de l'état est pour la nation une garantie de stabilité et de bonheur. La marche du gouvernement sera constamment dirigée dans l'intérêt du peuple, d'où dérivent tous les pouvoirs, et pour qui seul travaillent tous les gens de bien.

Le premier consul, BONAPARTE.

Paris, le 18 prairial an 10 (7 juin 1802).

A la censure de la république italienne.

L'époque de la réunion des colléges, premiers organes de la souveraineté du peuple italien, sera célèbre un jour dans l'histoire de l'Italie.

Les choix que vous avez faits me paraissent remplir l'espérance qu'on avait conçue de vous.

J'ai été très-sensible à tout ce que votre lettre contient d'aimable pour moi... La république italienne jouit de la liberté, du bonheur, et retrouve toute la dignité d'une nation indépendante dans ses institutions actuelles !.... Un de mes vœux les plus chers se trouve rempli.

Votre situation s'est considérablement améliorée depuis six mois. Elle sera encore améliorée davantage d'ici à la prochaine réunion des colléges.

Je pourrai alors, je l'espère, passer un mois au milieu de vous.

Je saisis cette circonstance pour témoigner au vice-président Melzi, et aux grands fonctionnaires de la république, ma satisfaction de leur conduite.

Le président de la république italienne, BONAPARTE.

Paris, le 18 prairial an 10 (7 juin 1802).

Au citoyen Guicciardi, secrétaire-d'état de la république italienne.

Citoyen Guicciardi, *consultore* d'état de la république italienne, je vois avec plaisir que les trois colléges et la censure vous ont choisi pour remplacer un homme que je regrette pour ses bonnes qualités et le bon usage que je lui ai toujours vu faire de sa fortune et de son influence. Vous êtes nommé *consultore* d'état ; soyez dans ces fonctions importantes uniquement attaché à la patrie. Vous n'appartenez plus à aucun département. N'ayez jamais en vue que l'intérêt et la politique de la république entière.

Le président de la république italienne, BONAPARTE.

Paris, le 21 messidor an 10 (10 juillet 1802).

Proclamation aux Français.

Français !

Le 14 juillet commença, en 1789, les nouvelles destinées de la France. Après treize ans de travaux, le 14 juillet revient plus cher pour vous, plus auguste pour la postérité. Vous avez vaincu tous les obstacles, et vos destinées sont accomplies. Au dedans plus de tête qui ne fléchisse sous l'empire de l'égalité ; au dehors, plus d'ennemi qui menace votre sûreté et votre indépendance, plus de colonie française qui ne soit soumise aux lois, sans lesquelles il ne peut exister de colonies. Du sein de vos ports le commerce appelle votre industrie et vous offre les richesses de l'univers ; dans l'intérieur, le génie de la république féconde tous les germes de la prospérité.

Français, que cette époque soit pour nous et pour nos enfans l'époque d'un bonheur durable ; que cette paix s'embellisse par l'union des vertus, des lumières et des arts ; que des institutions, assorties à notre caractère, environnent nos lois d'une impénétrable enceinte ; qu'une jeunesse avide d'instruction aille dans nos lycées apprendre à connaître ses devoirs et ses droits ; que l'histoire de nos malheurs la garantisse des erreurs passées, et qu'elle conserve, au sein de la sagesse et de la concorde, cet édifice de grandeur qu'a élevé le courage des citoyens.

Tels sont le vœu et l'espoir du gouvernement français ; secondez ses efforts, et la félicité de la France sera immortelle comme sa gloire. *Le premier consul*, BONAPARTE.

Paris, le 29 messidor an 10 (18 juillet 1802).

Au très-haut et très-magnifique dey d'Alger ; que Dieu le conserve en prospérité et en gloire.

Je vous écris cette lettre directement parce que je sais qu'il y a de vos ministres qui vous trompent et qui vous portent à vous conduire d'une manière qui pourrait vous attirer de grands malheurs. Cette lettre vous sera remise en mains propres par un adjudant de mon palais. Elle a pour but de vous demander réparation prompte et telle que j'ai droit de l'attendre des sentimens que vous avez toujours montrés pour moi. Un officier français a été battu dans la rade de Tunis par un de vos rais. L'agent de la république a demandé satisfaction et n'a pu l'obtenir. Deux bricks de guerre ont été pris par vos corsaires, qui les ont amenés à Alger et les ont retardés dans leur voyage. Un bâtiment napolitain a été pris par vos corsaires dans la rade d'Hières, et par là ils ont violé le territoire français. Enfin, du vaisseau qui a échoué cet hiver sur vos côtes, il me manque encore plus de cent cinquante hommes qui sont entre les mains des barbares. Je vous demande réparation pour tous ces griefs, et ne doutant pas que vous ne preniez toutes les mesures que je prendrais en pareille circonstance, j'envoye un bâtiment pour reconduire en France les cent cinquante hommes qui me manquent. Je vous prie aussi de vous méfier de ceux de vos ministres qui sont ennemis de la France; vous ne pouvez pas avoir de plus grands ennemis; et si je désire vivre en paix avec vous, il ne vous est pas moins nécessaire de conserver cette bonne intelligence qui vient d'être rétablie, et qui seule peut vous maintenir dans le rang et dans la prospérité où vous êtes; car Dieu a décidé que tous ceux qui seraient injustes envers moi, seraient punis. Si vous voulez vivre en bonne amitié avec moi, il ne faut pas que vous me traitiez en puissance faible; il faut que vous respectiez le pavillon français, celui de la république italienne qui m'a nommé son chef, et que vous me donniez réparation de tous les outrages qui m'ont été faits.

Cette lettre n'étant pas à une autre fin, je vous prie de la lire avec attention vous-même, et de me faire connaître par le retour de l'officier que je vous envoie ce que vous aurez jugé convenable de faire.

Le premier consul de la république française, président de la république italienne, BONAPARTE.

Paris, le 8 thermidor an 10 (27 juillet 1802).

Au corps législatif de la république italienne.

Législateurs,

J'ai vu avec une vive satisfaction la réunion du corps législatif. Vous devez, dans cette première session, jeter les bases de l'administration. Le premier budjet qui ait été fait en Italie va vous être présenté. Les recettes, les dépenses, la dette publique, ont également besoin d'un système stable, uniforme, caractère essentiel de la loi.

Un objet que vous jugerez non moins important, c'est la loi qu'on va vous présenter pour la conscription militaire: une armée nationale peut seule assurer à la république la tranquillité intérieure, et la considération à l'extérieur. Un état voisin qui n'avait ni la population, ni la richesse de la république, était parvenu à former une armée qui s'est souvent acquis de la gloire et qui l'a placé pendant long-temps au rang des puissances considérables.

Que le corps législatif n'oublie pas que la république doit être la première puissance de l'Italie.

Le corps législatif ne peut pas mieux me témoigner la vérité des sentimens qu'il m'exprime, qu'en travaillant de tous ses efforts à la consolidation de l'état et en pesant les principes qui doivent assurer sa gloire et sa grandeur.

Le président de la république italienne, BONAPARTE.

Paris, le 14 thermidor an 10 (2 août 1802).

Au ministre de l'intérieur.

Je vous prie, citoyen ministre, de faire placer à l'Hôtel-Dieu un marbre dédié à la mémoire des citoyens Desault et Bichat, qui atteste la reconnaissance de leurs contemporains pour les services qu'ils ont rendus, l'un à la chirurgie française, dont il est le restaurateur, l'autre à la médecine, qu'il a enrichie de plusieurs ouvrages utiles. Bichat eût agrandi le domaine de cette science si importante et si chère à l'humanite, si l'impitoyable mort ne l'eût frappé à vingt-huit ans.

Je vous salue, BONAPARTE.

Paris, le 15 thermidor an 10 (3 août 1802).

Réponse du premier consul à une députation du sénat[1].

Sénateurs,

La vie d'un citoyen est à sa patrie. Le peuple français veut

[1] Le sénat venait de rendre (le 14 thermidor) le sénatus-consulte suivant :

Art. 1er. Le peuple français nomme et le sénat proclame Napoléon Bonaparte premier consul à vie.

que la mienne toute entière lui soit consacrée... J'obéis à sa volonté...

En me donnant un nouveau gage, un gage permanent de sa confiance, il m'impose le devoir d'étayer le système de ses lois sur des institutions prévoyantes.

Par mes efforts, par votre concours, citoyens sénateurs, par le concours de toutes les autorités, par la confiance et la volonté de cet immense peuple, la liberté, l'égalité, la prospérité de la France seront à l'abri des caprices du sort et de l'incertitude de l'avenir.... Le meilleur des peuples sera le plus heureux, comme il est le plus digne de l'être, et sa félicité contribuera à celle de l'Europe entière.

Content alors d'avoir été appelé par l'ordre de celui de qui tout émane, à ramener sur la terre la justice, l'ordre et l'égalité, j'entendrai sonner la dernière heure sans regret, et sans inquiétude sur l'opinion des générations futures.

Sénateurs, recevez mes remercîmens d'une démarche aussi solennelle. Le sénat a désiré ce que le peuple français a voulu, et par là il s'est plus étroitement associé à tout ce qui reste à faire pour le bonheur de la patrie.

Il m'est bien doux d'en trouver la certitude dans le discours d'un président aussi distingué [1].

Paris, le 27 thermidor an 10 (15 août 1802).

Différentes réponses du premier consul à des députations [2].

A celle du corps législatif.

L'union du peuple français, dans ces circonstances, le rend

2. Une statue de la paix tenant d'une main le laurier de la victoire, et de l'autre le décret du sénat, attestera à la postérité la reconnaissance de la nation.

3. Le sénat portera au premier consul l'expression de la confiance, de l'amour et de l'admiration du peuple français.

[1] Barthélemy, aujourd'hui membre de la chambre des pairs.

[2] Envoyées pour le féliciter sur son consulat à vie.

digne de toute la grandeur et de toute la prospérité auxquelles il est appelé.

Le vœu formé plusieurs fois par le corps législatif et le tribunat, vient d'être rempli par le sénatus-consulte, et les destins du peuple français sont désormais à l'abri de l'influence de l'étranger qui, jaloux de notre gloire et ne pouvant nous vaincre, aurait saisi toutes les occasions pour nous diviser.

Le corps législatif est appelé, à sa première session, aux discussions les plus chères à l'intérêt public ; et le gouvernement attend, pour le convoquer, le moment où tous les travaux des Codes que le conseil-d'état et le tribunat discutent, seront plus avancés.

Dans cet intervalle, le peuple organisera les différens colléges ; et les membres du corps législatif qui se trouvent dans leur département concourront par leurs conseils à éclairer les assemblées dont ils font partie, sur leur choix.

Le gouvernement accueille avec satisfaction les sentimens que vous venez de lui exprimer.

Au tribunat.

La stabilité de nos institutions assure les destins de la république.

La considération des corps dépend toujours des services qu'ils rendent à la patrie.

Le tribunat appelé à discuter les projets de loi proposés par le conseil-d'état constitue, avec lui, une des parties les plus essentielles à l'organisation législative.

Egal en nombre, divisé comme lui en sections, il continuera de porter dans les discussions cet esprit de sagesse, ce zèle, ces talens dont il a donné, dont il donne aujourd'hui un si bel exemple dans l'examen du Code civil.

Le gouvernement est vivement touché des sentimens que vous venez d'exprimer.

Il y répondra toujours par son dévouement à la patrie.

Au tribunal de cassation.

Le gouvernement a dans la conduite du tribunal de cassation le gage le plus sûr des sentimens que vous venez de lui exprimer.

Ce tribunal est lui-même une des plus heureuses institutions qui assurent la stabilité de la république.

Le premier appui des états, c'est la fidèle exécution des lois.

Placés par vos lumières et par vos fonctions à la tête des tribunaux, c'est à vous qu'il appartient d'y maintenir les principes qui vous dirigent, et les vertus dont vous donnez l'exemple. BONAPARTE.

Paris, le 20 fructidor an 10 (7 septembre 1802).

Réponse du premier consul à une députation de la ville de Marseille [1].

Je suis sensible au témoignage des sentimens de la ville de Marseille, et je vois avec plaisir sa députation. Le gouvernement a sans cesse les yeux ouverts sur cette grande cité, et prend un vif intérêt à sa splendeur. Par le traité de paix qui vient d'être conclu avec le grand-seigneur, la république a obtenu la libre navigation de la mer Noire. Les relations commerciales de la Méditerranée s'accroissent ainsi et vont être plus avantageuses que jamais. Je désire que le commerce de Marseille ne néglige point une autre source de prospérité. Les bouches du Pô lui sont ouvertes; les bâtimens peuvent remonter jusqu'à Ferrare, pénétrer au sein de la 27e division

[1] Envoyée pour présenter à Bonaparte une médaille que la ville de Marseille venait de faire frapper en son honneur.

militaire, et de là fournir des savons et des autres produits de l'industrie de Marseille, à la Suisse et à une partie de l'Allemagne.

BONAPARTE.

Paris, le 28 fructidor an 10 (15 septembre 1802).

Au sénat conservateur.

Sénateurs,

En vertu de l'article 63 du sénatus-consulte organique du 16 thermidor, le premier consul nomme au sénat les citoyens Abrial, ministre de la justice; Dubelloy, archevêque de Paris; Aboville, général de division, et premier inspecteur d'artillerie; Fouché, ministre de la police générale; et Rœderer, président de la section de l'intérieur du conseil-d'état.

Le citoyen Abrial, long-temps chargé du ministère public au tribunal de cassation, y a déployé des talens et une probité qui le portèrent au ministère de la justice. Il a, dans cette place importante, rendu des services que le premier consul croit devoir récompenser, en le faisant asseoir parmi vous.

Le citoyen Dubelloy a été pendant cinquante ans le modèle de l'église gallicane. Placé à la tête du premier diocèse de France, il y donne l'exemple de toutes les vertus apostoliques et civiques.

Le général Aboville, connu dans toute l'Europe par les talens qu'il a déployés dans la guerre de l'indépendance de l'Amérique septentrionale, est à la tête de cette arme qui a tant d'influence sur la destinée des états.

Le citoyen Fouché, ministre de la police dans des circonstances difficiles, a répondu par des talens, par son activité, par son attachement au gouvernement, à tout ce que les circonstances exigeaient de lui. Placé dans le sein du sénat, si d'autres circonstances redemandaient encore un ministre de la police, le gouvernement n'en trouverait point qui fût plus digne de sa confiance.

Le citoyen Rœderer, déjà désigné au sénat dès sa formation, s'est constamment distingué au conseil-d'état. Ses talens et son attachement à la patrie, seront encore plus éminemment utiles dans le premier corps de la république.

Le sénat verra dans ces nominations le désir qu'a le premier consul d'ajouter toujours à son lustre et à sa considération.

BONAPARTE.

Saint-Cloud, le 8 vendémiaire an 11 (30 septembre 1802).

Aux dix-huit cantons de la république helvétique.

PROCLAMATION.

Habitans de l'Helvétie,

Vous offrez depuis deux ans un spectacle affligeant. Des factions opposées se sont successivement emparées du pouvoir; elles ont signalé leur empire passager par un système de partialité qui accusait leur faiblesse et leur inhabileté.

Dans le courant de l'an 10, votre gouvernement a désiré que l'on retirât le petit nombre de troupes françaises qui étaient en Helvétie. Le gouvernement français a saisi volontiers cette occasion d'honorer votre indépendance; mais bientôt après vos différens partis se sont agités avec une nouvelle fureur; le sang des Suisses a coulé par la main des Suisses.

Vous vous êtes disputés trois ans sans vous entendre; si l'on vous abandonne plus long-temps à vous-mêmes, vous vous tuerez trois ans sans vous entendre davantage. Votre histoire prouve d'ailleurs que vos guerres intestines n'ont jamais pu se terminer que par l'intervention efficace de la France.

Il est vrai que j'avais pris le parti de ne me mêler en rien de vos affaires; j'avais vu constamment vos différens gouvernemens me demander des conseils et ne pas les suivre, et quelquefois abuser de mon nom, selon leurs intérêts et leurs passions.

Mais je ne puis ni ne dois rester insensible au malheur auquel vous êtes en proie; je reviens sur ma résolution : je serai le médiateur de vos différens; mais ma médiation sera efficace, telle qu'il convient au grand peuple au nom duquel je parle.

Cinq jours après la notification de la présente proclamation, le sénat se réunira à Berne.

Toute magistrature qui se serait formée à Berne depuis la capitulation, sera dissoute et cessera de se réunir et d'exercer aucune autorité.

Les préfets se rendront à leurs postes.

Toutes les autorités qui auraient été formées, cesseront de se réunir.

Les rassemblemens armés se dissiperont.

Les première, deuxième demi-brigades helvétiques formeront la garnison de Berne.

Les troupes qui étaient sur pied depuis plus de six mois, pourront seules rester en corps de troupes.

Enfin, tous les individus licenciés des armées belligérantes, et qui sont aujourd'hui armés, déposeront leurs armes à la municipalité de la commune de leur naissance.

Le sénat enverra trois députés à Paris; chaque canton pourra également en envoyer.

Tous les citoyens qui, depuis trois ans, ont été landammans, sénateurs, et ont successivement occupé des places dans l'autorité centrale, pourront se rendre à Paris, pour faire connaître les moyens de ramener l'union et la tranquillité, et de concilier tous les partis.

De mon côté, j'ai le droit d'attendre qu'aucune ville, aucune commune, aucun corps ne voudra rien faire qui contrarie les dispositions que je vous fais connaître.

Habitans de l'Helvétie, revivez à l'espérance !!

Votre patrie est sur le bord du précipice : elle en sera immédiatement tirée ; tous les hommes de bien seconderont ce généreux projet.

Mais si, ce que je ne puis penser, il était parmi vous un grand nombre d'individus qui eussent assez peu de vertus pour ne pas sacrifier leurs passions et leurs préjugés à l'amour de la patrie, peuple de l'Helvétie, vous seriez bien dégénéré de vos pères !

Il n'est aucun homme sensé qui ne voie que la médiation dont je me charge, est pour l'Helvétie un bienfait de cette providence qui, au milieu de tant de bouleversemens et de chocs, a toujours veillé à l'existence et à l'indépendance de votre nation, et que cette médiation est le seul moyen qui vous reste pour sauver l'une et l'autre.

Car il est temps enfin que vous songiez que si le patriotisme et l'union de vos ancêtres fondèrent votre république, le mauvais esprit de vos factions, s'il continue, la perdra infailliblement ; et il serait pénible de penser qu'à une époque où plusieurs nouvelles républiques se sont élevées, le destin eût marqué la fin d'une des plus anciennes.

Le premier consul de la république française, président de la république italienne, BONAPARTE.

Paris, le 11 vendémiaire an 11 (13 octobre 1802).

Réponse du premier consul à une députation du clergé de Lyon.

J'ai vu avec peine la division des prêtres du diocèse de Lyon : ne savent-ils pas que la religion catholique a cela de particulier sur toutes les religions, qu'elle prêche l'oubli des offenses ? Quelle opinion doivent donc avoir les séculiers de prêtres qui ont eu réciproquement des sujets de division, et qui ne venlent pas les oublier et se pardonner? Si l'orgueil veut qu'on humilie son ennemi, la charité, vertu caractéristique de la religion de Jésus-Christ, veut qu'on se réconcilie. Partout donc où j'entends encore dire que des prêtres se souviennent d'avoir été ou de n'avoir pas été constitutionnels, j'en conclus que ces ministres prêchent une morale qu'ils ne pratiquent pas; qu'ils sont mus, non par des sentimens religieux, mais par des considérations mondaines. Aucun prêtre sensé, s'il est véritablement catholique, ne peut méconnaître les principes de sa croyance, qui sont la confiance dans les évêques nommés par le gouvernement et institués par le Saint-Siége. Il me tarde donc d'apprendre que le clergé du diocèse de Lyon imitera celui de Paris, qui a donné l'exemple, et parmi lequel il n'y a plus aucune espèce de discorde.

BONAPARTE.

Paris, le 6 brumaire an 11 (28 octobre 1802).

Note inscrite dans le Moniteur.

Une partie des journalistes anglais reste en proie à la discorde. Toutes les lignes qu'ils impriment sont des lignes de sang. Ils appellent à grands cris la guerre civile au sein de la nation occidentale, si heureusement pacifiée. Tous leurs raisonnemens, toutes leurs hypothèses, roulent sur ces deux points:

1°. Imaginer des griefs contre la France. 2°. Se créer aussi libéralement des alliés, et donner ainsi à leurs passions des auxiliaires parmi les grandes puissances du continent.

Leurs griefs principaux sont aujourd'hui les affaires de Suisse, dont l'heureuse issue excite leur jalouse fureur. Il paraît qu'il aurait convenu beaucoup mieux à leurs passions que la guerre civile déchirât cette malheureuse nation, et que les puissances voisines se laissant entraîner par l'empire des circonstances, l'harmonie du continent fût de nouveau troublée. La proclamation du 10 vendémiaire coupe le nœud de toutes ces intrigues.

Ils invoquent le traité de Lunéville, qui assure l'existence de la république helvétique ; mais c'est précisément pour l'assurer que l'intervention de la France est indispensable. D'ailleurs, de toutes les puissances de l'Europe, la seule qui n'ait pas le droit d'invoquer à cet égard le traité de Lunéville, c'est l'Angleterre, puisqu'elle seule a refusé de reconnaître la république helvétique. Elle a également méconnu la république italienne, la république ligurienne et le roi de Toscane. Nous savons que depuis un an, malgré les vives instances du gouvernement français, elle a persisté dans le même refus, relativement à ces états et aux arrangemens contentieux stipulés par le traité de Lunéville. L'Angleterre n'a point d'agent diplomatique, ni à Berne, ni à Milan, ni à Gênes, ni à Florence.

Le gouvernement anglais ne se plaint point, et ne peut se plaindre en effet, de ce qui arrive dans des pays dont il ne reconnaît pas l'existence politique, et avec lesquels il n'entretient pas de relations publiques.

Les affaires d'Allemagne excitent encore bien plus vivement la jalousie de cette foule d'écrivains périodiques ; et la conduite forte et généreuse qui a mérité à la Russie et à la France les remercîmens de tous les peuples, de toutes les villes, de tous les princes d'Allemagne, est un sujet de griefs pour ces instigateurs de troubles.

Le roi d'Angleterre a reconnu tous les arrangemens de l'Allemagne. Il y a adhéré. Il suffit, à ce sujet, de lire le vote de son ministre à la diète de Ratisbonne. Aussi le cabinet britannique, satisfait d'avoir vu prendre en considération et ménager tous ses intérêts, n'élève à cet égard aucune espèce de plaintes.

Les libellistes anglais écrivent que la volonté exprimée par le roi d'Angleterre comme électeur d'Hanovre, n'est pas celle de la nation anglaise. Mais quel autre titre aurait une puissance insulaire pour se mêler des affaires de l'Allemagne! Et à quelle abjection faudrait-il que la Russie, l'Autriche, la Prusse, la Suède, le Danemarck, la Bavière et les maisons de Wurtemberg, de Baden, de Hesse-Cassel, etc. et la république française se trouvassent réduites, si elles ne pouvaient négocier, conclure, arranger leurs intérêts limitrophes sans l'agrément d'une puissance qui est aussi étrangère à ces intérêts qu'à notre droit diplomatique! elle qui seule méconnaît les droits des nations indépendantes sur les mers. Les relations de la France avec l'Angleterre sont le traité d'Amiens, tout le traité d'Amiens, rien que le traité d'Amiens.

Les alliés que les écrivains de parti qui impriment à Londres se créent sur le continent n'existent heureusement, ainsi que leurs griefs, que dans leur imagination déréglée et dans les passions haineuses et jalouses qui les tourmentent. Ils appellent de tous leurs vœux les troupes autrichiennes; ils rassemblent et forment des armées dans le Tyrol; mais Thugut n'est plus, et S. M. l'empereur sait bien que, si deux fois la puissance autrichienne a été conduite sur le bord du précipice, c'est pour s'être livrée deux fois à ces perfides insinuations.

Bien loin de sacrifier le sang de ses sujets qui lui est si cher, la cour de Vienne, obérée par les remboursemens qu'elle a l'extrême bonne foi de faire à l'Angleterre pour les subsides qu'elle en a reçus pendant les premières campagnes, ne s'occupe que de diminuer ses dépenses. Elle pourrait en bonne justice, au lieu de rendre l'argent qu'elle a dépensé pour la cause du gouvernement anglais, demander à cette puissance cinq à six millions, comme une juste indemnité des frais de la guerre. Kaunitz disait, au milieu du siècle passé, à un ministre du roi de Prusse qui prenait son audience de congé : « Le roi votre maître apprendra un jour combien l'alliance de l'Angleterre est pesante. » Et, si la Prusse vit ses frontières envahies, sa capitale saccagée et ne succomba pas, elle en fut redevable à ce prince de glorieuse mémoire, et à cette armée qui sera long-temps citée comme un modèle.

N'entendez-vous pas aussi ces journalistes effrénés appeler à grands cris les armées russes? Mais ces armées russes ont-elles oublié que, compromises et abandonnées dans les marais de la Hollande, elles ont été désavouées par l'Angleterre, et qu'au mépris même du droit des nations, on n'a pas voulu les comprendre dans l'échange des prisonniers? mais les Russes, les Suédois et les Danois ne conservent ils pas un long souvenir de ces prétentions inouïes qui ont amené les massacres de Copenhague? Certes, et le continent en est profondément convaincu, le premier des biens, l'intérêt le plus cher est la paix. Il sait trop bien qu'une guerre continentale n'aurait d'autres effets que de concentrer toutes les richesses du commerce, toutes les colonies du monde, dans la main d'une seule nation.

La Russie et la France, réunies par une estime réciproque, par des intérêts communs, par la ferme volonté de maintenir la paix du continent, contiendraient malgré eux ces esprits inquiets dont la politique turbulente inspire les gazettes anglaises, si jamais l'influence de leurs libelles parvenait à faire remplacer le gouvernement sage qui gouverne la Grande-Bretagne.

Qu'on cite depuis cent ans une puissance continentale qui, s'étant écartée des principes d'une saine politique, n'ait justifié l'allégation de M. Kaunitz?

Si le roi des Deux-Siciles a vu deux fois ses frontières franchies et sa capitale au pouvoir des Français; si l'électeur de Bavière a vu deux fois la même scène se renouveler dans ses états ; si le roi de Sardaigne a cessé de régner en Savoie et en Piémont ; si la maison d'Orange a perdu le Statdhouderat ; si l'olygarchie de Berne et de Gênes a vu s'évanouir son influence, et le Portugal les limites de ses provinces couvertes de troupes prêtes à le conquérir, tous ne l'ont-ils pas dû à l'alliance de l'Angleterre ?

La paix de l'Europe est solidement établie, et aucun cabinet, sans doute, ne veut la troubler ; mais, s'il pouvait arriver que des individus, ennemis des hommes et de la tranquillité du monde, parvinssent à obtenir quelque crédit dans le cabinet britannique, ils ne réussiraient pas à empêcher tout le bien que les deux nations ont droit d'attendre de leur état de paix et de leurs nouvelles relations.

Au reste, le peuple français n'ignore pas qu'il excite une grande masse de jalousies, et que long-temps contre lui on fomentera des dissensions, soit intestines, soit étrangères ; aussi demeure-t-il constamment dans cette attitude que les Athéniens ont donnée à Minerve : *le casque en tête et la lance en arrêt.* On n'obtiendra jamais rien de lui par des procédés menaçans : la crainte est sans pouvoir sur le cœur des braves !

Paris, le 14 brumaire an 11 (5 novembre 1802).

Note inscrite dans le Moniteur.

Quel est l'intérêt que la faction ennemie de l'Europe prend aux insurgés suisses ? Il est aisé de voir qu'elle voudrait en faire un nouveau Jersey pour y tramer des complots, solder des traîtres, répandre des libelles, accueillir tous les criminels, et faire sur l'est tout ce qu'elle fait constamment, au moyen de la position de Jersey, sur l'ouest. Elle aurait par là cet avantage tout particulier d'inquiéter cette belle manufacture de Lyon qui renaît de ses ruines, et porter une main d'acier sur la balance du commerce, afin de la faire pencher en faveur de l'industrie anglaise.

Quel est l'intérêt de la France? Ce n'est que d'avoir de bons voisins et des amis sûrs.

Au midi, le roi d'Espagne allié de la France par inclination comme par intérêt, et les républiques italienne et ligurienne, qui entrent dans son système fédératif;

La Suisse, la Bavière, le bon prince de Bade, le roi de Prusse, la Hollande, au nord et à l'est.

La faction ennemie de l'Europe qui veut agiter le continent ne trouvera dans ces états ni complices, ni tolérance. Cependant ces agitateurs ne dorment jamais; ils se sont essayés à la fois à Gênes, en Suisse, en Hollande. Leurs trames prenaient de la consistance en Suisse, lorsque la proclamation du 8 brumaire a tout calmé. Tout est rentré dans son état naturel, dans cet état, qui, de tous côtés, présentera le beau territoire de la France entouré de peuples amis.

Cet état est le résultat de dix ans de triomphes, de hasards, de travaux et d'immenses sacrifices. La paix de Lunéville, les préliminaires de Londres et la paix d'Amiens, bien loin d'y rien changer, l'ont consolidé.

Aujourd'hui, pourquoi tenter ce que l'on n'a pu faire réussir jusqu'à ce jour? Nous croit-on devenus lâches? nous croit-on moins forts que nous ne l'avons jamais été? Il est plus facile aux vagues de l'Océan de déraciner le rocher qui entrave sa fureur depuis quarante siècles, qu'à la faction ennemie de l'Europe et des hommes de rallumer la guerre et toutes ses fureurs au milieu de l'occident, et surtout de faire pâlir un instant l'astre du peuple français.

Saint Cloud, le 19 frimaire an 11 (10 décembre 1802).

Aux députés des dix-huit cantons de la république helvétique.

Citoyens députés des dix huit cantons de la république helvétique, la situation de votre patrie est critique. La modération, la prudence et le sacrifice de vos passions sont nécessaires pour la sauver. J'ai pris à la face de l'Europe l'engagement de rendre ma médiation efficace. Je remplirai tous les devoirs que cette fonction m'impose; mais ce qui est difficile sans votre secours, devient simple avec votre assistance et votre influence.

La Suisse ne ressemble à aucun autre état, soit par les événemens qui s'y sont succédés depuis plusieurs siècles, soit par sa situation géographique et topographique, soit par les différentes langues, les différentes religions et cette extrême différence de mœurs qui existent entre ses diverses parties.

La nature a fait votre état fédératif; vouloir le vaincre, ne peut pas être d'un homme sage.

Les circonstances, l'esprit des siècles passés, avaient établi chez vous des peuples souverains et des peuples sujets. De nouvelles circonstances et l'esprit différent d'un nouveau siècle, d'accord avec la justice et la raison, ont rétabli l'égalité de droits entre toutes les portions de votre territoire.

Plusieurs de vos états ont suivi pendant des siècles ces lois de la démocratie la plus absolue; d'autres ont vu quatre-vingt-dix-neuf familles s'emparer du pouvoir, et vous avez eu dans ceux-ci des sujets et des souverains. L'influence et l'esprit général de l'Italie, de la Savoie, de la France, de l'Alsace, qui vous entourent, avaient essentiellement contribué à établir, dans ces derniers temps, cet état de choses. L'esprit de ces divers pays est changé.

La renonciation à tous les priviléges est à la fois la volonté et l'intérêt de votre peuple.

Ce qui est en même temps le désir, l'intérêt de votre nation et des vastes états qui vous environnent est donc :

1°. L'égalité des droits entre vos dix-huit cantons ;

2°. Une renonciation sincère et volontaire aux priviléges, de la part des familles patriciennes ;

3°. Une organisation fédérative où chaque canton se trouve organisé selon sa langue, sa religion, ses mœurs, son intérêt, son opinion.

La chose la plus importante, c'est de fixer l'organisation de chacun des dix-huit cantons, en la soumettant aux principes généraux.

L'organisation des dix-huit cantons une fois arrêtée, il restera à déterminer les relations qu'ils devront avoir entre eux, et dès-lors votre organisation centrale, beaucoup moins importante en réalité que votre organisation cantonale. Finances, armée, administration, rien ne peut être uniforme chez vous. Vous n'avez jamais entretenu de troupes soldées ; vous ne pouvez avoir de grandes finances ; vous n'avez jamais eu constamment des agens diplomatiques auprès des différentes puissances. Situés au sommet des montagnes qui séparent la France, l'Allemagne et l'Italie, vous participez à la fois de l'esprit de ces différentes nations. La neutralité de votre pays, la prospérité de votre commerce et une administration de famille, sont les seules choses qui puissent agréer à votre peuple et vous maintenir.

Ce langage, je l'ai toujours tenu à vos députés, lorsqu'ils m'ont consulté sur leurs affaires. Il me paraissait tellement fondé en raison, que j'espérais que, sans concours extraordinaire, la nature seule des choses vous conduirait à reconnaître ce système. Mais les hommes qui semblaient le mieux sentir étaient aussi ceux qui, par intérêt, tenaient le plus au système de privilége et de famille, et qui, ayant accompagné de leurs vœux, et, plusieurs, de leurs secours et de leurs armes, les ennemis de la France, avaient une tendance à chercher hors de la France l'appui de leur patrie.

Toute organisation qui eût été établie chez vous, et qui eût été contraire à l'intérêt de la France, ne pouvait pas être dans votre véritable intérêt.

Après vous avoir tenu le langage qu'il conviendrait à un citoyen suisse, je vais vous parler comme magistrat de deux grands pays, et ne pas vous déguiser que jamais la France et la république italienne ne pourront souffrir qu'il s'établisse chez vous un système de nature à favoriser leurs ennemis.

Le repos et la tranquillité de quarante millions d'habitans, vos voisins, sans qui vous ne pourriez ni vivre comme individus, ni exister comme état, sont pour beaucoup dans la balance de la justice générale. Que rien à leur égard ne soit hostile chez vous; que tout y soit en harmonie avec eux, et que, comme dans les siècles passés, votre premier intérêt, votre première politique, votre premier devoir, soient de ne rien permettre, de ne rien laisser faire, sur votre territoire, qui, directement ou indirectement, nuise aux intérêts, à l'honneur et en général aux intérêts du peuple français.

Et, si votre intérêt, la nécessité de faire finir vos querelles, n'avaient pas été suffisans pour me déterminer à intervenir dans vos affaires, l'intérêt de la France et de l'Italie m'en eût lui seul fait un devoir; en effet vos insurgés ont été guidés par des hommes qui avaient fait la guerre contre nous, et le premier acte de tous leurs comités a été un appel aux priviléges, une destruction de l'égalité, et une insulte manifeste au peuple français.

Il faut qu'aucun parti ne triomphe chez vous. Il faut surtout que ce ne soit pas celui qui a été battu. Une contre-révolution ne peut avoir lieu.

Je me plais à vous entretenir, et souvent je vous répéterai les mêmes choses, parce que ce n'est qu'au moment où vos citoyens en seront convaincus, que vos opinions pourront enfin se concilier et votre peuple vivre heureux.

La politique de la Suisse a toujours été considérée comme faisant partie de la politique de la France, de la Savoie et du Milanais, parce que la manière d'exister de la Suisse est entièrement liée à la sûreté de ces états. Le premier devoir, le devoir le plus essentiel du gouvernement français, sera de veiller à ce qu'un système hostile ne prévale pas parmi vous, et que les hommes dévoués à ses ennemis ne parviennent pas à se mettre à la tête de vos affaires. Il convient non-seulement qu'il n'existe aucun motif d'inquiétude pour la portion de notre frontière qui est ouverte, et que vous couvrez, mais que tout nous assure encore que, si votre neutralité était forcée, le bon esprit de votre gouvernement, ainsi que l'intérêt de votre nation, vous rangeraient plutôt du côté des intérêts de la France que contre eux.

Je méditerai tous les projets, toutes les observations que, collectivement ou individuellement, ou par députation de canton, vous voudrez me faire passer. Les sénateurs Barthélemy, Fouché, Rœderer et Desmeunier, que j'ai chargés de recueillir vos opinions, d'étudier vos intérêts et d'accueillir vos vues, me rendront compte de tout ce que vous désirerez qu'ils me disent ou me remettent de votre part.

Le premier consul, BONAPARTE.

Paris, le 10 pluviose an 11 (30 janvier 1803).

Note inscrite par le premier consul en marge d'une délibération du conseil municipal d'Orléans, portant qu'il serait érigé un monument en l'honneur de Jeanne d'Arc, autrement la Pucelle d'Orléans.

Ecrire au citoyen Crignon Desormeaux, maire d'Orléans, que cette délibération m'est très-agréable.

L'illustre Jeanne d'Arc a prouvé qu'il n'est pas de miracle que le génie français ne puisse produire dans les circonstances où l'indépendance nationale est menacée.

Unie, la nation française n'a jamais été vaincue; mais nos voisins plus calculateurs et plus adroits, abusant de la franchise et de la loyauté de notre caractère, semèrent constamment parmi nous ces dissensions, d'où naquirent les calamités de cette époque et tous les désastres que rappelle notre histoire.

Paris, le 30 pluviose an 11 (19 février 1803).

Aux Suisses.

L'Helvétie, en proie aux dissensions, était menacée de sa dissolution; elle ne pouvait trouver en elle-même les moyens de se reconstituer. L'ancienne affection de la nation française pour ce peuple recommandable, qu'elle a récemment défendu par ses armes et fait reconnaître comme puissance par ses traités; l'intérêt de la France et de la république italienne dont la Suisse couvre les frontières; la demande du sénat, celle des cantons démocratiques; le vœu du peuple helvétique tout entier, nous ont fait un devoir d'interposer notre médiation entre les partis qui le divisent. Les sénateurs Barthélemy, Rœderer, Fouché et Desmeunier, ont été par nous chargés de conférer avec cinquante-six députés du sénat helvétique et des villes et cantons réunis à Paris. Déterminer si la Suisse, fédérale par sa nature, pouvait être retenue sous un gouvernement central autrement que par la force; reconnaître le genre de constitution qui était le plus conforme au vœu de chaque canton; distinguer ce qui répond le mieux aux idées que les cantons nouveaux se sont faites de la liberté et du bonheur; concilier dans les cantons anciens, les institutions consacrées par le temps avec les droits restitués à la masse des citoyens : tels étaient les objets qu'il fallait soumettre à l'examen et à la discussion. Leur importance et leur difficulté nous ont décidé à entendre nous-même dix députés nommés par les deux partis, savoir : les citoyens d'Affry, Glutz, Jauch, Monnot, Reinhart, Sprecher, Stapfer, Ustery, Watteville et Vonflue; et nous avons conféré le résultat de leurs discussions, tant avec les différens projets présentés par les députations cantonales, qu'avec les résultats des discussions qui ont eu lieu entre ces députations et les sénateurs-commissaires. Ayant ainsi employé tous les moyens de connaître les intérêts et la volonté des Suisses, NOUS, en qualité de médiateur, sans autre vue que celle du bonheur des peuples sur les intérêts desquels nous avions à prononcer, et sans entendre nuire à l'indépendance de la Suisse, STATUONS ce qui suit, etc. BONAPARTE.

N. B. Le reste contient l'*acte de médiation fait par le premier consul de la république française entre les partis qui la divisent.*

Paris, le 2 ventose an 11 (21 février 1803).

Au corps législatif.

EXPOSÉ DE LA SITUATION DE LA RÉPUBLIQUE.

Les événemens n'ont point trompé les vœux et l'attente du gouvernement. Le corps législatif, au moment où il reprend ses travaux, retrouve la république plus forte de l'union des citoyens, plus active dans son industrie, plus confiante dans sa prospérité.

L'exécution du concordat, sur laquelle des ennemis de l'ordre public avaient encore fondé de coupables espérances, a donné presque partout les résultats les plus heureux. Les principes d'une religion éclairée, la voix du souverain pontife, la constance du gouvernement, ont triomphé de tous les obstacles. Des sacrifices mutuels ont réuni les ministres du culte. L'église gallicane renaît par les lumières et la concorde, et déjà un changement heureux se fait sentir dans les mœurs publiques. Les opinions et les cœurs se rapprochent; l'enfant redevient plus docile à la voix de ses parens; la jeunesse plus soumise à la voix des magistrats; la conscription s'exécute aux lieux même où le nom seul de la conscription soulevait les esprits; et servir la patrie est une partie de la religion.

Dans les départemens qu'a visités le premier consul, il a recueilli partout le témoignage de ce retour aux principes qui font la force et le bonheur de la société.

Dans l'Eure, dans la Seine-Inférieure, dans l'Oise, on est fier de la gloire nationale, on sent dans toute leur étendue les avantages de l'égalité; on bénit le retour de la paix; on bénit le rétablissement du culte public. C'est par tous ces liens que les cœurs ont été rattachés à l'état et à la constitution.

Le devoir du gouvernement est de nourrir et d'éclairer ces heureuses dispositions.

Les autres cultes s'organisent et les consistoires se composent de citoyens éclairés, défenseurs connus de l'ordre public, de la liberté civile et de la liberté religieuse.

L'instruction publique, cet appui nécessaire des sociétés, est partout demandée avec ardeur. Déjà s'ouvrent plusieurs lycées; déjà, comme l'avait prévu le gouvernement, une multitude d'écoles particulières s'élèvent au rang des écoles secondaires. Tous les citoyens sentent qu'il n'est pas de bonheur sans lumières: que sans talens ni connaissances, il n'y a d'égalité que celle de la misère et de la servitude.

Une école militaire recevra de jeunes défenseurs de la patrie; soldats, ils apprendront à supporter la vie des camps et les fatigues de la guerre. Par une longue obéissance, ils se formeront à commander et apporteront aux armées la force et la discipline unies aux connaissances et aux talens.

Dans les lycées comme dans l'école militaire, la jeunesse des départemens nouvellement incorporés à la république, vivra confondue avec la jeunesse de l'ancienne France. De la fusion des esprits et des mœurs, de la communication des habitudes et des caractères, du mélange des intérêts, des ambitions et des espérances, naîtra cette fraternité, qui de plusieurs peuples ne fera qu'un seul, destiné par sa position, par son courage, par ses vertus, à être le lien et l'exemple de l'Europe.

L'institut national, à sa puissance sur l'instruction publique, a reçu une direction plus utile; et désormais il déploiera, sur le caractère de la nation, sur la langue, sur les sciences, sur les arts, sur les lettres, une influence plus active.

Pour assurer la stabilité de nos institutions naissantes, pour éloigner des regards des citoyens ce spectre de la discorde qui leur apparaissait encore dans le retour périodique des élections à la suprême magistrature, les amis de la patrie appelèrent le consulat à vie sur la tête du premier magistrat. Le peuple, consulté, a répondu à leur appel, et le sénat a proclamé la volonté du peuple.

Le système d'éligibilité n'a pu résister au creuset de l'expérience et à la force de l'opinion publique.

L'organisation du sénat était incomplète.

La justice nationale était disséminée dans des tribunaux sans harmonie, sans dépendance mutuelle : point d'autorité qui les protégeât, ou qui pût les réformer; point de liens qui les assujettissent à une discipline commune.

Il manquait à la France un pouvoir que réclamait la justice même, celui de faire grâce. Combien de fois, depuis douze ans, il avait été invoqué. Combien de malheureux avaient succombé victimes d'une inflexibilité que les sages reprochaient à nos lois! Combien de coupables qu'une funeste indulgence avait acquittés, parce que les peines étaient trop sévères.

Un sénatus-consulte a rendu au peuple l'exercice des droits que l'assemblée constituante avaient reconnus, mais il les lui a rendus environnés de précautions qui le défendent de l'erreur ou de la précipitation de son choix, qui assurent le respect des propriétés et l'ascendant des lumières.

Que les premières magistratures viennent à vaquer, les devoirs et la marche du sénat sont tracés; des formes certaines garantissent la sagesse et la liberté de son choix, et la souveraineté de ce choix ne laisse ni à l'ambition le moyen de conspirer, ni à l'anarchie le moyen de détruire.

Le ciment du temps consolidera chaque jour cette institution tutélaire. Elle sera le terme de toutes les inquiétudes et le but de toutes les espérances, comme elle est la plus belle des récompenses promises aux services et aux vertus publiques.

La justice embrasse d'une chaîne commune tous les tribunaux; ils ont leur subordination et leur censure; toujours libres dans l'exercice de leurs fonctions, toujours indépendans du pouvoir, et jamais indépendans des lois.

Le droit de faire grâce quand l'intérêt de la république l'exige, ou quand les circonstances commandent l'indulgence, est remis aux mains du premier magistrat; mais il ne lui est remis que sous la garde de la justice même; il ne l'exerce que sous les yeux d'un conseil, et après avoir consulté les organes les plus sévères de la loi.

Si les institutions doivent être jugées par leurs effets, jamais institution n'eût un résultat plus important que ce sénatus-consulte organique. C'est à compter de ce moment que le peuple français s'est confié à sa destinée, que les propriétés ont repris leur valeur première, que se sont multipliées les longues spéculations ; jusque-là tout semblait flotter encore. On aimait le présent, on doutait du lendemain, et les ennemis de la patrie nourrissaient toujours des espérances. Depuis cette époque il ne leur reste que de l'impuissance et de la haine.

L'île d'Elbe avait été cédée à la France ; elle lui donnait un peuple doux, industrieux, deux ports superbes, une mine féconde et précieuse ; mais séparée de la France, elle ne pouvait être intimement attachée à aucun de ses départemens, ni soumise aux règles d'une administration commune. On a fait fléchir les principes sous la nécessité des circonstances ; on a établi pour l'île d'Elbe des exceptions que commandaient sa position et l'intérêt public.

L'abdication du souverain, le vœu du peuple, la nécessité des choses, avaient mis le Piémont au pouvoir de la France. Au milieu des nations qui l'environnent, avec les élémens qui composaient sa population, le Piémont ne pouvait supporter ni le poids de sa propre indépendance, ni les dépenses d'une monarchie. Réuni à la France, il jouira de sa sécurité et de sa grandeur ; les citoyens laborieux, éclairés, développeront leur industrie et leurs talens dans le sein des arts et de la paix.

Dans l'intérieur de la France, règne le calme et la sécurité. La vigilance des magistrats, une justice sévère, une gendarmerie fortement constituée et dirigée par un chef qui a vieilli dans la carrière de l'honneur, ont imprimé partout la terreur aux brigands.

L'intérêt particulier s'est élevé jusqu'au sentiment de l'intérêt public. Les citoyens ont osé attaquer ceux qu'autrefois ils redoutaient, lors même qu'ils étaient enchaînés au pied des tribunaux. Des communes entières se sont armées et les ont détruits. L'étranger envie la sûreté de nos routes et cette force publique, qui souvent invisible, mais toujours présente, veille sur son pays et le protége sans qu'il la réclame.

Dans le cours d'une année difficile, au milieu d'une pénurie générale, le pauvre ne s'est point défié des soins du gouvernement. Il a supporté avec courage des privations nécessaires; et les secours qu'il avait lieu d'attendre, il les a reçus avec reconnaissance.

Le crime de faux n'est plus encouragé par l'espoir de l'impunité. Le zèle des tribunaux chargés de le frapper, et la juste sévérité des lois, ont enfin arrêté les progrès de ce fléau qui menaçait la fortune publique et les fortunes particulières.

Notre culture se perfectionne et défie les cultures les plus vantées de l'Europe. Dans les départemens, il est des cultivateurs éclairés qui donnent des leçons et des exemples.

L'éducation des chevaux a été encouragée par des primes; l'amélioration des laines, par l'introduction de troupeaux de races étrangères. Partout les administrateurs zélés recherchent et relèvent les richesses de notre sol, et propagent les méthodes utiles et les résultats heureux de l'expérience.

Nos fabriques se multiplient, s'animent et s'éclairent; émules entre elles, bientôt elles seront les rivales des fabriques les plus renommées dans l'étranger. Il ne manque désormais à leur prospérité que des capitaux moins chèrement achetés. Mais déjà les capitaux abandonnent les spéculations hasardeuses de l'agiotage, et retournent à la terre et aux entreprises utiles. Plus de vingt mille ouvriers français qui étaient dispersés dans l'Europe sont rappelés par les fabricans et vont être rendus à nos manufactures.

Parmi nos fabriques, il en est une plus particulière à la France, que Colbert échauffa de son génie; elle avait été ensevelie sous les ruines de Lyon; le gouvernement a mis tous ses soins à l'en retirer. Lyon renaît à la splendeur et à l'opulence; et déjà du sein de leurs ateliers, ses fabricans imposent des tributs aux principaux de l'Europe. Mais le principe de leurs succès est dans le luxe même de la France : c'est dans la mobilité de nos goûts, dans l'inconstance de nos modes que le luxe étranger doit trouver son aliment ; c'est là ce qui doit faire mouvoir et vivre une population immense, qui sans cela irait se perdre dans la corruption et la misère.

Il y aura à Compiègne, il s'élevera bientôt sur les confins de la Vendée, des prytanées où la jeunesse se formera pour l'industrie et pour les arts mécaniques. De là nos chantiers, nos manufactures tireront un jour les chefs de leurs ateliers, de leurs travaux.

Quatorze millions, produit de la taxe des barrières, et dix millions d'extraordinaire, ont été, pendant l'an 10, employés aux routes publiques. Les anciennes communications ont été réparées et entretenues. Des communications nouvelles ont été ouvertes. Le Simplon, le Mont-Cenis, le Mont-Genèvre, nous livreront bientôt un triple et facile accès en Italie. Un grand chemin conduira de Gênes à Marseille. Une route est tracée du Saint-Esprit à Gap ; une autre, de Rennes à Brest par Pontivy. A Pontivy, s'élèvent de grands établissemens qui auront une grande influence sur l'esprit public des départemens dont se composait l'ancienne Bretagne ; un canal y portera le commerce et une prospérité nouvelle.

Sur les bords du Rhin, de Bingen à Coblentz, une route nécessaire est taillée dans des rochers inaccessibles. Les communes voisines associent leurs travaux aux efforts du trésor public, et les peuples de l'autre rive qui riaient de la folie de l'entreprise, restent confondus de la rapidité de l'exécution.

De nombreux ateliers sont distribués sur le canal de Saint-Quentin.

Le canal de l'Ourcq vient de s'ouvrir, et bientôt Paris jouira de ses eaux, de la salubrité, et des embellissemens qu'elles lui promettent.

Le canal destiné à unir la navigation de la Saône, du Doubs et du Rhin, est presque entièrement exécuté jusqu'à Dôles ; et le trésor public reçoit déjà, dans l'augmentation du prix des bois auxquels ce canal sert de débouché, une somme égale à celle qu'il a fournie pour en continuer les travaux.

Les canaux d'Aigues-Mortes et du Rhône, le dessèchement des marais de la Charente-Inférieure sont commencés, et donneront de nouvelles routes au commerce, et de nouvelles terres à la culture. On travaille à rétablir les digues de l'île de Cadsan, celles d'Ostende, celles des côtes du Nord, et à rétablir la navigation de nos rivières. Cette navigation n'est déjà plus abandonnée aux seuls soins du gouvernement. Les propriétaires des bateaux qui les fréquentent ont enfin senti qu'elle était leur patrimoine, et ils appellent sur eux-mêmes les taxes qui doivent en assurer l'entretien.

Sur l'Océan, des forts s'élèvent pour couvrir la rade de l'île d'Aix et défendre les vaisseaux de la république. Partout des fonds sont affectés à la réparation et au nettoyement de nos ports ; un nouveau bassin et une écluse de chasse termineront le port du Hâvre, et en feront le plus beau port de commerce de la Manche. Une compagnie de pilotes se forme pour assurer la navigation de l'Escaut, et l'affranchir de la science et du danger des pilotes étrangers.

A Anvers, vont commencer les travaux qui doivent rendre à son commerce son ancienne célébrité ; et dans la pensée du gouvernement, sont les canaux qui doivent lier la navigation de l'Escaut, de la Meuse et du Rhin, rendre à nos chantiers, à nos besoins, des bois qui croissent sur notre sol, et à nos fabriques une consommation que des manufactures étrangères leur disputent sur leur propre territoire.

Les îles de la Martinique, de Tabago, de Sainte-Lucie, nous ont été rendues avec tous les élémens de la prospérité.

La Guadeloupe reconquise et pacifiée renaît à la culture. La Guyane sort de sa longue enfance et prend des accroissemens marqués.

Saint-Domingue était soumis, et l'artisan de ses troubles était au pouvoir de la France. Tout annonçait le retour de sa prospérité; mais une maladie l'a livrée à de nouveaux malheurs. Enfin, le fléau qui désolait notre armée a cessé ses ravages, les forces qui nous restent dans la colonie, celles qui y arrivent de tous nos ports, nous garantissent qu'elle sera bientôt rendue à la paix et au commerce.

Des vaisseaux partent pour les îles de France et de la Réunion, et pour l'Inde.

Notre commerce maritime recherche les traces de ses anciennes liaisons, en forme de nouvelles, et s'enhardit par des essais. Déjà une heureuse expérience et des encouragemens ont ranimé les armemens pour la pêche, qui fut long-temps le patrimoine des Français. Des expéditions commerciales plus importantes sont faites ou méditées pour les colonies occidentales, pour l'Ile-de-France, pour les Indes.

Marseille reprend sur la Méditerranée son ancien ascendant.

Des chambres de commerce ont été rendues aux villes qui en avaient autrefois; il en a été établi dans celles qui, par l'étendue de leurs opérations et l'importance de leurs manufactures, ont paru les mériter.

Dans ces associations formées par d'honorables choix, renaîtront l'esprit et la science du commerce. Là se développeront les intérêts, toujours inséparables des intérêts de l'état. Le négociant y apprendra à mettre avant les richesses la considération qui les honore, et avant les jouissances d'un vain luxe, cette sage économie qui fixe l'estime des citoyens et la confiance de l'étranger.

Des députés choisis dans ces différentes chambres, discuteront sous les yeux du gouvernement les intérêts du commerce et des manufactures, et les lois et réglemens qu'exigeront les circonstances.

Dans nos armées de terre et de mer se propagent l'instruction et l'amour de la discipline. La comptabilité s'épure dans les corps militaires; une administration domestique succède au régime dilapidateur des entreprises et des fournitures. Le soldat mieux nourri, mieux vêtu, connaît l'économie; et les épargnes qu'il verse dans la caisse commune l'attachent à ses drapeaux comme à sa famille.

Toutes les sources de nos finances deviennent plus fécondes. La perception des contributions indirectes est moins rigoureuse pour le contribuable. On comptait, en l'an 6, cinquante millions en garnisaires et en contraintes, et les recouvremens étaient arriérés de trois ou quatre années. Aujourd'hui on n'en compte que trois millions, et les contributions sont au courant.

Toutes les régies, toutes les administrations donnent des produits toujours croissans. La régie de l'enregistrement est d'une fécondité qui atteste le mouvement rapide des capitaux et la multiplicité des transactions.

Au milieu de tant de signes de prospérité, on accuse encore l'excès des contributions directes.

Le gouvernement a reconnu avec tous les hommes éclairés en administration, que la surcharge était surtout dans l'inégalité de la répartition. Des mesures ont été prises, et déjà s'exécutent pour constater les inégalités réelles qui existent entre les divers départemens. Au plus tard dans le cours de l'an 12, des opérations régulières et simultanées nous auront appris quel est le rapport des contributions entre un département et un autre département, et quel est dans chaque département le taux moyen de la contribution foncière. Une fois assuré d'un résultat certain, le gouvernement proposera les rectifications que réclame la justice. Mais dès cette session, et sans attendre les résultats, il proposera une diminution importante sur la contribution foncière.

Des innovations sont proposées encore dans notre système de finances; mais tout changement est un mal, s'il n'est pas démontré jusqu'à l'évidence que des avantages certains doivent en résulter. Le gouvernement attendra du temps et des discussions les plus approfondies la maturité de ces projets que hasarde souvent l'inexpérience, qu'on appuie sur l'exemple d'un passé dont les traces sont déjà effacées, pour la plupart, des esprits, et sur la doctrine financière d'une nation qui, par des efforts exagérés, a rompu toutes les mesures des contributions et des dépenses publiques.

Avec un accroissement incalculé de revenus, des circonstances extraordinaires ont amené des besoins qu'il n'avait pas été donné de prévoir. Il a fallu reconquérir deux de nos colonies, et rétablir dans toutes le pouvoir et le gouvernement de la métropole; il a fallu par des moyens soudains, et trop étendus pour être dirigés avec toute la précision d'une sévère économie, assurer des subsistances à la capitale et à un grand nombre de départemens; mais du moins le succès a répondu aux efforts du gouvernement; et de ces vastes opérations il lui reste des ressources pour garantir désormais la capitale du retour de la même pénurie, et pour se jouer des combinaisons du monopole.

Dans le compte raisonné du ministre des finances, on trouve l'ensemble des contributions annuelles et des diverses branches du revenu public, ce qu'elles ont dû produire dans l'année révolue; ce qu'on doit en attendre d'amélioration, soit des mesures de l'administration, soit du progrès de la prospérité publique; quels ont été, dans les divers départemens du ministère, les élémens de la dépense pour l'an 10; quelles sommes sont encore à solder sur cette année et les années antérieures ; quelles ressources restent pour les couvrir, soit dans les recouvremens à faire pour le passé, soit dans les fonds extraordinaires qui avaient été assignés pour la dépense de cette année, et qui n'ont point encore été consommés ; quel est l'état actuel de la dette publique ; quels en ont été les accroissemens ; quelles en ont été les extinctions naturelles ; quelles en ont été enfin celles qu'a opérées la caisse d'amortissement.

Dans le compte du ministre du trésor public, on verra, dans leur réalité, les recettes et les payemens exécutés dans l'an 10 ; ce qui appartient aux diverses branches de revenus ; ce qui doit être imputé à chaque année et à chaque partie de l'administration.

Des comptes rendus de ces deux ministres, sortira le tableau le plus complet de notre situation financière. Le gouvernement le présente avec une égale confiance à ses amis, à ses détracteurs, aux citoyens et aux étrangers.

Après avoir autorisé les dépenses prévues de l'an 12 et approprié les revenus nécessaires à ces dépenses, des objets du plus grand intérêt occuperont la session du corps législatif. Il faut rétablir l'ordre dans notre système monétaire ; il faut donner au système de nos douanes une nouvelle force et une nouvelle énergie pour comprimer la contrebande.

Il faut enfin donner à la France ce nouveau Code civil depuis long-temps promis et trop long-temps attendu.

Sur toutes ces matières, des projets de loi ont été formés sous les yeux du gouvernement et mûris dans des conférences où des commissions du conseil-d'état et du tribunat n'ont porté que l'amour de la vérité et le sentiment de l'intérêt public. Le même sentiment, les mêmes principes dirigeront les délibérations des législateurs, et garantissent à la république la sagesse et l'impartialité des lois qu'ils auront adoptées.

Sur le continent, tout nous offre des gages de repos et de tranquillité.

La république italienne, depuis les comices de Lyon, se fortifie par l'union toujours plus intime des peuples qui la composent. L'heureux accord de ceux qui la gouvernent, son administration intérieure, sa force militaire, lui donnent déjà le caractère et l'attitude d'un état formé depuis long-temps ; et si la sagesse les conserve, ils lui garantissent une prospérité toujours plus prospère.

La Ligurie, placée sous une constitution mixte, voit à sa tête et dans le sein de ses autorités, ce qu'elle a de citoyens les plus recommandables, par leurs vœux, par leurs lumières et par leur fortune.

De nouvelles secousses ont ébranlé la république helvétique. Le gouvernement devait son secours à des voisins dont le repos importe au sien, et il fera tout pour assurer le succès de la médiation et le bonheur d'un peuple dont la position, les habitudes, les intérêts, en font l'allié nécessaire à la France.

La Batavie rentre successivement dans les colonies que la paix lui a conservées.

Elle se souviendra toujours que la France ne peut être pour elle que l'amie la plus utile, ou l'ennemie la plus funeste.

En Allemagne, se consomment les dernières stipulations du traité de Lunéville.

La Prusse, la Bavière, tous les princes séculiers qui avaient des possessions sur la rive gauche du Rhin, obtiennent sur la rive droite de justes indemnités.

La maison d'Autriche trouve dans les évêchés de Salzbourg, d'Aischtett, de Trente et Brixen et dans la plus grande partie de celui de Passau, plus qu'elle n'a perdu dans la Toscane.

Ainsi, par l'heureux concours de la France et de la Russie,

tous les intérêts permanens sont conciliés, et du sein de cette tempête qui semblait devoir l'anéantir, l'empire germanique, cet empire si nécessaire à l'équilibre et au repos de l'Europe, se relève plus fort, composé d'élémens plus homogènes, mieux combinés, mieux assortis aux circonstances présentes et aux idées de notre siècle.

Un ambassadeur français est à Constantinople, chargé de fortifier et de resserrer les liens qui nous attachent à une puissance qui semble chanceler, mais qu'il est de notre intérêt de soutenir et de rassurer sur ses fondemens.

Des troupes britanniques sont toujours dans Alexandrie et dans Malte. Le gouvernement avait le droit de s'en plaindre, mais il apprend que les vaisseaux qui doivent les remmener en Europe sont dans la Méditerranée.

Le gouvernement garantit à la nation la paix du continent, et il lui est permis d'espérer la continuation de la paix maritime. Cette paix est le besoin et la volonté de tous les peuples; pour la conserver, le gouvernement fera tout ce qui est compatible avec l'honneur national, essentiellement lié à la stricte exécution des traités.

Mais en Angleterre, deux partis se disputent le pouvoir. L'un a conclu la paix et paraît décidé à la maintenir; l'autre a juré à la France une haine implacable. De là cette fluctuation dans les opinions et dans les conseils, et cette attitude à la fois pacifique et menaçante.

Tant que durera cette lutte de partis, il est des mesures que la prudence commande au gouvernement de la république. Cinq cent mille hommes doivent être et seront prêts à la défendre et à la venger. Etrange nécessité que de misérables passions imposent à deux nations qu'un intérêt et une égale volonté attachent à la paix!

Quel que soit à Londres le sujet de l'intrigue, elle n'entraînera pas d'autres peuples dans des ligues nouvelles; et le gouvernement le dit avec un juste orgueil : seule, l'Angleterre ne saurait aujourd'hui lutter contre la France.

Mais ayons de meilleures espérances, et croyons plutôt qu'on n'écoutera dans le cabinet britannique que les conseils de la sagesse et la voix de l'humanité.

Oui, sans doute, la paix se consolidera tous les jours davantage; les relations des deux gouvernemens prendront ce caractère de bienveillance qui convient à leurs intérêts mutuels. Un heureux repos fera oublier les longues calamités d'une guerre désastreuse ; la France et l'Angleterre, en faisant leur bonheur réciproque, mériteront la reconnaissance du monde entier. *Le premier consul*, BONAPARTE.

Paris, le 4 ventose an 11 (23 février 1803).

Réponse du premier consul à une députation du corps législatif [1].

C'est à l'accord qui a régné entre le gouvernement et le corps législatif, qu'est dû le succès de la mesure la plus importante et la plus populaire qui ait marqué votre dernière session.

Des travaux non moins utiles sont réservés à la session actuelle ; le gouvernement attend la même harmonie et les mêmes résultats.

Je reçois avec la plus grande satisfaction le témoignage des sentimens que vous m'exprimez : je les justifierai par le dévouement le plus constant aux intérêts de la patrie.

Le premier consul, BONAPARTE.

[1] Envoyée à l'ouverture de la session.

Saint-Cloud, le 10 floréal an 11 (30 avril 1803).

Au landamman et aux membres du conseil du canton d'Ury.

Citoyens landamman et membres du conseil du canton d'Ury, tout ce que vous me dites dans votre lettre du 28 mars m'a vivement touché. J'ai voulu, par l'acte de médiation, vous éviter de grands maux, vous procurer de grands biens. Je n'ai vu que vos intérêts. Oubliez toutes vos divisions. Ne formez qu'un seul peuple.

Je regarderai comme une de mes occupations les plus importantes de maintenir dans toute son intégrité la vieille amitié qui, depuis tant de siècles, vous unit à la nation française.

Dites au peuple de votre canton que je serai toujours prêt à l'aider dans tous les maux qu'il pourrait éprouver, et qu'en retour je compte sur la continuation des sentimens que vous m'exprimez.

BONAPARTE.

Saint-Cloud, le 13 floréal an 11 (3 mai 1803).

Au landamman et aux membres du conseil du canton d'Underwald.

Citoyens landamman et membres du conseil du canton d'Underwald, je vous remercie des sentimens que vous m'exprimez au nom de votre canton par votre lettre du 3 avril. Le titre de restaurateur de la liberté des enfans de Tell, m'est plus précieux que la plus belle victoire. Je n'ai eu en vue dans l'acte de médiation que vos intérêts ; quand j'ai disputé avec vos députés, j'ai été, par la pensée, un de vos concitoyens.

Assurez le peuple de votre canton que, dans toutes les circonstances, il peut compter qu'il me trouvera toujours dans les mêmes sentimens. Oubliez toutes vos anciennes querelles, et comptez sur le désir que j'ai de vous donner des preuves de l'intérêt que je vous porte. **Bonaparte.**

Saint-Cloud, le 16 floréal an 11 (6 mai 1803).

Au landamman et aux membres du conseil du canton de Schwitz.

Citoyens landamman et membres du conseil du canton de Schwitz, j'ai éprouvé une vive satisfaction d'apprendre, par votre lettre du 14 avril, que vous étiez heureux par l'acte de médiation. L'oubli de vos querelles passées et l'union entre vous, voilà le premier de vos besoins.

Je serai toujours votre ami, et l'esprit qui m'a dicté l'acte de médiation ne cessera jamais de m'animer.

Quelles que soient les sollicitudes et les occupations que je puis avoir, je regarderai toujours pour moi comme un devoir et une douce jouissance, de faire tout ce qui pourra consolider votre liberté et votre bonheur. **Bonaparte.**

Saint-Cloud, le 24 floréal an 11 (14 mai 1803).

Au corps législatif.

Législateurs,

Le gouvernement de la république vous annonce que des orateurs se rendront à votre séance aujourd'hui samedi, 24 floréal, à deux heures après midi, à l'effet d'y porter la parole au nom du gouvernement et faire une communication extraordinaire [1].

Le gouvernement désire que cette communication soit entendue en comité secret.

Le premier consul, **Bonaparte.**

[1] Cette communication était l'annonce de la rupture avec l'Angleterre.

Saint-Cloud, le 30 floréal an 11 (20 mai 1803).

Message au sénat, au corps législatif et au tribunat.

L'ambassadeur d'Angleterre a été rappelé; forcé par cette circonstance, l'ambassadeur de la république a quitté un pays où il ne pouvait plus entendre de paroles de paix.

Dans ce moment décisif, le gouvernement met sous vos yeux, il mettra sous les yeux de la France et de l'Europe ses premières relations avec le ministère britannique, les négociations qui ont été terminées par le traité d'Amiens, et les nouvelles discussions qui semblent finir par une rupture absolue.

Le siècle présent et la postérité y verront tout ce qu'il a fait pour mettre un terme aux calamités de la guerre, avec quelle modération, avec quelle patience il a travaillé à en prévenir le retour.

Rien n'a pu rompre le cours des projets formés pour rallumer la discorde entre les deux nations. Le traité d'Amiens avait été négocié au milieu des clameurs d'un parti ennemi de la paix. A peine conclu, il fut l'objet d'une censure amère : on le représenta comme funeste à l'Angleterre, parce qu'il n'était pas honteux pour la France. Bientôt on sema des inquiétudes, on simula des dangers sur lesquels on établit la nécessité d'un état de paix tel, qu'il était un signal permanent d'hostilités nouvelles. On tint en réserve, on stipendia ces vils scélérats qui avaient déchiré le sein de leur patrie, et qu'on destine à le déchirer encore. Vains calculs de la haine ! ce n'est plus cette France divisée par les factions et tourmentée par les orages; c'est la France rendue à la tranquillité intérieure, régénérée dans son administration et dans ses lois, prête à tomber de tout son poids sur l'étranger qui osera l'attaquer et se réunir aux brigands qu'une atroce politique rejetterait encore sur son sol pour y organiser le pillage et les assassinats.

Enfin, un message inattendu a tout-à-coup effrayé l'Angleterre d'armemens imaginaires en France et en Batavie, et supposé des discussions importantes qui divisaient les deux gouvernemens, tandis qu'aucune discussion pareille n'était connue du gouvernement français.

Aussitôt des armemens formidables s'opèrent sur les côtes et dans les ports de la Grande-Bretagne ; la mer est couverte de vaisseaux de guerre ; et c'est au milieu de cet appareil que le cabinet de Londres demande à la France l'abrogation d'un article fondamental du traité d'Amiens.

Ils voudraient, disaient-ils, des garanties nouvelles, et ils méconnaissent la sainteté des traités, dont l'exécution est la première des garanties que puissent se donner les nations.

En vain la France á invoqué la foi jurée ; en vain elle a rappelé les formes reçues parmi les nations ; en vain elle a consenti à fermer les yeux sur l'inexécution actuelle de l'article du traité d'Amiens, dont l'Angleterre prétendait s'affranchir ; en vain elle a voulu remettre à prendre un parti définitif jusqu'au moment où l'Espagne et la Batavie, toutes deux parties contractantes, auraient manifesté leur volonté ; vainement enfin, elle a propose de réclamer la médiation des puissances qui avaient été appelées à garantir, et qui ont garanti en effet la stipulation dont l'abrogation était demandée ; toutes les propositions ont été repoussées et les demandes de l'Angleterre sont devenues plus impérieuses et plus absolues.

Il n'était pas dans les principes du gouvernement de fléchir sous la menace ; il n'était pas en son pouvoir de courber la majesté du peuple français sous des lois qu'on lui prescrivait avec des formes si hautaines et si nouvelles. S'il l'eût fait, il aurait consacré pour l'Angleterre le droit d'annuler, par sa seule volonté, toutes les stipulations qui l'obligent envers la France; il l'eût autorisée a exiger de la France des garanties nouvelles à la moindre allarme qu'il lui aurait plu de forger; et de là deux nouveaux principes qui se seraient placés dans le droit public de la Grande-Bretagne, à côté de celui par lequel elle a déshérité les autres nations de la souveraineté commune des mers et soumis à ses lois et à ses réglemens l'indépendance de leur pavillon.

Le gouvernement s'est arrêté à la ligne que lui ont tracée ses principes et ses devoirs. Les négociations sont interrompues, et nous sommes prêts à combattre si nous sommes attaqués.

Du moins, nous combattrons pour maintenir la foi des traités et pour l'honneur du nom français.

Si nous avions cédé à une vaine terreur, il eût fallu bientôt combattre pour repousser des prétentions nouvelles; mais nous aurions combattu déshonorés par une première faiblesse, déchus à nos propres yeux et avilis aux yeux d'un ennemi qui nous aurait une fois fait ployer sous ses injustes prétentions.

La nation se reposera dans le sentiment de ses forces: quelles que soient les blessures que l'ennemi pourra nous faire dans des lieux où nous n'aurons pu ni le prévenir, ni l'atteindre, le résultat de cette lutte sera tel que nous avons droit de l'attendre de la justice de notre cause et du courage de nos guerriers. *Le premier consul*, BONAPARTE.

Paris, le 5 prairial an 11 (25 mai 1803).

Réponse du premier consul à une députation du sénat, du corps législatif et du tribunat [1].

Nous sommes forcés à faire la guerre pour repousser une

[1] Ces trois députations avaient été envoyées par leurs corps respectifs pour féliciter Bonaparte sur son énergie dans les affaires d'Angleterre.

injuste aggression. Nous la ferons avec gloire. Les sentimens qui animent les grands corps de l'état et le mouvement spontané qui les porte auprès du gouvernement, dans cette importante circonstance, sont d'un heureux présage.

La justice de notre cause est avouée même par nos ennemis, puisqu'ils se sont refusés à accepter la médiation offerte par l'empereur de Russie et par le roi de Prusse, deux princes dont la justice est reconnue par toute l'Europe.

Le gouvernement anglais paraît même avoir été obligé de tromper la nation dans la communication officielle qu'il vient de faire. Il a eu soin de soustraire toutes les pièces qui étaient de nature à faire connaître au peuple anglais la modération et les procédés du gouvernement français dans toute la négociation. Quelques-unes des notes que des ministres britanniques ont publiées sont mutilées dans leurs passages les plus importans. Le reste des pièces données en communication au parlement, contient l'extrait des dépêches de quelques agens publics ou secrets. Il n'appartient qu'à ces agens de contredire ou d'avouer leurs rapports, qui ne peuvent avoir aucune influence dans des débats aussi importans, puisque leur authenticité est au moins aussi incertaine que leur véracité. Une partie des détails qu'ils contiennent est matériellement fausse, notamment les discours que l'on suppose avoir été tenus par le premier consul, dans l'audience particulière qu'il a accordée à lord Whitworth.

Le gouvernement anglais a pensé que la France était une province de l'Inde, et que nous n'avions le moyen ni de dire nos raisons ni de défendre nos justes droits contre une injuste aggression. Etrange inconséquence d'un gouvernement qui a armé sa nation, en lui disant que la France voulait l'envahir! On trouve dans la publication faite par le gouvernement anglais, une lettre du ministre Talleyrand à un commissaire des relations commerciales : c'est une simple circulaire de protocole qui s'adresse à tous les agens commerciaux de la république. Elle est conforme à l'usage établi en France depuis Colbert, et qui existe aussi chez la plupart des puissances de l'Europe. Toute la nation sait si nos agens commerciaux en Angleterre sont, comme l'affirme le ministère britannique, des militaires. Avant que ces fonctions leur fussent confiées, ils appartenaient pour la plupart, ou au conseil des prises, ou à des administrations civiles.

Si le roi d'Angleterre est résolu de tenir la Grande-Bretagne en état de guerre, jusqu'à ce que la France lui reconnaisse le droit d'exécuter ou de violer à son gré les traités, ainsi que le privilége d'outrager le gouvernement français dans les publications officielles ou privées, sans que nous puissions nous en plaindre, il faut s'affliger sur le sort de l'humanité... Certainement nous voulons laisser à nos neveux le nom français toujours honoré, toujours sans tache... Nous maintiendrons notre droit de faire chez nous tous les réglemens qui conviennent à notre administration publique, et tels tarifs de douanes que l'intérêt de notre commerce et de notre industrie pourra exiger...

Quelles que puissent être les circonstances, nous laisserons toujours à l'Angleterre l'initiative des procédés violens contre la paix et l'indépendance des nations, et elle recevra de nous l'exemple de la modération, qui seule peut maintenir l'ordre social.

Le premier consul, BONAPARTE.

Paris, le 18 prairial an 11 (7 juin 1803).

Note inscrite dans le Moniteur [1].

Le rapport du colonel Sébastiani ne renferme pas un seul mot contre le gouvernement de sa Majesté; pas un seul mot

[1] Le colonel Sébastiani, envoyé dans l'Orient, avait imprimé dans le Moniteur le rapport de son voyage.

contre le peuple anglais, pas un seul mot contre l'armée anglaise; il attaquait, il est vrai, un colonel de cette nation; mais qu'est-ce qu'un individu britannique qui se dit outragé en regard des grands intérêts des deux gouvernemens de France et d'Angleterre? Est-ce dans la balance même de l'Europe qu'il est permis de placer même tous les noms des colonels anglais, passés, présens et futurs? et le colonel devait-il s'attendre à ce grand honneur d'être vengé par une guerre européenne, de quelques paroles prononcées en Afrique et de quelques justes réponses à des outrages faits au héros et à l'armée qui ont défendu le monde par leurs victoires, et qui l'ont rempli par leur renommée? Eh! quoi, un officier français ne pourra répondre aux injures proférées par un officier anglais contre l'armée et son chef, sans qu'il faille verser toutes les calamités de la guerre sur le pays offensé? A quoi donc se réduit cette récrimination officielle? L'affaire des colonels Sébastiani et Stuart est purement individuelle; elle ne peut, par conséquent, devenir jamais nationale: les lois de l'honneur et les usages militaires sont suffisans pour de tels faits.

Mais convient-il bien au roi d'Angleterre de se plaindre diplomatiquement même de la réponse faite par le général Sébastiani, aux outrages faits à Bonaparte et à l'armée française par un officier anglais, dans une brochure, où il accuse Bonaparte d'avoir empoisonné son armée, brochure que le roi d'Angleterre a reçue de sa main? Le général Sébastiani ne défendait-il pas sa vie contre cet officier qui choisit le moment où ce premier est arrivé au Caire, pour l'accuser auprès du pacha, en lui envoyant un ordre du jour de l'armée d'Egypte, écrit en l'an 7, et excitant contre lui la multitude égarée par des suggestions perfides? Ah! s'il y avait eu des satisfactions à réclamer, elles l'eussent été bien légitimement contre l'odieuse conduite d'un général anglais qui a voulu faire assassiner un officier français, en le livrant aux poignards des

Turcs! Nous entrons dans tous ces détails, parce qu'il est essentiel de faire connaître à toute l'Europe la ridicule injustice des plaintes de S. M. britannique. D'ailleurs, rien n'est minutieux quand il s'agit des droits de l'humanité; tout s'agrandit devant l'Europe, juge naturel de cette cause.

Le roi d'Angleterre, toujours ingénieux à chercher des outrages pour remplir son manifeste, en trouve un nouveau dans la communication du premier consul au corps législatif.

C'est là que Bonaparte a dit, avec tous les politiques et les militaires de l'Europe, cette grande vérité, que l'Angleterre seule ne peut pas lutter contre la France; mais ce n'est là ni un défi ni une jactance. Il n'y a dans le style d'un grand général et d'un gouvernement célèbre que des aperçus profonds et des résultats politiques.

Lorsque le premier consul, après avoir présenté au corps législatif l'état des diverses puissances de l'Europe, a parlé de la Grande-Bretagne, comme ne pouvant lutter seule contre la France, il n'en a tiré qu'une conséquence favorable à la pacification générale. Le duc de Clarence n'existe-t-il pas dans les îles britanniques pour les préserver de toute attaque de la part des Français. Je désire, a-t-il dit éloquemment, voir la nation française employer les vastes ressources qu'elle a dans son sein, pour convaincre ce puissant consul que nous sommes capables de nous mesurer seuls contre la France et contre tous ceux qui se joindront à elle; je désire voir la Grande-Bretagne châtier la France : ce n'est pas la première fois que nous l'aurions fait.

Non, ce n'est point là un outrage pour la république française de la part du duc de Clarence; victorieuse de toutes les coalitions, triomphante de tous les crimes et de toutes les intrigues payées par l'or britannique, elle ne peut se croire blessée par les rodomontades d'un jeune lord qui croit qu'on châtie la France, comme la France a châtié le duc d'Yorck et ses soldats à Hondscote et sur les dunes de Dunkerque. Il sied bien à un jeune prince anglais de braver la belliqueuse France au moment où elle dépose à peine ses armes victorieuses, au moment où l'étoile d'Albion pâlit, au moment où le fisc et la dette menacent d'engloutir l'Angleterre, au moment où l'Inde opprimée est plus près encore du période des révolutions que ne l'est l'Irlande asservie, au moment où la liberté prépare l'expulsion des Anglais des Antilles; au moment où l'Europe continentale, éclairée enfin sur ses vrais intérêts, verra avec joie se briser le trident d'airain qui pèse sur l'univers asservi. Ce jeune prince avait-il oublié les leçons que la France avait fait payer si cher à l'Angleterre? Ignore-t-il que quarante-cinq descentes ont eu du succès dans cette Grande-Bretagne, que les peuples barbares se sont tour à tour partagée; ignore-t-il qu'il a suffi d'une poignée de Normands pour châtier les Anglais et leur donner des lois.

Les communications du premier consul avec le corps législatif ne sont donc pas des outrages pour le gouvernement anglais, pas plus que les communications du premier consul avec lord Withwort. 1°. Il est constant que cette conversation dont cet ambassadeur a envoyé les détails à son gouvernement, est fausse dans ses principales parties. Elle a été formellement démentie dans le journal officiel : d'ailleurs ce qu'a dit le premier consul, il l'avait dit peu de jours auparavant dans le message au corps législatif : « l'empire ottoman est ébranlé de tous côtés; mais l'intérêt de la France est de le soutenir »; 2° elle est publiée par un gouvernement qui est convaincu d'avoir altéré, mutilé, falsifié sans pudeur les pièces les plus authentiques des dernières négociations, en les présentant imprimées au parlement; 3° lorsque le premier consul a voulu favoriser lord Withwort d'une conversation particulière, ce n'était pas sans doute pour fournir des armes contre lui-même au gouvernement machiavélique de Londres, mais bien pour faire connaître ses véritables intentions, ses sentimens modérés, et le désir de la paix qui anime le gouvernement français.

On conçoit enfin qu'il puisse exister un gouvernement stabilisé depuis un siècle, renommé par l'habileté des politiques et par la régularité de sa diplomatie, qui ne rougit pas de baser une déclaration sur des vues, des idées, des indices, des soupçons, des conjectures, sur des rapports inexacts et vains; sur des conversations fugitives et mal rendues autant que mal interprêtées.

C'est cependant d'une autre conversation du premier consul avec lord Wihtwort, en présence du corps diplomatique, que S. M. veut tirer un nouvel exemple de provocation de la part du gouvernement français, comme si le jour où le premier message du roi d'Angleterre, pour les préparatifs maritimes, fut connu à Paris, il était possible à un gouvernant dont l'honneur et la vérité animent le cœur et la pensée, de se contenir au point de dissimuler la profonde indignation qu'inspire le mensonge et la déloyauté. Il n'appartient qu'aux hommes flegmatiques et profonds dans l'art perfide et dissimulé des cours, de se déguiser ainsi. Le premier consul fut extrêmement modéré, si nous considérons les conjonctures où il se trouvait placé; et il montra dans cette circonstance autant d'énergie que d'amour de la paix. Ah! sans doute après un message aussi insultant pour le peuple français, après un message royal, fondé sur deux mensonges évidens, après un message où S. M. britannique annonce faussement qu'il se fait des armemens dans les ports de France, et qu'il y avait des négociations ouvertes entre les deux cabinets, il n'est aucune puissance, aucun gouvernement qui n'ait rompu soudainement toute communication avec un prince capable d'allumer la guerre, en mentant à son pays et à la face de l'Europe.

Comment donc le roi d'Angleterre présenta-t-il aussi à son parlement, comme motif légitime de guerre, une gazette d'Hambourg, dont un article prétendu inséré par l'influence du commissaire français, des relations commerciales, propage, selon lui, dans l'Europe les calomnies les plus mal fondées et les plus offensantes contre S. M. et son gouvernement ?

S. M. britannique, en articulant un pareil motif de guerre, a cru qu'il n'était pas permis à un commissaire français de démontrer que S. M. britannique avait été induite par ses sages et habiles ministres, à faire à la nation anglaise deux révoltans mensonges dans son premier message au parlement, où il annonce, contre la vérité connue de toute l'Europe, qu'il se faisait des armemens considérables dans tous les ports de France, et qu'il y avait des négociations ouvertes entre les deux cabinets. Si prouver l'évidente fausseté de ces deux assertions royales, c'est outrager S. M. britannique, et calomnier son gouvernement, que faudra-t-il donc dire de ce ramas de libelles scandaleux, d'injures grossières, et d'amères calomnies, consignées dans les journaux anglais, sous l'autorité du roi et de ses ministres ; journaux scandaleusement insultans, qui ont inondé l'Europe et provoqué, principalement depuis la paix générale, le chef du gouvernement français ? Quel nom faudra-t-il donner au système anglais qui déclare inviolables ou plutôt impunis, ces calomniateurs périodiques, pourvu qu'ils dénigrent les gouvernans des autres nations, pourvu qu'ils travaillent constamment à décrier les gouvernans étrangers, pourvu qu'ils fassent une guerre vile et honteuse aux hommes célèbres et aux gouvernemens éclairés qui ne veulent pas reconnaître la suprématie de l'Angleterre, ni s'humilier devant la raison éminente de son roi et la haute prudence de ses ministres.

C'est aussi, porte la déclaration royale, pour dégrader, avilir et insulter S. M. et son gouvernement, que le gouvernement français a demandé, dans plusieurs occasions, de violer les droits de l'hospitalité, à l'égard des personnes qui ont trouvé un asile dans ses états, et contre lesquelles il n'y a pas d'accusation fondée. Il faut être bien dépourvu de raison, ou bien aveuglé dans sa haine, pour prétendre de pareils motifs de guerre : car on aura de la peine à croire que ce même gouvernement, qui se plaint aujourd'hui de ce que le gouvernement français lui demande, au nom de la justice et de la sûreté générale, l'éloignement de quelques empoisonneurs, de quelques assassins, de quelques calomniateurs à gages, honteusement abrités dans les îles britanniques, est le même gouvernement qui a offert à la France la déportation de ces êtres malfaisans pour prix du consentement à l'occupation de Malte durant dix années. Si donc la France avait voulu violer un traité, l'Angleterre aurait violé l'hospitalité; si la France avait voulu livrer aux Anglais le commerce de toutes les nations, la Grande-Bretagne, reconnaissante, aurait déporté quelques scélérats; mais si la France refuse d'asservir la navigation de la Méditerranée, ces malfaiteurs reconnus ne sont plus pour l'Angleterre que des hommes irréprochables dont elle ne saurait violer l'asile.

Voilà cependant le gouvernement qui se vante de sa morale, de sa modération, de sa justice, et qui se plaint de calomnie, d'outrages et de provocations. Voilà, certes, de nobles et grands motifs d'incendier de guerre toute l'Europe et de mettre aux prises deux nations industrieuses et agricoles.

Quelques paquets de marchandises anglaises, non reçues librement en France, tandis que les Anglais repoussent nos productions territoriales ; quelques agens commerciaux qui demandent des sondes de port et des plans de villes imprimés partout, tandis que nous accueillons, sans défiance, des milliers d'Anglais qui viennent chez nous ; quelques cantons suisses que la France n'a pas voulu laisser ruiner, se détruire par des dissensions intestines, ni laisser envahir par une guerre étrangère, tandis que les Anglais y envoyaient des émissaires, des armes, des munitions, des plans d'extermination civile ; quelque troupes françaises stationnées en Hollande ; tandis que les Anglais organisaient des plans d'invasion sur cette contrée et sur ses colonies ; quelques obstacles apportés par la France à ce que l'Angleterre rallumât la guerre sur le continent par des intrigues diplomatiques, tandis que les Anglais envoient des émissaires dans toutes les parties de l'Europe pour tâcher de légitimer leur fureur de guerroyer encore avec la France ; quelques invitations aux Anglais d'évacuer Malte pour exécuter le traité d'Amiens, tandis qu'ils se plaignaient dans lesdits journaux que la France ne l'exécutait pas de son côté ; quelques idées que la France désirait encore l'Egypte et les îles Ioniennes, tandis que les Anglais laissaient leurs troupes à Alexandrie un an après le traité d'Amiens, et ne désemparaient pas de Malte ; quelques conversations rédigées sans vérité, et interprêtées sans bonne foi, tandis que les Anglais ne cessent d'outrager la France dans les journaux et d'insulter le chef de son gouvernement : telles sont cependant les causes graves et légitimes de la guerre juste et nécessaire, causes officiellement présentées par S. M. britannique, qui déclare à la fin de son manifeste : « n'être animée que du sentiment de ce qu'elle doit à l'honneur de son commerce, aux intérêts de son peuple, et du désir d'arrêter les progrès d'un système qui, s'il ne rencontre pas d'obstacles, peut devenir fatal à toutes les parties du monde civilisé.... ».

Vous, roi de la Grande-Bretagne, eh quoi! vous parlez de l'honneur de votre couronne pour faire de nouveau la guerre; et vous vous basez sur l'honneur de votre parole royale pour annuller un traité de paix solennel! Vous, vous êtes pénétré des intérêts de votre peuple, qui ne pouvait contenir sa joie lorsque vous signâtes la paix, et vous invoquez encore les intérêts de ce même peuple quand votre déclaration de guerre contriste toutes les classes pensantes, propriétaires et industrieuses de l'Angleterre! Vous parlez du désir d'arrêter les progrès d'un système qui peut devenir fatal à toutes les parties du monde civilisé; et pour mieux civiliser le monde, vous lui reportez toutes les calamités de la guerre!

Eh! de quel système voulez-vous parler? est-ce de ce système de puissance, de domination et d'accroissement dont vos ministres et vos orateurs ministériels ne cessent d'accuser la France, pour masquer aux autres nations la puissance colossale, l'insatiable ambition et l'accroissement perpétuel de l'Angleterre? Entendez-vous parler de l'énergie, de l'ambition et de la vaste politique du premier consul, que vos journalistes et vos diplomates ne cessent de calomnier auprès des autres gouvernemens. Que vos libellistes périodiques, oratoires ou diplomatiques dépriment tant qu'ils voudront une vie aussi glorieuse et un gouvernement aussi énergique; que, dans leur style injuste et contumélieux, ils appellent la dignité qu'il imprime au peuple francais, orgueil; sa suite imperturbable dans le bien, opiniâtreté; son énergie profonde d'exécution, dureté; son désir prononcé de ne jamais laisser outrager la nation française, arrogance; ses vues pour la défense et la sûreté du midi de l'Europe, ambition : de pareilles censures ne prouveront jamais que le génie ne soit le génie; que vouloir la paix par tant de sacrifices ne soit l'amour inaltérable de l'humanité; que résister aux invasions et aux perfidies de l'Angleterre ne soit défendre son pays et maintenir l'Europe ; mais elles prouveront seulement que les vues conciliatrices et paisibles de Bonaparte ont été également méconnues et calomniées dans le palais de Windsor et dans les salles de Westminster. Je m'arrête : il ne s'agit ici ni d'homme ni de quelques éloges, il s'agit de la paix du monde.

Mais à quel tribunal doivent se porter de telles questions? c'est à celui de l'Europe entière et de la postérité, que la république française citera l'Angleterre. Quelle importante cause que celle où les bienfaits de la paix et les calamités de la guerre sont mis en balance, où la violation des traités et des droits des peuples est mise en question par quelques passions honteuses ; où l'on voit deux grands gouvernemens pour parties et le monde entier pour tribunal! De quel côté est donc l'esprit d'ambition, d'agrandissement, d'agression et de prééminence universelle?

La France possédait par ses armes toutes les contrées, depuis la mer du Nord jusqu'à la mer Adriatique, et depuis le Danube jusqu'au canal de Messine. Qu'a-t-elle fait pour la paix générale? Elle rend la Batavie à elle-même ; elle restitue à la Suisse son indépendance avec ses anciennes constitutions ; elle cède le pays vénitien à l'Autriche; des indemnités territoriales sont accordées aux électeurs du corps germanique ; les îles vénitiennes régularisent la forme de leur gouvernement sous l'influence de la Russie et de la Porte ; l'Italie voit s'établir les républiques lucquoise, italienne et ligurienne ; les troupes françaises évacuent les états du pape et le royaume de Naples ; l'Etrurie reçoit un roi ; les troupes françaises, presque aux portes de Vienne, rentrent sur la rive gauche du Rhin ; le Portugal est évacué et rendu à son indépendance. Ah ! si la France avait eu des projets ambitieux et des vues d'agrandissement, n'aurait-elle pas conservé l'Italie toute entière sous son influence directe? n'aurait-elle pas étendu sa domination sur la Batavie, la Suisse et le Portugal ? Au lieu de cet agrandissement facile, elle présente une sage limitation de son territoire et de sa puissance : elle subit la perte de l'immense territoire de Saint-Domingue, ainsi que des trésors et des armées destinés à la restauration de cette colonie. . . . Elle fait tous les sacrifices pour obtenir la continuation de la paix.

L'Angleterre, au contraire, s'empare entièrement de l'île opulente de Ceylan et de toute la navigation du golfe du Bengale ; elle acquiert l'importante possession de la Trinité ; elle essaie, par un traité secret avec les Mameloucks, d'envahir l'Egypte, en leur fournissant des armes et des munitions ; elle ne quitte Alexandrie que long-temps après l'expiration des délais convenus, et parce que les ravages de la peste l'épouvantent. Elle viole le traité d'Amiens pour garder Malte, pour éloigner les corsaires barbaresques, pour faire le commerce exclusif de l'Adriatique, du Levant, des Dardanelles, et de la mer Noire, et pour défendre à toutes les nations la navigation de la Méditerranée ; elle réunit tous ses efforts pour faire perdre Saint-Domingue à la France [1] et pour l'empêcher de jouir de la Louisiane ; elle excite les dissensions dans les cantons suisses et fournit des munitions et des armes à leur extermination civile ; elle envoie des escadres dans les mers du Nord, devant le Texel et la Meuse, menaçant d'envahir la Batavie ; elle convoite la Sicile, demande l'île de Lampedouse et occupe la Sardaigne. Les quatre parties du monde, les golfes, les caps, les détroits, des colonies opulentes, ne peuvent satisfaire sa cupidité politique et commerciale. Son avarice et son ambition sont enfin à découvert. Le masque tombe; l'Angleterre n'assigne plus que trente-six heures à la durée de la paix. Elle a spéculé la guerre soudaine pour saisir à la

1. Selon le duc de Clarence (séance du 23 mai) c'est aux efforts de la Grande-Bretagne que la France doit attribuer la perte de Saint-Domingue.

fois sur l'Océan les richesses long-temps déposées, que les colonies espagnoles, portugaises et bataves envoient enfin à leurs métropoles, ainsi que les vaisseaux de la république et les bâtimens de son commerce à peine régénéré. L'Angleterre, pour satisfaire quelques passions haineuses et trop puissantes, trouble la paix du monde, viole sans pudeur les droits des nations, foule aux pieds les traités les plus solennels, et fausse la foi jurée, cette foi antique, éternelle, que même les hordes sauvages connaissent, et qu'elles respectent religieusement.

Un seul obstacle l'arrête dans sa marche politique et dans sa course ambitieuse, c'est la France victorieuse, modérée et prospère; c'est son gouvernement énergique et éclairé; c'est son chef illustre et magnanime: voilà les objets de son envie délirante, de ses attaques réitérées, de sa haine implacable, de son intrigue diplomatique, de ses conjurations maritimes et de ses dénonciations officielles à son parlement et à ses sujets. Mais l'Europe observe; la France s'arme: l'histoire écrit: Rome abattit Carthage!

Saint-Cloud, le 18 prairial an 11 (7 juin 1803).

Circulaire adressée aux cardinaux, archevêques et évêques de France.

Monsieur,

Les motifs de la présente guerre sont connus de toute l'Europe. La mauvaise foi du roi d'Angleterre qui a violé la sainteté des traités, en refusant de restituer Malte à l'ordre de Saint-Jean de Jérusalem, qui a fait attaquer nos bâtimens de commerce sans déclaration préalable de guerre, la nécessité d'une juste défense, tout nous oblige de recourir aux armes. Je vous fais donc cette lettre pour vous dire que je souhaite que vous ordonniez des prières pour attirer la bénédiction du ciel sur nos entreprises. Les marques que j'ai reçues de votre zèle pour le service de l'état, m'assurent que vous vous conformerez avec plaisir à mes intentions.

BONAPARTE.

Paris, le 27 messidor an 11 (16 juillet 1803).

Note inscrite dans le Moniteur.

La mesure que vient de prendre le gouvernement anglais en bloquant l'embouchure de l'Elbe et celle du Weser, est un nouvel acte d'infraction aux droits des neutres et à la souveraineté de toutes les puissances.

La France, attaquée par l'Angleterre, acquit le droit de porter la guerre dans toutes les possessions britanniques et de s'emparer, comme elle l'avait fait dans les guerres antérieures, du Hanovre qui en fait partie. Mais elle n'a occupé les bords de l'Elbe que dans les pays dont cette conquête l'a mise en possession; elle a respecté la neutralité de Brême, d'Hambourg et des autres états du continent.

Quelle circonstance aurait donc autorisé le roi d'Angleterre à défendre aux puissances neutres la navigation de l'Elbe et du Weser; si le pavillon anglais ne peut paraître sur tous les points qu'une batterie française peut atteindre, du moins il ne doit pas empêcher les neutres de naviguer partout où les chances de la guerre ont conduit les armées françaises, et d'entretenir leurs communications entre eux. L'Elbe et le Weser baignent une grande étendue de territoires neutres; les rivières qui s'y jettent agrandissent encore les relations commerciales dont ils offrent le débouché : fermer l'entrée de ces fleuves, c'est intercepter les communications d'une grande partie du continent, c'est commettre un acte d'hostilité contre tous les pays auxquels cette navigation appartient.

L'Angleterre aurait dû déclarer plus franchement qu'elle ne veut souffrir aucune puissance neutre; mais les neutres souffriront-ils à leur tour que leur pavillon et leurs droits soient méprisés.

Si l'Angleterre a voulu punir l'Allemagne de n'avoir pas défendu et protégé le Hanovre, c'est sans doute comme prince de l'Empire qu'elle a cru avoir des droits à cette protection. Cependant comment oserait-elle réclamer une garantie des membres de l'Empire au moment où elle viole les droits de l'un d'entre eux ? Le roi d'Angleterre, en la qualité de membre du corps germanique, avait consenti à des arrangemens, avait stipulé des indemnités en faveur de l'ordre de Malte, également considéré comme prince de l'Empire. A peine S. M. britannique avait solennellement signé ces dispositions, qu'elle attente à l'indépendance du territoire de l'ordre. Elle n'a pas le droit de former pour elle des réclamations qui seraient plus justement élevées contre elle.

Au reste, la mesure de fermer l'entrée des principaux fleuves de l'Allemagne est, comme toutes celles que l'Angleterre a prises depuis plusieurs mois, un acte d'aveuglement qui retombe sur elle-même. Elle rompt les liens de son commerce avec l'Allemagne, et se ferme les principales voies pour l'introduction de ses marchandises sur le continent. Elle en accoutume les peuples à se passer de son industrie; elle les oblige, pour en obtenir des articles équivalens, à s'adresser à la France, à qui, lorsque l'embouchure de l'Elbe est fermée, toutes les voies de terre restent ouvertes. La fureur et la passion sont de bien mauvais conseillers.

Les journalistes anglais annoncent, comme un fait d'armes dont ils tirent vanité, l'enlèvement de pêcheurs français ; et cependant l'Angleterre agit encore ici contre elle-même. En dérobant la propriété aux malheureux habitans des côtes, et en privant les familles de leurs soutiens, elle met au désespoir cette population dont elle a détruit les ressources; elle l'excite à se porter avec plus d'ardeur à la défense de notre territoire et à venger la patrie. Elle allume le sentiment de la haine dans le cœur des hommes qui, par l'obscurité et la tranquillité de leur vie, semblaient y être le moins accessibles.

Ainsi, une mauvaise action entraîne toujours de funestes résultats; ce qui est injuste n'est jamais profitable et ne peut que soulever l'opinion.

Il est dans la nature de l'homme de refuser son intérêt et ses vœux aux entreprises évidemment contraires et à la bonne foi et à l'équité; et quelles que soient les préventions, il finit toujours par être entraîné vers la cause la plus juste. Eh! quel serait le sort de l'Europe s'il n'y a aucune puissance disposée à contenir l'ambition d'un état, qui ne compte pour rien les traités et la justice!

Le ministère anglais suit au surplus la pente où l'entraîne son caractère bien connu de l'Europe entière. Les hommes faibles ne peuvent obéir à la raison: abandonnés à leurs passions, ils se trouvent sans cesse hors de mesure. Une conduite modérée atteste la vigueur d'un jugement sain. L'injustice et la violence proviennent d'une véritable faiblesse, comme le transport est l'effet naturel de l'état de maladie. Comment les lumières de la raison pourraient-elles briller au milieu des illusions du délire? Ne dit-on pas chaque jour au peuple anglais que la France est en proie à tous les désordres, et toujours déchirée par les factions; que le gouvernement est sans force, l'esprit public sans énergie? Peut-être en parlant contre l'évidence, les ministres de S. M. britannique ne parlent pas plus contre leur conscience, qu'un malade dans le délire, lorsqu'il montre à ceux qui l'environnent les fantômes que son imagination a créés.

Malheur au peuple conduit par des hommes faibles et sans plan! Malheur aussi à l'Europe si ces hommes disposent de ce qui reste encore de puissance et de la prospérité d'un grand peuple!

Paris, le 12 thermidor an 11 (31 juillet 1803).

Notes insérées dans le Moniteur.

[1] Non, M. Windham, non, nous châtierons une centaine de familles d'olygarques, dont les conseils et l'influence pèsent trop sur leur gouvernement, et qui sont chargées de tout le sang qui a été versé en Europe pendant ces dernières années. Nous ferons jouir le peuple anglais de tous les bienfaits de l'égalité, et nous établirons une alliance permanente qui assure le repos de l'Europe, la civilisation des deux nations et l'amélioration de l'espèce humaine.

[2] Lord Hawkesbury, dans la dernière guerre, voulait marcher sur Paris : aujourd'hui il admet la possibilité que nous arrivions jusqu'à Londres : voilà un changement assez notable ; ministre enfant, inconsidéré, coupable : comment si, sur quatre chances, vous admettez qu'il y en ait une qui permette aux Français de porter la guerre au milieu de vos foyers, pouvez-vous conseiller de faire la guerre ? Malte qui, quoi que vous en disiez, est le seul et véritable objet de la guerre, vaut-elle que dès le premier moment de cette guerre vous établissiez une imposition extraordinaire de deux années de revenu ; que vous proclamiez la banqueroute, en mettant à contribution la dette publique ; que vous proposiez une levée en masse, depuis dix-sept jusqu'à cinquante-cinq ans ; que vous livriez un état commerçant, fondé sur le crédit et l'ordre, aux appréhensions, aux chances d'une guerre corps à corps et d'une invasion ? Savez-vous ce que c'est qu'une levée en masse ? Croyez-vous que la multitude ne soit pas la même dans tous les pays et dans tous les temps ?

[1] M. Windham, dans la chambre des communes, prétendait que les Français voulaient anéantir l'Angleterre.

[2] Fussent-ils maîtres de Londres (les Français), disait lord Hawkesbury, les Anglais ne se tiendraient pas pour battus.

Croyez-vous qu'il y ait aujourd'hui sur le continent un homme de bon sens, qui, envisageant les conséquences de vos mesures, vous accorde du crédit et vous ouvre sa bourse? Les levées en masse furent toujours les précurseurs et le foyer des désordres civils. Vous auriez pu vous justifier d'avoir placé votre nation dans cette position violente, si ce que vous avez dit dans votre premier message avait été vrai, et que vous eussiez vu un armement formidable prêt à vous envahir, votre conduite aurait en effet mérité des éloges des Anglais, et l'intérêt de l'Europe, si la France, se refusant à l'exécution des traités, avait voulu forcer votre nation à souscrire entre le déshonneur de cette violation, et une lutte dont les conséquences ne peuvent être calculées. Mais quelles doivent être les réflexions des hommes sensés, lorsqu'ils voient que c'est la France seule qui s'est trouvée dans cette situation forcée?

On peut appliquer à vos conseils ce que l'écriture a dit des conseils du roi de Babylonne lorsque Cyrus était à ses portes : « L'esprit du Seigneur les a abandonnés, et l'esprit de vertige s'est emparé de leurs conseils et de ceux de tous les citoyens ».

[1] Quand avez-vous pu compter sur les efforts du continent, que vous avez outragé en l'obligeant à ployer momentanément sous votre nouveau code maritime, fondé sur les mêmes principes et les mêmes raisonnemens que celui d'Alger et de Tunis? comment vous flatter de l'appui des puissances continentales, lorsque vous n'y avez recouru qu'au moment des déclarations de guerre, et qu'à l'époque des ouvertures de paix, vous faites cause à part? et comment pouvez-vous compter sur le continent, lorsque vous avez outragé la Prusse, l'Autriche et la Russie, en leur demandant vous-

[1] M. Pitt prétendait que toute l'Europe allait s'armer pour l'Angleterre.

mêmes la garantie de l'indépendance de Malte, et qu'ensuite vous refusez d'évacuer cette île? Entraînés par l'esprit de pillage et de rapine, vous ne vous donnez pas le temps de discuter; préoccupés d'une seule pensée, vous craignez que quelques millions qui sont sur les mers ne rentrent dans les ports d'Europe; mais le temps de vos pirateries est fini. Vous avez enlevé quarante millions à la France, autant à la Hollande; le crime porte sa punition, et déjà les principes violateurs de votre mauvaise foi se sont introduits jusque dans le système de vos finances, qui pouvait se soutenir encore par le plus grand respect pour vos créanciers, et vous les avez arbitrairement imposés. Il faut que vos marchands, au lieu de l'aune et de la pipe, prennent les armes et aillent pirouetter en sentinelles toutes les nuits le long de vos plages.

Il faut que chaque citoyen paie au trésor public, dans une année, le revenu de deux années, et vous n'en êtes cependant qu'aux trois premiers mois d'une guerre qui dans ses commencemens, est constamment avantageuse à votre marine. Malheur au peuple dont les gouvernans sont assez faibles pour ne se déterminer que par des sentimens d'orgueil et de boursouflure! La sagesse, la raison et les calculs, voilà la seule garantie de la prospérité des nations.

Et pourquoi êtes-vous menacés d'une invasion? c'est parce que vous voulez interdire à la France son commerce et l'empêcher de rétablir ses manufactures, et de vivre au sein de la paix. Vous la déshonorez en voulant qu'elle consente à ce que vous puissiez exécuter ou non les traités que vous faites avec elle; vous êtes menacés d'une invasion, et vous déclarez la guerre sans la faire précéder par des discussions et par des négociations requises en pareilles circonstances. A peine avez-vous donné sept jours, puis trente-six heures, pour répondre à vos impérieux *ultimatum!* Et pourquoi vous jetez-vous à la guerre avec tant de précipation, avec tant d'inconsidération ? Parce que quelques vaisseaux appartenant à de paisibles marchands peuvent rentrer. Misérables pirates ! vous paierez cher les millions que vous avez pillés à de pauvres pêcheurs hollandais, et à des spéculateurs paisibles !

Et vous M. Fox [1], vous qui êtes le premier dans le petit nombre des hommes qui ont jusqu'ici échappé à l'esprit de vertige, et qui, vous plaçant hors de l'atmosphère des passions et de ce nuage errant et furibond que quelques insensés font planer sur votre pays, avez vu d'un coup d'œil les causes et les suites de la guerre, pourquoi n'avez-vous pas dit avec énergie à votre nation : « Vous pouvez faire la paix, vous le pouvez à des conditions honorables. La raison de nos dissentimens est l'inexécution d'un traité ; il faut l'exécuter ; il faut sacrifier l'honneur à la patrie et au bien du peuple ; il faut exécuter fidèlement les engagemens pris à Amiens ». Doué de plus de talens que la plupart de tous vos contemporains, vous avez assez de perspicacité pour saisir tant de funestes résultats, mais pas assez de courage pour vous exposer à l'indignation des hommes passionnés et pour crier sans relâche : « l'univers veut la paix ; le traité d'Amiens l'a rétablie : qu'il soit exécuté ». Ils vous déchireraient dans leur fureur, sans doute ; mais qu'importe ? La postérité dans cette affaire-ci est bien près de nous.

[2] Ce nouveau message ne dit rien de nouveau : aurait-il pour objet d'ordonner aux membres de la chambre d'être d'accord sur les mesures de finances mal conçues et mal dirigées que le ministère a proposées. Si l'on s'en tient à ses propres expressions, on voit : 1°. qu'il invite la chambre à arrêter les dispositions nécessaires pour faire face aux dépenses

[1] M. Fox dit qu'il avait toujours été partisan de la paix, mais que du moment où l'Angleterre était menacée d'une invasion, il devait se rendre à son poste.

[2] Georges venait d'adresser à la chambre des communes un message, où il réclamait une levée extraordinaire d'argent.

Vendée, la conscription en était le prétexte; mais, citoyens, prêtres, soldats, tout s'est ébranlé pour la défense commune; ceux qui, dans d'autres temps, furent des moteurs de troubles, sont venus offrir leurs bras à l'autorité publique, et, dans leurs personnes et dans leurs familles, des gages de leur foi et de leur dévouement.

Enfin ce qui caractérise surtout la sécurité des citoyens, le retour des affections sociales, la bienfaisance se déploie tous les jours davantage; de tous côtés on offre des dons à l'infortune, et des fondations à des établissemens utiles.

La guerre n'a point interrompu les pensées de la paix; et le gouvernement a poursuivi avec constance tout ce qui tend à mettre la constitution dans les mœurs et dans le tempérament des citoyens, tout ce qui doit attacher à sa durée tous les intérêts et toutes les espérances.

Ainsi, le sénat a été placé à la hauteur où son institution l'appelait. Une dotation telle que la constitution l'avait déterminée, l'entoure d'une grandeur imposante.

Le corps législatif n'apparaîtra plus qu'environné de la majesté que réclament ses fonctions; on ne le cherchera plus vainement hors de ses séances. Un président annuel sera le centre de ses mouvemens, et l'organe de ses pensées et de ses vœux dans ses relations avec le gouvernement. Ce corps aura enfin cette dignité qui ne pouvait exister avec des formes mobiles et indéterminées.

Les colléges électoraux se sont tenus partout avec ce calme, cette sagesse qui garantissent les heureux choix.

La légion d'honneur existe dans les parties supérieures de son organisation, et dans une partie des élémens qui doivent la composer. Ces élémens, encore égaux, attendent d'un dernier choix leurs fonctions et leurs places. Combien de traits honorables a révélés l'ambition d'y être admis! Que de trésors la république aura dans cette institution pour récompenser les services et les vertus !

Au conseil d'état, une autre institution prépare aux choix du gouvernement des hommes pour toutes les branches supérieures de l'administration ; des auditeurs s'y forment dans l'atelier des réglemens et des lois ; ils s'y pénètrent des principes et des maximes de l'ordre public. Toujours environnés de témoins et de juges, souvent sous les yeux du gouvernement, souvent dans des missions importantes, ils arriveront aux fonctions publiques avec la maturité de l'expérience, et avec la garantie que donnent un caractère, une conduite et des connaissances éprouvées.

Des lycées, des écoles secondaires s'élèvent de tous côtés, et ne s'élèvent pas encore assez rapidement au gré de l'impatience des citoyens. Des réglemens communs, une discipline commune, un même système d'instruction y vont former des générations qui soutiendront la gloire de la France par des talens, et ses institutions par des principes et des vertus.

Un prytanée unique, le prytanée de Saint-Cyr, reçoit les enfans des citoyens qui sont morts pour la patrie ; déjà l'éducation y respire l'enthousiasme militaire.

A Fontainebleau, l'école spéciale militaire compte plusieurs centaines de soldats qu'on ploie à la discipline, qu'on endurcit à la fatigue, qui acquièrent, avec les habitudes du métier, les connaissances de l'art.

L'école de Compiègne offre l'aspect d'une vaste manufacture, où cinq cents jeunes gens passent de l'étude dans les ateliers, des ateliers à l'étude. Après quelques mois, ils exécutent avec la précision de l'intelligence, des ouvrages qu'on n'en aurait pas obtenus après des années d'un vulgaire apprentissage, et bientôt le commerce et l'industrie jouiront de leur travail et des soins du gouvernement.

Le génie, l'artillerie, n'ont plus qu'une même école et une institution commune.

La médecine est partout soumise au nouveau régime que la loi a prescrit. Dans une réforme salutaire, on a trouvé le moyen de simplifier la dépense et d'ajouter à l'instruction.

L'exercice de la pharmacie a été mis sous la garde des lumières et de la probité.

Un réglement a placé entre le maître et l'ouvrier, des juges qui terminent leurs différens avec la célérité qu'exigent leurs intérêts et leurs besoins, et avec l'impartialité que commande la justice.

Le Code civil s'achève, et dans cette session, pourront être soumis aux délibérations du corps législatif les derniers projets de lois qui en complètent l'ensemble.

Le Code judiciaire, appelé par tous les vœux, subit en ce moment les discussions qui le conduiront à sa maturité.

Le Code criminel avance, et du Code de commerce les parties que paraissent réclamer le plus impérieusement les circonstances, sont en état de recevoir le sceau de la loi dans la session prochaine.

De nouveaux chefs-d'œuvre sont venus embellir nos musées ; et tandis que le reste de l'Europe envie nos richesses, nos jeunes artistes vont encore, au sein de l'Italie, échauffer leur génie à la vue de ses grands monumens, et respirer l'enthousiasme qui les a enfantés.

Dans le département de Marengo, sous les murs de cette Alexandrie qui sera un des plus puissans boulevarts de la France, s'est formé le premier camp de nos vétérans. Là, ils conserveront le souvenir de leurs exploits et l'orgueil de leurs victoires ; ils inspireront à leurs nouveaux concitoyens l'amour et le respect de cette patrie qu'ils ont agrandie et qui les a récompensés ; ils laisseront dans leurs enfans des héritiers de leur courage, et de nouveaux défenseurs de cette patrie dont ils recueilleront les bienfaits.

Dans l'ancien territoire de la république, dans la Belgique, d'antiques fortifications qui n'étaient plus que d'inutiles monumens des malheurs de nos pères ou des accroissemens progressifs de la France, seront démolies. Les terrains qui avaient été sacrifiés à leur défense seront rendus à la culture et au commerce, et avec les fonds que produiront ces démolitions et ces terrains, seront construites de nouvelles forteresses sur nos nouvelles frontières.

Sous un meilleur système d'adjudication, la taxe d'entretien des routes a pris de nouveaux accroissemens; des fermiers d'une année étaient sans émulation; des fermiers de portions trop morcelées étaient sans fortune et sans garantie. Des adjudications triennales, des adjudications de plusieurs barrières à la fois, ont appelé des concurrens plus nombreux, plus riches et plus hardis.

Le droit de barrière a produit en l'an 11 quinze millions; dix de plus ont été consacrés dans la même année à l'entretien et au perfectionnement des routes.

Les routes anciennes ont été entretenues et réparées; des routes ont été liées à d'autres routes par des constructions nouvelles. Dès cette année les voitures franchissent le Simplon et le Mont-Cenis.

On rétablit au pont de Tours trois arches écroulées.

De nouveaux ponts sont en construction à Corbeille, à Roanne, à Nemours, sur l'Isère, sur le Roubion, sur la Durance, sur le Rhin.

Avignon et Villeneuve communiqueront par un pont entrepris par une association particulière.

Trois ponts avaient été commencés à Paris avec des fonds que des citoyens avaient fournis; deux ont été achevés en partie avec les fonds publics, et les droits qui s'y perçoivent assurent, dans un nombre déterminé d'années, l'intérêt et le remboursement des avances.

Un troisième, le plus intéressant de tous (celui du jardin des Plantes) est en construction et sera bientôt terminé. Il dégagera l'intérieur de Paris d'une circulation embarrassante, se liera avec une place superbe, depuis long-temps décrétée, qu'embelliront des plantations et les eaux de la rivière d'Ourcq, et sur laquelle aboutiront en ligne directe la rue Saint-Antoine et celle de son faubourg.

Le pont seul formera l'objet d'une dépense que couvriront rapidement les droits qui y seront perçus. La place et tous ses accessoires ne coûteront à l'état que l'emplacement et les ruines sur lesquelles elle doit s'élever.

Les travaux du canal de Saint-Quentin s'opèrent sur quatre points à la fois. Déjà une galerie souterraine est percée dans une étendue de mille mètres ; deux écluses sont terminées, huit autres s'avancent ; d'autres sortent des fondations, et cette vaste entreprise offrira dans quelques années une navigation complète.

Les canaux d'Arles, d'Aigues-Mortes, de la Saône et de l'Yonne ; celui qui unira le Rhône au Rhin ; celui qui, par le Blavet, doit porter la navigation au centre de l'ancienne Bretagne, sont tous commencés, et tous seront achevés dans un temps proportionné aux travaux qu'ils exigent.

Le canal qui doit joindre l'Escaut, la Meuse et le Rhin, n'est déjà plus dans la seule pensée du gouvernement ; des reconnaissances ont été faites sur le terrain ; des fonds sont déjà prévus pour l'exécution d'une entreprise qui nous ouvrira l'Allemagne, et rendra à notre commerce et à notre industrie des parties de notre propre territoire que leur situation livrait à l'industrie et au commerce des étrangers.

La jonction de la Rance à la Vilaine unira la Manche à l'Océan, portera la prospérité et la civilisation dans des contrées où languissent l'agriculture et les arts, où les mœurs agrestes sont encore étrangères à nos mœurs. Dès cette année des sommes considérables ont été affectées à cette opération.

Le desséchement des marais de Rochefort, souvent tenté, souvent abandonné, s'exécute avec constance. Un million sera destiné cette année à porter la salubrité dans ce port, qui dévorait nos marins et ses habitans. La culture et les hommes s'étendront sur les terrains voués depuis long-temps aux maladies et à la dépopulation.

Au sein du Cotentin, un desséchement non moins important, dont le projet est fait, dont la dépense, largement calculée, sera nécessairement remboursée par le résultat de l'opération, transformera en riches paturages d'autres marais d'une vaste étendue, qui ne sont aujourd'hui qu'un foyer de contagion toujours renaissant.

Les fonds nécessaires à cette entreprise sont portés dans le budjet de l'an 12. En même temps un pont sur la Vire liera le département de la Manche au département du Calvados, supprimera un passage toujours dangereux et souvent funeste, et abrégera de quelques myriamètres la route qui conduit de Paris à Cherbourg.

Sur un autre point du département de la Manche, un canal est projeté, qui portera le sable de la mer et la fécondité dans une contrée stérile, et donnera aux constructions civiles et à la marine des bois qui périssent sans emploi à quelques myriamètres du rivage.

Sur tous les canaux, sur toutes les côtes de la Belgique, les digues minées par le temps, attaquées par la mer, se réparent, s'étendent et se fortifient.

La jetée et le bassin d'Ostende sont garantis des progrès de la dégradation; un pont ouvrira une communication importante à la ville, et l'agriculture s'enrichira d'un terrain précieux, reconquis sur la mer.

Anvers a vu arrêter tout à coup un port militaire, un arsenal et des vaisseaux de guerre sur le chantier. Deux millions assignés sur la vente des biens nationaux, situés dans les départemens de l'Escaut et des Deux-Nèthes, sont consacrés à la restauration et à l'agrandissement de son ancien port. Sur la foi de ce gage, le commerce fait des avances, les travaux sont commencés, et dans l'année prochaine ils seront conduits à leur perfection.

A Boulogne, au Havre, sur toute cette côte que nos ennemis appellent désormais *une côte de fer*, de grands ouvrages s'exécutent ou s'achèvent.

La digue de Cherbourg, long-temps abandonnée, long-temps l'objet de l'incertitude et du doute, sort enfin du sein des eaux; et déjà elle est un écueil pour nos ennemis et une protection pour nos navigateurs. A l'abri de cette digue, au fond d'une rade immense, un port se creuse, où, dans quelques années, la république aura ses arsenaux et des flottes.

A la Rochelle, à Cette, à Marseille, à Nice, on répare avec des fonds assurés les ravages de l'insouciance et du temps. C'est surtout dans nos villes maritimes, où la stagnation du commerce a multiplié les malheurs et les besoins, que la prévoyance du gouvernement s'est attachée à créer des ressources dans des travaux utiles ou nécessaires.

La navigation intérieure périssait par l'oubli des principes et des règles; elle est désormais soumise à un régime salutaire et conservateur. Un droit est consacré à son entretien, aux travaux qu'elle exige, aux améliorations que l'intérêt public appelle. Placée sous la surveillance des préfets, elle a encore, dans les chambres de commerce, des gardiens utiles, des témoins et des censeurs de la comptabilité des fonds qu'elle produit; enfin des hommes éclairés qui discutent les projets formés pour la conserver et pour l'étendre.

Le droit de pêche dans les rivières navigables est redevenu

ce qu'il dut toujours être, une propriété publique. Il est confié à la garde de l'administration forestière; et des adjudications triennales lui donnent, dans des fermiers, des conservateurs encore plus actifs, parce qu'ils sont plus intéressés.

L'année dernière a été une année prospère pour nos finances; les régies ont heureusement trompé les calculs qui en avaient d'avance déterminé les produits. Les contributions directes ont été perçues avec plus d'aisance. Les opérations qui doivent établir les rapports de la contribution foncière de département à département marchent avec rapidité. La répartition deviendra invariable; on ne verra plus cette lutte d'intérêts différens qui corrompait la justice publique, et cette rivalité jalouse qui menaçait l'industrie et la prospérité de tous les départemens.

Des préfets, des conseils généraux ont demandé que la même opération s'étendît à toutes les communes de leur département pour déterminer entre elles les bases d'une répartition proportionnelle. Un arrêté du gouvernement a autorisé ce travail général devenu plus simple, plus économique par le succès du travail partiel. Ainsi, dans quelques années, toutes les communes de la république auront chacune, dans une carte particulière, le plan de leur territoire, les divisions, les rapports des propriétés qui le composent; et les conseils généraux et les conseils d'arrondissement trouveront, dans la réunion de tous ces plans, les élémens d'une répartition juste dans ses bases et perpétuelle dans ses proportions.

La caisse d'amortissement remplit avec constance, avec fidélité, sa destination. Déjà propriétaire d'une partie de la dette publique, chaque jour elle accroît un trésor qui garantit à l'état une prompte libération; une comptabilité sévère, une fidélité inviolable, ont mérité aux administrateurs la confiance du gouvernement et leur assurent l'intérêt des citoyens.

La refonte des monnaies s'exécute sans mouvemens, sans secousses; elle était un fléau quand les principes étaient méconnus; elle est devenue l'opération la plus simple depuis que la foi publique et les règles du bon sens en ont fixé les conditions.

Au trésor, le crédit public s'est soutenu au milieu des secousses de la guerre et des rumeurs intéressées.

Le trésor public fournissait aux dépenses des colonies, soit par des envois directs de fonds, soit par des opérations sur le continent de l'Amérique. Les administrateurs pouvaient, si les fonds étaient insuffisans, s'en procurer par des traites sur le trésor public, mais avec des formes prescrites et dans une mesure déterminée.

Tout à coup une masse de traites (quarante-deux millions) a été créée à Saint-Domingue, sans l'aveu du gouvernement, sans proportion avec les besoins actuels, sans proportions avec les besoins à venir.

Des hommes sans caractère les ont colportées à la Havanne, à la Jamaïque, aux Etat-Unis; elles y ont partout été exposées sur les places à de honteux rabais, livrées à des hommes qui n'avaient versé ni argent ni marchandises, ou qui ne devaient en fournir la valeur que quand le paiement en aurait été effectué au trésor public. De là un avilissement scandaleux en Amérique et un agiotage plus scandaleux en Europe.

C'était pour le gouvernement un devoir rigoureux d'arrêter le cours de cette imprudente mesure, de sauver à la nation les pertes dont elle était menacée, de racheter surtout son crédit par une juste sévérité.

Un agent du trésor public a été envoyé à Saint-Domingue, chargé de vérifier les journaux et la caisse du payeur général; de constater combien de traites avaient été créées, par quelle autorité et sous quelles formes; combien avaient été négociées, et à quelles conditions; si pour des versemens réels, si sans versemens effectifs, si pour éteindre une dette légitime, si pour des marchés simulés.

Onze millions de traites qui n'étaient pas encore en circulation, ont été annulés. Des renseignemens ont été obtenus sur les autres.

Les traites dont la valeur intégrale a été reçue, ont été acquittées avec les intérêts du jour de l'échéance au jour du paiement; celles qui ont été livrées sans valeur effective, sont arguées de faux, puisque les lettres-de-change portent *pour argent versé*, quoique le procès-verbal de paiement constate qu'il n'a rien été versé; et elles seront soumises à un sévère examen. Ainsi, le gouvernement satisfera à la justice qu'il doit aux créanciers légitimes et à celle qu'il doit à la nation dont il est chargé de défendre les droits.

La paix était dans les vœux comme dans les intérêts du gouvernement. Il l'avait voulue au milieu des chances encore incertaines de la guerre; il l'avait voulue au milieu des victoires. C'est à la prospérité de la république qu'il avait désormais attaché toute sa gloire. Au dedans, il réveillait l'industrie, il encourageait les arts, il entreprenait ou des travaux utiles, ou des monumens de grandeur nationale. Nos vaisseaux étaient dispersés sur toutes les mers, et tranquilles sur la foi des traités.

Ils n'étaient employés qu'à rendre nos colonies à la France et au bonheur. Aucun armement dans nos ports, rien de menaçant sur nos frontières.

Et c'est là le moment que choisit le gouvernement britannique pour alarmer sa nation, pour couvrir la Manche de vaisseaux, pour insulter notre commerce par des visites injurieuses, nos côtes et nos ports, les côtes et les ports de nos alliés par la présence de forces menaçantes.

Si, au 17 ventose de l'an 11 (8 mars 1803), il existait aucun armement imposant dans les ports de France et de

Hollande, s'il s'y exécutait un seul mouvement auquel la défiance la plus ombrageuse pût donner une interprétation sinistre, nous sommes les agresseurs; le message du roi d'Angleterre et son attitude hostile ont été commandés par une légitime prévoyance, et le peuple anglais a pu croire que nous menacions *son indépendance*, sa religion, sa constitution.

Mais si les assertions du message étaient fausses, si elles étaient démenties par la conscience de l'Europe, comme par la conscience du gouvernement britannique, ce gouvernement a trompé sa nation; il l'a trompée pour la précipiter sans délibération dans une guerre dont les terribles effets commencent à se faire sentir en Angleterre, et dont les résultats peuvent être si décisifs pour les destinées futures du peuple anglais.

Toutefois l'agresseur doit seul répondre des calamités qui pèsent sur l'humanité.

Malte, le motif de cette guerre, était au pouvoir des Anglais; c'eût été à la France d'armer pour en assurer l'indépendance, et c'est la France qui attend en silence la justice de l'Angleterre, et c'est l'Angleterre qui commence la guerre et qui la commence sans la déclarer.

Dans la dispersion de nos vaisseaux, dans la sécurité de notre commerce, nos pertes devaient être immenses; nous les avions prévues, et nous les eussions supportées sans découragement et sans faiblesse : heureusement elles ont été au-dessous de notre attente. Nos vaisseaux de guerre sont rentrés dans les ports de l'Europe; un seul, qui, depuis longtemps était condamné à n'être plus qu'un vaisseau de transport, est tombé au pouvoir de l'ennemi.

De 200 millions que les croiseurs anglais pouvaient ravir à notre commerce, plus des deux tiers ont été sauvés : nos corsaires ont vengé nos pertes par des prises importantes, et les vengeront par de plus importantes encore.

Tabago, Sainte-Lucie étaient sans défense, et n'ont pu que se rendre aux premières forces qui s'y sont présentées; mais nos grandes colonies nous restent, et les attaques que nos ennemis ont hasardées contre elles ont été vaines.

Le Hanovre est en notre pouvoir : vingt-cinq mille hommes des meilleures troupes ennemies ont posé les armes, et sont restés prisonniers de guerre. Notre cavalerie s'est remontée aux dépens de la cavalerie ennemie, et une possession chère au roi d'Angleterre, est, entre nos mains, le gage de la justice qu'il sera forcé de nous rendre.

Chaque jour le despotisme britannique ajoute à ses usurpations sur les mers. Dans la dernière guerre, il avait épouvanté les neutres, en s'arrogeant, par une prétention inique et révoltante, le droit de *déclarer des côtes entières en état de blocus*. Dans cette guerre, il vient d'augmenter son code monstrueux, du prétendu droit de *bloquer des rivières*, *des fleuves*.

Si le roi d'Angleterre a juré de continuer la guerre, jusqu'à ce qu'il ait réduit la France à ces traités déshonorans que souscrivirent autrefois le malheur et la faiblesse, la guerre sera longue. La France a consenti dans Amiens à des conditions modérées; elle n'en reconnaîtra jamais de moins favorables; elle ne reconnaîtra surtout jamais, dans le gouvernement britannique, le droit de ne remplir de ses engagemens que ce qui convient aux calculs progressifs de son ambition, le droit d'exiger encore d'autres garanties après la garantie de la foi donnée. Eh! si le traité d'Amiens n'est point exécuté, où seront, pour un traité nouveau, une foi plus sainte et des sermens plus sacrés!

La Louisiane est désormais associée à l'indépendance des Etats-Unis d'Amérique. Nous conservons là des amis que le souvenir d'une commune origine attachera toujours à nos intérêts, et que des relations favorables de commerce uniront long-temps à notre prospérité.

Les Etats-Unis doivent à la France leur indépendance ; ils nous devront désormais leur affermissement et leur grandeur.

L'Espagne reste neutre.

L'Helvétie est rassise sur ses fondemens, et sa constitution n'a subi que les changemens que la marche du temps et des opinions lui a commandés. La retraite de nos troupes atteste la sécurité intérieure et la fin de toutes ses divisions. Les anciennes capitulations ont été renouvelées, et la France a retrouvé ses premiers et ses plus fidèles alliés.

Le calme règne dans l'Italie ; une division de l'armée de la république italienne traverse en ce moment la France pour aller camper avec les nôtres sur les côtes de l'Océan. Ces bataillons y trouveront partout des vestiges de la patience, de la bravoure et des grandes actions de leurs ancêtres.

L'empire ottoman, travaillé par les intrigues souterraines, aura, dans l'intérêt de la France, l'appui que d'anciennes liaisons, un traité récent et sa position géographique, lui donnent droit de réclamer.

La tranquillité rendue au continent par le traité de Lunéville, est assurée par les derniers actes de la diète de Ratisbonne. L'intérêt éclairé des grandes puissances, la fidélité du gouvernement à cultiver avec elles les relations de bienveillance et d'amitié, la justice, l'énergie de la nation et les forces de la république en répondent.

Le premier consul, BONAPARTE.

Paris, le 28 pluviose an 12 (18 février 1804).

Réponse du premier consul à une députation du sénat[1].

« Depuis le jour où je suis arrivé à la suprême magistrature, un grand nombre de complots ont été formés contre ma vie. Nourri dans les camps, je n'ai jamais mis aucune importance à des dangers qui ne m'inspirent aucune crainte.

« Je ne puis pas me défendre d'un sentiment profond et pénible, lorsque je songe dans quelle situation se trouverait aujourd'hui ce grand peuple, si le dernier attentat avait pu réussir ; car c'est principalement contre la gloire, la liberté, les destinées du peuple français, que l'on a conspiré.

« J'ai depuis long-temps renoncé aux douceurs de la condition privée; tous mes momens, ma vie entière, sont employés à remplir les devoirs que mes destinées et le peuple français m'ont imposés.

« Le ciel veillera sur la France et déjouera le complot des méchans. Les citoyens doivent être sans alarmes : ma vie durera tant qu'elle sera nécessaire à la nation. Mais ce que je veux que le peuple français sache bien, c'est que l'existence, sans sa confiance et sans son amour, serait pour moi sans consolation, et n'aurait plus aucun but. »

Le premier consul, BONAPARTE.

Paris, le 28 pluviose an 12 (18 février 1804).

Réponse du premier consul à une députation de la garde consulaire et du corps composant la garde de Paris[2].

« Que les soldats de la république, qui avaient reçu du peuple l'honorable mission de le défendre contre ses ennemis,

[1] Envoyée au sujet de la conspiration de Georges et de Pichegru.

[2] Envoyée après la découverte de la conspiration ourdie par Georges et Pichegru, et dans laquelle le général Moreau se trouva fortement compromis.

mission dont les armées s'étaient acquittées avec autant de gloire que de bonheur, avaient plus le droit que les autres citoyens de s'indigner des trames que notre plus cruel ennemi avaient formées jusqu'au sein de la capitale; que quels que soient les services rendus par des citoyens, ils n'en sont que plus coupables lorsqu'ils ourdissent contre elle des trames criminelles; que les circonstances actuelles offriront à la postérité deux inconcevables exemples....; qu'il a été trois jours sans pouvoir croire à des trames aussi noires qu'insensées; mais qu'il avait été forcé de se rendre à l'évidence des faits et de ne plus arrêter la marche de la justice; que jamais sous son gouvernement, des hommes quels qu'ils soient, quels que soient les services qu'ils auront rendus, ne fausseront leurs sermens et ne pratiqueront impunément des liaisons avec les ennemis de la France.....; mais que dans les circonstances actuelles, l'union de tous les Français était un spectacle consolant pour son cœur; que ce n'était pas à eux qu'il avait besoin de répéter que ces attentats si souvent renouvelés contre sa personne ne pourront rien, n'eût-il autour de lui que le corps le moins nombreux de l'armée ».

Le premier consul, BONAPARTE.

Saint-Cloud, le 28 germinal an 12 (18 avril 1804).

Au sénat conservateur.

Sénateurs,

Le sénateur Joseph Bonaparte, grand officier de la légion d'honneur, m'a témoigné le désir de partager les périls de l'armée, campée sur les côtes de Boulogne, afin d'avoir part à sa gloire.

J'ai cru qu'il était du bien de l'état, et que le sénat verrait avec plaisir qu'après avoir rendu à la république d'importans services, soit par la solidité de ses conseils dans les circonstances les plus graves, soit par le savoir, l'habileté, la sagesse qu'il a déployés dans les négociations successives du traité de Mortefontaine qui a terminé nos différens avec les Etats-Unis d'Amérique ; de celui de Lunéville, qui a pacifié le continent ; et dans ces derniers temps de celui d'Amiens, qui avait rétabli la paix entre la France et l'Angleterre, le sénateur Joseph Bonaparte fût mis en mesure de contribuer à la vengeance que se promet le peuple français pour la violation de ce dernier traité, et se trouvât dans le cas d'acquérir de plus en plus des titres à l'estime de la nation.

Ayant déjà servi sous mes yeux dans les premières campagnes de la guerre et donné des preuves de son courage et de ses bonnes dispositions pour le métier des armes, dans le grade de chef de bataillon, je l'ai nommé colonel commandant le premier régiment de ligne, l'un des corps les plus distingués de l'armée, et que l'on compte parmi ceux qui, toujours placés au poste le plus périlleux, n'ont jamais perdu leurs étendards, et ont très-souvent ramené ou décidé la victoire.

Je désire en conséquence que le sénat agrée la demande que lui fera le sénateur Joseph Bonaparte, de pouvoir s'absenter de la délibération pendant le temps où les occupations de la guerre le retiendront à l'armée. BONAPARTE.

Saint Cloud, le 5 floréal an 12 (25 avril 1804).

Au sénat conservateur.

Sénateurs,

J'ai nommé le sénateur Serrurier gouverneur des Invalides.

Je désire que vous pensiez que les fonctions de cette place ne sont point incompatibles avec celles de sénateur.

Rien n'intéresse aussi vivement la patrie que le bonheur de ces huit mille braves, couverts de tant d'honorables blessures et échappés à tant de dangers. Eh ! à qui pouvait-il être mieux confié qu'à un vieux soldat, qui, dans les temps les plus dif-

extraordinaires de l'année ; mais c'est l'échiquier qui a présenté toutes les mesures qui ont été adoptées jusqu'à présent ; S. M. veut-elle les annuler et investir la chambre des communes des pouvoirs de l'échiquier? 2°. Le message invite la chambre à prendre toutes les mesures que l'urgence des circonstances peut demander. Si le roi donne à la chambre des communes l'initiative sur les mesures que l'urgence des circonstances peut commander, il faut nous attendre à lire de belles extravagances. Tout ce qui vient aujourd'hui du parlement anglais porte un caractère d'irréflexion qui frappe même les hommes les moins attentifs.

[1] Des souscriptions !... Mais que peut donner une nation qu'on impose à cinq pour cent de ses propriétés, ou à deux années de son revenu ? Si le gouvernement français avait pris de telles mesures, elles auraient produit une augmentation de 2,100,000,000.

[2] Message, en vérité, de nature à exciter une grande curiosité! et que nous ne pouvons nous empêcher de recommander à la méditation de tous les souverains du continent. Après la paix d'Amiens, lorsque le prince d'Orange se trouvait dans une situation tout-à-fait pénible, le ministère lui refusa tout ce que ce prince était en droit de lui demander. Pendant les deux années de paix qui suivirent, on lui répondit sans cesse qu'on ne pouvait ni devait rien lui donner. La guerre se déclare, et un message sollicite en sa faveur la générosité nationale. Espérons que bientôt un autre message invitera la chambre à payer les dettes de la nation à l'égard du roi de l'île de Sardaigne, en s'acquittant avec ce prince des subsides qui lui sont encore dus.

[1] Le Times annonçait des souscriptions de toutes parts pour la guerre.

[2] Autre message du roi d'Angleterre où Georges cherchait à appitoyer la nation sur le sort de la maison d'Orange.

[1] Ces prisonniers dont on a tant parlé sont une jeune demoiselle de quatorze ans et un enfant de douze ans, partis de la Martinique, où ils sont nés, pour venir achever leur éducation en France. Tels sont les personnages dangereux qu'il faut soigneusement garder, et que S. M. britannique confie à la fidélité du capitaine Thesiger. On leur permet de se promener dans un bourg et de se procurer eux-mêmes ce qui leur est nécessaire. Comparez cette manière de traiter deux enfans à l'entière liberté dont jouissent à Paris et dans les villes de la France les prisonniers de guerre anglais. Avec son système de finance qui se détériore; avec le rang élevé dont elle tombe, la nation anglaise perd encore les qualités sociales qui l'avaient long-temps distinguée.

Paris, le 30 thermidor an 11 (18 août 1802).

Aux citoyens landamman et membres de la diète générale de la Suisse.

Citoyens landamman et membres de la diète générale de la Suisse, vous me rappelez l'un des plus heureux momens de ma vie, lorsque vous m'écrivez que l'acte de médiation vous a épargné la guerre civile.

C'est dans cette vue que j'avais déféré au vœu de la Suisse entière, et que j'étais intervenu dans ses dissensions.

L'expérience a servi de guide pour la base de vos institutions actuelles; elle peut en servir pour la continuation des rapports qui subsistèrent constamment entre la France et votre pays.

Ces rapports sont fondés sur des sentimens d'affection et d'estime, dont j'aimerai toujours à donner des témoignages à votre nation.

BONAPARTE.

[1] Cette note s'explique sans commentaires

Paris, le 30 thermidor an 11 (18 août 1803).

Aux citoyens membres du grand-conseil du canton de Vaud.

Citoyens membres du grand-conseil du canton de Vaud, j'ai lu avec sensibilité le décret du 14 avril, par lequel vous m'exprimez votre reconnaissance.

Lorsque j'ai accepté d'être votre médiateur, mon but a été de rapprocher les esprits, et de prévenir le retour des anciennes divisions. Je vois avec satisfaction que ce but est rempli.

Votre bonheur ne peut, dans aucun temps, m'être étranger. Des rapports intimes de voisinage, de langue, de mœurs, vous unissent à la France; et je prendrai toujours un vif intérêt au maintien de votre tranquillité et des avantages que l'acte de médiation vous a rendus. BONAPARTE.

Paris, le 20 vendémiaire an 12 (13 octobre 1803).

Note inscrite dans le Moniteur, en réponse à un article du journal anglais le Morning-Post, qui finissait ainsi : « Le premier consul demandera la paix lorsqu'il verra que tout l'avantage sera de notre côté et toute l'humiliation du sien. »

Vous aviez en Europe la réputation d'une nation sage, mais vous avez bien dégénéré de vos pères. Tous vos discours inspirent sur le continent le mépris de la pitié. Voltaire dit quelque part : quand Auguste buvait, la Pologne était ivre. L'état de maladie de votre roi s'est communiqué à votre nation; jamais peuple n'a été entraîné si promptement par un esprit de vertige qui se manifeste chez les peuples quand Dieu le permet.

Vous faites la guerre pour garder Malte, et alarmés dès les six premiers mois sur votre position, vous croyez une levée en masse nécessaire à votre sûreté !!! Les peines, les angoisses, les périls, attachés aux mouvemens tumultueux et populaires, voilà déjà le châtiment terrible et juste de votre déloyauté.

Ce même esprit de vertige vous fit répondre avec insolence au roi de Prusse, lorsqu'il vous proposa de garantir le Hanovre, si vous vouliez reconnaître l'indépendance de son pavillon, et vous conduisit à une levée en masse dans le Hanovre. Lorsque depuis on vous proposa la convention de Salhingen, le même esprit dicta votre refus, et par là le roi d'Angleterre manqua à ses devoirs les plus sacrés, mérita la haine de ses peuples de l'Elbe et donna lieu au gouvernement français de désarmer vingt mille hommes et d'occuper celles des provinces du Hanovre qui lui étaient encore restées.

Lorsque vous vîtes le résultat de cette conduite inconsidérée, impolitique, immorale, vous eûtes recours à une mesure moins réfléchie encore; vous déclarâtes en état de blocus l'Elbe et le Weser. Par là, vous fîtes outrage, vous fîtes tort au Danemarck, à la Prusse, à Hambourg, à Brême, qui, riverains de ce fleuve, n'avaient cependant rien de commun avec l'occupation du Hanovre.

Cette conduite était peu sage; mais ce qui la constitue inconcevable, c'est que, bloquant l'Elbe et le Weser, vous exécutâtes précisément ce que les Français désiraient. Il n'est pas un négociant, pas un teneur de livres de Londres qui n'ait calculé le dommage que vous vous êtes fait à vous-mêmes.

Le Weser et l'Elbe demeurant libres, vous auriez introduit vos marchandises au moyen des navires prussiens, danois, brémois, etc.; et vos manufactures et votre commerce ne se fussent pas ressenti de l'occupation du Hanovre. Ainsi, en déclarant le blocus de l'Elbe et du Weser, vous avez exécuté, non-seulement la chose la plus injuste qui ait été faite depuis les Carthaginois, qui, à leur gré, prohibaient le commerce des différentes régions, mais la chose la plus contraire à vos intérêts.

Certainement cette conduite n'a pas été inspirée par l'esprit de calcul et de prudence qui seul vous dirigeait jadis, mais bien par cet esprit de vertige qui plane sur vous et qui règne dans vos conseils.

Enfin, pour prouver à la France que vous devez garder Malte, vous la menacez d'une levée en masse, la plus funeste des extrémités auxquelles puisse être réduite une nation après avoir essuyé de grands malheurs. Vienne ne fit une levée en masse que lorsque les armées françaises furent à ses portes. Vous nous menacez de M. Pitt, de lord Withwort, que vous faites colonels, et votre roi exerce à cheval sa troupe, afin de lui communiquer cette ardeur guerrière et cette expérience qu'il a acquises dans tant de combats !!! Ces caricatures misérables font rire de pitié l'Europe, et l'on cherche en vain l'esprit de cette vieille Angleterre, si sûre dans ses conseils, si sensée et si constante dans ses entreprises. La politique de vos précédens ministres vous a séparés de tous vos alliés, était-ce le temps de vous montrer injustes, oppresseurs, violateurs des traités? Etait-ce le temps de vouloir, par la force, réunir au commerce exclusif de l'Océan celui de la Méditerranée, auquel vos ancêtres plus sages avaient eu le bon esprit de renoncer? Et lorsque vous avez des projets aussi ambitieux qu'ils sont mal calculés, vous vous aliénez la plus belle et la plus considérable de vos provinces. Vous avez réuni son parlement à votre parlement, et vous refusez à l'Irlande l'exercice de sa religion! Vous savez pourtant bien que la chose la plus sacrée parmi les hommes, c'est la conscience, et que l'homme a une voix secrète qui lui crie que rien sur la terre ne peut l'obliger à croire ce qu'il ne croit pas. La plus horrible de toutes les tyrannies est celle qui oblige les dix-huit vingtièmes d'une nation à embrasser une religion contraire à leur croyance, sous peine de ne pouvoir ni exercer les droits de citoyens, ni posséder aucun bien, ce qui est la même chose que de n'avoir plus de patrie sur la terre.

Ainsi donc vous voulez réunir l'Irlande, et vous ne voulez pas que les Irlandais aient une patrie! Inconcevable contradiction que l'Europe ne peut expliquer qu'en l'attribuant à l'esprit d'absence et d'imprévoyance qui caractérise vos conseils. Vous êtes peut-être aujourd'hui la seule nation éclairée chez qui la tolérance ne soit pas établie. Vous voulez et vous ne voulez pas; et s'il était vrai que les Pitt et les Grenville eussent quitté le ministère parce que le roi avait manqué de parole à l'égard des Irlandais, après leur avoir promis la liberté de leur religion, il faudrait le dire : ils étaient dépourvus de toute pudeur, ces hommes qui ont brigué la honte de leur succéder aux conditions imposées par un prince malade, sans foi, et qui, dans le siècle où nous sommes, a rétabli les lois des Néron et des Domitien, et persécuté comme eux l'église catholique. Ils n'ont pas trouvé cet exemple dans votre histoire; vos pères avaient plus de vertus, plus de respect national.

Quel est donc le sort que le destin vous a préparé? il échappe aux calculs de toute intelligence humaine.

Cependant serait-il présomptueux de dire que le prince, dont l'entêtement et le délire vous a fait perdre l'Amérique et vient de vous faire perdre le Hanovre, pourra vous faire perdre l'Irlande, si, pour votre punition, Dieu le conserve encore quelque temps sur son trône? Le ciel ne donne aux nations des princes vicieux ou aliénés que pour châtier et abaisser leur orgueil.

Paris, le 17 brumaire an 12 (9 novembre 1803).

Notes insérées dans le Moniteur.

L'Angleterre n'a point de fusils [1]. Qui croirait qu'après avoir déclaré la guerre, provoqué l'arrivée d'une armée française dans son sein, l'Angleterre manque d'armes pour ses défenseurs? elle a recours à des piques et à des coutelas. Elle a déjà consommé les cinquante mille fusils qu'elle avait en réserve dans la tour de Londres, et l'on sait que dans les levées en masse et les mouvemens tumultueux, il faut compter les fusils par millions. Ses agens ont parcouru le nord de l'Allemagne, ils se sont présentés à Berlin, à Hesse-Cassel, Brunswick, etc., pour avoir des fusils; ils en ont offert le double et le triple de leur valeur, et ils n'ont pu s'en procurer. Ainsi donc M. Addington arme son régiment avec des piques! Peut-il y avoir une plus grande preuve de l'esprit de démence qui s'est emparé des conseils de cette nation...

Pourquoi sommes-nous en guerre [2]? Parce que le peuple anglais n'a, pour diriger ses affaires, qu'un roi fou, qu'un premier ministre qui a le caractère et l'incertitude d'une vieille gouvernante; un ministre des affaires étrangères, jeune homme inconsidéré qui, dans la première coalition, voulait arriver à Paris en douze jours, et dont les calculs politiques se ressentent de cette extrême inconsidération.

La paix d'Amiens était honorable à l'Angleterre; elle eût été solide, puisque l'Angleterre était la seule des puissances coalisées qui, au lieu de perdre, avait accru et consolidé ses domaines de l'Orient et de l'Occident par des acquisitions de la plus grande importance. Mais des ministres incapables ne

[1] *Le Merchant*, journal anglais, annonçait qu'à défaut de *fusils*, les braves Bretons allaient se servir de *piques*.

[2] Titre d'une brochure anglaise qui venait de paraître à Londres.

surent la défendre ni par la force des discours, ni par des mesures sensées. Ils voulaient que la France leur fût en tout favorable, et ils continuèrent à laisser solder sous leurs yeux des hommes qui, sans cesse, méditaient l'assassinat du premier magistrat de France. Ils voulaient, après tant d'orages et de malheurs, fonder la paix des deux nations, et ils n'avaient pas une voie, pas un moyen pour s'opposer au torrent d'injures et de calomnies sans exemple, que les différens partis, pour les embarrasser sans doute, s'étudiaient à vomir contre le gouvernement français.

Ils voulaient diminuer la prévention et l'aigreur naturelle après la guerre acharnée qui avait eu lieu entre les deux états, et l'esprit de méfiance qui avait existé entre les deux gouvernemens; et eux-mêmes ne cessaient de déclarer qu'il fallait un état de paix considérable, qu'il fallait rester sur ses gardes, non qu'ils le pensassent véritablement, mais pour complaire, par un excès de faiblesse, aux ennemis de leur autorité dans le parlement, sans prévoir que nécessairement le gouvernement français devait non-seulement en dire mais en faire autant. Enfin, nous avons la guerre parce que l'Angleterre est sans roi, que ses conseils et son parlement sont divisés par des factions acharnées et puissantes, et que le ministère qui dirige les affaires est sans puissance d'opinion ou de talent. Les événemens actuels ont prouvé qu'une nation étrangère ne pourrait traiter avec l'Angleterre que quand elle aurait un roi capable d'une volonté, ou un ministère fort et puissant, capable d'éclairer la nation, de justifier de ce qu'il a fait. Faite par Grenville et l'ancien ministère, la paix eût été solide; elle l'eût été sous le règne du prince de Galles, ou sous le ministère d'hommes forts en talens et en raisonnemens, tels que les membres de l'opposition.

Quelques personnes ont essayé de comparer la levée en masse des propriétaires de Londres et de quelques autres comtés, avec la levée en masse du peuple français de 1789. Les hommes que l'inquiétude du gouvernement britannique exporte journellement de son territoire, et les voyageurs impartiaux, ne trouvent guère de ressemblance que dans l'expression.

Celui qui, en 1790, parcourait nos populeux départemens, rencontrait partout, non pas quelques corps et métiers ralliés sous des bannières de confrérie, mais les villes entières levées au signal de la patrie menacée, et faisant retentir les airs de chants civiques et d'hymnes à la liberté. L'homme que son zèle et quelquefois sa modestie même plaçait dans les rangs où l'âge, le talent et le mérite se plaisaient à se confondre, savait bien que ce n'était pas pour défendre la vaisselle plate de son capitaine, qu'il abandonnait sa femme et ses enfans, allait exposer sa vie et verser son sang : un autre motif l'appelait aux armes, le besoin de sortir du néant, dans lequel était plongée la France entière, et de disputer à d'insolens et privilégiés héréditaires la considération qui appartenait au mérite seul : voilà tout ce qui avait soulevé une grande nation, voilà ce qui a recruté pendant long-temps une armée qui, d'abord de 1,200,000, s'est constamment et facilement maintenue à la hauteur des dangers et des besoins de la patrie.

Pour enflammer les soldats de la liberté on n'avait pas recours à de sottes et lâches caricatures contre les ennemis de leur pays ; il suffisait de leur dire que la révolution qui en faisait des hommes libres, était menacée par une ambition impie, et l'on n'était pas réduit d'invoquer leur pitié en faveur d'un ordre de choses qui ne garantit à la majorité que sa misère et son opprobre. Aussi la France était la terre de Cadmus, hérissée de piques et couverte de défenseurs. Le soin qu'on a pris en Angleterre de parodier notre levée en masse, n'a servi qu'à prouver la pauvreté des moyens dont on dispose. Une fanfaronnade du gouvernement anglais a fait défendre de recevoir des nouveaux volontaires qui se présentaient en foule, mais pour apprécier cette mesure il faut en connaître les motifs.

La vérité est que le gouvernement, beaucoup plus effrayé que flatté de l'empressement de ceux qui demandaient à être armés, n'a pas trouvé d'autres moyens d'arrêter leur zèle plus que suspect : en outre demander à être volontaire, était un moyen d'éviter d'être enrôlé, et il est aujourd'hui reconnu que beaucoup de volontaires n'ont pas eu d'autre vocation. Tout cet héroïsme a empêché la faible armée anglaise de se compléter, et il lui manque encore plus de dix mille hommes, malgré la ferveur avec laquelle les recruteurs anglais expédient à leurs commettans l'écume du Holstein et de la Haute-Saxe pour aller défendre les intérêts et la gloire de John Bull ou de sa patrie.

Nous ne dissimulerons pas que le désir de conserver de grands et lourds priviléges ne soit capable de quelque énergie passagère ; nous conviendrons, si l'on veut, que les courtauts de Westminster ont assez bonne mine sous leur uniforme rouge ; mais si les légions de César ajustent aux visages, garre que cette belle troupe ne s'occupe bientôt de pourvoir à sa sûreté individuelle.

Boulogne, le 24 brumaire an 12 (16 novembre 1803).

Ordre du jour.

Le premier consul est satisfait de l'armée de terre du camp de Saint-Omer, et des divisions de la flottille réunies à Boulogne. Il charge l'amiral et le général en chef de faire connaître aux soldats et matelots que leur conduite justifie l'opinion qu'a d'eux le premier consul. BONAPARTE.

Paris, le 8 frimaire an 12 (1er décembre 1803).

Note inscrite dans le Moniteur en réponse à un message du roi d'Angleterre au parlement, où Georges assurait que la France voulait sérieusement détruire la constitution, la religion et l'indépendance de la nation anglaise; *mais qu'au moyen des mesures qu'il allait prendre, cette même France ne retirerait de son projet que la* défaite, la confusion et le malheur.

Est-ce bien le roi d'Angleterre, le chef d'une nation maîtresse des mers et souveraine de l'Inde qui tient ce langage? Quoi, nous sommes à peine au sixième mois depuis ce jour où la discorde apparut à votre roi, et épaissit sur ses yeux les ténèbres de l'intrigue et de la basse ambition, et lui montra les ports de France et de Hollande remplis de flottes et d'armées qui méditaient l'invasion de l'Angleterre, depuis ce jour où votre prince, encore abusé par ces perfides illusions, vint au milieu de vous, et dans son effroi, convainquit l'Europe et la France de l'égarement de ses conseils; et déjà nous l'entendons parler de marcher avec son peuple pour la défense de la religion, de vos lois, de votre indépendance. Qui vous a donc réduits à cette extrémité? Si vous aviez perdu les batailles de la Trebie, de Trasimène, de Cannes, tiendriez-vous un autre langage. Cependant la lutte est à peine commencée; vous n'avez essuyé aucun revers, même tout vous a prospéré! et l'alarme est dans vos villes, et vos conseils ont besoin de se rassurer à la voix d'un chef qui déclare qu'il veut périr en marchant à la tête de son peuple! Ceux qui lui dictent ces discours inconsidérés ignorent-ils donc que Harold-le-parjure se mit aussi à la tête de son peuple! Ignorent-ils que les prestiges de la naissance, les attributs du pouvoir souverain, le manteau de pourpre qui couvre les rois sont de fragiles boucliers dans ces momens où la mort, se promenant à travers les rangs de l'une et de l'autre armée, attend le coup d'œil du génie et un mouvement inattendu, pour choisir le parti qui doit lui fournir ses victimes. Le jour d'une bataille tous les hommes sont égaux.

L'habitude des combats, la supériorité de la tactique, et le sang-froid du commandement font seuls les vainqueurs ou les vaincus. Un roi qui, à soixante-trois ans, se mettrait pour la première fois à la tête de ses troupes, serait, dans un jour de combat, un embarras de plus pour les siens, une nouvelle chance de succès pour les ennemis.

Le roi d'Angleterre parle de l'honneur de sa couronne, du maintien de la constitution, de la religion, des lois, de l'indépendance. La jouissance de tous ces biens précieux n'était-elle pas assurée par le traité d'Amiens? On dirait, en lisant ce discours, que ce n'est pas l'ambassadeur d'Angleterre qui a eu la honteuse insolence de donner trente-six heures pour se décider à la guerre, et qu'au contraire l'ambassadeur de France a exigé à Londres que dans trente-six heures on changeât la religion, on abolît la constitution, on déshonorât l'Angleterre. Votre religion, votre constitution, votre honneur ne pouvaient-ils donc exister sans l'*ultimatum* de lord Withworth? Qu'a donc de commun le rocher de Malte et l'île de Lampedouse avec votre religion, vos lois et votre indépendance?

Il n'appartient pas à la prudence humaine de connaître ce que la Providence a arrêté dans sa profonde sagesse pour servir à la punition du parjure et au châtiment de ceux qui soufflent la division, provoquent la guerre, et pour les vains prétextes ou les secrètes raisons d'une ambition misérable, prodiguent sans ménagement le sang des hommes; mais nous pouvons présager avec assurance l'issue de cette importante contestation, et dire que vous n'aurez pas Malte, que vous n'aurez point

Lampedouse, et que vous signerez un traité moins avantageux que celui d'Amiens.

La défaite, la confusion et le malheur! Si le roi est si sûr de son fait, que n'ordonne-t-il à ses flottes, à ses croisières de nous laisser pendant quelques jours un libre passage? Nous verrons bientôt si le résultat serait pour les Français, la défaite, la confusion et le malheur. Toutes ses rodomontades sont indignes à la fois d'un grand peuple et d'un homme dans son bon sens. Le roi d'Angleterre eût-il remporté autant de victoires qu'Alexandre, Annibal ou César ; ce langage ne serait pas moins insensé. Le destin de la guerre et le sort des batailles tiennent à si peu de choses? La fortune est si souvent inconstante et aveugle qu'il faut être dépourvu de toute raison pour affirmer que l'armée française qui, jusqu'à ce jour, n'a point passé pour lâche, ne trouverait sur le sol de la Grande-Bretagne que défaite, confusion et malheur.

Quant aux menaces présomptueuses dont le roi d'Angleterre accuse ses ennemis, les ministres seraient embarrassés, sans doute, de les citer. Dans quel temps le premier consul, qui, seul, a la direction de toutes les dispositions militaires, a-t-il dit qu'il voulait envoyer une armée en Angleterre? Il a dit jusqu'à présent, on campera au Texel, à Ostende, à Saint-Omer, à Brest, à Bayonne, et l'armée y a campé. Ne peut-on donc, lorsqu'on est en guerre, réunir des troupes dans des camps, sans exécuter des menaces présomptueuses?

Vous convenez que l'armée française peut pénétrer au sein de l'Angleterre ; vous offrez, dans cette supposition, votre tête et votre bras à votre peuple pour sa défense, et vous assurez, d'un ton prophétique, que le résultat sera, pour l'armée française, la défaite, la confusion et le malheur.... Soit, mais qu'y gagnerez-vous? L'avantage que nous en retirerons sera, dites-vous, la gloire de surmonter les difficultés actuelles : il était bien plus simple de ne pas faire naître ces difficultés. — De repousser un danger immédiat : il était bien plus sûr de ne pas vous exposer à ce danger. — D'établir la sûreté et l'indépendance du royaume sur la base de sa force reconnue : mais le traité d'Amiens avait établi la sûreté et l'indépendance du royaume de la Grande-Bretagne. — Résultant de l'épreuve de ses ressources et de son énergie, eh! qui doute que votre peuple, qui règne sur les deux mondes, ne soit riche, brave et plein d'énergie?

Certes, ces expressions, *l'épreuve de ses propres ressources et de son énergie*, doivent retentir dans toute l'Europe : ainsi vous vous battez pour montrer que vous pouvez vous battre; vous accablez vos peuples pour faire connaître que vous êtes riches; vous produisez le malheur des générations actuelles pour constater cette énergie que personne n'avait envie de vous contester. L'Europe jugera si de pareils sentimens sont le résultat de la grandeur ou de la faiblesse de l'âme, de la sagesse ou de la folie.

Mais si nous admettons que, d'après l'inconstance de la fortune et les vicissitudes de la guerre, l'armée française pût trouver au sein de la Grande-Bretagne la défaite et le malheur, admettez à votre tour qu'une armée de vétérans, dont chaque soldat a affronté la mort dans tant de batailles, et que conduisent des hommes à qui l'Europe accorde quelqu'estime, peut, soit par son courage, soit par quelques manœuvres, porter au milieu de vous le malheur, la confusion et la défaite, quel avantage en résultera pour la France? ce ne sera pas de surmonter les difficultés actuelles : il n'en existe aucune pour elle; de repousser un danger immédiat : il n'est dans cette lutte, aucun danger immédiat pour elle; d'établir la sûreté et l'indépendance de l'état sur la base de sa force reconnue, résultant de l'épreuve de ses propres ressources et de son énergie : sa sûreté, son indépendance, sa force, ses propres ressources et son énergie, sont comme l'éclat du soleil : il n'est besoin d'aucune preuve pour les constater.

Le résultat serait pour elle de vous arracher ce trident, acquis par cinquante années de bonheur, par les vertus de vos pères, et conservé par la duplicité de votre cabinet ; de venger cette Hibernie infortunée, de la restituer aux nations, et de faire luire sur cette terre, arrosée de sang et de larmes, des jours sereins et prospères.... ce serait....

Enfin, l'Europe attentive à la lecture de ce discours, sera frappée d'un seul sentiment. Quoi ! les ministres de la Grande-Bretagne sont assez insensés pour mettre dans la bouche de leur roi, et pour proclamer, dans un jour solennel, que du sort d'une bataille dépendent les destinées de ce colosse qui pèse sur les deux mondes ?

Si du sort d'une bataille avait dépendu celui d'un seul des nouveaux départemens acquis par la France, nous sommes assurés qu'elle eût fait la paix, qu'elle n'eût pas repoussé vos injustes prétentions, qu'elle eût cédé Malte. Cette conduite aurait été conforme aux devoirs imposés à tous les hommes, chefs ou ministres, dont les volontés influent sur le sort des nations.

Paris, le 25 nivose an 12 (16 janvier 1804).

Au corps législatif.

EXPOSÉ DE LA SITUATION DE LA RÉPUBLIQUE.

La république a été forcée de changer d'attitude, mais elle n'a point changé de situation ; elle conserve toujours, dans le sentiment de sa force, le gage de sa prospérité. Tout était calme dans l'intérieur de la France, lorsqu'au commencement de l'année dernière, nous entretenions encore l'espoir d'une paix durable. Tout est resté calme depuis qu'une puissance jalouse a rallumé les torches de la guerre ; mais sous cette dernière époque, l'union des intérêts et des sentimens s'est montrée plus pleine et plus entière; l'esprit public s'est développé avec plus d'énergie.

Dans les nouveaux départemens que le premier consul a parcourus [1], il a entendu, comme dans les anciens, les accens d'une indignation vraiment française; il a reconnu, dans leur haine contre un gouvernement ennemi de notre prospérité, mieux encore que dans les élans de la joie publique et d'une affection personnelle, leur attachement à la patrie, leur dévouement à sa destinée.

Dans tous les départemens, les ministres du culte ont usé de l'influence de la religion pour consacrer ce mouvement spontané des esprits. Des dépôts d'armes que des rebelles fugitifs avaient confiés à la terre, pour les reprendre dans un avenir que leur forgeait une coupable prévoyance, ont été révélés au premier signal du danger, et livrés aux magistrats pour en armer nos défenseurs.

Le gouvernement britannique tentera de jeter, et peut-être il a déjà jeté sur nos côtes quelques-uns de ces monstres qu'il a nourris pendant la paix pour déchirer le sol qui les a vus naître; mais ils n'y retrouveront plus ces bandes impies qui furent les instrumens de leurs premiers crimes; la terreur les a dissoutes, ou la justice en a purgé nos contrées; ils n'y retrouveront ni cette crédulité dont ils abusèrent, ni ces haines dont ils aiguisèrent les poignards. L'expérience a éclairé tous les esprits; la sagesse des lois et de l'administration a réconcilié tous les cœurs.

Environnés partout de la force publique, partout atteints par les tribunaux, ces hommes affreux ne pourront désormais ni faire des rebelles, ni recommencer impunément leur métier de brigands et d'assassins.

Tout à l'heure une misérable tentative a été faite dans la

[1] Ceux de la Belgique.

ficiles, et en les conduisant à la victoire, leur donna toujours l'exemple d'une sévère discipline et de cette franche intrépidité, première qualité du général. En voyant leur gouverneur assis parmi les membres d'un corps qui veille à la conservation de cette patrie, à la prospérité de laquelle ils ont tant contribué, ils auront une nouvelle preuve de ma sollicitude pour tout ce qui peut rendre plus honorable et plus douce la fin de leur glorieuse carrière.

Le premier consul, BONAPARTE.

Saint-Cloud, le 5 floréal an 12 (25 avril 1804).

Au sénat conservateur.

Votre adresse du 6 germinal dernier n'a pas cessé d'être présente à ma pensée [1]. Elle a été l'objet de mes méditations les plus constantes.

Vous avez jugé l'hérédité de la suprême magistrature nécessaire pour mettre le peuple français à l'abri des complots de nos ennemis et des agitations qui naîtraient d'ambitions rivales. Plusieurs de nos institutions vous ont, en même temps, paru devoir être perfectionnées pour assurer, sans retour, le triomphe de l'égalité et de la liberté publique, et offrir à la nation et au gouvernement la double garantie dont ils ont besoin.

Nous avons été constamment guidés par cette grande vérité : que la souveraineté réside dans le peuple français, dans ce sens que tout, tout sans exception, doit être fait pour son intérêt, pour son bonheur et pour sa gloire. C'est afin d'atteindre ce but que la suprême magistrature, le sénat, le conseil-d'état, le corps législatif, les colleges électoraux et les

[1] C'est l'adresse dans laquelle le sénat suppliait le premier consul de prendre des mesures pour *rendre son autorité éternelle*. C'était le premier pas fait vers la dignité d'empereur.

diverses branches de l'administration sont et doivent être institués.

A mesure que j'ai arrêté mon attention sur ces grands objets, je me suis convaincu davantage de la vérité des sentimens que je vous ai exprimés, et j'ai senti de plus en plus que, dans une circonstance aussi nouvelle qu'importante, les conseils de votre sagesse et de votre expérience m'étaient nécessaires pour fixer toutes mes idées.

Je vous invite donc à me faire connaître votre pensée toute entière.

Le peuple francais n'a rien à ajouter aux honneurs et à la gloire dont il m'a environné; mais le devoir le plus sacré pour moi, comme le plus cher à mon cœur, est d'assurer à ses enfans les avantages qu'il a acquis par cette révolution qui lui a tant coûté, surtout par le sacrifice de ce million de braves, morts pour la défense de ses droits.

Je désire que nous puissions lui dire le 14 juillet de cette année : « Il y a quinze ans, par un mouvement spontané, vous courûtes aux armes, vous acquîtes la liberté, l'égalité et la gloire. Aujourd'hui ces premiers biens des nations, assurés sans retour, sont à l'abri de toutes les tempêtes; ils sont conservés à vous et à vos enfans : des institutions conçues et commencées au sein des orages de la guerre intérieure et extérieure, développées avec constance, viennent se terminer, au bruit des attentats et des complots de nos plus mortels ennemis, par l'adoption de tout ce que l'expérience des siècles et des peuples a démontré propre à garantir les droits que la nation avait jugés nécessaires à sa dignité, à sa liberté et à son bonheur.

BONAPARTE.

Saint-Cloud, le 28 floréal an 12 (18 mai 1804).

Réponse du premier consul au sénat [1].

Tout ce qui peut contribuer au bien de la patrie est essentiellement lié à mon bonheur.

J'accepte le titre que vous croyez utile à la gloire de la nation.

Je soumets à la sanction du peuple la loi de l'hérédité.

J'espère que la France ne se repentira jamais des honneurs dont elle environnera ma famille.

Dans tous les cas, mon esprit ne sera plus avec ma postérité, le jour où elle cesserait de mériter l'amour et la confiance de la grande nation. BONAPARTE.

[1] Le sénat s'était rendu en corps à Saint-Cloud, pour présenter au premier consul le senatus-consulte organique décrété dans le jour, par lequel Napoléon Bonaparte était déclaré empereur, et la dignité impériale rendue héréditaire dans sa famille.

FIN DU TROISIÈME LIVRE.

LIVRE QUATRIÈME.

EMPIRE.

1804.

Paris, le 28 floréal an 12 (18 mai 1804).

Le serment de l'empereur est ainsi conçu :

« Je jure de maintenir l'intégrité du territoire de la répu-
« blique; de respecter et de faire respecter les lois du con-
« cordat et la liberté des cultes ; de respecter et de faire res-
« pecter l'égalité des droits, la liberté politique et civile,
« l'irrévocabilité des ventes des biens nationaux ; de ne lever
« aucun impôt, de n'établir aucune taxe qu'en vertu de la
« loi ; de maintenir l'institution de la légion d'honneur; de
« gouverner dans la seule vue de l'intérêt, du bonheur et
« de la gloire du peuple français. »

Saint-Cloud, le 28 floréal an 12 (18 mai 1804).

Aux consuls Cambacérès et Lebrun.

Citoyens consuls, Cambacérès et Lebrun, votre titre va changer; vos fonctions et ma confiance restent les mêmes. Dans la haute dignité d'archi-chancelier de l'empire, et d'archi-trésorier, dont vous allez être revêtus, vous manifesterez, comme vous l'avez fait dans celle de consuls, la sagesse de vos conseils, et les talens distingués qui vous ont acquis une part aussi importante dans tout ce que je puis avoir fait de bien.

Je n'ai donc à désirer de vous que la continuation des mêmes sentimens pour l'état et pour moi. NAPOLÉON.

Paris, le 29 floréal an 12 (19 mai 1804).

Réponse de l'empereur à une députation de la garde impériale [1].

Je reconnais les sentimens de la garde pour ma personne; ma confiance dans la bravoure et dans la fidélité des corps qui la composent est entière. Je vois constamment avec un nouveau plaisir des compagnons d'armes échappés à tant de dangers, et couverts de tant d'honorables blessures; et j'éprouve un sentiment de contentement lorsque je peux me dire, en les considérant sous leurs drapeaux, qu'il n'est pas une des batailles, pas un des combats livrés durant ces quinze dernières années, et dans les quatre parties du monde, qui n'ait eu parmi eux des témoins et des acteurs.

NAPOLÉON.

Paris, le 6 prairial an 12 (26 mai 1804).

Réponses de l'empereur à différentes députations [2].

A celle du tribunat.

Je vous remercie du soin que vous mettez à relever le peu de bien que je puis avoir fait... Le tribunat a contribué par ses travaux à la perfection des différens actes de la législation de la France, et en cela il a rempli le plus constant de mes

[1] Envoyée pour le complimenter sur sa nouvelle dignité.

[2] Envoyées pour le complimenter sur son élévation à l'empire.

vœux. Je me plais à tout devoir au peuple ; ce sentiment seul me rend chers les nouveaux honneurs dont je suis revêtu.

A celle du collége électoral du département de la Vendée.

Les sentimens que vous m'exprimez me sont d'autant plus précieux que votre département a été le théâtre de plus de désastres, et que vous avez éprouvé plus de malheurs.

Lorsque les affaires de l'état me permettront de visiter vos contrées, je désire que les vestiges de la guerre aient disparu, et que je puisse voir vos habitations relevées, votre agriculture prospérant, et vos cœurs réunis par l'oubli du passé, l'amour du présent, et les espérances de l'avenir.

Je regarderai toujours comme un devoir, et il sera cher à mon cœur, d'accorder une protection particulière à vos contrées. Je compte aussi en retour sur la sincérité des sentimens que vous m'exprimez au nom de vos concitoyens.

A celle du collége électoral du département du Haut-Rhin.

Je sais que le département du Haut-Rhin a beaucoup souffert des calamités de la guerre, et il doit jouir maintenant des bienfaits de la paix.

Les sentimens que vous me témoignez en son nom me sont d'autant plus agréables qu'ils me sont exprimés par un général qui s'est distingué tant de fois sur les champs de bataille [1]. Je me plais à lui rendre ce témoignage.

NAPOLÉON.

Saint-Cloud, le 4 messidor an 12 (23 juin 1804).

Aux présidens et membres composant la cour de justice criminelle du département de la Seine, séante à Paris.

Notre cœur a été d'autant plus affecté des complots nouveaux tramés contre l'état, par les ennemis de la France, que

[1] Le général sénateur et maréchal de l'empire Lefebvre.

deux hommes qui avaient rendu de grands services à la patrie y ont pris part.

Par votre arrêt du 21 prairial dernier, vous avez condamné à la peine de mort Athanase-Hyacinthe Bouvet de Lozier, l'un des complices. Son crime est grand; mais nous avons voulu lui faire ressentir, dans cette circonstance, les effets de cette clémence que nous avons toujours eue en singulière prédilection.

En conséquence, et après avoir réuni en conseil privé dans notre palais de Saint-Cloud, le 2 du présent mois, l'archi-chancelier de l'empire, l'archi-trésorier, le connétable, le grand-juge et ministre de la justice, les ministres des relations extérieures et de la guerre, les sénateurs François de Neufchâteau, Laplace et Fouché; les conseillers-d'état Regnault de Saint-Jean-d'Angely et Lacuée; et les membres de la cour de cassation Muraire et Oudart, nous avons déclaré et déclarons faire grâce de la peine capitale à Bouvet de Lozier, Armand Gaillard, Frédéric Lajolais, Louis Russillion, Charles d'Hozier, François Rochelle, Charles-François de Rivière, et Armand-François-Heraclius Polignac, et commuer ladite peine en celle de la déportation, qui s'effectuera dans un délai de quatre années, pendant lesquelles lesdits tiendront prison dans le lieu qui leur sera désigné.

Mandons et ordonnons que les présentes lettres, scellées du sceau de l'empire, vous seront présentées dans trois jours, à compter de leur réception, par notre procureur-général près ladite cour, en audience publique, où les impétrans seront conduits pour entendre la lecture, debout et la tête découverte; que lesdites lettres seront de suite transcrites sur vos registres sur la réquisition du même procureur-général, avec annotation d'icelles en marge de la minute de l'arrêt de condamnation.

NAPOLÉON.

Saint-Cloud, le 21 messidor an 12 (10 juillet 1802).

A M. Regnier, grand-juge, ministre de la justice.

Monsieur Regnier, grand-juge, au moment de la paix générale, j'ai réuni le ministère de la police à celui de la justice. Les circonstances de la guerre et les derniers événemens m'ont convaincu de la nécessité que vous m'avez souvent représentée, de réorganiser ce ministère, et m'ont décidé à céder au désir que vous m'avez témoigné d'être laissé tout entier aux fonctions si importantes de grand-juge, ministre de la justice. Je ne puis adhérer a votre vœu sans vous témoigner la satisfaction que j'ai eue de vos services, comme ministre de la police générale. Rendu à votre ministère naturel, vous ne pourrez y apporter plus de zèle que vous ne l'avez fait jusqu'a ce jour; mais vous aurez plus de temps à donner à cette partie si essentielle du gouvernement. La bonne administration de la justice et la bonne composition des tribunaux sont dans un état ce qui a le plus d'influence sur la valeur et la conservation des propriétés, et sur les intérêts les plus chers de tous les citoyens.

Cette lettre n'ayant point d'autre objet, monsieur Regnier, grand-juge, ministre de la justice, je prie Dieu qu'il vous ait en sa sainte garde.

NAPOLÉON.

Paris, le 26 messidor an 12 (15 juillet 1804).

Paroles de l'empereur en faisant prêter serment aux membres de la légion-d'honneur, à la première distribution solennelle de cet ordre, qui eut lieu le même jour aux Invalides.

Commandans, officiers, légionnaires, citoyens et soldats, vous jurez sur votre honneur de vous dévouer au service de l'empire et à la conservation de son territoire, dans son intégrité ; à la défense de l'empereur, des lois de la république et des propriétés qu'elles ont consacrées ; de combattre par tous les moyens que la justice, la raison et les lois autorisent, toute entreprise qui tendrait à rétablir le régime féodal ; enfin, vous jurez de concourir de tout votre pouvoir au maintien de la liberté et de l'égalité, bases premières de nos constitutions. Vous le jurez.

NAPOLÉON.

Calais, le 18 thermidor an 12 (6 août 1804).

A M. Chaptal, ministre de l'intérieur.

Monsieur Chaptal, ministre de l'intérieur, je vois avec peine l'intention où vous êtes de quitter le ministère de l'intérieur pour vous livrer tout entier aux sciences ; mais je cède à votre désir. Vous remettrez le portefeuille à M. Portalis, ministre des cultes, en attendant que j'aie définitivement pourvu à ce département. Désirant vous donner une preuve de ma satisfaction de vos services, je vous ai nommé sénateur. Dans ces fonctions éminentes qui vous laissent plus de temps à donner à vos travaux pour la prospérité de nos arts et les progrès de notre industrie manufacturière, vous rendrez d'utiles services à l'état et à moi.

Sur ce, je prie Dieu qu'il vous ait en sa sainte garde.

NAPOLÉON.

Décret contenant institution des prix décennaux.

Napoléon, empereur des Français, à tous ceux qui les présentes lettres verront, salut :

Etant dans l'intention d'encourager les sciences, les lettres et les arts qui contribuent éminemment à l'illustration et à la gloire des nations ;

Désirant non-seulement que la France conserve la supériorité qu'elle a acquise dans les sciences et dans les arts, mais encore que le siècle qui commence l'emporte sur ceux qui l'ont précédé ;

Voulant aussi connaître les hommes qui auront le plus participé à l'éclat des sciences, des lettres et des arts ;

Nous avons décrété et décrétons ce qui suit :

Art. 1er. Il y aura de dix ans en dix ans, le jour anniversaire du 18 brumaire, une distribution de grands prix, donnés de notre propre main, dans le lieu et avec la solennité qui seront ultérieurement réglés.

2. Tous les ouvrages de sciences, de littérature et d'arts, toutes les inventions utiles, tous les établissemens consacrés aux progrès de l'agriculture ou de l'industrie nationale, publiés, connus ou formés dans un intervalle de dix années, dont le terme précédera d'un an l'époque de la distribution, concourront pour le grand prix.

3. La première distribution des grands prix se fera le 18 brumaire an 18 ; et, conformément aux dispositions de l'article précédent, le concours comprendra tous les ouvrages, inventions ou établissemens, publiés ou connus depuis l'intervalle du 18 brumaire de l'an 7 au 18 brumaire de l'an 17.

4. Ces grands prix seront, les uns de la valeur de dix mille francs, les autres de la valeur de cinq mille.

Les grands prix de la valeur de dix mille francs seront au nombre de neuf, et décernés :

1°. Aux auteurs des deux meilleurs ouvrages de science ; l'un pour les sciences physiques, l'autre pour les sciences mathématiques ;

2°. A l'auteur de la meilleure histoire ou du meilleur morceau d'histoire, soit ancienne, soit moderne ;

3°. A l'inventeur de la machine la plus utile aux arts et aux manufactures ;

4°. Au fondateur de l'établissement le plus avantageux à l'agriculture ou à l'industrie nationale ;

5°. A l'auteur du meilleur ouvrage dramatique, soit comédie, soit tragédie, représenté sur les théâtres français;

6°. Aux auteurs des deux meilleurs ouvrages, l'un de peinture, l'autre de sculpture, représentant des actions d'éclat ou des événemens mémorables puisés dans notre histoire;

7°. Au compositeur du meilleur opéra représenté sur le théâtre de l'académie impériale de musique.

6°. Les grands prix de la valeur de cinq mille francs seront au nombre de treize, et décernés :

1°. Aux traducteurs de dix manuscrits de la bibliothèque impériale ou des autres bibliothèques de Paris, écrits en langues anciennes ou en langues orientales, les plus utiles, soit aux sciences, soit à l'histoire, soit aux belles-lettres, soit aux arts;

2°. Aux auteurs des trois meilleurs petits poëmes ayant pour sujet des événemens mémorables de notre histoire, ou des actions honorables pour le caractère français.

7. Ces prix seront décernés sur le rapport et la proposition d'un jury composé des quatre secrétaires perpétuels des quatre classes de l'institut, et des quatre présidens en fonction dans l'année qui précédera celle de la distribution.

NAPOLÉON.

Saint-Cloud, le 30 brumaire an 13 (21 novembre 1804).

A M. Champagny, ministre de l'intérieur [1].

Dans une ville composée de près de quarante mille habitans, le zèle de tous devait suppléer aux corporations qui n'existent plus. Le ministre de l'intérieur fera connaître aux habitans de Metz que j'aurais attendu d'eux plus d'activité

[1] En réponse à une lettre où le ministre faisait part à l'empereur d'un violent incendie qui avait eu lieu à Metz le 17, et prétendait qu'il n'avait été aussi violent que parce que l'abolition des anciennes corporations d'ouvriers avait empêché ceux-ci de prêter leur secours.

dans une circonstance où elle était commandée par des intérêts qui les touchaient de si près, et par des sentimens si naturels.

NAPOLÉON.

Paris, le 9 frimaire an 13 (30 novembre 1804).

A MM. les membres du corps municipal de notre bonne ville de Paris.

Messieurs les membres du corps municipal de notre bonne ville de Paris, la divine Providence et les constitutions de l'empire ayant placé la dignité impériale héréditaire dans notre famille, nous avons désigné le 11 du présent mois de frimaire et l'église métropolitaine de Paris pour le jour et le lieu de notre sacre et de notre couronnement; nous aurions voulu pouvoir, dans cette auguste circonstance, rassembler dans une même enceinte, non seulement tous les habitans de la capitale de l'empire, mais encore l'universalité des citoyens qui composent la nation française; dans l'impossibilité de réaliser une chose qui aurait eu tant de prix pour notre cœur, désirant que ces solennités reçoivent leur principal éclat de la réunion d'un grand nombre de citoyens distingués par leur dévouement à l'état et à ma personne, et voulant donner à notre bonne ville de Paris un témoignage particulier de notre affection, nous avons pour agréable que le corps municipal entier assiste à ces cérémonies.

Nous vous faisons, en conséquence, cette lettre, pour que vous ayez à vous rendre ledit jour, 11 frimaire, dans l'église métropolitaine, à l'heure et dans l'ordre qui vous seront indiqués par notre grand maître des cérémonies.

Sur ce, je prie Dieu qu'il vous ait en sa sainte et digne garde.

NAPOLÉON.

Paris, le 10 frimaire an 13 (1er décembre 1804).

Réponse de l'empereur au sénat venu en corps pour le remercier d'avoir accepté la dignité d'empereur.

Je monte au trône où m'ont appelé les vœux unanimes du sénat, du peuple et de l'armée, le cœur plein du sentiment des grandes destinées de ce peuple, que du milieu des camps j'ai, le premier, salué du nom de grand.

Depuis mon adolescence, mes pensées tout entières lui sont dévolues; et je dois le dire ici, mes plaisirs et mes peines ne se composent plus aujourd'hui que du bonheur ou du malheur de mon peuple.

Mes descendans conserveront long-temps ce trône, le premier de l'univers.

Dans les camps, ils seront les premiers soldats de l'armée, sacrifiant leur vie pour la défense de leur pays.

Magistrats, ils ne perdront jamais de vue que le mépris des lois et l'ébranlement de l'ordre social ne sont que le résultat de la faiblesse et de l'incertitude des princes.

Vous, sénateurs, dont les conseils et l'appui ne m'ont jamais manqué dans les circonstances les plus difficiles, votre esprit se transmettra à vos successeurs; soyez toujours les soutiens et les premiers conseillers de ce trône si nécessaire au bonheur de ce vaste empire. NAPOLÉON.

Paris, le 14 frimaire an 13 (5 décembre 1804).

Paroles de l'empereur en distribuant les aigles impériales aux différentes armes de l'armée.

Soldats, voilà vos drapeaux; ces aigles vous serviront toujours de point de ralliement; ils seront partout où votre empereur les jugera nécessaires pour la défense de son trône et de son peuple,

Vous jurez de sacrifier votre vie pour les défendre et de les maintenir constamment par votre courage sur le chemin de l'honneur et de la victoire. Vous le jurez. NAPOLÉON.

Au palais des Tuileries, le 21 frimaire an 13 (13 décembre 1804).

Au sénat conservateur.

Sénateurs,

Les constitutions de l'empire ayant statué que les actes qui constatent les naissances, les mariages et les décès des membres de la famille impériale, seront transmis, sur un ordre de l'empereur, au sénat, nous avons chargé notre cousin l'archi-chancelier de l'empire de vous présenter les actes qui constatent la naissance de Napoléon Charles, né le 18 vendémiaire an 11, et de Napoléon Louis, né le 19 vendémiaire an 13, fils du prince Louis notre frère, et nous invitons le sénat à en ordonner, conformément aux constitutions, la transcription sur ses registres, et le dépôt dans ses archives. Ces princes hériteront de l'attachement de leur père pour notre personne, de son amour pour ses devoirs, et de ce premier sentiment qui porte tout prince appelé à de si hautes destinées à considérer constamment l'intérêt de la patrie et le bonheur de la France comme l'unique objet de sa vie.

NAPOLÉON.

Paris, le 26 frimaire an 13 (17 décembre 1804).

A M. François de Neufchâteau, président du sénat.

Monsieur François de Neufchâteau, président du sénat, voulant donner un témoignage de notre satisfaction aux habitans de notre bonne ville de Paris dans la personne de M. Bévière, l'un de ses maires, et doyen d'âge du corps municipal, et désirant en même temps honorer les vertus publiques et privées dont ce magistrat a donné l'exemple pendant tant d'années, nous l'avons nommé à une place de sénateur. Nous ordonnons en conséquence qu'expédition de notre décret de nomination vous soit transmise, afin que vous en donniez connaissance au sénat.

Sur ce, je prie Dieu qu'il vous ait en sa sainte garde.

NAPOLÉON.

Paris, le 27 frimaire an 13 (18 décembre 1804).

Réponse de l'empereur à un discours du corps municipal de Paris le jour de la fête que lui donna la ville pour célébrer son couronnement.

Messieurs du corps municipal, je suis venu au milieu de vous pour donner à ma bonne ville de Paris l'assurance de ma protection spéciale; dans toutes les circonstances je me ferai un plaisir et un devoir de lui donner des preuves particulières de ma bienveillance; car je veux que vous sachiez que dans les batailles, dans les plus grands périls, sur les mers, au milieu des déserts même, j'ai eu toujours en vue l'opinion de cette grande capitale de l'Europe, après toutefois le suffrage tout puissant sur mon cœur de la postérité.

NAPOLÉON.

Paris, le 6 nivose an 13 (27 décembre 1804).

Discours prononcé par l'empereur à l'ouverture du corps législatif.

« Messieurs les députés des départemens au corps législatif, messieurs les tribuns et les membres de mon conseil-d'état, je viens présider à l'ouverture de votre session. C'est un caractère plus imposant et plus auguste que je veux imprimer à vos travaux. Princes, magistrats, citoyens, soldats, nous n'avons tous dans notre carrière qu'un seul but, l'intérêt de la patrie. Si ce trône sur lequel la Providence et la volonté de la nation m'ont fait monter est cher à mes yeux, c'est parce que seul il peut défendre et conserver les intérêts les plus sacrés du peuple français. Sans un gouvernement fort et paternel, la France aurait à craindre le retour des maux qu'elle a soufferts. La faiblesse du pouvoir suprême est la plus affreuse calamité des peuples. Soldat ou premier consul, je n'ai eu qu'une pensée; empereur, je n'en ai pas d'autre : les prospérités de la France. J'ai été assez heureux pour l'illustrer par des victoires, pour la consolider par des traités, pour l'arracher aux discordes civiles et y préparer la renaissance des mœurs, de la société et de la religion. Si la mort ne me surprend pas au milieu de mes travaux, j'espère laisser à la postérité un souvenir qui serve à jamais d'exemple ou de reproche à mes successeurs.

« Mon ministre de l'intérieur vous fera l'exposé de la situation de l'empire; les orateurs de mon conseil-d'état vous présenteront les différens besoins de la législation. J'ai ordonné qu'on mît sous vos yeux les comptes que mes ministres m'ont rendus de la gestion de leur département. Je suis satisfait de l'état prospère de nos finances. Quelles que soient les dépenses, elles sont couvertes par les recettes. Quelqu'étendus qu'aient été les préparatifs qu'a nécessités la guerre dans laquelle nous sommes engagés, je ne demanderai à mon peuple aucun nouveau sacrifice.

« Il m'aurait été doux, à une époque aussi solennelle, de voir la paix regner sur le monde; mais les principes politiques de nos ennemis, leur conduite récente envers l'Espagne, en font connaître les difficultés. Je ne veux pas accroître le territoire de la France, mais en maintenir l'intégrite. Je n'ai point l'ambition d'exercer en Europe une plus grande influence, mais je ne veux pas decheoir de celle que j'ai acquise. Aucun état ne sera incorporé dans l'empire; mais je ne sacrifierai pas mes droits, les liens qui m'attachent aux états que j'ai créés.

« En me décernant la couronne, mon peuple a pris l'engagement de faire tous les efforts que requerraient les circonstances pour lui conserver cet éclat qui est nécessaire à sa prospérité et à sa gloire comme à la mienne. Je suis plein de confiance dans l'énergie de la nation et dans ses sentimens pour moi. Ses plus chers intérêts sont l'objet constant de mes sollicitudes.

« Messieurs les députés des départemens au corps législatif, messieurs les tribuns et les membres de mon conseil-d'état, votre conduite pendant la session précédente, le zèle qui vous anime pour la patrie, pour ma personne, me sont garans de l'assistance que je vous demande, et que je trouverai en vous pendant le cours de cette session. »

NAPOLÉON.

Paris, le 12 nivose an 13 (2 janvier 1805).

A Sa Majesté George III, *roi d'Angleterre.*

Monsieur mon frère, appelé au trône par la Providence et par les suffrages du sénat, du peuple et de l'armée, mon premier sentiment est un vœu de paix. La France et l'Angleterre usent leur prospérité; elles peuvent lutter des siècles. Mais leurs gouvernemens remplissent-ils bien le plus sacré de leurs devoirs? Et tant de sang versé inutilement et sans la perspective d'aucun but, ne les accuse-t-il pas dans leur propre conscience? Je n'attache pas de déshonneur à faire le premier pas; j'ai assez, je pense, prouvé au monde que je ne redoute aucune chance de la guerre; elle ne m'offre d'ailleurs rien que je doive redouter. La paix est le vœu de mon cœur; mais la guerre n'a jamais été contraire à ma gloire. Je conjure V. M. de ne pas se refuser au bonheur de donner elle-même la paix au monde; qu'elle ne laisse pas cette douce satisfaction à ses enfans, car enfin il n'y eut jamais de plus belles circonstances ni de moment plus favorable pour faire taire toutes les passions et écouter uniquement le sentiment de l'humanité et de la raison. Ce moment une fois perdu, quel terme assigner à une guerre que tous mes efforts n'auraient pu terminer ? V. M. a plus gagné en dix ans en territoire et en richesse que l'Europe n'a d'étendue; la nation est au plus haut point de prospérité. Que peut-elle espérer de la guerre? coaliser quelques puissances du continent? Le continent restera tranquille; une coalition ne ferait qu'accroître la puissance et la grandeur continentale de la France. Renouveler des troubles intérieurs? Les temps ne sont plus les mêmes. Détruire nos finances? Des finances fondées sur une bonne agriculture ne se détruisent jamais. Enlever à la France ses colonies? Les colonies sont pour la France un objet secondaire; et S. M. n'en possède-t-elle déjà pas plus qu'elle n'en peut garder? Si V. M. veut elle-même y songer, elle verra que la guerre est sans but, sans aucun résultat présumable pour elle. Eh! quelle triste perspective de faire battre les peuples pour qu'ils se battent! Le monde est assez grand pour que nos deux nations puissent y vivre, et la raison a assez de puissance pour qu'on trouve les moyens de tout concilier, si de part et d'autre on en a la volonté. J'ai toutefois rempli un devoir saint et précieux à mon cœur. Que V. M. croie à la sincérité des sentimens que je viens de lui exprimer et à mon désir de lui en donner des preuves, etc., etc.

Sur ce, je prie Dieu, monsieur mon frère, qu'il vous ait en sa sainte et digne garde. NAPOLÉON.

Au palais des Tuileries, le 12 pluviose an 13 (1er. février 1805).

Message au sénat conservateur.

Sénateurs,

Nous avons nommé grand-amiral de l'empire notre beau-frère le général Murat. Nous avons voulu non-seulement reconnaître les services qu'il a rendus à la patrie et l'attachement particulier qu'il a montré à notre personne dans toutes les circonstances de sa vie, mais rendre aussi ce qui est dû à l'éclat et à la dignité de notre couronne, en élevant au rang de prince une personne qui nous est de si près attachée par les liens du sang. NAPOLÉON.

Au palais des Tuileries, le 12 pluviose an 13 (1er février 1805).

Message au sénat conservateur.

Sénateurs,

Nous avons nommé notre beau-fils, Eugène Beauharnais, archi-chancelier d'état de l'empire. De tous les actes de notre pouvoir, il n'en est aucun qui soit plus doux à notre cœur.

Elevé par nos soins et sous nos yeux, depuis son enfance, il s'est rendu digne d'imiter, et avec l'aide de Dieu, de surpasser un jour les exemples et les leçons que nous lui avons donnés.

Quoique jeune encore, nous le considérons dès aujourd'hui, par l'expérience que nous en avons faite dans les plus grandes circonstances, comme un des soutiens de notre trône, et un des plus habiles défenseurs de la patrie.

Au milieu des sollicitudes et des amertumes inséparables du haut rang où nous sommes placé, notre cœur a eu besoin de trouver des affections douces dans la tendresse et la constante amitié de cet enfant de notre adoption; consolation sans doute nécessaire à tous les hommes, mais plus communément à nous, dont tous les instans sont dévoués aux affaires des peuples.

Notre bénédiction accompagnera ce jeune prince dans toute sa carrière; et, secondé par la Providence, il sera un jour digne de l'approbation de la postérité. NAPOLÉON.

Paris, le 21 pluviose an 13 (10 février 1805).

Réponse de l'empereur à une députation du corps législatif[1].

Messieurs les députés des départemens au corps législatif,

« Lorsque j'ai résolu d'écrire au roi d'Angleterre, j'ai fait le sacrifice du ressentiment le plus légitime et des passions les plus honorables. Le désir d'épargner le sang de mon peuple m'a élevé au-dessus des considérations qui déterminent ordinairement les hommes. Je serai toujours prêt à faire les mêmes sacrifices. Ma gloire, mon bonheur, je les ai placés dans le bonheur de la génération actuelle. Je veux, autant que je pourrai y influer, que le règne des idées philantropiques et généreuses soit le caractère du siècle. C'est à moi à qui de tels sentimens ne peuvent être imputés à faiblesse, c'est à nous, c'est au peuple le plus doux, le plus éclairé, le plus humain, de rappeler aux nations civilisées de l'Europe qu'elles ne forment qu'une seule famille, et que les efforts qu'elles emploient dans leurs dissensions civiles sont des atteintes à la prospérité commune. Messieurs les députés des départemens au corps législatif, je compte sur votre assistance, comme sur la bravoure de mon armée ».

NAPOLÉON.

Paris, le 21 pluviose an 13 (10 février 1805).

Réponse de l'empereur au tribunat[2].

La génération actuelle a besoin de bonheur et de repos ; et la victoire ne s'obtient qu'avec le sang des peuples. Le bonheur du mien est mon premier devoir comme mon premier sentiment.

Je sens vivement tout ce que vous me dites.

[1] Envoyée pour le féliciter sur sa lettre au roi d'Angleterre.

[2] Dont une députation avait été envoyée pour le même objet.

La plus douce récompense de tout ce que je puis avoir fait de bien sera toujours pour moi l'union et l'amour de ce grand peuple.

NAPOLÉON.

Paris, le 21 pluviose an 13 (10 fevrier 1805).

Paroles de l'empereur en donnant aux grands dignitaires de l'empire la grande décoration de la légion d'honneur.

Messieurs,

La grande décoration vous rapproche de ce trône ; elle peut exiger des sermens nouveaux, elle ne vous impose pas de nouvelles obligations. C'est un complément aux institutions de la légion d'honneur. Cette grande décoration a aussi un but particulier, celui de lier à nos institutions les institutions des différens états de l'Europe, et de montrer le cas et l'estime que je fais, que nous faisons de ce qui existe chez les peuples nos voisins et nos amis.

Au palais des Tuileries, le 25 pluviose an 13 (14 février 1805).

Au corps législatif.

Législateurs,

Conformément à l'article 9 du sénatus-consulte du 28 frimaire an 12, portant que les candidats pour la nomination du président du corps législatif, seront présentés dans le cours de la session annuelle pour l'année suivante et à l'époque de cette session qui sera désignée, nous vous invitons à procéder aux opérations relatives à cette présentation.

NAPOLÉON.

Paris, le 10 ventose an 13 (1er mars 1805).

Note inscrite dans le Moniteur.

[1] M. Pitt n'avait pas besoin de ce vote de 5,000,000 livres sterlings. On sait très-bien depuis deux ans, que s'il est un prince assez ennemi de sa maison, de son trône, de ses peuples, pour vouloir vendre son repos, les destins futurs de sa famille et le sang de ses sujets, l'Angleterre est là pour les lui payer avec cet or acquis par le monopole aux dépens de tous les peuples de l'Europe. Le gouvernement anglais donne au monde le spectacle odieux de la plus grande immoralité. Ses agens parcourent, la bourse à la main, tous les cabinets, et partout les puissances rejettent avec horreur cet argent de la corruption qui ne peut produire que le remords et le malheur. Que l'Angleterre soit disposée à fournir plusieurs centaines de millions aux puissances qui voudront recommencer la lutte, c'est une chose connue qu'il n'était pas nécessaire de proclamer de nouveau. Ce que le vote de M. Pitt manifeste avec une égale évidence, c'est cet état d'aveuglement qui ne lui permet pas de voir que l'Europe veut le repos, et que si ceux qui cherchent à la faire rentrer dans une mer d'incertitude et de sang étaient renversés à leur tour, ils tomberaient aux acclamations de tous les peuples.

L'argent est utile aux coalitions, on ne l'ignore pas ; mais ce n'est point avec de l'argent qu'on fait les coalitions. Quelle est celle des grandes puissances de l'Europe qui ne dépense dans une campagne active le double et le triple de ce que vous pouvez lui offrir ? Elle répand, de plus, le sang de ses sujets ; mais cet élément n'entre jamais dans vos calculs.

[1] M. Pitt avait demandé au parlement britannique un vote de 5,000,000 liv. sterlings pour *engager les puissances du continent à contracter une alliance avec le roi d'Angleterre.*

C'est en suivant cette politique sage et mesurée, en ayant de la prévoyance dans la prospérité, en se montrant prêts à secourir ses amis dans le malheur, et à faire des sacrifices pour leur avantage, qu'on a des alliés. Cet usage n'est pas le vôtre ; votre seule politique, le grand Frédéric l'a dit il y a long-temps, est d'aller frapper à toutes les portes, une bourse à la main. Mais les funestes effets de cette politique ont été démontrés par l'expérience. Gardez donc votre or ; et pour peu que vous soyez animés par l'intérêt de votre patrie, faites la paix, et prenez dans la paix des principes modérés. Vous aurez le temps de payer votre dette et de vous assurer la possession de ces richesses immenses que vous accumulez, de ces immenses Indes qui gémissent sous votre domination.

On a fait au devant de vous les premiers pas pour la paix, et comment avez-vous répondu à ces avances ? en mettant, à l'ouverture du parlement, des injures dans la bouche de votre roi, en violant enfin le secret de vos négociations, ce qui a donné le caractère le plus évident à l'intention où vous étiez qu'elles n'eussent aucune suite.

Paris, le 26 ventose an 13 (17 mars 1805).

Réponse de l'empereur à la grande députation de la république italienne, venue à Paris pour lui offrir la couronne de fer d'Italie.

Depuis le moment où nous parûmes pour la première fois dans vos contrées, nous avons toujours eu la pensée de créer indépendante et libre la nation italienne ; nous avons poursuivi ce grand objet au milieu des incertitudes des événemens.

Nous formâmes d'abord les peuples de la rive droite du Pô en république cispadane, et ceux de la rive gauche en république transpadane.

Depuis, de plus heureuses circonstances nous permirent de réunir ces états et d'en former la république cisalpine.

Au milieu des soins de toute espèce qui nous occupaient alors, nos peuples d'Italie furent touchés de l'intérêt que nous portâmes à tout ce qui pouvait assurer leur prospérité et leur bonheur; et lorsque, quelques années après, nous apprîmes au bord du Nil que notre ouvrage était renversé, nous fûmes sensible aux malheurs auxquels vous étiez en proie. Grâce à l'invincible courage de nos armées, nous parûmes dans Milan lorsque nos peuples d'Italie nous croyaient encore sur les bords de la mer Rouge.

Notre première volonté, encore tout couvert du sang et de la poussière des batailles, fut la réorganisation de la patrie italienne.

Les statuts de Lyon remirent la souveraineté entre les mains de la consulte et des colléges, où nous avions réuni les différens élémens qui constituent les nations.

Vous crûtes alors nécessaire à vos intérêts que nous fussions le chef de votre gouvernement; et aujourd'hui persistant dans la même pensée, vous voulez que nous soyons le premier de vos rois. La séparation des couronnes de France et d'Italie, qui peut être utile pour assurer l'indépendance de vos descendans, serait dans ce moment funeste à votre existence et à votre tranquillité. Je la garderai cette couronne, mais seulement tout le temps que vos intérêts l'exigeront; et je verrai avec plaisir arriver le moment où je pourrai la placer sur une plus jeune tête qui, animée de mon esprit, continue mon ouvrage, et soit toujours prête à sacrifier sa personne et ses intérêts à la sûreté et au bonheur du peuple sur lequel la Providence, les constitutions du royaume et ma volonté l'auront appelé à régner.

NAPOLÉON.

Paris, le 28 ventose an 13 (18 mars 1805).

Au sénat conservateur.

Sénateurs,

La principauté de Piombino que la France possède depuis plusieurs années, a été depuis ce temps administrée sans règle et sans surveillance. Située au milieu de la Toscane, éloignée de nos autres possessions, nous avons jugé convenable d'y établir un régime particulier. Le pays de Piombino nous intéresse par la facilité qu'il offre pour communiquer avec l'île d'Elbe et la Corse. Nous avons donc pensé devoir donner ce pays, sous le haut domaine de la France, à notre sœur la princesse Eliza, en conférant à son mari le titre de prince de l'empire. Cette donation n'est pas l'effet d'une tendresse particulière, mais une chose conforme à la saine politique, à l'éclat de notre couronne et à l'intérêt de nos peuples.

NAPOLÉON.

Paris, le 27 ventose an 13 (18 mars 1805).

Discours de l'empereur au sein du sénat en lui faisant part de son acceptation de la couronne d'Italie.

« Sénateurs, nous avons voulu dans cette circonstance nous rendre au milieu de vous, pour faire connaître, sur un des objets les plus important de l'état, notre pensée toute entière.

« La force et la puissance de l'empire français sont surpassées par la modération qui préside à toutes nos transactions politiques.

« Nous avons conquis la Hollande, les trois quarts de l'Allemagne, la Suisse, l'Italie toute entière; nous avons été modérés au milieu de la plus grande prospérité. De tant de provinces nous n'avons gardé que ce qui était nécessaire pour nous maintenir au même point de considération et de puissance où a toujours été la France. Le partage de la Pologne, les provinces soustraites à la Turquie, la conquête des Indes et de presque toutes les colonies avaient rompu à notre détriment l'équilibre général.

« Tout ce que nous avons jugé inutile, pour le rétablir, nous l'avons rendu, et par là nous avons agi conformément au principe qui nous a constamment dirigé, de ne jamais prendre les armes pour de vains projets de grandeur, ni par l'appât des conquêtes.

« L'Allemagne a été évacuée ; ses provinces ont été restituées aux descendans de tant d'illustres maisons qui étaient perdues pour toujours, si nous ne leur eussions accordé une généreuse protection. Nous les avons relevées et raffermies, et les princes d'Allemagne ont aujourd'hui plus d'éclat et de splendeur que n'en ont jamais eu leurs ancêtres.

L'Autriche elle-même, après deux guerres malheureuses, a obtenu l'état de Venise. Dans tous les temps elle eût échangé, de gré à gré, Venise contre les provinces qu'elle a perdues.

« A peine conquise, la Hollande a été déclarée indépendante. Sa réunion à notre empire eût été le complément de notre système commercial, puisque les plus grandes rivières de la moitié de notre territoire débouchent en Hollande ; cependant la Hollande est indépendante, et ses douanes, son commerce et son administration se régissent au gré de son gouvernement.

« La Suisse était occupée par nos armées, nous l'avions défendue contre les forces combinées de l'Europe. Sa réunion eût completté notre frontière militaire. Toutefois, la Suisse se gouverne par l'acte de médiation, au gré de ses dix-neuf cantons, indépendante et libre.

« La réunion du territoire de la république italienne à l'empire français eût été utile au développement de notre agriculture ; cependant, après la seconde conquête, nous avons, à Lyon, confirmé son indépendance; nous faisons plus aujourd'hui, nous proclamons le principe de la séparation des couronnes de France et d'Italie, en assignant pour l'époque de cette séparation, l'instant où elle devient possible et sans dangers pour nos peuples d'Italie.

« Nous avons accepté et nous placerons sur notre tête cette couronne de fer des anciens Lombards pour la retremper, la raffermir, et pour qu'elle ne soit point brisée au milieu des tempêtes qui la menaceront, tant que la Méditerranée ne sera pas rentrée dans son état habituel.

« Mais nous n'hésitons pas à déclarer que nous transmettrons cette couronne à un de nos enfans légitimes, soit naturel, soit adoptif, le jour où nous serons sans alarmes sur l'indépendance que nous avons garantie, des autres états de la Méditerranée.

« Le génie du mal cherchera en vain des prétextes pour remettre le continent en guerre; ce qui a été réuni à notre empire par les lois constitutionnelles y restera réuni. Aucune nouvelle province n'y sera incorporée; mais les lois de la république batave, l'acte de médiation des dix-neuf cantons suisses et le premier statut du royaume d'Italie, seront constamment sous la protection de notre couronne, et nous ne souffrirons jamais qu'il y soit porté atteinte.

« Dans toutes les circonstances et dans toutes les transactions, nous montrerons la même modération, et nous espérons que notre peuple n'aura plus besoin de déployer ce courage et cette énergie qu'il a toujours montrés pour défendre ses légitimes droits.

Paris, le 4 germinal an 13 (26 mars 1805).

Réponse de l'empereur à une députation du conseil-d'état[1].

Je suis bien touché des sentimens que vient de m'exprimer, au nom du conseil-d'état, l'un de ses présidens[2]. Je suis convaincu que ses membres s'occuperont toujours avec intérêt et avec zèle de tout ce qui pourra ajoûter au bonheur de mes peuples et à l'éclat de ma couronne; car j'ai toujours trouvé parmi eux de vrais amis.

Paris, le 12 prairial an 13 (1er. juin 1805).

Notes inscrites dans le Moniteur, en réponse à un article du Morning-Chronicle, rapportant comme certaine une alliance entre l'Angleterre, la Russie et la Suède.

Les Anglais ne perdent point l'habitude d'inventer des nouvelles, de les répandre chez eux et de les propager ensuite dans toute l'Europe. Ils sont trop attachés à cette ressource pour ne pas en user sans cesse. Il est vrai que huit ou dix jours après la publication d'une fausse nouvelle, ils la contredisent eux-mêmes; mais ces huit ou dix jours se sont écoulés, le change s'est soutenu, et l'occasion arrive de mettre au jour une nouvelle fausseté qu'ils accréditent même par des pièces très-officielles; ainsi de suite pour tous les mois, pour toutes les semaines de l'année. Ce système de mensonge a beaucoup de rapport avec le système de finances tant vanté en Angleterre. On est obligé de dépenser dix-huit millions et l'on n'a que neuf millions de revenu. On fait un emprunt; mais on affecte le paiement de cet emprunt sur une branche de revenu, ce qui diminue d'autant le revenu des années suivantes. Il est vrai que l'année qui suit on n'augmente pas

[1] Envoyée pour le féliciter sur son nouveau titre de roi d'Italie.

[2] M. Defermon.

davantage les recettes directes de l'échiquier ; mais on fait de nouveaux emprunts et l'on crée un autre déficit pour les autres années. On va de la sorte tout aussi long-temps que l'on peut aller, et l'on ira en effet jusqu'à l'inévitable catastrophe qui fera sentir au peuple anglais le vide et les conséquences funestes d'un tel système. Mais revenons à l'article curieux dont ces observations nous ont écartés.

Lorsque l'empereur, au sortir même de la métropole de Paris, fit des propositions de paix au roi d'Angleterre, le roi d'Angleterre les éluda, et osa dire en plein parlement que les traités qui le liaient avec la Russie l'obligeaient, avant de répondre, de s'entendre avec cette puissance. Nous dîmes alors ce que nous pensions de cette assertion, et les six mois qui viennent de s'écouler ont assez justifié notre opinion ; toute l'Europe est maintenant convaincue que l'Angleterre n'avait pas d'alliance avec la Russie; qu'elle avait employé dans cette circonstance un véritable subterfuge, tout aussi faux que celui dont S. M. britannique se servit dans son message du 7 mars, lorsqu'elle assura que les ports de France et de Hollande étaient pleins d'armemens et de troupes destinées à envahir l'Angleterre. Aujourd'hui que le cabinet de Saint-Pétersbourg a refusé d'adopter les vues de l'ambassadeur Woronzow, qui réside à Londres pour la Russie, et qui est beaucoup moins Russe qu'Anglais ; aujourd'hui que l'empereur Alexandre a déclaré qu'il voulait être neutre, ne prendre part ni pour la France ni pour l'Angleterre, mais intervenir dans leur querelle, pour aider autant qu'il sera possible le rétablissement de la paix générale ; aujourd'hui enfin que ce souverain a fait demander des passe-ports pour un de ses chambellans qu'il envoye en France, le gouvernement anglais craint le mauvais effet que de telles dispositions feraient à Londres, dans un moment surtout où la faiblesse et l'ineptie de son système de guerre deviennent sensibles pour tous les habitans de la Grande-Bretagne ; il suppose aussitôt un traité d'alliance offensive et défensive avec la Russie ; il prétend que si l'empereur Alexandre envoye auprès de l'empereur Napoléon , c'est pour notifier un *ultimatum* et tracer le cercle de Popilius. Rien n'est plus faux que tout cela ; mais aussi rien n'est plus conforme aux nobles habitudes du cabinet de Londres. C'est en dire assez sur cet objet ; il nous paraît convenable de saisir cette occasion de revenir sur le passé, et d'apprendre aux Anglais que si, lorsque le jeune lord Withworth eut l'impertinence de dire que s'il n'avait pas une réponse, dans trente-six heures, il quitterait la France, l'empereur, alors premier consul, ne le fit pas prendre, jeter dans une chaise de poste, et reconduire à Calais, c'est que chaque jour de délai faisait rentrer quelques-uns de nos vaisseaux de commerce. Il n'y eut pas alors un moment d'hésitation, et la guerre était décidée depuis l'instant où le roi d'Angleterre avait insulté la nation française dans son parlement.

Il fallait être aussi dépourvu de sens ou aussi aveuglé que l'était alors le ministère britannique, pour penser que l'empereur, dont le caractère est assez connu en Europe, aurait la faiblesse de laisser outrager impunément la nation. Il est temps que l'Angleterre s'accoutume enfin au nouvel état de choses, et qu'elle se mette bien dans la pensée qu'une nation qui a des côtes si étendues, dont la population est quatre fois plus considérable que la sienne, dont les habitans sont au moins aussi braves, ne consentira jamais à se laisser déshériter du commerce de l'univers. La France combattra avec les mêmes armes qu'on emploiera contre elle. Si son gouvernement est attaqué par les papiers anglais, les journaux français diront au gouvernement anglais des vérités qu'il n'aimera sûrement pas entendre ; si le roi, dans ses discours au parlement, se fait l'écho de ses ministres pour insulter encore la France, on sera forcé de lui répondre, et par les exposés de la situation de l'empire, et par les discours que nos orateurs prononcent dans le sein de nos principales autorités. Si enfin l'Angleterre nous combat par les priviléges exclusifs, nous la combattrons par les priviléges exclusifs ; si c'est par des actes de navigation, nous lui répondrons par des actes de navigation ; mais tant que nous aurons des bois dans nos forêts; tant que notre population se renouvellera sur nos côtes, que l'Angleterre ne compte pas de notre part sur une lâche condescendance ; une paix réelle et solide entre elle et nous ne peut avoir lieu que quand elle renoncera au projet tout à fait au-dessus de sa puissance de nous exclure du commerce de l'univers. Assurément on ne peut accuser d'ambition immodérée une nation de quarante millions d'hommes qui ne demande qu'à vivre l'égale d'une nation de dix millions.

[1] Ce sont autant de rêveries que les assertions de ce long paragraphe. L'ambition de la France, qui, deux fois, a évacué la moitié de l'Allemagne et les états vénitiens, ne peut effrayer personne ; si on lui faisait des propositions accompagnées de menaces, ce ne serait pas l'empereur qui ne voudrait pas la paix, mais ceux qui, la menace à la bouche, auraient profané ce nom sacré.

Non, assurément, l'empereur ne rétrogradera jamais, et ne s'éloignera pas des principes qu'il a adoptés. Sa politique est ouverte et franche. La maison de Bourbon occupait le royaume de Naples et le duché de Parme, et tout le monde sait que Venise était sous l'influence française : à présent Venise appartient à l'Autriche ; Naples est gouverné par des sentimens ennemis des Français et dévoués à l'Angleterre ; le

[1] Réponse à un article du *Lloyd's Evening-Post*, où le journaliste proposait de faire au chef du gouvernement français des ouvertures de paix, accompagnées de prétentions exagérées ; *moyen excellent*, ajoutait le journaliste, *pour démontrer à toute l'Europe et à la France même l'ambition démesurée de Bonaparte.*

royaume d'Italie ne rétablit pas l'équilibre, car l'on sait fort bien que, loin de valoir à lui seul ces pays qui étaient sous l'influence de la maison de Bourbon, il ne vaut pas même les Deux-Siciles.

Quant à la Hollande, il est vrai que la France exerce sur elle cette influence naturelle et inévitable d'un voisin puissant sur un faible voisin; que cette influence ne pourrait cesser que si la Belgique passait sous une autre domination; et sans doute les ministres anglais, dans leur profonde sagesse, n'en sont pas à vouloir nous priver de la Belgique. Il serait tout aussi sensé de recommencer les diatribes de M. Burke et de dire que la France est effacée de la carte du monde. Mais les intérêts de la France ne se composent pas uniquement de ce qui tient au continent. Vous parlez de justice, d'équilibre et d'indépendance de l'Europe; mais commencez donc par renoncer au droit de blocus. N'est-il pas ridicule de penser que le port de Cadix était en état de blocus, lorsque deux escadres se combinaient librement dans ses eaux! Ici, ce sont des rivières que vous mettez en état de blocus; là, ce n'est pas moins que cent lieues de côtes. Il est évident qu'un pareil ordre de choses n'est que le droit de piller les neutres, érigé en système. Il est évident qu'en se l'arrogeant, l'Angleterre place toutes les mers sous la même domination qu'elle exerce sur un de ses comtés. Il y a lieu à l'exercice du droit de blocus, quand une place est bloquée de tous côtés par terre et par mer, et qu'elle est constituée en état d'être prise. Mais lorsqu'une place n'est point attaquée par terre; que des vaisseaux tiennent à quelques lieues en mer une station qui s'approche, ou disparaît, selon que lui commandent les vents ou les marées, il est absurde de la considérer comme étant en état de blocus.

L'état de blocus est un fait et non une déclaration: bloquer, veut dire renfermer de tous côtés. Une tour, une maison, ne sont pas bloquées lorsqu'on ne garde qu'une issue, et qu'on peut y entrer et en sortir librement. En définissant ainsi le droit de blocus, vous donnerez une preuve que vous respectez l'indépendance de l'Europe; vous mériterez qu'on ajoute foi à vos paroles, et la France, voyant que vous admettez pour quelque chose le repos et l'indépendance de l'Europe, fera des sacrifices sans regrets, si elle en a à faire.

Vous demandez l'équilibre de l'Europe; mais l'équilibre de l'Europe est rompu lorsqu'une puissance en soutire tout l'argent, et triple, quintuple ses moyens naturels; et lorsque c'est le résultat d'un système de conquête qui a envahi l'Inde, il est clair qu'on ne peut parler de l'équilibre de l'Europe sans parler aussi de l'équilibre des Indes. En resserrant vos limites, vous ferez une chose juste, qui sera agréable à l'Europe et utile à vous-mêmes, car plus vous concentrerez votre domination, plus vous serez assurés de conserver vos côtes.

Enfin, il y a deux moyens de faire la paix, c'est ou de souscrire uniquement, entièrement, le traité d'Amiens, ou de consentir, soit sur les affaires du continent, soit sur celles de l'Inde, soit sur le droit maritime, et celui de blocus, des compensations, des restitutions réciproques dont il n'était pas question dans ce traité.

L'Europe ne veut plus se laisser endormir par des mots; les puissances en sont venues à un point où elles ne peuvent plus s'en imposer. Ce n'est que par une modération véritable qu'on parvient à la paix. Des sentimens opposés ne meneraient à aucun résultat. Et comme l'a dit l'empereur dans sa réponse au roi d'Angleterre, le monde n'est-il pas assez grand pour contenir en même temps les deux nations? Quant à une coalition, elle est impossible; mais dût-elle se réaliser, elle ferait autant de mal à l'Angleterre que la séparation même de l'Irlande. Ceci ne paraîtra peut-être pas clair; cependant quiconque voudra y penser, comprendra fort bien ce que nous voulons dire.

En résumé, tous les bruits que peuvent faire courir les Anglais, d'une coalition continentale, sont faux, n'ont pour but que de relever leur change, et d'opposer quelques prestiges aux nouvelles qu'ils reçoivent et qu'ils vont recevoir des deux Indes.

[1] Ici nous devons une observation sur ce M. André Hammond, qui est un courtier d'intrigues les plus basses et les plus déshonorantes. C'est par lui que tous les fonds qui ont été envoyés à Pichegru et à Georges ont passé; et l'époque du 9 février est remarquable. Une grande partie de ses fonds a servi à ourdir les trames criminelles que le droit de la guerre et le sentiment de l'honneur réprouvent. Quant à cette expédition de pierres, nous en appelons au jugement de tous les marins de l'Europe, conçut-on jamais rien d'aussi bête. Qu'on cherche à combler un port de la Méditerranée, cela se conçoit; mais un port sujet aux marées, qu'en trois marées sèches on aurait déblayé, c'est le comble de l'extravagance. Un esprit de vertige s'est emparé de la nation, la folie dirige ses conseils. Après la grande expédition des pierres est venue celle des brûlots à tourne-broches, tout aussi mal conçue et tout aussi inutile. Aujourd'hui, c'est le tour des globes de compression. C'est dommage que l'enfer ne soit pas à la disposition de l'Angleterre, elle le vomirait sur tout l'univers. Elle ressemble assez au mauvais génie que dépeint Milton; mais que peut-il contre le bon génie, qui, simple, modeste dans sa marche, tient à crime toute démarche oblique, ou regarde comme une victoire déshonorante la victoire qui n'est

[1] Le ministère anglais avait donné à M. André Hammond la commission de combler le port de Boulogne au moyen de globes de compression. Cette commission venait d'être trouvée sur un bâtiment anglais capturé par la flottille de Boulogne.

pas gagnée l'épée à la main. L'avenir nous apprendra ce que peuvent les expéditions de pierres, les brûlots à tournebroches, les globes à compression, contre des opérations franches et loyales, méditées sans prétention et avec prudence, et exécutées avec douceur et humanité.

Milan, le 15 prairial an 13 (4 juin 1805).

Réponse de l'empereur au discours du doge de Gênes, venu à Milan pour solliciter de Napoléon la réunion de la Ligurie à l'empire français.

Monsieur le doge et messieurs les députés du sénat et du peuple de Gênes.

« Les circonstances et votre vœu m'ont plusieurs fois appelé, depuis dix ans, à intervenir dans vos affaires intérieures. J'y ai constamment porté la paix et cherché à faire prospérer les idées libérales, qui seules auraient pu donner à votre gouvernement cette splendeur qu'il avait il y a plusieurs siècles. Mais je n'ai pas tardé à me convaincre moi-même de l'impossibilité où vous étiez, seuls, de rien faire qui fût digne de vos pères. Tout a changé; les nouveaux principes de la législation des mers que les Anglais ont adoptés et obligé la plus grande partie de l'Europe à reconnaître; le droit de blocus qu'ils peuvent étendre aux places non bloquées, et même à des côtes entières et à des rivières, qui n'est autre chose que le droit d'anéantir à leur volonté le commerce des peuples; les ravages toujours croissans des Barbaresques, toutes ces circonstances ne vous offraient qu'un isolement dans votre indépendance. La postérité me saura gré de ce que j'ai voulu rendre libre les mers, et obliger les Barbaresques à ne point faire la guerre aux pavillons faibles, mais à vivre chez eux en agriculteurs et en honnêtes gens. Je n'étais animé que par l'intérêt et la dignité de l'homme. Au traité d'Amiens, l'Angleterre s'est refusée à coopérer à ces idées libérales. Depuis, une grande puissance du continent y a montré tout autant d'éloignement. Seul pour soutenir ces légitimes principes, il eût fallu avoir recours aux armes; mais je n'ai le droit de verser le sang de mes peuples que pour les intérêts qui lui sont propres.

« Dès le moment où l'Europe ne peut obtenir de l'Angleterre que le droit de blocus fût restreint aux places vraiment bloquées, dès le moment que le pavillon des faibles fut sans défense, et livré à la piraterie des Barbaresques, il n'y eut plus d'indépendance maritime ; et dès-lors les gens sages prévirent ce qui arrive aujourd'hui. Où il n'existe pas d'indépendance maritime pour un peuple commerçant, naît le besoin de se réunir sous un plus puissant pavillon. Je réaliserai votre vœu : je vous réunirai à mon grand peuple. Ce sera pour moi un nouveau moyen de rendre plus efficace la protection que j'ai toujours aimé à vous accorder. Mon peuple vous accueillera avec plaisir. Il sait que dans toutes les circonstances vous avez assisté ses armées avec amitié, et les avez soutenues de tous vos moyens et de toutes vos forces. Il trouve d'ailleurs chez vous des ports et un accroissement de puissance maritime qui lui est nécessaire pour soutenir ses légitimes droits contre l'oppresseur des mers. Vous trouverez dans votre union avec mon peuple un continent, vous qui n'avez qu'une marine et des ports ; vous y trouverez un pavillon, qui, quelles que soient les prétentions de mes ennemis, se maintiendra sur toutes les mers de l'univers, constamment libre d'insultes et de visites, et affranchi du droit de blocus, que je ne reconnaîtrai jamais que pour les places véritablement bloquées par terre comme par mer. Vous vous y trouverez enfin à l'abri de ce honteux esclavage, dont je souffre malgré moi l'existence envers les puissances plus faibles, mais dont je saurai toujours garantir mes sujets. Votre peuple trouvera dans l'estime que j'ai toujours eue pour lui, et dans ces sentimens de père que je lui porterai désormais, la garantie que tout ce qui peut contribuer à son bonheur sera fait.

« Monsieur le doge et messieurs les députés du sénat et du peuple de Gênes, retournez dans votre patrie; sous peu de temps je m'y rendrai; et là, je scellerai l'union que mon peuple et vous contracterez. Ces barrières qui vous séparent du continent seront levées pour l'intérêt commun, et les choses se trouveront placées dans leur état naturel. Les signatures de tous vos citoyens apposées au bas du vœu que vous me présentez, répondent à toutes les objections que je pouvais me faire. Elles constituent le seul droit que je reconnaisse comme légitime. En le faisant respecter, je ne ferai qu'exécuter la garantie de votre indépendance que je vous ai promise. NAPOLÉON.

Milan, le 18 prairial an 13 (7 juin 1805).

Discours prononcé par l'empereur au sein du corps législatif du royaume d'Italie, en annonçant sa volonté de laisser les soins du gouvernement à son beau-fils, le prince Eugène, avec la qualité de vice-roi.

Messieurs du corps législatif,

« Je me suis fait rendre un compte détaillé de toutes les parties de l'administration. J'ai introduit dans ces diverses branches la simplicité, qu'avec le secours de la consulte et de la censure, j'ai portée dans la révision des constitutions de Lyon. Ce qui est bon, ce qui est beau, est toujours le résultat d'un système simple et uniforme. J'ai supprimé la double organisation des administrations départementales et des administrations de préfecture, parce que j'ai pensé qu'en faisant reposer uniquement l'administration sur les préfets, on obtiendrait non-seulement une économie d'un million dans les dépenses, mais encore une plus grande rapidité dans la marche des affaires. Si j'ai placé auprès des préfets un conseil pour le contentieux, c'est afin de me conformer à ce principe qui veut que l'administration soit le fait d'un seul, et que la décision des objets litigieux soit le fait de plusieurs.

« Les statuts dont vous venez d'entendre la lecture étendent à mon peuple d'Italie les bienfaits du Code à la rédaction duquel j'ai moi-même présidé. J'ai ordonné à mon conseil de préparer une organisation de l'ordre judiciaire qui rende aux tribunaux l'éclat et la considération qu'il est dans mon intention de leur donner. Je ne pouvais approuver qu'un prêteur seul fût appelé à prononcer sur la fortune des citoyens, et que des juges cachés aux yeux du public décidassent en secret, non-seulement de leurs intérêts, mais encore de leur vie. Dans l'organisation qui vous sera présentée, mon conseil s'étudiera à faire jouir mon peuple de tous les avantages qui résultent des tribunaux collectifs, d'une procédure publique et d'une défense contradictoire. C'est pour leur assurer une justice plus évidemment éclairée que j'ai établi que les juges qui prononceront le jugement soient aussi ceux qui auront présidé aux débats. Je n'ai pas cru que les circonstances dans lesquelles se trouvent l'Italie me permissent de penser à l'établissement des jurés; mais les juges doivent prononcer comme les jurés, d'après leur seule conviction, et sans se livrer au système de semi-preuves, qui compromet bien plus souvent l'innocence, qu'il ne sert à découvrir le crime. La règle la plus sûre d'un juge qui a présidé aux débats, c'est la conviction de sa conscience.

« J'ai veillé moi-même à l'établissement de formes régulières et conservatrices dans les finances de l'état, et j'espère que mes peuples se trouveront bien de l'ordre que j'ai ordonné à mes ministres des finances et du trésor public de mettre dans les comptes qui seront publiés. J'ai consenti que la dette publique portât le nom de *monte-Napoleone*, afin de donner une garantie de plus de fidélité aux engagemens qui la constituent et une vigueur nouvelle au crédit.

« L'instruction publique cessera d'être départementale, et j'ai fixé les bases pour lui donner l'ensemble, l'uniformité et la direction qui doivent avoir tant d'influence sur les mœurs et les habitudes de la génération naissante.

« J'ai jugé qu'il convenait, dès cette année, de mettre plus d'égalité dans la répartition des dépenses départementales, et de venir au secours de ceux de mes départemens, tels que le Mincio et le Bas-Pô, qui se trouvent accablés par la nécessité de se défendre contre le ravage des eaux.

« Les finances sont dans la situation la plus prospère, et tous les paiemens sont au courant. Mon peuple d'Italie est, de tous les peuples de l'Europe, le moins chargé d'impositions. Il ne supportera pas de nouvelles charges; et s'il est fait des changemens à quelques contributions, si l'enregistrement est établi dans le projet du budjet d'après un tarif modéré, c'est afin de pouvoir diminuer des impositions plus onéreuses. Le cadastre est rempli d'imperfections qui se manifestent tous les jours. Je vaincrai, pour y porter remède, les obstacles qu'oppose à de telles opérations beaucoup moins la nature des choses que l'intérêt particulier; je n'espère cependant point arriver à des résultats tels qu'ils fassent éviter l'inconvénient d'élever une imposition jusqu'au terme qu'elle peut atteindre.

« J'ai pris des mesures pour redonner au clergé une dotation convenable, dont il était en partie dépourvu depuis dix ans; et si j'ai fait quelques réunions de couvens, j'ai voulu conserver, et mon intention est de protéger ceux qui se vouent à des services d'utilité publique, ou qui, placés dans les campagnes, se trouvent dans des lieux ou dans des circonstances où ils suppléent au clergé séculier. J'ai en même temps pourvu à ce que les évêques eussent le moyen d'être utiles aux pauvres, et je n'attends, pour m'occuper du sort des curés, que les renseignemens que j'ai ordonné de recueillir promptement sur leur situation véritable. Je sais que beaucoup d'entre eux, surtout dans les montagnes, sont dans une pénurie que j'ai le plus pressant désir de faire cesser.

« Indépendamment de la route du Simplon, qui sera achevée cette année, et à laquelle quatre mille ouvriers, dans la seule partie qui traverse le royaume d'Italie, travaillent en ce moment, j'ai ordonné de commencer le pont de Volano, et que des travaux si importans soient entrepris sans retard et poursuivis avec activité.

« Je ne néglige aucun des objets sur lesquels mon expérience en administration pouvait être utile à mes peuples d'Italie. Avant de repasser les monts, je parcourrai une partie des départemens, pour connaître de plus près leurs besoins.

« Je laisserai dépositaire de mon autorité ce jeune prince que j'ai élevé dès son enfance, et qui sera animé de mon esprit. J'ai d'ailleurs pris des mesures pour diriger moi-même les affaires les plus importantes de l'état.

« Des orateurs de mon conseil vous présenteront un projet de loi pour accorder à mon chancelier, garde-des-sceaux, Melzi, pendant quatre ans, dépositaire de mon autorité comme vice-président, un domaine qui, restant dans sa famille, atteste à ses descendans la satisfaction que j'ai eue de ses services.

« Je crois avoir donné des nouvelles preuves de ma constante résolution de remplir envers mes peuples d'Italie tout ce qu'ils attendent de moi ; j'espère qu'à leur tour ils voudront occuper la place que je leur destine dans ma pensée ; et ils n'y parviendront qu'en se persuadant bien que la force des armes est le principal soutien des états.

« Il est temps enfin que cette jeunesse qui vit dans l'oisiveté des grandes villes, cesse de craindre les dangers et les fatigues de la guerre, et qu'elle se mette en état de faire respecter la patrie, si elle veut que la patrie soit respectable.

« Messieurs du corps législatif, rivalisez de zèle avec mon conseil d'état, et par ce concours de volontés vers l'unique but de la prospérité publique, donnez à mon représentant l'appui qu'il doit recevoir de vous.

« Le gouvernement britannique ayant accueilli par une réponse évasive les propositions que je lui ai faites, et le roi d'Angleterre les ayant aussitôt rendues publiques en insultant mes peuples dans son parlement, j'ai vu considérablement s'affaiblir les espérances que j'avais conçues du rétablissement de la paix. Cependant les escadres françaises ont depuis obtenu des succès auxquels je n'attache de l'importance que parce qu'ils doivent convaincre davantage mes ennemis de l'inutilité d'une guerre qui ne leur offre rien à gagner et tout à perdre. Les divisions de la flottille et les frégates construites aux frais des finances de mon royaume d'Italie, et qui font aujourd'hui partie des armées françaises, ont rendu d'utiles services dans plusieurs circonstances. Je conserve l'espoir que la paix du continent ne sera point troublée ; et, toutefois, je me trouve en position de ne redouter aucune des chances de la guerre. Je serai au milieu de vous au moment même où ma présence deviendrait nécessaire au salut de mon royaume d'Italie. NAPOLÉON.

Bologne, le 5 messidor an 13 (24 juin 1805).

Réponse de l'empereur au discours du gonfalonnier de la république de Lucques, qui était venu le prier de se charger du gouvernement.

Monsieur le gonfalonnier, messieurs les députés des Anciens et du peuple de Lucques; mon ministre près votre république m'a prévenu de la démarche que vous faites. Il m'en a fait connaître toute la sincérité. La république de Lucques, sans force et sans armée, a trouvé sa garantie, pendant les siècles passés, dans la loi générale de l'empire dont elle dépendait, Je considère aujourd'hui comme une charge attachée à ma couronne l'obligation de concilier les différens partis qui peuvent diviser l'inté rieur de votre patrie.

« Les républiques de Florence, de Pise, de Sienne, de Bologne, et toutes les autres petites républiques, qui, au quatorzième siècle, partageaient l'Italie, ont eu à éprouver les mêmes inconvéniens. Toutes ont été agitées par la faction populaire et par celle des nobles. Cependant ce n'est que de la conciliation de ces différens intérêts que peuvent naître la tranquillité et le bon ordre. La constitution que vous avez depuis trois ans est faible; je ne me suis point dissimulé qu'elle ne pouvait atteindre son but. Si je n'ai jamais répondu aux plaintes qui m'ont été portées souvent pas différentes classes de vos citoyens, c'est que j'ai senti qu'il est des inconvéniens qui naissent de la nature des choses, et auxquels il n'est de remède que lorsque les différentes classes de l'état éclairées sont toutes réunies dans une même pensée, celle de trouver une garantie dans l'établissement d'un gouvernement fort et constitutionnel. J'accomplirai donc votre vœu. Je confierai le gouvernement de vos peuples à une personne qui m'est chère par les liens du sang. Je lui imposerai l'obligation de respecter constamment vos constitutions. Elle ne sera animée que du désir de remplir ce premier devoir des princes, l'impartiale distribution de la justice. Elle protégera également tous les citoyens qui, s'ils sont inégaux par la fortune, seront tous égaux à ses yeux. Elle ne reconnaîtra d'autre différence entre eux que celle provenant de leur mérite, de leurs services et de leurs vertus.

« De votre côté, le peuple de Lucques sentira toute la confiance que je lui donne, et aura pour son nouveau prince les sentimens que des enfans doivent à leur père, des citoyens à leur magistrat suprême, et des sujets à leur prince. Dans le mouvement général des affaires, ce sera pour moi un sentiment doux et consolant de voir que le peuple de Lucques est heureux, content et sans inquiétude sur son avenir. Je continuerai d'être pour votre patrie un protecteur qui ne sera jamais indifférent à son sort. NAPOLÉON.

Bologne, le 5 messidor an 13 (24 juin 1805).

Approbation de la constitution de l'état de Lucques par l'empereur.

Nous, Napoléon, par la grâce de Dieu et par les constitutions, empereur des Français et roi d'Italie, garantissons l'indépendance et la présente constitution de la république de Lucques.

Nous consentons à ce que nos très-chers et très-aimés beau-frère et sœur le prince et la princesse de Piombino et leur descendance occupent la principauté de Lucques et s'y établissent, promettant et nous réservant de renouveler à tous les changemens de prince la même garantie, nous réservant également, en vertu du droit acquis sur toute notre famille, que ni le prince ni la princesse, ni leurs enfans quelconques, ne puissent se marier que de notre consentement, et nous promettant, avec l'aide de Dieu, d'écarter par notre protection tout ce qui pourrait nuire à la prospérité du peuple lucquois, à son indépendance et au bonheur de nos très-chers et très-aimés sœur et beau-frère et de leurs descendans.

NAPOLÉON.

Paris, le 18 messidor an 13 (7 juillet 1805).

Notes inscrites dans le Moniteur, en réponse à un message du roi d'Angleterre au parlement.

Ainsi, S. M. britannique avoue après six mois que ce ne sont pas des liaisons avec les puissances du continent qui l'ont empêché, comme le disaient ses ministres par leur lettre au ministre des relations extérieures, de répondre aux ouvertures de paix faites par l'empereur des Français. Ces liaisons qui paraissaient alors si étroites qu'on ne pouvait se dispenser de consulter les puissances avec lesquelles on les avait contractées, ne sont plus que des communications qui n'ont point encore acquis un degré de maturité qui permette d'entrer avec le gouvernement français dans des explications ultérieures. La réponse faite par les ministres, il y a six mois, n'était donc qu'une défaite; et si l'on n'avait pas de liaisons alors, l'on n'en a pas davantage aujourd'hui. S. M. britannique ajoute : qu'il pourrait être d'une importance essentielle en elle, qu'il fût en son pouvoir de profiter de toutes les conjonctures favorables pour effectuer avec d'autres puissances tel accord qui pût lui procurer les moyens de résister à l'ambition désordonnée de la France. C'est une question qu'il est difficile de résoudre. Quoi qu'il en soit, S. M. aurait été beaucoup plus franche et se serait mise dans une position plus simple, si elle avait dit qu'elle ne voulait pas traiter avant d'avoir fait cinq à six campagnes avec les puissances coalisées. Encore faudrait-il savoir à qui demeurerait l'avantage après ces cinq ou six campagnes, et si cet avantage serait en proportion avec le sacrifice de deux à trois mille hommes immolés pour le bon plaisir du roi d'Angleterre. S. M. britannique laisse entrevoir en vérité, et nous devons en cela admirer sa prudence, que si elle ne parvient point à former une coalition et à se procurer le plaisir de voir, du fond de son île et de la terrasse de son château de Windsor, les malheurs du continent, elle se résoudra à faire la paix. La paix, objet de la juste ambition de tous les gouvernemens sages, n'est, si l'on veut parler ainsi, qu'un véritable pis-aller pour S. M. britannique. Elle recommande à ses fidèles communes, de la mettre en état de prendre des mesures, afin de voir si quelque capitan, quelque espèce de chef de condottieri ou de ces bandes célèbres en différens temps, voudrait, pour l'appât d'un sordide gain, faire cause commune avec elle. Qui ne formera des vœux pour que l'Angleterre trouve l'Europe sourde à tous projets de coalition; qui ne priera pour le succès des armes d'une nation qui ne veut que la paix, tandis que l'Angleterre, son ennemie, appelle à grands cris le retour des désastres qui ont si long-temps affligé l'Europe?

S. M. britannique a cru qu'elle pouvait tirer parti de la lettre de l'empereur des Français pour prouver au continent qu'il avait peur de l'Angleterre, et faire penser qu'il craignait la guerre, puisqu'il désirait la paix, et amener ainsi quelque puissance à entrer dans une coalition nouvelle. Le cabinet de Londres n'aura pas oublié d'appuyer d'offres de subsides de si faibles raisonnemens; mais il se sera aperçu qu'il ne mettait pas à un assez haut prix de tels services, et qu'il fallait payer plus cher. Le parlement avait accordé cinq millions sterlings; on lui en a demandé encore autant; nous verrons si la générosité des marchands rendra le marché plus facile.

Toutes les paroles, toutes les mesures de ce gouvernement portent le caractère du désordre et de la déraison. C'est une étrange déclaration politique que les ministres mettent dans la bouche du roi, lorsqu'ils lui font dire assez clairement qu'il ne fera la paix que lorsqu'il sera forcé de ne plus faire la guerre. Il en résultera nécessairement que quand il voudra la paix, on jugera qu'il est contraint de la faire, et qu'on pourra se croire alors autorisé à se montrer plus exigeant.

Que conclure donc d'un tel passage? C'est que le rétablissement de la tranquillité de l'Europe est loin encore, puisque le gouvernement anglais ne sera disposé qu'au moment où il sera convaincu qu'aucune puissance ne veut concourir à alimenter l'incendie, et qu'il n'y a plus de ministres ou d'intrigans qu'il puisse espérer d'acheter.

On ferait un recueil très-curieux des sept ou huit discours du roi d'Angleterre à son parlement, rangés à la suite les uns des autres, et par ordre de date; nous laissons à nos lecteurs le soin de faire ce rapprochement, qui n'échappera pas à l'histoire.

Paris, le 25 messidor an 13 (14 juillet 1805).

Note inscrite dans le Moniteur [1].

Il y a déjà long-temps qu'on s'est plu à répandre que l'empereur avait des vues pour marier le prince Eugène avec la reine d'Etrurie, et ceci avait été fait malicieusement, pour faire penser que l'empereur voulait réunir la Toscane au royaume d'Italie; cependant cette idée n'est pas heureuse. La reine d'Etrurie a des enfans, et par conséquent ne peut pas apporter en dot le royaume d'Etrurie. Cette seule observation fait sentir tout le ridicule et l'absurdité de cette nouvelle. On a dit aussi qu'il était question de marier un prince de la famille impériale avec une fille de la reine de Naples. Cette nouvelle est plus absurde encore; mais c'est un des inconvéniens des hautes places et du haut rang des princes, que chacun fasse des gloses sur les affaires les plus délicates.

On a bien aussi mis dans nos propres journaux une généalogie aussi ridicule que plate de la maison Bonaparte. Ces recherches sont bien puériles; et à tous ceux qui demande-

[1] Cette note est d'autant plus intéressante qu'elle dément les contes ridicules qu'on s'est plu à répandre sur la manie généalogique de Napoléon.

ront de quel temps date la maison de Bonaparte, la réponse est bien facile : elle date du 18 brumaire. Comment, dans le siècle où nous sommes, peut-on être assez ridicule pour amuser le public de pareilles balivernes? Et comment peut-on avoir assez peu de sentiment des convenances et de ce qu'on doit à l'empereur, pour aller attacher de l'importance à savoir ce qu'étaient ses ancêtres? Soldat, magistrat et souverain, il doit tout à son épée et à l'amour de son peuple. Nous ne voulons pas voir de la malveillance dans cette espèce de comparaison avec la maison de Suède, maison souveraine depuis plusieurs siècles. Si c'est un écrivain qui a voulu faire sa cour à l'empereur par cet article, c'est bien le cas de dire : Il n'y a rien de dangereux comme un sot ami.

De mon camp impérial de Boulogne, le 25 thermidor an 13 (11 août 1805).

Lettre au président du corps législatif du royaume d'Italie.

Monsieur le président Taverna, je reçois la lettre du 1er. août, que vous m'écrivez au nom du corps législatif. Les assurances de son attachement me sont d'autant plus agréables, que sa conduite pendant la session m'a démontré qu'il ne marchait pas dans la même direction que moi, et qu'il avait d'autres projets et un autre but que ceux que je me proposais. Il est dans mes principes de me servir des lumières de tous les corps intermédiaires, soit conseil des consulteurs, soit conseil législatif, soit corps législatif, soit même des différens colléges, toutes les fois qu'ils auront la même direction que moi. Mais, toutes les fois qu'ils ne porteront dans leurs délibérations qu'un esprit de faction et de turbulence, ou des projets contraires à ceux que je puis avoir médités pour le bonheur et la prospérité de mes peuples, leurs efforts seront impuissans, la honte leur en restera tout entière, et, malgré eux, je remplirai tous les desseins, je terminerai toutes les opérations que j'aurai jugées nécessaires à la marche de mon gouvernement et à l'exécution du grand projet que j'ai conçu de reconstituer et d'illustrer le royaume d'Italie. Ces principes, monsieur le président, je les transmettrai à mes descendans, et ils apprendront de moi qu'un prince ne doit jamais souffrir que l'esprit de cabale et de faction triomphe de son autorité; qu'un misérable esprit de légèreté et d'opposition déconsidère cette autorité première, fondement de l'ordre social, exécutrice du Code civil, et véritable source de tous les biens des peuples. Lorsque les corps intermédiaires seront animés d'un bon esprit, suivront le même but que moi, je serai empressé de prêter l'oreille à leurs observations, et de suivre leurs avis, soit dans la modification, soit dans la direction de ces vues. En finissant, monsieur, je ne veux vous laisser aucun doute sur la vérité de mes sentimens pour le plus grand nombre des membres du corps législatif, dont je connais le mérite et le foncier attachement pour ma personne. Réunis en assemblée, ils n'ont point senti la légèreté qu'ils ont portée dans leurs opérations, mais j'espère qu'appréciant mieux l'ordre et le bonheur de la société, ils sentiront l'avantage de rester rangés constamment autour du trône, de ne marquer dans l'opinion que par leurs propres témoignages de fidélité et d'obéissance, et de ne point ébranler l'attachement et l'amour des sujets par une opposition ouverte et inconsidérée. Sur ce, je prie Dieu qu'il vous ait en sa sainte garde. NAPOLÉON.

Paris, le 23 thermidor an 13 (11 août 1805).

Note inscrite dans le Moniteur, en réponse à un article d'un journal anglais.

Nous ne sommes pas étonnés que les mouvemens de troupes que fait l'Autriche fassent penser à l'Angleterre qu'elle veut se coaliser contre la France. Mais nous avons meilleure opinion des sentimens pacifiques de l'empereur d'Allemagne. L'expérience du passé prouve que la Russie verrait avec plaisir la France et l'Angleterre s'affaiblir par une longue guerre, pour envahir, à la faveur de ces circonstances, Constantinople et la Perse ; et nous disons qu'elle le verrait avec plaisir, parce qu'elle n'a manqué aucune occasion d'aigrir les affaires au lieu de les raccommoder. On se souvient de la conduite de M. Marcoff à l'époque de la rupture de la paix d'Amiens. Si la Russie avait voulu intervenir, la guerre n'eût pas eu lieu; comme la conduite de M. Marcoff a été approuvée par son souverain, il faut en conclure qu'elle était dans le système du cabinet.

On se souvient avec quel acharnement la Russie, intervenant depuis à Ratisbonne, jetait le gant à la France, et faisait tous ses efforts pour pousser le corps germanique à la guerre. Le corps germanique fut plus sage; il sentit que le champ de bataille serait en Allemagne et en Italie. Il se ressouvint que la conduite des puissances du nord avait été constamment de s'agrandir et de se consolider par l'affaiblissement et les divisions des puissances du midi. Il resta calme, laissa dans l'oubli les notes russes, et se serra davantage à la France.

Dans cette dernière circonstance, les Anglais ont eu recours à la Russie. Si leur conduite n'a eu pour but que de donner un nouvel aliment à l'ambition de cette puissance, et d'accroître son animosité contre la France, ils ont réussi. M. de Novosilzoff s'en est retourné (c'était une chose toute simple); mais il a remis en partant au cabinet de Berlin une note inconvenante, et M. d'Alopeus s'est empressé de la faire imprimer dans les journaux du nord. Si au contraire l'Angleterre était de bonne foi, et voulait sincèrement la paix, la démarche de la Russie a déjoué ce projet, puisqu'elle n'a porté que passion et haine où il fallait du calme et de l'impartialité.

Il reste à savoir aujourd'hui quelle est celle des deux puissances de la Prusse et de l'Autriche qui se déclarera contre la France. La Prusse a déclaré hautement qu'elle ne partageait pas la haine furibonde des Anglais; qu'elle ne voyait pas à quoi pouvaient aboutir ses démarches inconsidérées, irritantes; et qu'enfin, sous aucun prétexte, elle ne prendrait les armes contre la France. Si la Russie élevant le ton voulait l'entraîner à la guerre contre la France, l'opinion du vieux Mollendorf, de ce compagnon du grand Frédéric, est que la Prusse n'a rien à redouter de la France, mais tout à craindre de la Russie ; et que, par sentiment de justice, elle doit plutôt joindre cent mille Prussiens à cent mille Français pour défendre son indépendance, et tenir en respect cette puissance moitié européenne et moitié asiatique, qui, séparée de l'Europe par des déserts, pèse, lorsqu'elle le veut, avec tant d'arrogance sur tous ses voisins, et peut, lorsqu'elle le veut aussi, se mettre à l'écart de toutes les tempêtes qu'elle a suscitées.

Il dépend actuellement de la cour de Vienne de décider la question. La paix ou la guerre est dans ses mains. Si l'Angleterre la croit aussi ferme dans son système pacifique qu'elle sait que l'est la Prusse, elle sentira que, puisque le continent ne peut pas être troublé, elle doit mettre un terme à sa haine, et satisfaire le vœu de tous les peuples, en concluant de bonne foi, sans ruse comme sans vain partage, une paix juste et bonne.

Si l'Autriche est bien aise de voir la France et l'Angleterre s'entre-déchirer, elle fera marcher des troupes, fera des dispositions qui encourageront le parti de la guerre en Angleterre, et par là aura la triste gloire de prolonger les anxiétés et les inquiétudes de deux grandes nations.

Mais si les Anglais se trompent, cette politique ne peut guider la conduite d'un prince aussi franc et aussi honnête homme que l'empereur François II. Il n'est pour les princes comme pour les particuliers, qu'un chemin qui conduit à l'honneur. Si ce prince était dans des sentimens hostiles, il leverait l'étendard. Il a une armée brave et une population nombreuse; il est convaincu qu'une guerre sourde est indigne de lui et de sa nation.

Nous ne doutons pas que l'Autriche veuille avoir la gloire de contribuer à la paix maritime; et elle y a son intérêt, puisque ce moment peut seul faire la séparation des couronnes de France et d'Italie, qu'il peut éloigner les Russes de Corfou et de la Morée, et les Anglais de la Méditerranée, trois choses également avantageuses à l'Autriche. Si elle le veut, disons-nous, elle a un moyen qui est simple; qu'elle persuade l'Angleterre de ce que la Prusse lui a persuadé, et que les journaux ministériels n'aient plus de prétextes pour faire penser que, peu à peu, on parviendra à amener l'Autriche à devenir bien imprudemment le plastron de l'Angleterre.

Mais est-il de l'intérêt de l'Angleterre de prolonger la guerre, même avec le secours de l'Autriche? Un Anglais éclairé disait dans une circonstance solennelle, que le cabinet de Saint-James était dans une fausse direction, quand il désirait vouloir acheter par des sacrifices pécuniaires une coalition. Il observait que la première coalition avait livré à la France la Belgique et la Hollande; que la seconde lui avait donné le Piémont et l'Italie; que la troisième pourrait lui donner de nouvelles côtes et de nouveaux ports Cette leçon de politique qui n'est point suspecte dans la bouche d'un citoyen anglais, pourrait l'être dans ce journal; elle n'en est pas moins vraie. Dans les circonstances actuelles, il n'y a d'avantageux pour l'Angleterre, et de profitable pour son commerce, qu'une paix juste et raisonnable.

Que l'Angleterre se persuade bien que les Français d'aujourd'hui, élevés et endurcis dans les camps, ne sont plus les Français du temps de Louis XV; que le temps où elle imposait un traité de commerce au cabinet de Versailles est presque aussi loin de nous que le temps où elle avait un commissaire à Dunkerque. L'empereur l'a très-bien dit au roi d'Angleterre : le monde est assez grand pour les deux nations ; disons mieux, pour tous les peuples.

Paris, le 27 thermidor an 13 (15 août 1805).

Note inscrite dans le Moniteur, en réponse à cette phrase d'un journal anglais : « Que l'ennemi vienne (les Fran-
« çais) quand il voudra, il nous trouvera préparés à châ-
« tier sa témérité, et à changer son audacieuse entreprise
« en une destruction certaine pour lui-même. »

Et pourquoi l'ennemi ne vient-il pas ? Nous verrions de qui l'événement châtierait la témérité. Nous connaissons votre généralissime ; nous l'avons vu à Hondscoot et en Hollande ; le tiers de l'armée de Boulogne suffirait pour changer ses audacieuses entreprises en une destruction certaine ; mais quoi que vous en disiez, vous savez comme nous ce que vous pouvez attendre d'une lutte sur terre. Quant à la guerre de mer, vous avez acquis sans doute, et vous conservez jusqu'à ce jour une véritable supériorité, mais vous ne l'avez due, mais vous ne la devez qu'à la trahison. C'est la trahison qui vous a livré trente vaisseaux français à Toulon ; la trahison du prince d'Orange vous a valu douze vaisseaux hollandais ; la trahison enfin a détruit à Quiberon tout ce qui existait des officiers de notre ancienne marine. Malgré ces avantages si odieusement obtenus, et que nous ne vous contestons pas, nos escadres vous attaquent sur vos propres côtes; le Shannon est bloqué, non par de petits bâtimens comme vous le dites, mais par une bonne et belle escadre. Vos colonies avaient déjà rédigé leur capitulation et envoyé des agens à Villeneuve pour traiter; mais ce n'était point là l'objet de sa mission, et malgré les contrariétés qu'il a éprouvées en revenant en Europe, quoique sa navigation eût été de plus de cinquante jours; quoique les vents contraires lui en eussent fait perdre vingt, il a marché sur le corps de vos escadres et opéré sa jonction. Son objet ne fut pas d'attaquer votre commerce, et il vous a fait pour vingt millions de dommages. Dans les Indes, une seule division française a fait sur vous des prises pour une valeur encore plus considérable. Un seul brick du côté des Orcades a capturé tout un convoi de Terre-Neuve. Nos frégates parcourent toutes les mers; il n'y a pas de jours qu'il n'en rentre quelqu'une dans nos ports, et vous n'en avez pas encore pris une seule. Enfin, vous vous vantiez d'empêcher la jonction de nos flottilles, elles sont toutes réunies; et quand vous avez voulu vous opposer à leur marche, elles vous ont battus; vous vous vantiez d'attaquer notre ligne d'embossage, et c'est elle qui, plusieurs fois, a attaqué vos croisières, loin des batteries jusqu'à mi-canal, et de manière que vos vaisseaux, vos frégates, vos corvettes, ont cherché leur sûreté dans la supériorité de leur marche. Mais il y a deux ans qu'on prépare la descente, et la descente n'arrive pas? Elle arrivera si vous ne faites pas la paix. Elle arrivera peut-être dans un an, peut-être dans deux, peut-être dans trois; mais avant que les cinq années soient expirées, quelque événement qui puisse survenir, nous aurons raison de votre orgueil, et de cette supériorité que des trahisons vous ont donnée. Quant au continent, ne croyez pas que vous ayez des alliés. Vous êtes l'ennemi de tous les peuples, et tous les peuples se réjouissent de votre humiliation. Mais parvinssiez-vous à corrompre quelques femmes, quelques ministres, les résultats ne seraient pas pour vous; nous aurions sûrement acquis de nouvelles côtes et de nouveaux ports, de nouvelles contrées, et nous réduirions vos alliés à un tel point que nous pourrions ensuite nous livrer tout entier à la guerre maritime. C'est un singulier orgueil qui vous fait penser que nous prétendions en un jour, en un mois, en un an, venir à bout de votre puissance colossale. Le temps est un des moyens, un des élémens de nos calculs. Ayez recours, dans une telle position, à des complots, à des assassinats, à la bonne heure. Cette sorte de guerre ne vous est point étrangère. On dit déjà que Drake songe à revenir à Munich, Spencer-Smith à Stuttgard, et Taylord à Cassel. La France ne souffrira pas qu'ils mettent le pied, non-seulement sur le continent, mais dans les lieux où, en cinq à six marches, peuvent se porter ses armées. Les diplomates assassins sont hors du droit des gens.

Nous nous étions attendus à des malheurs quand vous avez déclaré la guerre. Nous pouvions perdre la Martinique, la Guadeloupe, les îles de France et de la Réunion; qu'avez-vous fait? Vous êtes réduits à un triste système de blocus qui n'empêche pas nos escadres de parcourir les mers; persistez à bloquer nos ports, mais ayez les yeux fixés sur les signaux de vos côtes, et vivez dans de perpétuelles alarmes.

Si votre nation indignée continuant à être dupe de quelques hommes qui se sont partagé le gouvernement de l'Angleterre, ne parvient pas à obliger vos olygarques à faire la paix et à leur persuader enfin que nous ne sommes plus ces Français si long-temps vendus et trahis par des ministres faibles, des rois fainéans, ou des maîtresses avides, vous marcherez vers une inévitable et funeste destinée.

Nous désirons la paix du continent, parce qu'il se trouve placé comme nous voulions qu'il le fût. Nous aurions pu augmenter notre puissance et affaiblir celle de nos rivaux, si nous l'avions trouvé convenable. S'il est quelque état qui veuille encore troubler le continent, il sera la première victime, et sa défaite retombant sur vous-mêmes, rendra vos périls plus imminens et votre chute plus assurée.

Nous le répétons : une paix juste et raisonnable peut seule vous sauver. Un de nos adages est déjà prouvé, et puisque vous n'espérez de salut que dans le concours d'une puissance du continent, seuls vous ne pouvez donc rien contre la France, et la France ne souffrira pas que, seule, vous ayez des vaisseaux sur les mers; les mers sont le domaine de tous les peuples.

Paris, le 1er vendémiaire an 14 (23 septembre 1805).

Discours de l'empereur au sein du sénat [1].

Sénateurs,

« Dans les circonstances présentes de l'Europe, j'éprouve le besoin de me trouver au milieu de vous, et de vous faire connaître mes sentimens.

« Je vais quitter ma capitale pour me mettre à la tête de l'armée, porter un prompt secours à mes alliés, et défendre les intérêts les plus chers de mes peuples.

« Les vœux des éternels ennemis du continent sont accomplis : la guerre a commencé au milieu de l'Allemagne. L'Autriche et la Russie se sont réunies à l'Angleterre, et notre génération est entraînée de nouveau dans toutes les calamités de la guerre. Il y a peu de jours, j'espérais encore que la paix ne serait point troublée; les menaces et les outrages m'avaient trouvé impassible; mais l'armée autrichienne a passé l'Inn, Munich est envahie, l'électeur de Bavière est chassé de sa capitale; toutes mes espérances se sont évanouies.

[1] Au moment de son départ pour l'armée, occasionné par l'invasion de la Bavière par l'empereur d'Autriche.

« C'est dans cet instant que s'est dévoilée la méchanceté des ennemis du continent. Ils craignaient encore la manifestation de mon violent amour pour la paix ; ils craignaient que l'Autriche, à l'aspect du gouffre qu'ils avaient creusé sous ses pas, ne revînt à des sentimens de justice et de modération ; ils l'ont précipitée dans la guerre. Je gémis du sang qu'il va en coûter à l'Europe ; mais le nom français en obtiendra un nouveau lustre.

« Sénateurs, quand à votre aveu, à la voix du peuple français tout entier, j'ai placé sur ma tête la couronne impériale, j'ai reçu de vous, de tous les citoyens, l'engagement de la maintenir pure et sans tache. Mon peuple m'a donné dans toutes les circonstances des preuves de sa confiance et de son amour. Il volera sous les drapeaux de son empereur et de son armée, qui dans peu de jours auront dépassé les frontières.

« Magistrats, soldats, citoyens, tous veulent maintenir la patrie hors de l'influence de l'Angleterre, qui, si elle prévalait, ne nous accorderait qu'une paix environnée d'ignominie et de honte, et dont les principales conditions seraient l'incendie de nos flottes, le comblement de nos ports, et l'anéantissement de notre industrie.

« Toutes les promesses que j'ai faites au peuple français, je les ai tenues. Le peuple français, à son tour, n'a pris aucun engagement avec moi qu'il n'ait surpassé. Dans cette circonstance si importante pour sa gloire et la mienne, il continuera de mériter ce nom de grand peuple, dont je le saluai au milieu des champs de bataille.

« Francais, votre empereur fera son devoir, mes soldats feront le leur ; vous ferez le vôtre. » NAPOLÉON.

Au quartier-général de Strasbourg, le 7 vendémiaire an 14
(29 septembre 1805).

Proclamation de l'empereur à l'armée.

Soldats !

La guerre de la troisième coalition est commencée. L'armée autrichienne a passé l'Inn, violé les traités, attaqué et chassé de sa capitale notre allié..... Vous-mêmes vous avez dû accourir à marches forcées à la défense de nos frontières ; mais déjà vous avez passé le Rhin : nous ne nous arrêterons plus que nous n'ayons assuré l'indépendance du corps germanique, secouru nos alliés et confondu l'orgueil des injustes aggresseurs. Nous ne ferons plus de paix sans garantie : notre générosité ne trompera plus notre politique.

Soldats, votre empereur est au milieu de vous. Vous n'êtes que l'avant-garde du grand peuple ; s'il est nécessaire, il se levera tout entier à ma voix pour confondre et dissoudre cette nouvelle ligue qu'ont tissue la haine et l'or de l'Angleterre.

Mais, soldats, nous aurons des marches forcées à faire, des fatigues et des privations de toute espèce à endurer; quelques obstacles qu'on nous oppose, nous les vaincrons ; et nous ne prendrons de repos que nous n'ayons planté nos aigles sur le territoire de nos ennemis. NAPOLÉON.

14 vendémiaire an 14 (6 octobre 1805).

Premier bulletin de la grande armée.

L'empereur est parti de Paris le 2 vendémiaire, et est arrivé le 4 à Strasbourg.

Le maréchal Bernadotte, qui, au moment où l'armée était partie de Boulogne, s'était porté de Hanovre sur Gottingue, s'est mis en marche par Francfort, pour se rendre à Wurtzbourg, où il est arrivé le 1er vendémiaire.

Le général Marmont, qui était arrivé à Mayence, a passé

le Rhin sur le pont de Cassel, et s'est dirigé sur Wurtzbourg, où il a fait sa jonction avec l'armée bavaroise et le corps du maréchal Bernadotte.

Le corps du maréchal Davoust a passé le Rhin le 4 à Manheim, et s'est porté, par Hildeberg et Necker-Eltz, sur le Necker.

Le corps du maréchal Soult a passé le Rhin le même jour sur le pont qui a été jeté à Spire, et s'est porté sur Heilbronn.

Le corps du maréchal Ney a passé le Rhin le même jour sur le pont qui a été jeté vis à vis de Durlach, et s'est porté à Stuttgard.

Le corps du maréchal Lannes a passé le Rhin à Kehl le 3, et s'est rendu à Louisbourg.

Le prince Murat, avec la réserve de cavalerie, a passé le Rhin à Kehl le 3, et est resté en position plusieurs jours devant les débouchés de la forêt Noire; ses patrouilles, qui se montraient fréquemment aux patrouilles ennemies, leur ont fait croire que nous voulions pénétrer par ses débouchés.

Le grand parc de l'armée a passé le Rhin à Kehl, le 8, et s'est rendu à Heilbronn.

L'empereur a passé le Rhin à Kehl, le 9, a couché à Ettlingen le même jour, y a reçu l'électeur et les princes de Bade, et s'est rendu à Louisbourg chez l'électeur de Wurtemberg, dans le palais duquel il a logé.

Le 10, le corps du général Bernadotte et du général Marmont et les Bavarois qui étaient à Wurtzbourg, se sont réunis et se sont mis en marche pour se rendre sur le Danube.

Le corps du maréchal Davoust s'est mis en marche de Necker-Eltz et a suivi la route de Meckmühl, Ingelsingen, Chreilsheim, Dunkelsbülh, Frembdingen, Ættingen, Haarburg et Donawerth.

Le corps du maréchal Soult s'est mis en marche d'Heilbronn et a suivi la route d'Esslingen, Goppingen, Weissenstein, Heydenheim, Nattheim et Nordlingen.

Le corps du maréchal Lannes s'est mis en marche de Louisbourg, et a suivi la route de Grossbentelspach à Pludershausen, Gmünd, Aalen et Nordlingen.

Voici la position de l'armée au 14 :

Le corps du maréchal Bernadotte et les Bavarois étaient à Weissenbourg.

Le corps du maréchal Davoust à Œttingen, à cheval sur la Reinitz.

Le corps du maréchal Soult à Donawerth, maître du pont de Munster, et faisant rétablir celui de Donawerth.

Le corps du maréchal Ney à Kœssingen.

Le corps du maréchal Lannes à Neresheim.

Le prince Murat, avec ses dragons, bordant le Danube.

L'armée est pleine de santé, et brûlant d'en venir aux mains.

L'ennemi s'était avancé jusqu'aux débouchés de la forêt Noire, où il paraît qu'il voulait se maintenir et nous empêcher de pénétrer.

Il avait fait fortifier l'Iller. Memmingen et Ulm se fortifiaient en grande hâte.

Les patrouilles qui battent la campagne assurent qu'il a contremandé ses projets et qu'il paraît fort déconcerté par nos mouvemens aussi nouveaux qu'inattendus.

Les patrouilles françaises et ennemies se sont souvent rencontrées; dans ces rencontres, nous avons fait quarante prisonniers du régiment à cheval de Latour.

Ce grand et vaste mouvement nous a portés en peu de jours en Bavière, nous a fait éviter les montagnes Noires, la ligne de rivières parallèles qui se jettent dans la vallée du Danube, l'inconvénient attaché à un système d'opérations qui auraient toujours en flanc les débouchés du Tyrol, et enfin nous a placés à plusieurs marches derrière l'ennemi, qui n'a pas de temps à perdre pour éviter sa perte entière.

14 vendémiaire an 14 (6 octobre 1805).

Proclamation de l'empereur des Français aux soldats bavarois.

Soldats bavarois,

« Je me suis mis à la tête de mon armée pour délivrer votre patrie des plus injustes agresseurs. La maison d'Autriche veut détruire votre indépendance, et vous incorporer à ses vastes états. Vous serez fidèles à la mémoire de vos ancêtres qui, quelquefois opprimés, ne furent jamais abattus, et conservèrent toujours cette indépendance, cette existence politique qui sont les premiers biens des nations, comme la fidélité à la maison palatine est le premier de vos devoirs.

« En bon allié de votre souverain, j'ai été touché des marques d'amour que vous lui avez données dans cette circonstance importante. Je connais votre bravoure; je me flatte qu'après la première bataille, je pourrai dire à votre prince et à mon peuple, que vous êtes dignes de combattre dans les rangs de la grande armée. »

NAPOLÉON.

16 vendémiaire an 14 (8 octobre 1805).

Deuxième bulletin de la grande armée.

Les événemens se pressent avec la plus grande rapidité. Le 14, la deuxième division du corps d'armée du maréchal Soult, que commande le général Vandamme, a forcé de marche, ne s'est arrêtée à Nordlingen que deux heures, est arrivée à huit heures du soir à Donawerth, et s'est emparée du pont que défendait le régiment de Colloredo. Il y a eu quelques hommes tués et des prisonniers.

Le 15, à la pointe du jour, le prince Murat est arrivé avec ses dragons; le pont a été à l'heure même raccommodé, et le prince Murat, avec la division de dragons que commande le général Watter, s'est porté sur le Lech, a fait passer le colonel Wattier à la tête de deux cents dragons, qui, après une charge très-brillante, s'est emparé du pont du Lech, et a culbuté l'ennemi, qui était du double de sa force. Le même jour, le prince Murat a couché à Rain.

Le 16, le maréchal Soult est parti avec les deux divisions Vandamme et Legrand, pour se porter sur Augsbourg dans le même temps que le général Saint-Hilaire, avec sa division, s'y portait par la rive gauche.

Le 17, à la pointe du jour, le prince Murat, à la tête des divisions de dragons des généraux Beaumont et Klein, et de la division de carabiniers et de cuirassiers, commandée par le général Nansouty, s'est mis en marche pour couper la route d'Ulm à Augsbourg. Arrivé à Wertingen, il aperçut une division considérable d'infanterie ennemie, appuyée pas quatre escadrons de cuirassiers d'Albert. Il enveloppe aussitôt tout ce corps. Le maréchal Lannes, qui marchait derrière ces divisions de cavalerie, arrive avec la division Oudinot, et après un engagement de deux heures, drapeaux, canons, bagages, officiers et soldats, toute la division ennemie est prise. Il y avait douze bataillons de grenadiers qui venaient en grande hâte du Tyrol au secours de l'armée de Bavière. Ce ne sera que dans la journée de demain qu'on connaîtra tous les détails de cette action vraiment brillante.

Le maréchal Soult, avec ses divisions, a manœuvré toute la journée du 15 et du 16 sur la rive gauche du Danube pour intercepter les débouchés d'Ulm et observer le corps d'armée qui paraît encore réuni dans cette place.

Le corps du maréchal Davoust est arrivé seulement le 16 à Neubourg.

Le corps du général Marmont y est également arrivé.

Le corps du général Bernadotte et les Bavarois sont arrivés, le 10, à Aichstett.

Par les renseignemens qui ont été pris, il paraît que douze

régimens autrichiens ont quitté l'Italie pour renforcer l'armée de Bavière.

La relation officielle de ces marches et de ces événemens intéressera le public et fera le plus grand honneur à l'armée.

Au quartier-général d'Augsbourg, le 18 vendémiaire an 14 (10 octobre 1805).

Aux préfet et maires de la ville de Paris.

Messieurs les préfets et maires de notre bonne ville de Paris, nos troupes ayant, au combat de Wertingen, défait douze bataillons de grenadiers, l'élite de l'armée autrichienne, toute son artillerie étant restée en notre pouvoir, ainsi qu'un grand nombre de prisonniers et huit drapeaux, nous avons résolu de faire présent des drapeaux à notre bonne ville de Paris et de deux pièces de canon pour rester à l'Hôtel-de-Ville. Nous désirons que notre bonne ville de Paris voie dans ce ressouvenir et dans ce cadeau, qui lui sera d'autant plus précieux que c'est son gouverneur [1] qui commandait nos troupes au combat de Wertingen, l'amour que nous lui portons.

Cette lettre n'étant à d'autre fin, nous prions Dieu qu'il vous tienne en sa sainte et digne garde. NAPOLÉON.

Zumershausen, le 18 vendémiaire an 14 (10 octobre 1805).

Troisième bulletin de la grande armée.

Le maréchal Soult a poursuivi la division autrichienne, qui s'est réfugiée à Aicha, l'a chassée, et est entré le 17, à midi, dans Augsbourg avec les divisions Vandamme, Saint-Hilaire et Legrand.

Le 17 au soir, le maréchal Davoust, qui a passé le Danube à Neubourg, est arrivé à Aicha avec ses trois divisions.

[1] Le prince Murat.

Le général Marmont, avec les divisions Boudet, Grouchy, et la division batave du général Dumonceau, a passé le Danube et pris position entre Aicha et Augsbourg.

Enfin, le corps d'armée du maréchal Bernadotte, avec l'armée bavaroise commandée par les généraux Deroi et Verden, a pris position à Ingolstadt ; la garde impériale, commandée par le maréchal Bessières, s'est rendue à Augsbourg, ainsi que la division de cuirassiers aux ordres du général d'Hautpout.

Le prince Murat, avec les divisions de dragons de Klein et de Beaumont, et la division de carabiniers et de cuirassiers du général Nansouty, s'est porté en toute diligence au village de Zumershausen, pour intercepter la route d'Ulm à Augsbourg.

Le maréchal Lannes, avec la division de grenadiers d'Oudinot, et la division Suchet, a pris poste le même jour au village de Zumershausen.

L'empereur a passé en revue les dragons au village de Zumershausen ; il s'est fait présenter le nommé Marente, dragon du quatrième régiment, un des plus braves de l'armée, qui, au passage du Lech, avait sauvé son capitaine qui, peu de jours auparavant, l'avait cassé de son grade de sous-officier. S. M. lui a donné l'aigle de la légion d'honneur. Ce brave a répondu : « Je n'ai fait que mon devoir ; mon capitaine m'avait cassé pour quelques fautes de discipline, mais il sait que j'ai toujours été bon soldat. »

L'empereur a ensuite témoigné aux dragons la satisfaction de la conduite qu'ils ont tenue au combat de Wertingen. Il s'est fait présenter un dragon par régiment, auquel il a également donné l'aigle de la légion d'honneur.

S. M. a témoigné sa satisfaction aux grenadiers de la division Oudinot. Il est impossible de voir une troupe plus belle, plus animée du désir de se mesurer avec l'ennemi, plus remplie d'honneur et de cet enthousiasme militaire, qui est le présage des plus grands succès.

Jusqu'à ce qu'on puisse donner une relation détaillée du combat de Wertingen, il est convenable d'en dire quelques mots dans ce bulletin.

Le colonel Arrighi a chargé avec son régiment de dragons le régiment de cuirassiers du duc Albert ; la mêlée a été très-chaude. Le colonel Arrighi a eu son cheval tué sous lui ; son régiment a redoublé d'audace pour le sauver. Le colonel Beaumont, du dixième de hussards, animé de cet esprit vraiment français, a saisi au milieu des rangs ennemis un capitaine de cuirassiers, qu'il a pris lui-même, après avoir sabré un cavalier.

Le colonel Maupetit, à la tête du neuvième de dragons, a chargé dans le village de Wertingen. Blessé mortellement, ses derniers paroles ont été : « Que l'empereur soit instruit que le neuvième de dragons a été digne de sa réputation, et qu'il a chargé et vaincu aux cris de *vive l'empereur.* »

Cette colonne de grenadiers, l'élite de l'armée ennemie, s'étant formée en carrés de quatre bataillons, a été enfoncée et sabrée. Le deuxième bataillon de dragons a chargé dans le bois.

La division Oudinot frémissait de l'éloignement qui l'empêchait encore de se mesurer avec l'ennemi ; mais à sa vue seule les Autrichiens accélèrent leur retraite, une seule brigade a pu donner.

Tous les canons, tous les drapeaux, presque tous les officiers du corps ennemi qui a combattu à Wertingen, ont été pris ; un grand nombre a été tué ; deux lieutenans-colonels, six majors, soixante officiers, quatre mille soldats sont restés en notre pouvoir ; le reste a été éparpillé, et ce qui a pu échapper, a dû son salut à un marais qui a arrêté une colonne qui tournait l'ennemi.

Le chef d'escadron Excelmans, aide-de-camp de S. A. S. le prince Murat, a eu deux chevaux tués.

C'est lui qui a porté les drapeaux à l'empereur qui lui a dit : « Je sais qu'on ne peut pas être plus brave que vous ; je vous fais officier de la légion d'honneur. »

Le maréchal Ney de son côté, avec la division Malher, Dupont et Loison, la division de dragons à pied du général Baraguey-d'Hilliers, et la division Gazan, ont remonté le Danube et attaqué l'ennemi sur la position de Grümberg. Il est cinq heures, le canon se fait entendre.

Il pleut beaucoup, mais cela ne ralentit pas les marches forcées de la grande armée. L'empereur donne l'exemple : à cheval jour et nuit, il est toujours au milieu des troupes, et partout où sa présence est nécessaire. Il a fait hier quatorze lieues à cheval. Il a couché dans un petit village, sans domestiques et sans aucune espèce de bagage. Cependant l'évêque d'Augsbourg avait fait illuminer son palais, et attendu S. M. une partie de la nuit.

Augsbourg, le 19 vendémiaire an 14 (11 octobre 1805).

Quatrième bulletin de la grande armée.

Le combat de Wertingen a été suivi, à vingt-quatre heures de distance, du combat de Günebourg. Le maréchal Ney a fait marcher son corps d'armée, la division Loison sur Langeneau, et la division Malher sur Günzbourg. L'ennemi, qui a voulu s'opposer à cette marche, a été repoussé partout. C'est en vain que le prince Ferdinand est accouru en personne pour défendre Günzbourg. Le général Malher l'a fait attaquer par le cinquante-neuvième régiment ; le combat est devenu opiniâtre, corps à corps. Le colonel Lacuée a été tué à la tête de son régiment, qui, malgré la plus vigoureuse résistance, a emporté le pont de vive force ; les pièces de canon qui le défendaient ont été enlevées, et la belle position de Günzbourg est restée en notre pouvoir. Les trois attaques de l'ennemi sont devenues inutiles; il s'est retiré avec précipitation; la réserve du prince Murat arrivait à Burgau et coupait l'ennemi dans la nuit.

Les détails circonstanciés du combat qui ne peuvent être donnés que sous quelques jours, feront connaître les officiers qui se sont distingués.

L'empereur a passé toute la nuit du 17 au 18, et une partie de la journée du 18, entre les corps des maréchaux Ney et Lannes.

L'activité de l'armée française, l'étendue et la complication des combinaisons qui ont entièrement échappé à l'ennemi, le déconcertent au dernier point.

Les conscrits montrent autant de bravoure et de bonne volonté que les vieux soldats. Quand ils ont une fois été au feu, ils perdent le nom de conscrits; aussi tous aspirent-ils à l'honneur du titre de soldats. Le temps continue à être très-mauvais depuis plusieurs jours. Il pleut encore beaucoup: l'armée cependant est pleine de santé.

L'ennemi a perdu plus de deux mille cinq cents hommes au combat de Günzbourg. Nous avons fait douze cents prisonniers et pris six pièces de canon. Nous avons eu quatre cents tués ou blessés. Le général-major d'Aspre est au nombre des prisonniers.

L'empereur est arrivé le 18 à Augsbourg, à neuf heures du soir; la ville est occupée depuis deux jours.

La communication de l'armée ennemie est coupée à Augsbourg et Landsberg, et va l'être à Fuessen. Le prince Murat, avec les corps des maréchaux Ney et Lannes, se met à sa poursuite. Dix régimens ont été retirés de l'armée autrichienne d'Italie et viennent en poste depuis le Tyrol. Plusieurs ont déjà été pris. Quelques corps russes, qui voyagent aussi en poste, s'avancent vers l'Inn; mais les avantages de notre position sont tels que nous pouvons faire face à tous.

L'empereur est logé à Augsbourg chez l'ancien électeur de Trêves, qui a traité avec magnificence la suite de S. M. pendant le temps que ses équipages ont mis à arriver.

Augsbourg, le 20 vendémiaire an 14 (12 octobre 1805).

Cinquième bulletin de la grande armée.

Le maréchal Soult s'est porté avec son corps d'armée à Landsberg, et par là a coupé une des grandes communications de l'ennemi; il y est arrivé le 19, à quatre heures après midi, et y a rencontré le régiment de cuirassiers du prince Ferdinand, qui, avec six pièces de canon, se rendait à marches forcées à Ulm. Le maréchal Soult l'a fait charger par le vingt-sixième régiment de chasseurs; il s'est trouvé déconcerté à un tel point, et le vingt-sixième de chasseurs était animé d'une telle ardeur, que les cuirassiers ont pris la fuite dans la charge, et ont laissé cent vingt soldats prisonniers, un lieutenant-colonel, deux capitaines et deux pièces de canon. Le maréchal Soult, qui avait pensé qu'ils continueraient leur retraite sur Memmingen, avait envoyé plusieurs régimens pour les couper; mais ils s'étaient retirés dans les bois, où ils se sont ralliés pour se réfugier dans le Tyrol.

Vingt pièces de canon et les équipages de pontons de l'ennemi étaient passés dans la journée du 18 par Landsberg. Le maréchal Soult a mis à leur poursuite le général Sébastiani avec une brigade de dragons. On espère qu'il sera parvenu à les atteindre.

Le 20, le maréchal Soult s'est dirigé sur Memmingen, où il arrivera le 21 à la pointe du jour.

Le maréchal Bernadotte a marché toute la journée du 19, et a porté son avant-garde jusqu'à deux lieues de Munich.

Les bagages de plusieurs généraux autrichiens sont tombés au pouvoir de ses troupes légères. Il a fait une centaine de prisonniers de différens régimens.

Le maréchal Davoust s'est porté à Dachau. Son avant-garde est arrivée à Moisach. Les hussards de Blankenstein ont été mis en désordre par ses chasseurs; dans différens engagemens il a fait une soixantaine d'hommes à cheval prisonniers.

Le prince Murat, avec la réserve de cavalerie et les corps des maréchaux Ney et Lannes, s'est placé vis à vis de l'armée ennemie, dont la gauche occupe Ulm et la droite Memmingen.

Le maréchal Ney est à cheval sur le Danube, vis à vis Ulm.

Le maréchal Lannes est à Weissenhorn.

Le général Marmont se met en marche forcée pour prendre position sur la hauteur d'Illersheim; et le maréchal Soult déborde de Memmingen la droite de l'ennemi.

La garde impériale est partie d'Augsbourg pour se rendre à Burgau, où l'empereur sera probablement cette nuit.

Une affaire décisive va avoir lieu. L'armée autrichienne a presque toutes ses communications coupées. Elle se trouve à peu près dans la même position que l'armée de Mélas à Marengo.

L'empereur était sur le pont de Lech lorsque le corps d'armée du général Marmont a défilé. Il a fait former en cercle chaque régiment, lui a parlé de la situation de l'ennemi, de l'imminence d'une grande bataille, de la confiance qu'il avait en eux. Cette harangue avait lieu pendant un temps affreux; il tombait une neige abondante et la troupe avait de la boue jusqu'aux genoux et éprouvait un froid excessif; mais les paroles de l'empereur étaient de flamme. En l'écoutant, le soldat oubliait ses fatigues et ses privations, et était impatient de voir arriver l'heure du combat.

Le maréchal Bernadotte est arrivé à Munich le 20, à six heures du matin. Il a fait huit cents prisonniers et s'est mis à la poursuite de l'ennemi; le prince Ferdinand se trouvait à Munich. Il paraît que ce prince avait abandonné son armée de l'Iller.

Jamais plus d'événemens ne se décideront en moins de temps. Avant quinze jours les destins de la campagne et des armées autrichiennes et russes seront fixés.

Elchingen, le 23 vendémiaire an 14 (16 octobre 1805).

Cinquième bulletin (bis) de la grande armée.

Aux combats de Wertingen et de Günsbourg ont succédé des faits d'une aussi haute importance, les combats d'Albeck, d'Elchingen, les prises d'Ulm et de Memmingen.

Le général Soult arriva le 21 devant Memmingen, cerna sur-le-champ la place; et après différens pourparlers, le commandant capitula.

Neuf bataillons, dont deux de grenadiers, faits prisonniers, un général-major, trois colonels, plusieurs officiers supérieurs, dix pièces de canon, beaucoup de bagages et de munitions de toute espèce ont été le résultat de cette affaire. Tous les prisonniers ont été au même moment dirigés sur le quartier-général.

Au même instant le maréchal Soult s'est mis en marche pour Ochsenhausen, pour arriver sur Biberach et être en mesure de couper la seule retraite qui restait à l'archiduc Ferdinand.

D'un autre côté, l'ennemi fit le 19 une sortie du côté d'Ulm, et attaqua la division Dupont, qui occupait la position d'Albeck. Le combat fut des plus opiniâtres. Cernés par vingt-cinq mille hommes, ces six mille braves firent face à tout et firent quinze cents prisonniers. Ces corps ne devaient s'étonner de rien : c'étaient les neuvième léger, trente-deuxième, soixante-neuvième et soixante-seizième de ligne.

Le 21, l'empereur se porta de sa personne au camp devant Ulm, et ordonna l'investissement de l'armée ennemie. La première opération a été de s'emparer du pont et de la position d'Elchingen.

Le 22, à la pointe du jour, le maréchal Ney passa ce pont, à la tête de la division Loison. L'ennemi lui disputait la position d'Elchingen avec seize mille hommes; il fut culbuté partout, perdit trois mille hommes faits prisonniers, un général-major, et fut poursuivi jusque dans ses retranchemens.

Le maréchal Lannes occupa les petites hauteurs qui dominent la place audessus de Pfoël. Les tirailleurs enlevèrent la tête du pont d'Ulm; le désordre fut extrême dans toute la place. Dans ce moment, le prince Murat faisait manœuvrer les divisions Klein et Beaumont, qui partout mettaient en déroute la cavalerie ennemie.

Le 22, le général Marmont occupait les ponts de Unterkirchen, d'Oberkirch, à l'embouchure de l'Iller dans le Danube, et toutes les communications de l'ennemi sur l'Iller.

Le 23, à la pointe du jour, l'empereur se porta lui-même devant Ulm. Le corps du prince Murat et ceux des maréchaux Lannes et Ney se placèrent en bataille pour donner l'assaut, et forcer les retranchemens de l'ennemi.

Le général Marmont, avec la division de dragons à pied du général Baraguey-d'Hilliers, bloquait la ville sur la rive droite du Danube.

La journée est affreuse. Le soldat est dans la boue jusqu'aux genoux. Il y a huit jours que l'empereur ne s'est débotté.

Le prince Ferdinand avait filé la nuit sur Biberach, en laissant douze bataillons dans la ville et sur les hauteurs d'Ulm, lesquels ont été tous pris, avec une assez grande quantité de canons.

Le maréchal Soult a occupé Biberach le 23 au matin.

Le prince Murat se met à la poursuite de l'armée ennemie, qui est dans un délabrement effroyable.

D'une armée de quatre-vingt mille hommes il n'en reste que vingt-cinq mille, et on a lieu d'espérer que ces vingt-cinq mille ne nous échapperont pas.

Immédiatement après son entrée à Munich, le maréchal Bernadotte a poursuivi le corps du général Kienmayer, lui a pris des équipages et fait des prisonniers.

Le général Kienmayer a évacué le pays et repassé l'Inn. Ainsi la promesse de l'empereur se trouve réalisée, et l'ennemi est chassé de toute la Bavière.

Depuis le commencement de la campagne nous avons fait plus de vingt mille prisonniers, enlevé à l'ennemi trente pièces de canons et vingt drapeaux; nous avons, de notre côté, éprouvé peu de pertes. Si l'on joint à cela les déserteurs et les morts, on peut calculer que l'armée autrichienne est déjà réduite de moitié.

Tant de dévouement de la part du soldat, tant de preuves touchantes d'amour qu'il donne à l'empereur et tant de si hauts faits mériteront des détails plus circonstanciés. Ils seront donnés du moment que ces premières opérations de la campagne seront terminées, et que l'on saura définitivement comment les débris de l'armée autrichienne se tireront de Biberach, et la position qu'ils prendront.

Au combat d'Elchingen, qui est un des plus beaux faits militaires qu'on puisse citer, se sont distingués : les dix-huitième régiment de dragons et son colonel Lefèvre, le colonel du dixième de chasseurs Colbert, qui a eu un cheval tué sous lui; le colonel Lajonquières du soixante-seizième, et un grand nombre d'autres officiers.

L'empereur a aujourd'hui son quartier-général dans l'abbaye d'Elchingen.

De mon camp impérial d'Elchingen, le 26 vendémiaire an 14
(18 octobre 1805).

Au sénat conservateur.

Sénateurs,

« Je vous envoie quarante drapeaux conquis par mon armée dans les combats qui ont eu lieu depuis celui de Wertingen. C'est un hommage que moi et mon armée faisons aux sages de l'empire; c'est un présent que des enfans font à leurs pères.

« Sénateurs, voyez-y une preuve de ma satisfaction pour la manière dont vous m'avez constamment secondé dans les affaires les plus importantes de l'empire. Et vous, Français, faites marcher vos frères; faites qu'ils accourent combattre à nos côtés, afin que, sans effusion de sang, sans efforts, nous puissions repousser loin de nous toutes les armées que forme l'or de l'Angleterre, et confondre les auxiliaires des oppresseurs des mers. Sénateurs, il n'y a pas encore un mois que je vous ai dit que votre empereur et son armée feraient leur devoir. Il me tarde de pouvoir dire que mon peuple fait le sien. Depuis mon entrée en campagne, j'ai dispersé une armée de cent mille hommes : j'en ai fait près de la moitié prisonniers; le reste est tué, blessé, ou déserté, ou réduit à la plus grande consternation. Ces succès éclatans, je les dois à l'amour de mes soldats, à leur constance à supporter les fatigues. Je n'ai pas perdu quinze cents tués ou blessés. Sénateurs, le premier objet de la guerre est déjà rempli. L'électeur de Bavière est rétabli sur son trône. Les injustes agresseurs ont été frappés comme par la foudre, et avec l'aide de Dieu, j'espère, dans un court espace de temps, triompher de mes autres ennemis ».

NAPOLÉON.

De mon camp impérial d'Elchingen, le 26 vendémiaire an 14 (18 octobre 1805).

Aux archevêques et évêques de l'empire.

« M. l'évêque du diocèse de..... Les victoires éclatantes que viennent d'obtenir nos armées contre la ligue injuste qu'ont fomentée la haine et l'or de l'Angleterre, veulent que moi et mon peuple adressions des remercîmens au Dieu des armées, et l'implorions, afin qu'il soit constamment avec nous. Nous avons déjà conquis les états de notre allié, et l'avons rétabli dans sa capitale. Veuillez donc, au reçu de la présente, faire chanter dans les églises de notre empire un *Te Deum* en actions de grâces, notre intention étant que les différentes autorités y assistent.

« Cette lettre n'étant pas à une autre fin, nous prions Dieu qu'il vous ait, monsieur l'évêque, en sa sainte garde. »

NAPOLÉON.

Elchingen, le 26 vendémiaire an 14 (18 octobre 1805).

Sixième bulletin de la grande armée.

La journée d'Ulm a été une des plus belles journées de l'histoire de France. La capitulation de la place est ci-jointe, ainsi que l'état des régimens qui y sont enfermés. L'empereur eût pu l'enlever d'assaut ; mais vingt mille hommes, défendus par des ouvrages et des fossés pleins d'eau, eussent opposé de la résistance, et le vif désir de S. M. était d'épargner le sang. Le général Mack, général en chef de l'armée, était dans la ville. C'est la destinée des généraux opposés à l'empereur, d'être pris dans des places. On se souvient qu'après les belles manœuvres de la Brenta, le vieux feld-maréchal Wurmser fut fait prisonnier dans Mantoue, Mélas le fut dans Alexandrie, Mack l'est dans Ulm.

L'armée autrichienne était une des plus belles qu'ait eues l'Autriche. Elle se composait de quatorze régimens d'infanterie formant l'armée dite de Bavière, de treize régimens de l'armée du Tyrol, et de cinq régimens venus en poste d'Italie, faisant trente-deux régimens d'infanterie, et de quinze régimens de cavalerie.

L'empereur avait placé l'armée du prince Ferdinand dans la même situation où il plaça celle de Mélas. Après avoir hésité long-temps, Mélas prit la noble résolution de passer sur le corps de l'armée française, ce qui donna lieu à la bataille de Marengo. Mack a pris un autre parti : Ulm est l'aboutissant d'un grand nombre de routes. Il a conçu le projet de faire échapper ses divisions par chacune de ces routes, et de les réunir en Tyrol et en Bohême. Les divisions Hohenzollern et Werneck ont débouché par Memmingen. Mais l'empereur, dès le 20, accourut d'Augsbourg devant Ulm, déconcerta sur-le-champ les projets de l'ennemi, et fit enlever le pont et la position d'Elchingen, ce qui remédia à tout.

Le maréchal Soult, après avoir pris Memmingen, s'était mis à la poursuite des autres colonnes. Enfin, il ne restait plus au prince Ferdinand d'autre ressource que de se laisser enfermer dans Ulm, ou d'essayer, par des sentiers, de rejoindre la division de Hohenzollern ; ce prince a pris ce dernier parti ; il s'est rendu à Aalen avec quatre escadrons de cavalerie.

Cependant le prince Murat était à la poursuite du prince Ferdinand. La division Werneck a voulu l'arrêter à Langeneau ; il lui a fait trois mille prisonniers, dont un officier général, et lui a enlevé deux drapeaux. Tandis qu'il manœuvrait par la droite à Heydenheim, le maréchal Lannes marchait par Aalen et Nordlingen. La marche de la division ennemie était embarrassée par cinq cents charriots, et affaiblie par le combat de Langeneau. A ce combat, le prince Murat a été très-satisfait du général Klein. Le vingtième de dragons, le neuvième d'infanterie légère et les chasseurs de la garde impériale se sont particulièrement distingués. L'aide-de-camp Brunet a montré beaucoup de bravoure.

Ce combat n'a pas retardé la marche du prince Murat. Il s'est porté rapidement sur Neresheim, et le 25, à cinq heures du soir, il est arrivé devant cette position. La division de dragons du général Klein a chargé l'ennemi. Deux drapeaux, un officier général et mille hommes ont été de nouveau pris au combat de Neresheim. Le prince Ferdinand et sept de ses généraux n'eurent que le temps de monter à cheval. On a trouvé leur dîner servi. Depuis plusieurs jours ils n'ont aucun point pour se reposer. Il paraît que le prince Ferdinand ne pourra se soustraire à l'armée française qu'en se déguisant, ou en fuyant avec quelques escadrons, par quelques routes détournées d'Allemagne.

L'empereur traversant une foule de prisonniers ennemis, un colonel autrichien témoignait son étonnement de voir l'empereur des Français trempé, couvert de boue, autant et plus fatigué que le dernier tambour de l'armée. Un de ses aides-de-camp lui ayant expliqué ce que disait l'officier autrichien, l'empereur lui fit répondre : « Votre maître a voulu me faire ressouvenir que j'étais un soldat, j'espère que la pompe et la pourpre impériale ne m'ont pas fait oublier mon premier métier. »

Le spectacle que l'armée offrait dans la journée du 23 était vraiment intéressant. Depuis deux jours la pluie tombait à seaux. Tout le monde était trempé; le soldat n'avait pas eu de distribution. Il était dans la boue jusqu'aux genoux; mais la vue de l'empereur lui rendait sa gaieté, et du moment qu'il apercevait des colonnes entières dans le même état, il faisait retentir le cri de *vive l'empereur!*

On rapporte aussi que l'empereur répondit aux officiers

qui l'entouraient, et qui admiraient comment, dans le moment le plus pénible, les soldats oublient toutes leurs privations, et ne se montrent sensibles qu'au plaisir de le voir : « Ils ont raison, c'est pour épargner leur sang que je leur fais essuyer de si grandes fatigues. »

L'empereur, lorsque l'armée occupait les hauteurs qui dominent Ulm, fit appeler le prince de Lichtenstein, général-major, enfermé dans cette place, pour lui faire connaître qu'il désirait qu'elle capitulât, lui disant que s'il la prenait d'assaut, il serait obligé de faire ce qu'il avait fait à Jaffa, où la garnison fut passée au fil de l'épée; que c'était le triste droit de la guerre; qu'il voulait qu'on lui épargnât et à la brave nation autrichienne la nécessité d'un acte aussi effrayant; que la place n'était pas tenable; qu'elle devait donc se rendre. Le prince insistait pour que les officiers et soldats eussent la faculté de retourner en Autriche. « Je l'accorde aux officiers et non aux soldats, a répondu l'empereur; car qui me garantira qu'on ne les fera pas servir de nouveau. » Puis après avoir hésité un moment, il ajoute : Eh bien, je me fie à la parole du prince Ferdinand. S'il est dans la place, je veux lui donner une preuve de mon estime, et je vous accorde ce que vous me demandez, espérant que la cour de Vienne ne démentira pas la parole d'un de ses princes. Sur ce que M. Lichtenstein assura que le prince Ferdinand n'était point dans la place. Alors je ne vois pas, dit l'empereur, qui peut me garantir que les soldats que je vous renverrai ne serviront pas. »

Une brigade de quatre mille hommes occupe l'une des portes de la ville d'Ulm.

Dans la nuit du 24 au 25 il y a eu un ouragan terrible; le Danube est tout à fait débordé et a rompu la plus grande partie de ses ponts; ce qui nous gène beaucoup pour nos subsistances.

Dans la journée du 23, le maréchal Bernadotte a poussé ses avant-postes jusqu'à Wasserbourg et Haag sur la chaussée de Braunau; il a fait encore quatre ou cinq cents prisonniers à l'ennemi, lui a enlevé un parc de dix-sept pièces d'artillerie de divers calibres; de sorte que, depuis son entrée à Munich, sans perdre un seul homme, le maréchal Bernadotte a pris quinze cents prisonniers, dix-neuf pièces de canon, deux cents chevaux et un grand nombre de bagages.

L'empereur a passé le Rhin le 9 vendémiaire, le Danube le 14, à cinq heures du matin, le Lech le même jour, à trois heures après midi; ses troupes sont entrées à Munich le 20, ses avant-postes sont arrivés sur l'Inn le 23. Le même jour il était maître de Memmingen, et le 25 d'Ulm.

Il avait pris à l'ennemi, aux combats de Wertingen, de Güntzbourg, d'Elchingen, aux journées de Memmingen et d'Ulm, et aux combats d'Albeck, de Langenau et de Neresheim, quarante mille hommes, tant infanterie que cavalerie, plus de quarante drapeaux, et un très-grand nombre de pièces de canon, de bagages, de voitures; et pour arriver à ces grands résultats, il n'avait fallu que des marches et des manœuvres.

Dans ces combats partiels, les pertes de l'armée française ne se montent qu'à cinq cents morts et à mille blessés. Aussi le soldat dit-il souvent : L'empereur a trouvé une nouvelle méthode de faire la guerre, il ne se sert que de nos jambes et pas de nos bayonnettes. Les cinq sixièmes de l'armée n'ont pas tiré un coup de fusil, ce dont ils s'affligent; mais tous ont beaucoup marché, et ils redoublent de célérité quand ils ont l'espoir d'atteindre l'ennemi.

On peut faire en deux mots l'éloge de l'armée : Elle est digne de son chef.

On doit considérer l'armée autrichienne comme anéantie. Les Autrichiens et les Russes seront obligés de faire beaucoup d'appels, de recrues, pour résister à l'armée française, qui est venue à bout d'une armée de cent mille hommes, sans éprouver, pour ainsi dire, aucune perte.

Elchingen, le 27 vendémiaire an 14 (19 octobre 1805).

Septième bulletin de la grande armée.

Le 26, à cinq heures du matin, le prince Murat est arrivé à Nordlingen, et avait réussi à cerner la division Werneck. Ce général avait demandé à capituler. La capitulation qui a été accordée n'arrivera que dans la journée de demain. Les lieutenans-généraux Werneck, Baillet, Hohenzollern; les généraux Vogel, Macklery, Hohenfeld, Weiberg et Dienesberg sont prisonniers sur parole, avec la réserve de se rendre chez eux. Les troupes sont prisonnières de guerre et se rendent en France. Plus de deux mille hommes de cavalerie ont mis pied à terre, et une brigade de dragons à pied a été montée avec leurs chevaux. On assure que le parc de réserve de l'armée autrichienne, composé de cinq cents charriots, a été pris. On suppose que tout le reste de la colonne du prince Ferdinand doit, à l'heure qu'il est, être investie, le prince Murat ayant débordé la droite par Aalen, et le maréchal Lannes la gauche par Nordlingen. On attend le résultat de ces manœuvres; il ne reste au prince Ferdinand que peu de monde.

Aujourd'hui, à deux heures après midi, l'empereur a accordé une audience au général Mack; à l'issue de cette audience, le général Berthier a signé avec le général Mack une addition à la capitulation, qui porte que la garnison d'Ulm évacuera la place demain 28. Il y a dans Ulm vingt-sept mille hommes, trois mille chevaux, 18 généraux, et soixante ou quatre-vingts pièces de canon attelées. La moitié de la garde de l'empereur était déjà partie pour Augsbourg; mais

S. M. a consenti de rester jusqu'à demain pour voir défiler l'armée autrichienne. Tous les jours on est de plus en plus dans la certitude que, de cette armée de cent mille hommes, il n'en sera pas échappé vingt mille; et cet immense résultat est obtenu sans effusion de sang.

L'empereur n'est pas sorti aujourd'hui d'Elchingen; les fatigues et la pluie continuelle, que depuis huit jours il a essuyées, ont exigé un peu de repos. Mais le repos n'est pas compatible avec la direction de cette immense armée. A toute heure du jour et de la nuit il arrive des officiers avec des rapports, et il faut que l'empereur donne des ordres. Il paraît fort satisfait du zèle et de l'activité du général Berthier.

Demain 28, à trois heures après midi, vingt-sept mille soldats autrichiens, soixante pièces de canon, dix-huit généraux, défileront devant l'empereur et mettront bas les armes. L'empereur a fait présent au sénat des drapeaux de la journée d'Ulm. Il y en aura le double de ce qu'il annonce, c'est-à-dire quatre-vingts.

Pendant ces cinq jours, le Danube a débordé avec une violence qui était sans exemple depuis cent ans. L'abbaye d'Elchingen, dans laquelle est établi le quartier-général de l'empereur, est située sur une hauteur d'où l'on découvre tout le pays.

On croit que, demain au soir, l'empereur partira pour Munich. L'armée russe vient d'arriver sur l'Inn.

Elchingen, le 28 vendémiaire an 14 (20 octobre 1805).

Huitième bulletin de la grande armée.

L'empereur a passé aujourd'hui 28, depuis deux heures après midi jusqu'à sept heures du soir, sur la hauteur d'Ulm, où l'armée autrichienne a défilé devant lui. Trente mille hommes, dont deux mille de cavalerie, soixante pièces de canon et quarante drapeaux ont été remis aux vainqueurs. L'armée française occupait les hauteurs. L'empereur, entouré de sa garde, a fait appeler les généraux autrichiens; il les a tenus auprès de lui jusqu'à ce que les troupes eussent défilé; il les a traités avec les plus grands égards. Il y avait sept lieutenans-généraux, huit généraux et le général en chef Mack. On donnera dans le bulletin suivant les noms des généraux et des régimens.

On peut donc évaluer le nombre des prisonniers faits depuis le commencement de la guerre à soixante mille, le nombre des drapeaux à quatre-vingts, indépendamment de l'artillerie et des bagages, etc. Jamais victoires ne furent plus complètes et ne coûtèrent moins.

On croit que l'empereur partira dans la nuit pour Augsbourg et Munich, après avoir expédié ses courriers.

Elchingen, le 29 vendémiaire an 14 (21 octobre 1805).

Neuvième bulletin de la grande armée.

L'empereur vient de faire la proclamation et de rendre les décrets ci-joints.

A midi, S. M. est partie pour Augsbourg.

On a enfin le compte exact de l'armée renfermée dans Ulm; elle se monte à trente-trois mille hommes, ce qui, avec trois mille blessés, porte la garnison prisonnière à trente-six mille hommes. Il y avait aussi dans la place soixante pièces de canon, avec leur approvisionnement et cinquante drapeaux.

Rien ne fait un contraste plus frappant que l'esprit de l'armée française et celui de l'armée autrichienne. Dans l'armée française, l'héroïsme est porté au dernier point; dans l'armée autrichienne, le découragement est à son comble. Le soldat est payé avec des cartes, il ne peut rien envoyer chez lui, et il est très-maltraité. Le Français ne songe qu'à la gloire. On pourrait citer un millier de traits comme le suivant : Brard, soldat du soixante-seizième régiment, allait avoir la cuisse amputée ; il avait la mort dans l'âme. Au moment où le chirurgien se préparait à faire l'opération, il l'arrête : « Je sais que je n'y survivrai pas, mais n'importe ; un homme de moins n'empêchera pas le soixante-seizième de marcher, la baïonnette en avant, et sur trois rangs, à l'ennemi. »

L'empereur n'a à se plaindre que de la trop grande impétuosité des soldats. Ainsi le dix-septième d'infanterie arrivé devant Ulm, se précipita dans la place ; ainsi pendant la capitulation toute l'armée voulait monter à l'assaut, et l'empereur fut obligé de déclarer fermement qu'il ne voulait pas d'assaut.

La première colonne des prisonniers faits dans Ulm part dans ce moment pour la France.

Voici le nombre de nos prisonniers, du moins de ceux actuellement connus, et les lieux où ils se trouvent : dix mille à Augsbourg ; trente-trois mille dans Ulm ; douze mille à Donawerth, et douze mille qui sont déjà en marche pour la France. L'empereur dit dans sa proclamation que nous avons fait soixante mille prisonniers. Il est probable qu'il y en aura davantage. Il porte le nombre des drapeaux pris à quatre-vingt-dix ; il est probable aussi que nous en aurons davantage.

L'empereur a dit aux officiers-généraux autrichiens qu'il avait appelés près de lui pendant que l'armée ennemie défilait : « Messieurs, votre maître me fait une guerre injuste. Je vous le dis franchement, je ne sais pas pourquoi je me bats ; je ne sais ce que l'on veut de moi.

« Ce n'est pas dans cette seule armée que consistent mes ressources. Cela serait-il vrai, mon armée et moi ferions bien du chemin. Mais j'en appelle aux rapports de vos propres prisonniers qui vont bientôt traverser la France ; ils verront quel esprit anime mon peuple, et avec quel empressement il viendra se ranger sous mes drapeaux. Voilà l'avantage de ma nation et de ma position : avec un mot, deux cent mille hommes de bonne volonté accourront près de moi, et en six semaines seront de bons soldats ; au lieu que vos recrues ne marcheront que par force, et ne pourront, qu'après plusieurs années, faire des soldats.

« Je donne encore un conseil à mon frère l'empereur d'Allemagne ; qu'il se hâte de faire la paix. C'est le moment de se rappeler que tous les empires ont un terme ; l'idée que la fin de la dynastie de Lorraine serait arrivée doit l'effrayer. Je ne veux rien sur le continent, ce sont des vaisseaux, des colonies, du commerce, que je veux ; et cela vous est avantageux comme à nous. » M. Mack a répondu que l'empereur d'Allemagne n'aurait pas voulu la guerre, mais qu'il y a été forcé par la Russie. En ce cas, a répondu l'empereur, vous n'êtes donc plus une puissance.

Du reste, la plupart des officiers généraux ont témoigné combien cette guerre leur était désagréable, et avec quelle peine ils voyaient une armée russe au milieu d'eux.

Ils blâmaient cette politique assez aveugle pour attirer au cœur de l'Europe un peuple accoutumé à vivre dans un pays inculte et agreste, et qui, comme ses ancêtres, pourrait bien avoir la fantaisie de s'établir dans de plus beaux climats.

L'empereur a accueilli avec beaucoup d'affabilité le lieutenant-général Klenau, qu'il avait connu commandant le régiment Wurmser ; les lieutenans-généraux Giulay, Gottesheim, Ries ; les princes de Lichtenstein, etc.

Il les a consolés de leur malheur, leur a dit que la guerre a ses chances, et qu'ayant été souvent vainqueurs, ils pouvaient être quelquefois vaincus.

Du quartier impérial d'Elchingen, le 29 vendémiaire an 14
(21 octobre 1805).

Proclamation à l'armée.

Soldats de la grande armée,

« En quinze jours nous avons fait une campagne. Ce que nous nous proposions est rempli, nous avons chassé les troupes de la maison d'Autriche de la Bavière et rétabli notre allié dans la souveraineté de ses états. Cette armée qui, avec autant d'ostentation que d'imprudence, était venue se placer sur nos frontières, est anéantie. Mais qu'importe à l'Angleterre? son but est rempli. Nous ne sommes plus à Boulogne, et son subside ne sera ni plus ni moins grand.

De cent mille hommes qui composaient cette armée, soixante mille sont prisonniers. Ils iront remplacer nos conscrits dans les travaux de nos campagnes; deux cents pièces de canon, tout le parc, quatre-vingt-dix drapeaux, tous les généraux sont en notre pouvoir; il ne s'est pas échappé de cette armée quinze mille hommes. Soldats, je vous avais annoncé une grande bataille; mais, grâces aux mauvaises combinaisons de l'ennemi, j'ai pu obtenir les mêmes succès sans courir les mêmes chances; et ce qui est inconcevable dans l'histoire des nations, un si grand résultat ne nous affaiblit pas de plus de quinze cents hommes hors de combat.

« Soldats, ce succès est dû à votre confiance sans borne dans votre empereur, à votre patience à supporter les fatigues et les privations de toute espèce, à votre rare intrépidité.

« Mais nous ne nous arrêterons pas là. Vous êtes impatient de commencer une seconde campagne. Cette armée russe, que l'or de l'Angleterre a transportée des extrémités de l'univers, nous allons lui faire éprouver le même sort.

« A ce combat est attaché plus spécialement l'honneur de l'infanterie; c'est là que va se décider, pour la seconde fois, cette question qui l'a déjà été en Suisse et en Hollande : Si l'infanterie française est la seconde ou la première de l'Europe ? Il n'y a pas là de généraux contre lesquels je puisse avoir de la gloire à acquérir. Tout mon soin sera d'obtenir la victoire avec le moins possible d'effusion de sang : mes soldats sont mes enfans. NAPOLÉON.

De mon camp impérial d'Elchingen, le 29 vendémiaire an 14 (21 octobre 1805).

Décret.

Napoléon, empereur des Francais et roi d'Italie,

Considérant que la grande armée a obtenu par son courage et son dévouement des résultats qui ne devaient être espérés qu'après une campagne,

Et voulant lui donner une preuve de notre satisfaction impériale, nous avons décrété et décrétons ce qui suit :

Art. 1er. Le mois de vendémiaire de l'an 14 sera compté comme une campagne à tous les individus composant la grande armée.

Ce mois sera porté comme tel sur les états pour l'évaluation des pensions et pour les services militaires.

Nos ministres de la guerre et du trésor public sont chargés de l'exécution du présent décret. NAPOLÉON.

Augsbourg, le 30 vendémiaire an 14 (28 octobre 1805).

Dixième bulletin de la grande armée.

Lors de la capitulation du général Werneck près Nordlingen, le prince Ferdinand, avec un corps de mille chevaux et une portion du parc, avait pris les devants. Il s'était jeté dans le pays prussien, et s'était dirigé par Gunzenhausen sur Nuremberg. Le prince Murat le suivit à la piste et parvint à le déborder ; ce qui donna lieu à un combat sur la route de Furth à Nuremberg, le 29 au soir. Tout le reste du parc d'artillerie, tous les bagages sans exception ont été pris. Les chasseurs à cheval de la garde impériale se sont couverts de gloire; ils ont culbuté tout ce qui s'est présenté devant eux; ils ont chargé le régiment de cuirassiers de Mack. Les deux régimens de carabiniers ont soutenu leur réputation.

On est rempli d'étonnement lorsque l'on considère la marche du prince Murat depuis Albeck jusqu'à Nuremberg. Quoique se battant toujours, il est parvenu à gagner de vitesse l'ennemi, qui avait deux journées de marche sur lui. Le résultat de cette prodigieuse activité a été la prise de quinze cents charriots, de cinquante pièces de canon, de seize mille hommes, y compris la capitulation du général Werneck, et d'un grand nombre de drapeaux. Dix-huit généraux ont posé les armes; trois ont été tués.

Les colonels Morland des chasseurs à cheval de la garde impériale, Cauchois du premier régiment de carabiniers, Rouvillois du premier régiment d'hussards, et les aides-de-camp Flahaut et Lagrange se sont particulièrement distingués. Le colonel Cauchois a été blessé.

Le 29 au soir, le prince Murat a couché à Nuremberg, où il a passé la journée du 30 à se reposer.

Au combat d'Elchingen, le 23 vendémiaire, le soixante-neuvième régiment de ligne s'est distingué. Après avoir forcé le pont en colonne serrée, il s'est déployé à portée du feu des Autrichiens avec un ordre et un sang-froid qui ont rempli l'ennemi de stupeur et d'admiration.

Un bataillon de la garde impériale est entré aujourd'hui à Augsbourg. Quatre-vingts grenadiers portaient chacun un drapeau. Ce spectacle a produit sur les habitans d'Augsbourg un étonnement que partagent les paysans de toutes ces contrées.

La division des troupes de Wurtemberg vient d'arriver à Geisslingen.

Les bataillons de chasseurs qui avaient suivi l'armée depuis son passage à Stuttgard, sont partis pour conduire en France une nouvelle colonne de dix mille prisonniers. Les troupes de Bade, fortes de trois à quatre mille hommes, sont en marche pour se rendre à Augsbourg.

L'empereur vient de faire présent aux Bavarois de vingt mille fusils autrichiens pour l'armée et les gardes nationales.

Il vient aussi de faire présent à l'électeur de Wurtemberg de six pièces de canon autrichiennes.

Pendant qu'a duré la manœuvre d'Ulm, l'électeur a craint un moment pour l'électrice et sa famille, qui se sont rendues alors à Heidelberg. Il a disposé ses troupes pour défendre le cœur de ses états.

Les Autrichiens sont détestés de toute l'Allemagne, bien convaincue que, sans la France, l'Autriche les traiterait comme ses pays héréditaires.

On ne se fait pas une idée de la misère de l'armée autrichienne ; elle est payée en billets qui perdent quarante pour cent. Aussi nos soldats appellent-ils plaisamment les Autrichiens des soldats de papier. Ils sont sans aucun crédit. La maison d'Autriche ne trouverait nulle part à emprunter 10,000 fr. Les généraux eux-mêmes n'ont pas vu une pièce d'or depuis plusieurs années. Les Anglais, du moment qu'ils ont su l'invasion de la Bavière, ont fait à l'empereur d'Autriche un petit présent qui ne l'a par rendu plus riche ; ils se sont engagés à lui faire remise des quarante-huit millions qu'ils lui avaient prêtés pendant la dernière guerre. Si c'est un avantage pour la maison d'Autriche, elle l'a déjà payé bien cher.

Munich, le 4 brumaire an 14 (26 octobre 1805).

Onzième bulletin de la grande armée.

L'empereur est arrivé à Munich le 2 brumaire, à neuf heures du soir. La ville était illuminée avec beaucoup de goût; un grand nombre de personnes avait décoré le devant de leurs maisons d'emblêmes qui étaient les expressions de leurs sentimens.

Le 3 au matin, les grands officiers de l'électeur, les chambellans et gentilshommes de la cour, les ministres, les généraux, les conseillers intimes, le corps diplomatique, accrédité près son altesse électorale, les députés des états de Bavière, les magistrats de la ville de Munich, ont été présentés à S. M., qui les a entretenus fort long-temps des affaires économiques de leur pays.

Le prince Murat est arrivé à Munich. Il a montré dans son expédition une prodigieuse activité. Il ne cesse de se louer de la belle charge des chasseurs de la garde impériale et des carabiniers.

Un trésor de deux cent mille florins est tombé en leur pouvoir, ils ont passé outre sans en rien toucher, et ont continué à poursuivre l'ennemi.

Le prince Ferdinand s'est trouvé au dernier combat, et s'est sauvé sur le cheval d'un lieutenant de cavalerie.

Toute la ville de Nuremberg a été témoin de la bravoure des Français. Un grand nombre de déserteurs et de fuyards des débris de l'armée autrichienne remplissent la province de Franconie, où ils commettent beaucoup de désordres. Tous les bagages de l'ennemi ont été pris.

Le soir, l'empereur s'est rendu au théâtre, où il a été accueilli par les démonstrations les plus sincères de joie et de gratitude.

Tout est en mouvement; nos armées ont passé l'Iser et se

dirigent sur l'Inn, où le maréchal Bernadotte d'un côté, le général Marmont d'un autre, et le maréchal Davoust, seront ce soir.

Munich, le 5 brumaire an 14 (27 octobre 1805).

Douzième bulletin de la grande armée.

On travaille dans ce moment avec la plus grande activité aux fortifications d'Ingolstad et d'Augsbourg.

Des têtes de pont sont construites à tous les ponts du Lech et des magasins sont établis sur les derrières.

S. M. a été extrêmement satisfaite du zèle et de l'activité du général de brigade Bertrand, son aide-de-camp, qu'elle a employé à des reconnaissances.

Elle a ordonné la démolition des fortifications des villes d'Ulm et de Memmingen.

L'électeur de Bavière est attendu à tout instant. L'empereur a envoyé son aide-de-camp, colonel Lebrun, pour le recevoir et lui offrir sur sa route des escortes d'honneur.

Un *Te Deum* a été chanté à Augsbourg et à Munich. La proclamation ci-jointe a été affichée dans toutes les villes de la Bavière. Le peuple bavarois est plein de bons sentimens. Il court aux armes et forme des gardes volontaires pour défendre le pays contre les incursions des cosaques.

Les généraux Deroi et de Wrede montrent la plus grande activité; le dernier a fait beaucoup de prisonniers autrichiens. Il a servi pendant la guerre passée dans l'armée autrichienne, et il s'y est distingué.

Le général Mack ayant traversé en poste la Bavière pour retourner à Vienne, rencontra la général de Wrede, aux avant-postes près de l'Inn. Ils eurent une longue conversation sur la manière dont les Français traitaient l'armée bavaroise.

« Nous sommes mieux qu'avec vous, lui dit le général de Wrede; nous n'avons ni morgue ni mauvais traitement à essuyer ; et loin d'être exposés les premiers aux coups, nous sommes obligés de demander les postes périlleux, parce que les Français se les réservent de préférence. Chez vous, au contraire, nous étions envoyés partout où il y avait de mauvaises affaires à essuyer. »

Un officier d'état-major vient d'arriver de l'armée d'Italie. La campagne a commencé le 26 vendémiaire. Cette armée formera bientôt le droite de la grande armée.

L'empereur a donné hier un concert à toutes les dames de la cour. Il a fait un accueil très-distingué à madame de Montgelas, femme du premier ministre de l'électeur, et distinguée d'ailleurs par son mérite personnel.

Il a témoigné son contentement à M. de Winter, maître de musique de l'électeur, sur la bonne composition de ses morceaux, tous pleins de verve et de talent.

Aujourd'hui dimanche, 5 brumaire, l'empereur a entendu la messe dans la chapelle du palais.

Haag, le 16 brumaire an 14 (28 octobre 1805).

Treizième bulletin de la grande armée.

Le corps d'armée du maréchal Bernadotte est parti de Munich le 4 brumaire. Il est arrivé le 5 à Wasserburg sur l'Inn, et est allé coucher à Altenmarck. Six arches du pont étaient brûlées. Le comte Manucci, colonel de l'armée bavaroise, s'est porté de Roth à Rosenheim. Il avait trouvé également le pont brûlé et l'ennemi de l'autre côté. Après une vive canonnade, l'ennemi céda la rive droite. Plusieurs bataillons français et bavarois passèrent l'Inn, et le 6, à midi, l'un et l'autre pont étaient entièrement rétablis ; les colonels du génie Moris et Somis ont mis la plus grande activité à la réparation desdits ponts ; l'ennemi a été vivement poursuivi dès qu'on a pu passer ; on a fait à son arrière-garde cinquante prisonniers.

Le maréchal Davoust, avec son corps d'armée, est parti de Freysing, et s'est trouvé le 5 à Mulhdorf; l'ennemi a défendu la rive droite, où il avait établi des batteries désavantageusement situées. Le pont était tellement détruit qu'on a eu de la peine à le rétablir. Le 6, à midi, une grande partie du corps du maréchal Davoust était passée.

Le prince Murat a fait passer une brigade de cavalerie sur les ponts de Mulhdorf, a fait rétablir les ponts dŒting et de Marckhl et les a passés avec une partie de sa réserve. L'empereur s'est porté de sa personne à Haag.

Le corps d'armée du maréchal Soult est bivouaqué en avant de Haag. Le corps du général Marmont couche ce soir à Wihsbiburg; celui du maréchal Ney à Landsberg; celui du maréchal Lannes sur la route de Landshut à Braunau. Tous les renseignemens qu'on a sur l'ennemi portent que l'armée russe marche en retraite.

Il a beaucoup plu toute la journée; tout le pays situé entre l'Iser et l'Inn n'offre qu'une forêt continue de sapins, pays fort ingrat. L'armée a eu beaucoup à se louer du zèle et de l'empressement des habitans de Munich à lui fournir les subsistances qui lui étaient nécessaires.

Braunau, le 18 brumaire an 14 (30 octobre 1805).

Quatorzième bulletin de la grande armée.

Le maréchal Bernadotte est arrivé le 8, à dix heures du matin, à Salzbourg. L'électeur en était parti depuis plusieurs jours; un corps de six mille hommes qui y était s'était retiré précipitamment la veille.

Le quartier-général impérial était le 6 à Haag, le 7 à Mulhdorf, et le 8 à Braunau.

Le maréchal Davoust a employé la journée du 7 à faire réparer entièrement le pont de Mulhdorf.

Le premier régiment de chasseurs a exécuté une belle charge sur l'ennemi, lui a tué une vingtaine d'hommes, et lui a fait plusieurs prisonniers, parmi lesquels s'est trouvé un capitaine de hussards.

Dans la journée du 7, le maréchal Lannes est arrivé avec la cavalerie légère au pont de Braunau. Il était parti de Landshut ; le pont était coupé. Il a sur-le-champ fait embarquer sur deux bateaux une soixantaine d'hommes ; l'ennemi, qui d'ailleurs était poursuivi par la réserve du prince Murat, a abandonné la ville. L'audace des chasseurs du treizième a précipité sa retraite.

La mésintelligence parmi les Russes et les Autrichiens commence à s'apercevoir. Les Russes pillent tout. Les officiers les plus instruits d'entre eux comprennent bien que la guerre qu'ils font est impolitique, puisqu'ils n'ont rien à gagner contre les Français, que la nature n'a pas placés pour être leurs ennemis.

Braunau, comme il se trouve, peut être considéré comme une des plus belles et des plus utiles acquisitions de l'armée. Cette place est entourée d'une enceinte bastionnée, avec pont-levis, demi-lune et fossés pleins d'eau. Il y a de nombreux magasins d'artillerie, et tous en bon état ; mais ce qui paraîtra difficile à croire, c'est qu'elle est parfaitement approvisionnée. On y a trouvé quarante mille rations de pain prêtes à être distribuées, plus de mille sacs de farine ; l'artillerie de la place consiste en quarante-cinq pièces de canon avec double affût de rechange, en mortiers approvisionnés de plus de quarante mille boulets, et obusiers. Les Russes y ont laissé une centaine de milliers de poudre, une grande quantité de cartouches, de plomb, un millier de fusils, et tout l'approvisionnement nécessaire pour soutenir un grand siége

L'empereur a nommé le général Lauriston, qui arrive de Cadix, gouverneur de cette place, où il a établi le dépôt du quartier-général de l'armée.

De mon camp impérial de Braunau, le 8 brumaire an 14 (30 octobre 1805).

Au sénat conservateur.

Sénateurs,

J'ai jugé devoir nommer à la place éminente de sénateur deux citoyens de Gênes des plus distingués par leur rang, leurs talens, les services qu'ils m'ont rendus et l'attachement qu'ils m'ont montré dans toutes les circonstances. Je désire que le peuple de Gênes voie dans cette nomination une preuve de l'amour que je lui porte. NAPOLÉON.

Braunau, le 9 brumaire an 14 (31 octobre 1805).

Quinzième bulletin de la grande armée.

Plusieurs déserteurs russes sont déjà arrivés, entre autres un sergent-major, natif de Moscou, homme de quelque intelligence. On s'imagine bien que tout le monde l'a questionné. Il a dit que l'armée russe était dans des dispositions bien différentes pour les Français que dans la dernière guerre; que les prisonniers qui étaient revenus de France s'en étaient beaucoup loués; qu'il y en avait six dans sa compagnie, qui au commencement du départ de la Pologne, avaient été envoyés plus loin; que si on avait laissé dans les régimens tous les hommes revenus de France, il n'y avait pas de doute qu'ils n'eussent tous déserté; que les Russes étaient fâchés de se battre pour les Autrichiens qu'ils n'aiment pas; et qu'ils avaient une haute idée de la valeur française. On lui a demandé aussi s'ils aimaient l'empereur Alexandre; il a répondu qu'ils étaient trop misérables pour lui porter de l'attachement; que les soldats aimaient mieux l'empereur Paul, mais la noblesse préférait l'empereur Alexandre ; que les Russes en général étaient contens d'être sortis de chez eux, parce qu'ils vivaient mieux et étaient mieux payés; qu'ils désiraient tous ne pas retourner en Russie, et qu'ils préféraient s'établir dans d'autres climats à retourner sous la verge d'une aussi rude discipline; qu'ils savaient que les Autrichiens avaient perdu toutes leurs batailles, et ne faisaient que pleurer.

Le prince Murat s'est mis à la poursuite de l'ennemi. Il a rencontré l'arrière-garde des Autrichiens, forte de six mille hommes, sur la route de Merobach ; l'attaquer et la charger n'a été qu'une même chose pour sa cavalerie. Cette arrière-garde a été disséminée sur les hauteurs de Ried. La cavalerie ennemie s'est alors ralliée pour protéger le passage d'un défilé; mais le premier régiment de chasseurs et la division de dragons du général Beaumont l'ont culbutée, et se sont jetés avec l'infanterie ennemie dans le défilé. La fusillade a été assez vive, mais l'obscurité de la nuit a sauvé cette division ennemie; une partie s'est éparpillée dans le bois, il n'a été fait que cinq cents prisonniers. L'avant-garde du prince Murat a pris position à Haag. Le colonel Montbrun, du premier de chasseurs, s'est couvert de gloire. Le huitième régiment de dragons a soutenu sa vieille réputation. Un maréchal-de-logis de ce régiment ayant eu le poignet emporté, dit devant le prince au moment où il passait : « Je regrette ma main, parce qu'elle ne pourra plus servir à notre brave empereur. » L'empereur, en apprenant ce trait, a dit : « Je reconnais bien là les sentimens du huitième; qu'on donne à ce maréchal-de-logis une place avantageuse, et selon son état, dans le palais de Versailles. »

Les habitans de Braunau, selon l'usage, avaient porté dans leurs maisons une grande partie des magasins de la place. Une proclamation a tout fait rapporter. Il y a à présent un millier de sacs de farine, une grande quantité d'avoine, des magasins d'artillerie de toute espèce, une très-belle manutention, soixante mille rations de pain, dont nous avions grand besoin ; une partie a été distribuée au corps du maréchal Soult.

Le maréchal Bernadotte est arrivé à Salzbourg ; l'ennemi s'est retiré sur la route de Carinthie et de Wels. Un régiment d'infanterie voulait tenir au village de Hallem ; il a dû se retirer sur le village de Colling, où le maréchal espérait que le général Kellerman parviendrait à lui couper la retraite et à l'enlever.

Les habitans assurent que, dans son inquiétude, l'empereur d'Allemagne s'est porté jusqu'à Wels, où il avait appris le désastre de son armée. Il y avait appris aussi les clameurs de ses peuples de Bohême et de Hongrie contre les Russes qui pillent et violent d'une manière si effrénée qu'on désirait l'arrivée des Français pour les délivrer de ces singuliers alliés.

Le maréchal Davoust, avec son corps d'armée, a pris position entre Ried et Haag. Tous les autres corps d'armée sont en grand mouvement ; mais le temps est affreux ; il est tombé un demi-pied de neige, ce qui a rendu les chemins détestables.

Le ministre secrétaire-d'état Maret a joint l'empereur à Braunau.

L'électeur de Bavière est de retour à Munich ; il a été reçu avec le plus grand enthousiasme par le peuple de sa capitale.

Plusieurs malles de Vienne ont été interceptées. Les lettres les plus récentes étaient du 18 octobre. On commençait à y donner des nouvelles de l'affaire de Wertingen ; elles y avaient répandu la consternation. Les vivres y étaient d'une cherté à laquelle on ne pouvait atteindre, la famine menaçait Vienne. Cependant la récolte a été abondante ; mais la dépréciation du papier-monnaie et des assignats qui perdent plus de quarante pour cent, avaient porté tout au plus haut prix. Le sentiment de la chute du papier-monnaie autrichien était dans tous les esprits.

Le cultivateur ne voulait plus échanger les denrées contre un papier de nulle valeur. Il n'est pas un homme en Allemagne qui ne considère les Anglais comme les auteurs de la guerre, et les empereurs François et Alexandre comme les victimes de leurs intrigues. Il n'est personne qui ne dise : Il n'y aura pas de paix tant que les olygarques gouverneront l'Angleterre, et les olygarques gouverneront tant que Georges respirera. Aussi le règne du prince de Galles est-il désiré comme le terme de celui des olygarques qui, dans tous les pays, sont égoïstes et insensibles au malheur du monde.

L'empereur Alexandre était attendu à Vienne ; mais il a pris un autre parti. On assure qu'il s'est rendu à Berlin.

Ried, le 11 brumaire an 14 (2 novembre 1805).

Seizième bulletin de la grande armée.

Le prince Murat a continué sa marche en poursuivant l'ennemi l'épée dans les reins, et est arrivé le 9 en avant de Lambach. Les généraux autrichiens voyant que leurs troupes ne pouvaient plus tenir, ont fait avancer huit bataillons russes pour protéger leur retraite. Le dix-septième régiment d'infanterie de ligne, le premier de chasseurs et le huitième de dragons chargèrent les Russes avec impétuosité, et, après une vive fusillade, les mirent en désordre et les menèrent jusqu'à Lambach. On a fait cinq cents prisonniers, parmi lesquels une centaine de Russes.

Le 10 au matin, le prince Murat mande que le général Walter, avec sa division de cavalerie, a pris possession de Wels. La division de dragons du général Beaumont et la première division du corps d'armée du maréchal Davoust, commandée par le général Bisson, ont pris position à Lambach. Le pont sur la Traun était coupé; le maréchal Davoust y a fait substituer un pont de bateaux. L'ennemi a voulu défendre la rive gauche. Le colonel Valterre, du trentième régiment, s'est jeté un des premiers dans un bateau et a passé la rivière. Le général Bisson, faisant ses dispositions de passage, a reçu une balle dans le bras.

Une autre division du corps du maréchal Davoust est en avant de Lambach, sur le chemin de Steyer. Le reste de son corps d'armée est sur les hauteurs de Lambach.

Le maréchal Soult arrivera ce soir à Wels.

Le maréchal Lannes arrivera ce soir à Lintz.

Le général Marmont est en marche pour tourner la position de la rivière de l'Enns.

Le prince Murat se loue du colonel Conroux, commandant du dix-septième régiment d'infanterie de ligne. Les troupes ne sauraient montrer, dans aucune circonstance, plus d'impétuosité et de courage.

Au moment de son arrivée à Salzbourg, le maréchal Bernadotte avait détaché le général Kellermann à la tête de son avant-garde, pour poursuivre une colonne ennemie qui se retirait sur le chemin de la Carinthie. Elle s'est mise à couvert dans le fort de Passling, dans le défilé de Colling. Quelque forte que fût sa position, les carabiniers du deuxième d'infanterie légère l'attaquèrent avec impétuosité. Le général Werlé fit tourner le fort par le capitaine Campobane, par des chemins presque impraticables; cinq cents hommes, dont trois officiers, ont été fait prisonniers. La colonne ennemie, forte de trois mille hommes, a été éparpillée dans les sommités. On y a trouvé une si grande quantité d'armes, qu'on espère ramasser encore beaucoup de prisonniers. Le général Kellermann donne des éloges à la conduite du chef de bataillon Barbès-Latour. Le général Werle a eu son habit criblé de balles.

Nos avant-postes mandent de Wels que l'empereur d'Allemagne y est arrivé aujourd'hui, 25 octobre ; qu'il y a appris le sort de son armée d'Ulm, et qu'il s'y est convaincu par ses propres yeux des ravages affreux que les Russes font partout, et de l'extrême mécontentement de son peuple. On assure qu'il est retourné à Vienne sans descendre de sa voiture.

La terre est couverte de neige; les pluies ont cessé; le froid a pris le dessus; il est assez vif; ce n'est pas un commencement de novembre, mais un commencement de janvier. Ce temps plus sec a l'avantage d'être plus sain et plus favorable à la marche.

Lambach, le 12 brumaire an 14 (3 novembre 1805).

Dix-septième bulletin de la grande armée.

Aujourd'hui 12, le maréchal Davoust a ses avant-postes près de Steyer. Le général Milhaud, avec la réserve de cavalerie aux ordres du prince Murat, est entré à Lintz le 10; le maréchal Lannes y est arrivé le 12 avec son corps d'armée. On a trouvé à Lintz des magasins considérables dont on n'a pas encore l'inventaire, beaucoup de malades dans les hôpitaux, parmi lesquels une centaine de Russes. On a fait des prisonniers, dont cinquante Russes.

Au combat de Lambach, il s'est trouvé deux pièces de canon russes parmi celles qui ont été prises. Un général russe et un colonel de hussards autrichiens ont été tués.

La blessure que le général Bisson, commandant la première division du corps d'armée du maréchal Davoust, a reçue au bras, est assez sérieuse pour l'empêcher de servir tout le reste de la campagne. Il n'y a cependant aucun danger. L'empereur a donné au général Caffarelli le commandement de cette division.

Depuis le passage de l'Inn on a fait quinze à dix-huit cents prisonniers, tant autrichiens que russes, sans y comprendre les malades.

Le corps d'armée du général Marmont est parti de Lambach à midi.

L'empereur a établi son quartier-général à Lambach, où l'on croit qu'il passera toute la nuit du 12.

La saison continue à être rigoureuse; la terre est couverte de neige, le temps est très-froid.

On a trouvé à Lambach des magasins de sel pour plusieurs millions. On a trouvé dans la caisse plusieurs centaines de milliers de florins.

Les Russes ont tout dévasté à Wels, à Lambach et dans tous les villages environnans. Il y a des villages où ils ont tué huit à dix paysans.

L'agitation et le désordre sont extrêmes à Vienne. On dit que l'empereur d'Autriche est établi au couvent des bénédictins de Molk. Il paraît que le reste du mois de novembre verra des événemens majeurs et d'une grande importance.

M. Lezay, ministre de France à Salzbourg, a eu une audience de l'empereur au moment où S. M. partait de Braunau. Il n'avait pas cessé jusqu'alors de résider à Salzbourg.

On n'a pas de nouvelles de M. de la Rochefoucauld; on le croit toujours à Vienne. Au moment où l'armée autrichienne passa l'Inn, il demanda des passeports qu'on lui refusa.

Il est arrivé aujourd'hui plusieurs déserteurs russes.

Lintz, le 14 brumaire an 14 (5 novembre 1805).

Dix-huitième bulletin de la grande armée.

Le prince Murat ne perd pas l'ennemi de vue; celui-ci avait laissé dans Ebersberg trois à quatre cents hommes pour retarder le passage de la Traun; mais les dragons du général

Walter se jetèrent dans des bateaux, et sous la protection de l'artillerie, attaquèrent avec impétuosité la ville. Le lieutenant Villaudet, du treizième régiment de dragons, a passé le premier dans une petite barque.

Le général Walter, après avoir passé le pont sur la Traun, se porta sur Enns. La brigade du général Milhaud rencontra l'ennemi au village d'Asten, le culbuta, le poursuivit jusques dans Enns, et lui fit deux cents prisonniers, dont cinquante hussards russes. Vingt hussards russes ont été tués. L'arrière-garde des troupes autrichiennes, soutenue par la cavalerie russe, a été partout culbutée ; ni l'une ni l'autre n'ont tenu à aucune charge. Le vingt-deuxième et le seizième de chasseurs et leurs colonels, Latour-Maubourg et Durosnel, ont montré la plus grande intrépidité ; l'aide-de-camp du prince Murat, Flahaut, a eu une balle dans le bras.

Dans la journée du 13 nous avons passé l'Enns, et aujourd'hui le prince Murat est à la poursuite de l'ennemi. Le maréchal Davoust est arrivé le 12 à Steyer ; le 13, dans la journée, il s'est emparé de la ville et a fait deux cents prisonniers ; l'ennemi paraissait vouloir s'y défendre. La division de dragons du général Beaumont a soutenu sa réputation ; l'aide-de-camp de ce général a été tué. L'un et l'autre des ponts sur l'Enns sont parfaitement rétablis.

Au combat de Lambach, le colonel autrichien de Graffen et le colonel russe Kotoffkin ont été tués.

L'empereur d'Autriche, arrivé à Lintz, a reçu des plaintes de la régence sur la mauvaise conduite des Russes, qui ne se sont pas contentés de piller, mais encore ont assommé à coups de bâton les paysans ; ce qui avait rendu déserts un grand nombre de villages. L'empereur a paru très-affligé de ces excès, et a dit qu'il ne pouvait répondre des troupes russes comme des siennes ; qu'il fallait souffrir patiemment, ce qui n'a pas consolé les habitans.

On a trouvé à Lintz beaucoup de magasins et une grande quantité de draps et de capottes dans les manufactures impériales.

Le général Deroi, à la tête d'un corps de Bavarois, a rencontré à Lovers l'avant-garde d'une colonne de cinq régimens autrichiens venant d'Italie, l'a complétement battue, lui a fait quatre cents prisonniers et pris trois pièces de canon. Les Bavarois se sont battus avec la plus grande opiniâtreté, et avec une extrême bravoure. Le général Deroi lui-même a été blessé d'un coup de pistolet.

Ces petits combats donnent lieu à un grand nombre de traits de courage de la part des officiers particuliers. Le major-général s'occupe d'une relation détaillée où chacun aura la part de gloire qu'aura méritée son courage.

L'Enns peut être considéré comme la dernière ligne qui défend les approches de Vienne. On prétend que l'ennemi veut tenir et se retrancher derrière les hauteurs de Saint-Hyppolite, à dix lieues de Vienne. Notre avant-garde y sera demain.

Lintz, le 15 brumaire an 14 (6 novembre 1805).

Dix-neuvième bulletin de la grande armée.

Le combat de Lovers a été très-brillant pour les Bavarois. Les Autrichiens occupaient au-delà de Lovers un défilé presque inaccessible, flanqué à droite et à gauche par des montagnes à pic. Le couronnement était couvert de chasseurs tyroliens qui en connaissent tous les sentiers; trois forts en maçonnerie fermant les montagnes, en rendent l'accès presque impossible. Après une vive résistance, les Bavarois culbutèrent tout, firent six cents prisonniers, prirent deux pièces de canon, et s'emparèrent de tous les forts. Mais à l'attaque du dernier, le lieutenant-général Deroi, commandant en chef l'armée bavaroise, fut blessé d'un coup de pistolet. Les Bavarois ont eu douze officiers tués ou blessés, cinquante soldats tués, et deux cent cinquante blessés. La conduite du lieutenant-général Deroi mérite les plus grands éloges. C'est un vieil officier plein d'honneur, extrêmement attaché à l'électeur dont il est l'ami.

Tous les momens ont été tellement occupés que l'empereur n'a pu encore passer en revue l'armée bavaroise, ni connaître les braves qui la composent.

Le prince Murat, après la prise d'Enns, poursuivit de nouveau l'ennemi; l'armée russe avait pris position sur les hauteurs d'Amstetten; le prince Murat l'a attaquée avec les grenadiers du général Oudinot; le combat a été assez opiniâtre. Les Russes ont été depostés de toutes leurs positions, ont laissé quatre cents morts sur le champ de bataille et quinze cents prisonniers; le prince Murat se loue particulièrement du général Oudinot; son aide-de-camp Lagrange a été blessé.

Le maréchal Davoust, au passage de l'Enns à Steyer, se loue spécialement de la conduite du général Heudelet, qui commande son avant-garde. Il a continué sa marche, et s'est porté à Wahidoffen.

Toutes les lettres interceptées portent que les meubles de la cour sont déjà embarqués sur le Danube, et qu'on s'attend à Vienne à la prochaine arrivée des Français.

Lintz, le 16 brumaire an 14 (7 novembre 1805).

Vingtième bulletin de la grande armée.

Le combat d'Amstetten fait beaucoup d'honneur à la cavalerie, et particulièrement aux neuvième et dixième de hussards et aux grenadiers de la division du général Oudinot.

Les Russes ont depuis accéléré leur retraite; ils ont en vain coupé les ponts sur l'Ips, qui ont été promptement rétablis, et le prince Murat est arrivé jusqu'auprès de l'abbaye de Molk.

Une reconnaissance s'est portée sur la Bohême, nous avons pris des magasins très-considérables, soit à Freystadt, soit à Matthausen.

Le maréchal Mortier, avec son corps d'armée, manœuvre sur la rive gauche du Danube.

Une députation du sénat vient d'arriver à Lintz, l'électeur de Bavière y est attendu dans deux heures.

Lintz, le 17 brumaire an 14 (8 octobre 1805).

L'électeur de Bavière et le prince électoral sont arrivés hier soir à Lintz; le lieutenant-général comte de Giulay, envoyé par l'empereur d'Autriche, y est arrivé dans la nuit. Il a eu une très-longue conférence avec l'empereur; on ignore l'objet de sa mission.

On a fait au combat d'Amstetten dix-huit cents prisonniers, dont sept cents Russes.

Le prince Murat a établi son quartier-général à l'abbaye de Molk; ses avant-postes sont sur Saint-Polten (Saint-Hyppolite).

Dans la journée du 17, le général Marmont s'est dirigé sur Léoben. Arrivé à Weyer, il a rencontré le régiment de Giulay, l'a chargé et lui a fait quatre cents prisonniers, dont un colonel et plusieurs officiers. Il a poursuivi sa route. Toutes les colonnes de l'armée sont en grande manœuvre.

Molk, le 19 brumaire an 14 (10 novembre 1805).

Vingt-unième bulletin de la grande armée.

Le 16 brumaire, le corps d'armée du maréchal Davoust se dirigea de Steyer sur Nardhoffen, Marienzell et Lilienfeld. Par ce mouvement il débordait entièrement la gauche de l'armée ennemie, qu'on supposait devoir tenir sur les hauteurs de Saint-Hyppolite et de Lilienfeld; il se dirigeait sur Vienne par un grand chemin de roulage qui y conduit directement.

Le 17, l'avant-garde de ce maréchal étant encore à plusieurs lieues de Marienzell, rencontra le corps du général Meerfeldt, qui marchait pour se porter sur Neudstadt et couvrir Vienne de ce côté. Le géneral de brigade Heudelet, commandant l'avant-garde du maréchal Davoust, attaqua l'ennemi avec la plus grande vigueur, le mit en déroute et le poursuivit l'espace de cinq lieues.

Le résultat de ce combat de Marienzell a été la prise de trois drapeaux, de seize pièces de canon et de quatre mille prisonniers, parmi lesquels se trouvent les colonels des régimens Joseph de Colloredo et de Deutschmeister, et cinq majors.

Le treizième régiment d'infanterie légère et le cent huitième de ligne se sont parfaitement comportés.

Le 18 au matin, le prince Murat est arrivé à Saint-Hyppolite. Il a dirigé le général de brigade de dragons Sebastiani sur Vienne. Toute la cour et les grands sont partis de cette capitale. On avait déjà annoncé aux avant-postes que l'empereur se préparait à quitter Vienne.

L'armée russe a effectué sa retraite à Krems en repassant le Danube, craignant sans doute de voir ses communications avec la Moravie coupées par le mouvement qu'a fait le maréchal Mortier sur la rive gauche du Danube.

Le général Marmont doit avoir dépassé Léoben.

L'abbaye de Molk, où est logé l'empereur, est une des plus belles de l'Europe. Il n'y a en France, ni en Italie, aucun couvent ni abbaye qu'on puisse lui comparer. Elle est dans une position forte et domine le Danube; c'était un des principaux postes des Romains, qui s'appelait *la maison de fer*, bâtie par l'empereur Commode.

Les caves et les celliers se sont trouvés remplis de très-bon vin de Hongrie; ce qui a été d'un très-grand secours à l'armée, qui depuis long-temps en manquait; mais nous voilà dans le pays du vin, il y en a beaucoup dans les environs de Vienne.

L'empereur a ordonné qu'on mît une sauve-garde particulière au château de Lustchloss, petite maison de campagne de l'empereur d'Autriche qui se trouve sur la rive gauche du Danube.

Les avenues de Vienne de ce côté ne ressemblent pas aux avenues des grandes capitales. De Lintz à Vienne, il n'y a qu'une seule chaussée; un grand nombre de rivières telles que l'Ips, l'Eslaph, la Molk, la Trasen, n'ont que de mauvais ponts en bois. Le pays est couvert de forêts de sapins; à chaque pas des positions inexpugnables où l'ennemi a en vain essayé de tenir. Il a toujours eu à craindre de se voir déborder et entourer par les colonnes qui manœuvraient au-delà de ses flancs.

Depuis l'Inn jusqu'ici le Danube est superbe; ses points de vue sont pittoresques; sa navigation, en descendant, rapide et facile.

Toutes les lettres interceptées ne parlent que de l'effroyable chaos dont Vienne offre le spectacle. La guerre a été entreprise par le cabinet autrichien contre l'avis de tous les princes de la famille impériale. Mais Colloredo, mené par sa femme, qui, Française, porte à sa patrie la haine la plus envenimée; Cobentzel, accoutumé à trembler au seul nom d'un Russe, dans la persuasion où il est que tout doit fléchir devant eux, et chez qui, d'ailleurs, il est possible que les agens de l'Angleterre aient trouvé moyen de s'introduire; enfin ce misérable Mack, qui avait déjà joué un si grand rôle pour le renouvellement de la seconde coalition : voilà les influences qui ont été plus fortes que celles de tous les hommes sages et de tous les membres de la famille impériale.

Il n'est pas jusqu'au dernier bourgeois, au dernier officier subalterne, qui ne sente que cette guerre n'est avantageuse que pour les Anglais; que l'on ne s'est battu que pour eux; qu'ils sont les artisans du malheur de l'Europe, comme par leur monopole ils sont les auteurs de la cherté excessive des denrées.

Saint-Polten, le 22 brumaire an 14 (13 novembre 1805).

Vingt-deuxième bulletin de la grande armée.

Le maréchal Davoust a poursuivi ses succès. Tout le corps de Meerfeld est détruit. Ce général s'est sauvé avec une centaine de hulans.

Le général Marmont est à Léoben; il a fait cent hommes de cavalerie prisonniers.

Le prince Murat était depuis trois jours à une demi-lieue de Vienne. Toutes les troupes autrichiennes avaient évacué cette ville. La garde nationale y faisait le service; elle était animée d'un très-bon esprit.

Aujourd'hui, 22 brumaire, les troupes françaises ont fait leur entrée dans cette capitale.

Les Russes se sont refusés à toutes les tentatives que l'on a faites pour les engager à livrer bataille sur les hauteurs de Saint-Polten (Saint-Hyppolite). Ils ont passé le Danube à Krems, et aussitôt après leur passage brûlé le pont, qui était très-beau.

Le 20, à la pointe du jour, le maréchal Mortier, à la tête de six bataillons, s'est porté sur Stein. Il croyait y trouver une arrière-garde; mais toute l'armée russe y était encore, ses bagages n'ayant pas filé; alors s'est engagé le combat de Diernstein, à jamais mémorable dans les annales militaires. Depuis six heures du matin jusqu'à quatre heures de l'après-midi, ces quatre mille braves tinrent tête à l'armée russe, et mirent en déroute tout ce qui leur fut opposé.

Maîtres du village de Leiben, ils croyaient la journée finie; mais l'ennemi irrité d'avoir perdu dix drapeaux, six pièces de canon, neuf cents hommes faits prisonniers et deux mille hommes tués, avait fait diriger deux colonnes par des gorges difficiles pour tourner les Français. Aussitôt que le maréchal Mortier s'aperçut de cette manœuvre, il marcha droit aux troupes qui l'avaient tourné, et se fit jour au travers des lignes de l'ennemi, dans l'instant même où le neuvième régiment d'infanterie légère et le trente-deuxième régiment d'infanterie de ligne, ayant chargé un corps russe, avaient mis ce corps en déroute après lui avoir pris deux drapeaux et quatre cents hommes.

Cette journée a été une journée de massacre. Des monceaux de cadavres couvraient un champ de bataille étroit; plus de quatre mille Russes ont été tués ou blessés; treize cents ont été faits prisonniers. Parmi ces derniers se trouvent deux colonels.

De notre côté, la perte a été considérable; le quatrième et le neuvième d'infanterie légère ont le plus souffert. Les colonels du centième et du cent-troisième ont été légèrement blessés; le colonel Watier, du quatrième régiment de dragons, a été tué. S. M. l'avait choisi pour un de ses écuyers: c'était un officier d'une grande valeur. Malgré les difficultés du terrain, il était parvenu à faire, contre une colonne russe, une charge très-brillante, mais il fut atteint d'une balle, et trouva la mort dans la mêlée.

Il paraît que les Russes se retirent à grandes journées.

L'empereur d'Allemagne, l'impératrice, le ministère et la cour sont à Brünn en Moravie. Tous les grands ont quitté Vienne; toute la bourgeoisie y est restée. On attend à Brünn l'empereur Alexandre, à son retour de Berlin.

Le général comte de Giulay a fait plusieurs voyages, porteur de lettres des empereurs de France et d'Allemagne. L'empereur d'Allemagne se résoudra sans doute à la paix lorsqu'il aura obtenu l'assentiment de l'empereur de Russie.

En attendant, le mécontentement des peuples est extrême. On dit à Vienne, et dans toutes les provinces de la monarchie autrichienne, que l'on est mal gouverné; que, pour le seul intérêt de l'Angleterre, on a été entraîné dans une guerre injuste et désastreuse; que l'on a inondé l'Allemagne de barbares mille fois plus à craindre que tous les fléaux réunis; que les finances sont dans le plus grand désordre; que la fortune publique et les fortunes particulières sont ruinées par l'existence d'un papier-monnaie qui perd cinquante pour cent; qu'on avait assez de maux à réparer, pour qu'on ne dût pas y ajouter encore tous les malheurs de la guerre.

Les Hongrois se plaignent d'un gouvernement illibéral qui ne fait rien pour leur industrie, et se montre constamment jaloux de leurs priviléges, et inquiet de leur esprit national.

En Hongrie, comme en Autriche, à Vienne comme dans les autres villes, on est persuadé que l'empereur Napoléon a voulu la paix; qu'il est l'ami de toutes les nations et de toutes les grandes idées.

Les Anglais sont les perpétuels objets des imprécations de tous les sujets de l'empereur d'Allemagne et de la haine la plus universelle. N'est-il pas temps enfin que les princes écoutent la voix de leurs peuples, et qu'ils s'arrachent à la fatale influence de l'olygarchie anglaise.

Depuis le passage de l'Inn, la grande armée a fait, dans les différentes affaires d'avant-garde, et dans les diverses rencontres qui ont eu lieu, environ dix mille prisonniers.

Si l'armée russe avait voulu attendre les Français, elle était perdue. Plusieurs corps d'armée la poursuivent vivement.

Du château de Schœnbrünn, le 23 brumaire an 14
(14 novembre 1805).

Vingt-troisième bulletin de la grande armée.

Au combat de Dierustein, où quatre mille Français attaqués dans la journée du 11 par vingt-cinq à trente mille Russes, ont gardé leurs positions, tué à l'ennemi trois à quatre mille hommes, enlevé des drapeaux et fait treize cents prisonniers, les quatrième et neuvième régimens d'infanterie légère et les centième et trente-deuxième régimens d'infanterie de ligne se sont couverts de gloire. Le général Gazan y a montré beaucoup de valeur et de conduite ; les Russes, le lendemain du combat, ont évacué Krems et quitté le Danube, en nous laissant quinze cents de leurs prisonniers dans le plus absolu dénuement. On a trouvé dans leur ambulance beaucoup d'hommes qui avaient été blessés et qui étaient morts dans la nuit.

L'intention des Russes paraissait être d'attendre des renforts à Krems, et de se maintenir sur le Danube.

Le combat de Diernstein a déconcerté leurs projets ; ils ont vu par ce qu'avaient fait quatre mille Français, ce qui leur arriverait à forces égales.

Le maréchal Mortier s'est mis à leur poursuite, pendant que d'autres corps d'armée passent le Danube sur le pont de Vienne, pour les déborder par la droite ; le corps du maréchal Bernadotte est en marche pour les déborder par la gauche.

Hier 22, à dix heures du matin, le prince Murat traversa Vienne. A la pointe du jour, une colonne de cavalerie s'est portée sur le pont du Danube et a passé, après différens pourparlers avec des généraux autrichiens. Les artificiers ennemis chargés de brûler le pont, l'essayèrent plusieurs fois, mais ne purent y réussir.

Le maréchal Lannes et le général Bertrand, aides-de-camp

de l'empereur, ont passé le pont les premiers. Les troupes ne se sont point arrêtées dans Vienne, et ont continué leur marche pour suivre leur direction.

Le prince Murat a établi son quartier-général dans la maison du duc Albert : le duc Albert a fait beaucoup de bien à la ville ; plusieurs quartiers manquaient d'eau, il en a fait venir à ses frais, et a dépensé des sommes notables pour cet objet.

Ci-joint l'état de l'artillerie et des munitions trouvées dans Vienne ; la maison d'Autriche n'a pas d'autre fonderie ni d'autre arsenal que Vienne. Les Autrichiens n'ont pas eu le temps d'évacuer au-delà du cinquième ou du quart de leur artillerie et d'un matériel considérable. Nous avons des munitions pour faire quatre campagnes et renouveler quatre fois nos équipages d'artillerie, si nous les perdions. Nous avons aussi des approvisionnemens de siége pour armer un grand nombre de places.

L'empereur s'est établi au palais de Schœnbrünn. Il s'est rendu aujourd'hui à Vienne, à deux heures du matin ; il a passé le reste de la nuit à visiter les avant-postes sur la rive gauche du Danube, ainsi que les positions, et s'assurer si le service se faisait convenablement. Il était rentré à Schœnbrünn à la petite pointe du jour.

Le temps est devenu très-beau ; la journée est une des plus belles de l'hiver, quoique froide. Le commerce et toutes les transactions vont à Vienne comme à l'ordinaire ; les habitans sont pleins de confiance et très-tranquilles chez eux. La population de cette ville est de deux cent-cinquante mille ames. On ne l'estime pas diminuée de dix mille personnes par l'absence de la cour et des grands seigneurs.

L'empereur a reçu à midi M. de Wrbna, qui se trouve à la tête de l'administration de toute l'Autriche.

Le corps d'armée du maréchal Soult a traversé Vienne aujourd'hui, à neuf heures du matin. Celui du maréchal Davoust la traverse en ce moment.

Le général Marmont a eu à Léoben différens petits avantages d'avant-postes.

L'armée bavaroise reçoit tous les jours un grand accroissement.

L'empereur vient de faire à l'électeur de nouveaux présens ; il lui a donné quinze mille fusils pris dans l'arsenal de Vienne, et lui a fait rendre toute l'artillerie que, dans différentes circonstances, l'Autriche avait pris dans les états de Bavière.

La ville de Kuffstein a capitulé entre les mains du colonel Pompeï.

Le général Milhaud a poussé l'ennemi sur la route de Brünn jusqu'à Volkersdorff. Aujourd'hui, à midi, il avait fait six cents prisonniers et pris un parc de quarante pièces de canon attelées.

Le maréchal Lannes est arrivé à deux heures après midi à Stokerau ; il y a trouvé un magasin immense d'habillemens, huit mille paires de souliers et de bottines, et du drap pour faire des capottes à toute l'armée.

On a aussi arrêté sur le Danube plusieurs bateaux qui descendaient ce fleuve, et qui étaient chargés d'artillerie, de cuir et d'effets d'habillemens.

(*Suit le relevé de l'inventaire général des bouches à feu et armes existantes en ce moment à Vienne, au grand arsenal.*)

Au quartier impérial de Vienne, le 23 brumaire an 14
(14 novembre 1805).

Ordre du jour.

L'empereur témoigne sa satisfaction au quatrième régiment d'infanterie légère, au trente-deuxième de ligne, pour l'intrépidité qu'ils ont montrée au combat de Diernstein, où leur fermeté à conserver la position qu'ils occupaient a forcé l'ennemi à quitter celle qu'il avait sur le Danube.

S. M. témoigne sa satisfaction au dix-septième régiment de ligne et au trentième, qui, au combat de Lambach, ont tenu tête à l'arrière-garde russe, l'ont entamée, et lui ont fait quatre cents prisonniers.

L'empereur témoigne également sa satisfaction aux grenadiers d'Oudinot, qui, au combat d'Amstetten, ont repoussé de ces belles et formidables positions les corps russes et autrichiens, et ont fait quinze cents prisonniers, dont six cents Russes.

S. M. est satisfaite des premier, seizième et vingt-deuxième régimens de chasseurs; neuvième et dixième régimens de hussards, pour leur bonne conduite dans toutes les charges qui ont eu lieu depuis l'Inn, jusqu'aux portes de Vienne, et pour les huit cents prisonniers russes faits à Stein.

Le prince Murat, le maréchal Lannes, la réserve de cavalerie avec leurs corps d'armée sont entrés à Vienne le 22, se sont emparés le même jour du pont sur le Danube, ont empêché qu'il ne fût brûlé, l'ont passé sur-le-champ, et se sont mis à la poursuite de l'armée russe.

Nous avons trouvé dans Vienne plus de deux mille pièces de canon; une salle d'armes garnie de cent mille fusils; des munitions de toutes espèces; enfin, de quoi former tout l'équipage de trois ou quatre armées.

Le peuple de Vienne a paru voir l'armée avec amitié.

L'empereur ordonne qu'on porte le plus grand respect aux propriétés, et que l'on ait les plus grands égards pour le peuple de cette capitale, qui a vu avec peine la guerre injuste que l'on a faite, et qui nous témoigne, par sa conduite, autant d'amitié qu'il montre de haine pour les Russes, peuple qui, par ses habitudes et ses mœurs barbares, doit inspirer les mêmes sentimens à toutes les nations policées.

NAPOLÉON.

Au palais de Schœnbrünn, le 24 brumaire an 14 (15 novembre 1805).

Vingt-quatrième bulletin de la grande armée.

Au combat de Diernstein, le général-major autrichien Smith, qui dirigeait les mouvemens des Russes, a été tué, ainsi que deux généraux russes. Il paraît que le colonel Wattier n'est pas mort; mais que son cheval ayant été blessé dans une charge, il a été fait prisonnier. Cette nouvelle a causé la plus vive satisfaction à l'empereur, qui fait un cas particulier de cet officier.

Une colonne de quatre mille hommes d'infanterie autrichienne et un régiment de cuirassiers ont traversé nos postes, qui les ont laissé passer sur un faux bruit de suspension d'armes qui avait été répandu dans notre armée. On reconnaît à cette extrême facilité le caractère du Francais, qui, brave dans la mêlée, est d'une générosité souvent irréfléchie hors de l'action.

Le général Milhaud, commandant l'avant-garde du corps du maréchal Davoust, a pris cent quatre-vingt-onze pièces de canon, avec tous les caissons d'approvisionnemens. Ainsi, la presque totalité de l'artillerie de la monarchie autrichienne est en notre pouvoir.

Le palais de Schœnbrünn, dans lequel l'empereur est logé, a été bâti par Marie-Thérèse, dont le portrait se trouve dans presque tous les appartemens.

Dans le cabinet où travaille l'empereur, est une statue de marbre qui représente cette souveraine. L'empereur, en la voyant, a dit que si cette grande reine vivait encore, elle ne se laisserait point conduire par les intrigues d'une femme telle que madame Colloredo. Constamment environnée, comme elle le fut toujours, des grands de son pays, elle aurait connu la volonté de son peuple ; elle n'aurait pas fait ravager son pays par les Cosaques et les Moscovites ; elle n'aurait pas consulté, pour se résoudre à faire la guerre à la France, un courtisan comme ce Cobentzel, qui, trop éclairé sur les intrigues de la cour, craint de désobéir à une femme étrangère, investie du funeste crédit dont elle abuse ; un scribe comme ce Collenbach ; un homme enfin aussi universellement haï que Lamberty. Elle n'aurait pas donné le commandement de son armée à des hommes tels que Mack, désigné non par la volonté du souverain, non par la confiance de la nation, mais par l'Angleterre et la Russie. C'est en effet une chose remarquable que cette unanimité d'opinions dans une nation toute entière contre les déterminations de la cour ; les citoyens de toutes les classes, tous les hommes éclairés, tous les princes même se sont opposés à la guerre. On dit que le prince Charles, au moment de partir pour l'armée d'Italie, écrivit encore à l'empereur pour lui représenter l'imprudence de sa résolution et lui prédire la destruction de la monarchie. L'électeur de Saltzbourg, les archiducs, les grands, tinrent le même langage. Tout le continent doit s'affliger de ce que l'empereur d'Allemagne, qui veut le bien, qui voit mieux que ses ministres, et qui, sous beaucoup de rapports, serait un grand prince, ait une telle défiance de lui-même et vive si constamment isolé. Il apprendrait des grands de l'empire, qui l'estiment, à s'apprécier lui-même ; mais aucun d'eux, aucun des hommes considérables qui jugent et chérissent les intérêts de la patrie, n'approchent jamais de son intérieur. Cet isolement, dont on accuse l'influence de l'impératrice, est la cause de la haine que la nation a conçue contre cette princesse. Tant que cet ordre de choses existera, l'empereur ne connaîtra jamais le vœu de son peuple, et sera toujours le jouet des subalternes que l'Angleterre corrompt, et qui le circonviennent de peur qu'il ne soit éclairé. Il n'y a qu'une voix à Vienne comme à Paris : les malheurs du continent sont le funeste ouvrage des Anglais.

Toutes les colonnes de l'armée sont en grande marche et se trouvent déjà en Moravie, et à plusieurs journées au-delà du Danube. Une patrouille de cavalerie est déjà parvenue jusqu'aux portes de Presbourg, capitale de la Haute-Hongrie ; elle a intercepté le courrier de Venise au moment où il cherchait à entrer dans cette ville. Les dépêches de ce courrier portent que l'armée du prince Charles se retire en grande hâte, dans l'espoir d'arriver à temps pour secourir Vienne.

Le général Marmont mande que le corps qui s'était avancé jusqu'à OEdembourg, par la vallée de la Muerh, a évacué cette contrée après avoir coupé tous les ponts, précaution qui l'a mis à l'abri d'une vive poursuite.

Le nombre des prisonniers que fait l'armée s'accroît à chaque instant.

S. M. a donné audience aujourd'hui à M. le général-major batave Bruce, beau-frère du grand pensionnaire, venu pour féliciter l'empereur de la part de LL. HH. PP. les états de Hollande.

L'empereur n'a encore reçu aucune des autorités de Vienne; mais seulement une députation des différens corps de la ville, qui, le jour de son arrivée, est venue à sa rencontre à Sigarts-Kirschen. Elle était composée du prince de Sinzendorf, du prélat de Seidenstetten, du comte de Weterani, du baron de Kess, du bourgmestre de la ville, M. Wohebben, et du général Bourgeois, du corps du génie.

S. M. les a accueillis avec beaucoup de bonté, et leur a dit qu'ils pouvaient assurer le peuple de Vienne de sa protection.

Le général de division Clarke est nommé gouverneur-général de la haute et de la basse Autriche.

Le conseiller d'état Daru en est nommé intendant-général.

Schœnbrünn, le 25 brumaire an 14 (16 novembre 1805).

Vingt-cinquième bulletin de la grande armée.

Le prince Murat et le corps du maréchal Lannes ont rencontré hier l'armée russe à Hollabrünn. Une charge de cavalerie a eu lieu; mais l'ennemi a aussitôt abandonné le terrain, en laissant cent voitures d'équipage attelées.

L'ennemi ayant été joint et les dispositions d'attaque étant faites, un parlementaire autrichien s'est avancé, et a demandé qu'il fût permis aux troupes de l'empereur d'Allemagne de se séparer des Russes; sa demande lui a été accordée.

Peu de temps après, M. le baron de Wintzingerode, aide-de-camp général de S. M. l'empereur de toutes les Russies, s'est présenté aux avant-postes et a demandé à capituler pour l'armée russe. Le prince Murat a cru devoir y consentir; mais l'empereur n'a pas pu approuver cette capitulation. Il part au moment même pour se rendre aux avant-postes.

L'empereur n'a pas pu donner son approbation, prace que cette capitulation est une espèce de traité, et que M. de Wintzingerode n'a pas justifié des pouvoirs de l'empereur de Russie. Cependant S. M., tout en faisant marcher son armée, a déclaré que l'empereur Alexandre se trouvant dans le voisinage, si ce prince ratifie la convention, elle est prête à la ratifier également.

Le général Vialannes, commandant la cavalerie du maréchal Davoust, est entré à Presbourg. M. le général comte de Palffy a écrit une lettre à laquelle le maréchal Davoust a répondu.

Un corps de trois mille Autrichiens s'était retranché dans la position de Waldermünchen, au débouché de la Bohême. Le général Baraguay-d'Hilliers, à la tête de trois bataillons de dragons à pied, a marché contre ce corps, qui s'est hâté d'abandonner sa position.

Le général Baraguay-d'Hilliers était le 18 à Treinitz en Bohême; il espérait entamer ce corps.

Le maréchal Ney avait eu la mission de s'emparer du Tyrol : il s'en est acquitté avec son intelligence et son intrépidité accoutumées. Il a fait tourner les forts de Scharnitz et de Neustark, et s'en est emparé de vive force. Il a pris dans cette affaire dix-huit cents hommes, un drapeau et seize pièces de canon de campagne attelées.

Le 16, à cinq heures après-midi, il a fait son entrée à Inspruck; il y a trouvé un arsenal rempli d'une artillerie considérable, seize mille fusils et une immense quantité de poudre. Le même jour, il est entré à Hall, où il a aussi pris de très-grands et très-riches magasins, dont on n'a pas encore l'inventaire. L'archiduc Jean, qui commandait en Tyrol, s'est échappé par Luchsthall. Il a chargé un colonel de remettre tous les magasins aux Français, et de recommander à leur générosité douze cents malades qui sont à Inspruck.

A tous ces trophées de gloire, est venue se joindre une scène qui a touché l'âme de tous les soldats. Pendant la guerre dernière, le soixante-seizième régiment de ligne avait perdu deux drapeaux dans les Grisons; cette perte était depuis long-temps pour ce corps le motif d'une affliction profonde. Ces braves savaient que l'Europe n'avait point oublié leur malheur, quoiqu'on ne pût en accuser leur courage. Ces drapeaux, sujets d'un si noble regret, se sont trouvés dans l'arsenal d'Inspruck, un officier les a reconnus; tous les soldats sont accourus aussitôt. Lorsque le maréchal Ney les leur a fait rendre avec pompe, des larmes coulaient des yeux de tous les vieux soldats. Les jeunes conscrits étaient fiers d'avoir servi à reprendre ces enseignes enlevées à leurs aînés par les vicissitudes de la guerre. L'empereur a ordonné que cette scène touchante soit consacrée par un tableau. Le soldat français a pour ses drapeaux un sentiment qui tient de la tendresse. Ils sont l'objet de son culte, comme un présent reçu des mains d'une maîtresse.

Le général Klein a fait une incursion en Bohême avec sa division de dragons. Il a vu partout les Russes en horreur : les dévastations qu'ils commettent font frémir. L'irruption de ces barbares appelés par le gouvernement lui-même, a presque éteint dans le cœur des sujets de l'Autriche toute affection pour leur prince. « Nous et les Français, disent les Allemands, nous sommes les fils des Romains; les Russes sont les enfans des Tartares. Nous aimons mieux mille fois voir les Français armés contre nous, que des alliés tels que les Russes ». A Vienne, le seul nom d'un Russe inspirait la terreur. Ces hordes de sauvages ne se contentent pas de piller pour leur subsistance; ils enlèvent, ils détruisent tout. Un malheureux paysan qui ne possède dans sa chaumière que ses vêtemens, en est dépouillé par eux. Un homme riche qui occupe un palais, ne peut espérer de les assouvir par ses richesses : ils le dépouillent et le laissent nu sous ses lambris dévastés.

Sans doute, c'est pour la dernière fois que les gouvernemens européens appelleront de si funestes secours. S'ils étaient capables de le vouloir encore, ils auraient à payer ces alliés du soulèvement de leur propre nation. D'ici à cent ans, il ne sera en Autriche au pouvoir d'aucun prince d'introduire des Russes dans ses états. Ce n'est pas qu'il n'y ait dans ces armées un grand nombre d'officiers dont l'éducation a été soignée, dont les mœurs sont douces et l'esprit éclairé

Ce qu'on dit d'une armée s'entend toujours de l'instinct naturel de la masse qui la compose.

Znaïm, le 27 brumaire an 14 (18 novembre 1805).

Vingt-sixième bulletin de la grande armée.

Le prince Murat, instruit que les généraux russes, immédiatement après la signature de la convention, s'étaient mis en marche avec une portion de leur armée sur Znaïm, et que tout indiquait que l'autre partie allait la suivre et nous échapper, leur a fait connaître que l'empereur n'avait pas ratifié la convention, et qu'en conséquence il allait attaquer. En effet, le prince Murat a fait ses dispositions, a marché à l'ennemi, et l'a attaqué le 25, à quatre heures après midi, ce qui a donné lieu au combat de Juntersdorff, dans lequel la partie de l'armée russe qui formait l'arrière-garde a été mise en déroute, a perdu douze pièces de canon, cent voitures de bagages, deux mille prisonniers et deux mille hommes restés sur le champ de bataille. Le maréchal Lannes a fait attaquer l'ennemi de front; et tandis qu'il le faisait tourner par la gauche par la brigade de grenadiers du général Dupas, le maréchal Soult le faisait tourner par la droite par la brigade du général Levasseur, de la division Legrand, composée des troisième et dix-huitième régimens de ligne. Le général de division Walther a chargé les Russes avec une brigade de dragons, et a fait trois cents prisonniers.

La brigade de grenadiers du général Laplanche-Mortière s'est distinguée. Sans la nuit, rien n'eût échappé. On s'est battu à l'arme blanche plusieurs fois. Des bataillons de grenadiers russes ont montré de l'intrépidité: le général Oudinot a été blessé; ses deux aides-de-camp, chefs d'escadron Demangeot et Lamotte, l'ont été à ses côtés. La blessure du général Oudinot l'empêchera de servir pendant une quinzaine de jours. En attendant, l'empereur voulant donner une preuve de son estime aux grenadiers, a nommé le général Duroc pour les commander.

L'empereur a porté son quartier-général à Znaïm le 26, à trois heures après-midi. L'arrière-garde russe a été obligée de laisser ses hôpitaux à Znaïm, où nous avons trouvé des magasins de farine et d'avoine assez considérables. Les Russes se sont retirés sur Brünn, et notre avant-garde les a poursuivis à mi-chemin; mais l'empereur, instruit que l'empereur d'Autriche y était, a voulu donner une preuve d'égards pour ce prince, et s'est arrêté la journée du 27.

Le fort de Keuffstein a été pris par les Bavarois.

Le général Baraguay-d'Hilliers a fait une incursion jusqu'à Pilsen en Bohéme, et obligé l'ennemi à évacuer ses positions. Il a pris quelques magasins, et rempli le but de sa mission. Les dragons à pied ont traversé avec rapidité les montagnes couvertes de glace et de sapins qui séparent la Bohême de la Bavière.

On ne se fait pas d'idée de l'horreur que les Russes ont inspirée en Moravie. En faisant leur retraite, ils brûlent les plus beaux villages; ils assomment les paysans. Aussi les habitans respirent-ils en les voyant s'éloigner. Ils disent : « Nos ennemis sont partis. » Ils ne parlent d'eux qu'en se servant du terme de barbares, qui ont apporté chez eux la désolation. Ceci ne s'applique pas aux officiers qui sont en général bien différens de leurs soldats, et dont plusieurs sont d'un mérite distingué; mais l'armée a un instinct sauvage que nous ne connaissons pas dans nos armées européennes.

Lorsqu'on demande aux habitans de l'Autriche, de la Moravie, de la Bohême, s'ils aiment leur empereur : Nous l'aimions, répondent-ils, mais comment voulez-vous que nous l'aimions encore? il a fait venir les Russes.

A Vienne, le bruit avait couru que les Russes avaient

battu l'armée française, et venaient sur Vienne : une femme a crié dans la rue : « Les Français sont battus ; voici les Russes ! » L'alarme a été générale ; la crainte et la stupeur ont été dans Vienne. Voilà cependant le résultat des funestes conseils de Cobentzel, de Colloredo et de Lamberti. Aussi ces hommes sont-ils en horreur à la nation, et l'empereur d'Autriche ne pourra reconquérir la confiance et l'amour de ses sujets qu'en les sacrifiant à la haine publique ; et, un jour plus tôt, un jour plus tard, il faudra bien qu'il le fasse.

Porlitz, le 28 brumaire an 14 (19 octobre 1805).

Vingt-septième bulletin de la grande armée.

Depuis le combat de Zuntersdorf, l'ennemi a continué sa retraite avec la plus grande précipitation. Le général Sébastiani, avec sa brigade de dragons, l'a poursuivi l'épée dans les reins. Les immenses plaines de la Moravie ont favorisé sa poursuite. Le 27, à la hauteur de Porlitz, il a coupé la retraite à plusieurs corps, et a fait dans la journée deux mille Russes prisonniers de guerre.

Le prince Murat est entré le 27, à trois heures après midi, à Brünn, capitale de la Moravie, toujours suivant l'ennemi.

L'ennemi a évacué la ville et la citadelle, qui est un très-bon ouvrage, capable de soutenir un siége en règle.

L'Empereur a mis son quartier-général à Porlitz.

Le maréchal Soult, avec son corps d'armée, est à Riemstschitz.

Le maréchal Lannes est en avant de Porlitz.

Les Moraves ont encore plus de haine pour les Russes et d'amitié pour nous, que les habitans de l'Autriche. Le pays est superbe, et beaucoup plus fertile que l'Autriche. Les Moraves sont étonnés de voir au milieu de leurs immenses plaines les peuples de l'Ukraine, du Kamtschatka, de la Grande-Tartarie, et les Normands, les Gascons, les Bretons et les

Bourguignons en venir aux mains et s'égorger, sans cependant que leur pays ait rien de commun, ou qu'il y ait entre eux aucun intérêt politique immédiat; et ils ont assez de bon sens pour dire, dans leur mauvais bohémien, que le sang humain est devenu une marchandise dans les mains des Anglais. Un gros fermier morave disait dernièrement à un officier français, en parlant de l'empereur Joseph II, que c'était l'empereur des paysans, et que, s'il avait continué à vivre, il les aurait affranchis des droits féodaux qu'ils payent aux couvens de religieuses.

Nous avons trouvé à Brünn soixante pièces de canon, trois cents milliers de poudre, une grande quantité de blé et de farine, et des magasins d'habillement très-considérables.

L'empereur d'Allemagne s'est retiré à Olmutz. Nos postes sont à une marche de cette place.

Brünn, le 30 brumaire an 14 (20 novembre 1805).

Vingt-huitième bulletin de la grande armée.

L'empereur est entré à Brünn le 29, à dix heures du matin.

Une députation des états de Moravie, à la tête de laquelle se trouvait l'évêque, est venue à sa rencontre. L'empereur est allé visiter les fortifications, et a ordonné qu'on armât la citadelle, dans laquelle on a trouvé plus de six mille fusils, une grande quantité de munitions de guerre de toute espèce, et entre autres quatre cents milliers de poudre.

Les Russes avaient réuni toute leur cavalerie, qui formait un corps d'environ six mille hommes, et voulaient défendre la jonction des routes de Brünn et d'Olmutz. Le général Walther les contint toute la journée, et, par différentes charges, les obligea à abandonner du terrain. Le prince Murat fit marcher la division de cuirassiers du général d'Hautpoult et quatre escadrons de la garde impériale.

Quoique nos chevaux fussent fatigués, l'ennemi fut chargé et mis en déroute. Il laissa plus de deux cents hommes, cuirassiers ou dragons d'élite, sur le champ de bataille : cent chevaux sont restés dans nos mains.

Le maréchal Bessières, commandant la garde impériale, a fait, à la tête de quatre escadrons de la garde, une brillante charge qui a dérouté et culbuté l'ennemi. Rien ne contrastait comme le silence de la garde et des cuirassiers et les hurlemens des Russes.

Cette cavalerie russe est bien montée, bien équipée : elle a montré de l'intrépidité et de la résolution ; mais les hommes ne paraissent pas savoir se servir de leurs sabres ; et, à cet égard, notre cavalerie a un grand avantage. Nous avons eu quelques hommes tués et une soixantaine de blessés, parmi lesquels se trouvent le colonel Durosnel, du seizième de chasseurs, et le colonel Bourdon, du onzième de dragons.

L'ennemi s'est retiré de plusieurs lieues.

Brünn, le 2 frimaire an 14 (23 novembre 1805).

Vingt-neuvième bulletin de la grande armée.

Le maréchal Ney a fait occuper Brixen, après avoir fait beaucoup de prisonniers à l'ennemi. Il a trouvé dans les hôpitaux un grand nombre de malades et blessés autrichiens. Le 26 brumaire, il s'est emparé de Clauzen et de Bolzen.

Le général Jellachick, qui défendait le Voralberg, était coupé.

Le maréchal Bernadotte occupe Iglau. Ses partis sont entrés en Bohême.

Le général de Wrede, commandant les Bavarois, a pris une compagnie d'artillerie autrichienne, cent chevaux de troupe, cinquante cuirassiers et plusieurs officiers.

Il s'est emparé d'un magasin considérable d'avoine et

autres grains, et d'un grand nombre de chariots attelés, chargés du bagage de plusieurs régimens et officiers autrichiens.

L'adjudant-commandant Maison a fait prisonniers, sur la route d'Iglau à Brünn, deux cents hommes des dragons de la Tour et des cuirassiers de Hohenlohe. Il a chargé un autre détachement de deux cents hommes, et a fait cent cinquante prisonniers.

Des reconnaissances ont été portées jusqu'à Olmutz. La cour a évacué cette place et s'est retirée en Pologne.

La saison commence à devenir rigoureuse. L'armée française a pris posision. Sa tête est appuyée par la place de Brünn, qui est très-bonne, et qu'on s'occupe à armer et à mettre dans le meilleur état de défense.

Au bivouac d'Austerlitz, le 10 frimaire an 14 (1er décembre 1805).

Proclamation à la grande armée.

Soldats,

L'armée russe se présente devant vous pour venger l'armée autrichienne d'Ulm. Ce sont ces mêmes bataillons que vous avez battus à Hollabrunn, et que depuis vous avez constamment poursuivis jusqu'ici.

Les positions que nous occupons sont formidables, et pendant qu'ils marcheront pour tourner ma droite, ils me présenteront le flanc.

Soldats, je dirigerai moi-même tous vos bataillons : je me tiendrai loin du feu, si avec votre bravoure accoutumée, vous portez le désordre et la confusion dans les rangs ennemis; mais si la victoire était un moment incertaine, vous verriez votre empereur s'exposer aux premiers coups, car la victoire ne saurait hésiter, dans cette journée surtout, où il y va de l'honneur de l'infanterie française, qui importe tant à l'honneur de toute la nation.

Que, sous prétexte d'emmener les blessés, on ne désorganise pas les rangs, et que chacun soit bien pénétré de cette pensée, qu'il faut vaincre ces stipendiés de l'Angleterre qui sont animés d'une si grande haine contre notre nation.

Cette victoire finira notre campagne, et nous pourrons reprendre nos quartiers d'hiver, où nous serons joints par les nouvelles armées qui se forment en France, et alors la paix que je ferai, sera digne de mon peuple, de vous et de moi.

NAPOLÉON.

Austerlitz, le 12 frimaire an 14 (2 décembre 1805).

Trentième bulletin de la grande armée.

Le 6 frimaire, l'empereur, en recevant la communication des pleins-pouvoirs de MM. de Stadion et de Giulay, offrit préalablement un armistice, afin d'épargner le sang, si l'on avait effectivement envie de s'arranger et d'en venir à un accommodement définitif.

Mais il fut facile à l'empereur de s'apercevoir qu'on avait d'autres projets; et comme l'espoir du succès ne pouvait venir à l'ennemi que du côté de l'armée russe, il conjectura aisément que les deuxième et troisième armées étaient arrivées, ou sur le point d'arriver à Olmutz, et que les négociations n'étaient plus qu'une ruse de guerre pour endormir sa vigilance.

Le 7, à neuf heures du matin, une nuée de cosaques, soutenue par la cavalerie russe, fit plier les avant-postes du prince Murat, cerna Vischau, et y prit cinquante hommes à pied du sixième régiment de dragons. Dans la journée, l'empereur de Russie se rendit à Vischau, et toute l'armée russe prit position derrière cette ville.

L'empereur avait envoyé son aide-de-camp, le général Savary, pour complimenter l'empereur de Russie dès qu'il avait su ce prince arrivé à l'armée. Le général Savary revint au moment où l'empereur faisait la reconnaissance des feux de bivouac ennemis placés à Vischau. Il se loua beaucoup du bon accueil, des grâces et des bons sentimens personnels de l'empereur de Russie, et même du grand-duc Constantin, qui eut pour lui toute espèce de soins et d'attentions; mais il fut facile de comprendre, par la suite des conversations qu'il eut pendant trois jours avec une trentaine de freluquets qui, sous différens titres, environnent l'empereur de Russie, que la présomption, l'imprudence et l'inconsidération régneraient dans les décisions du cabinet militaire, comme elles avaient régné dans celles du cabinet politique.

Une armée ainsi conduite ne pouvait tarder à faire des fautes. Le plan de l'empereur fut dès ce moment de les attendre et d'épier l'instant d'en profiter. Il donna sur-le-champ l'ordre de retraite à son armée, se retira de nuit, comme s'il eût essuyé une défaite, prit une bonne position à trois lieues en arrière, fit travailler avec beaucoup d'ostentation à la fortifier et à y établir des batteries.

Il fit proposer une entrevue à l'empereur de Russie, qui lui envoya son aide-de-camp le prince Dolgorouki : cet aide-de-camp put remarquer que tout respirait dans la contenance de l'armée française la réserve et la timidité. Le placement des grand'-gardes, les fortifications que l'on faisait en toute hâte, tout laissait voir à l'officier russe une armée à demi battue.

Contre l'usage de l'empereur, qui ne reçoit jamais avec tant de circonspection les parlementaires à son quartier-général, il se rendit lui-même à ses avant-postes. Après les premiers complimens, l'officier russe voulut entamer des questions politiques. Il tranchait sur tout avec une impertinence difficile à imaginer : il était dans l'ignorance la plus absolue des intérêts de l'Europe et de la situation du continent. C'était, en un mot, un jeune trompette de l'Angleterre. Il parlait à l'empereur comme il parle aux officiers russes, que depuis long-temps il indigne par sa hauteur et ses mauvais procédés. L'empereur contint toute son indignation; et ce jeune homme, qui a pris une véritable influence sur l'empereur Alexandre, retourna plein de l'idée que l'armée française était à la veille de sa perte. On se convaincra de tout ce qu'a dû souffrir l'empereur, quand on saura que sur la fin de la conversation, il lui proposa de céder la Belgique et de mettre la couronne de fer sur la tête des plus implacables ennemis de la France. Toutes ces différentes démarches remplirent leur effet. Les jeunes têtes qui dirigent les affaires russes se livrèrent sans mesure à leur présomption naturelle. Il n'était plus question de battre l'armée française, mais de la tourner et de la prendre: elle n'avait tant fait que par la lâcheté des Autrichiens. On assure que plusieurs vieux généraux autrichiens, qui avaient fait des campagnes contre l'empereur, prévinrent le conseil que ce n'était pas avec cette confiance qu'il fallait marcher contre une armée qui comptait tant de vieux soldats et d'officiers du premier mérite. Ils disaient qu'ils avaient vu l'empereur, réduit à une poignée de monde dans les circonstances les plus difficiles, ressaisir la victoire par des opérations rapides et imprévues, et détruire les armées les plus nombreuses; que cependant ici on n'avait obtenu aucun avantage; qu'au contraire, toutes les affaires d'arrière-garde de la première armée russe avaient été en faveur de l'armée française; mais à cela cette jeunesse présomptueuse opposait la bravoure de quatre-vingt mille Russes, l'enthousiasme que leur inspirait la présence de leur empereur, le corps d'élite de la garde impériale de Russie, et, ce qu'ils n'osaient probablement pas dire, leur talent, dont ils étaient étonnés que les Autrichiens voulussent méconnaître la puissance.

Le 10, l'empereur, du haut de son bivouac, aperçut, avec une indicible joie, l'armée russe, commençant, à deux portées de canon de ses avant-postes, un mouvement de flanc pour tourner sa droite. Il vit alors jusqu'à quel point la présomption et l'ignorance de l'art de la guerre avaient égaré les conseils de cette brave armée. Il dit plusieurs fois : « Avant demain au soir cette armée est à moi. » Cependant le sentiment de l'ennemi était bien différent : il se présentait devant nos grand'-gardes à portée de pistolet : il défilait par une marche de flanc sur une ligne de quatre lieues, en prolongeant l'armée française, qui paraissait ne pas oser sortir de sa position : il n'avait qu'une crainte, c'était que l'armée française ne lui échappât. On fit tout pour confirmer l'ennemi dans cette idée. Le prince Murat fit avancer un petit corps de cavalerie dans la plaine; mais tout d'un coup il parut étonné des forces immenses de l'ennemi, et rentra à la hâte. Ainsi, tout tendait à confirmer le général russe dans l'opération mal calculée qu'il avait arrêtée. L'empereur fit mettre à l'ordre la proclamation ci-jointe. Le soir, il voulut visiter à pied et incognito tous les bivouacs; mais à peine eut-il fait quelques pas qu'il fut reconnu. Il serait impossible de peindre l'enthousiasme des soldats en le voyant. Des fanaux de paille furent mis en un instant au haut de milliers de perches, et quatre-vingt mille hommes se présentèrent au devant de l'empereur, en le saluant par des acclamations; les uns pour fêter l'anniversaire de son couronnement, les autres disant que l armée donnerait le lendemain son bouquet à l'empereur. Un des plus vieux grenadiers s'approcha de lui et lui dit : « Sire, tu n'auras pas besoin de t'exposer. Je te promets, au nom des grenadiers de l'armée, que tu n'auras à combattre que des yeux, et que nous t'amenerons demain les drapeaux et l'artillerie de l'armée russe pour célébrer l'anniversaire de ton couronnement. ».

L'empereur dit en entrant dans son bivouac, qui consistait en une mauvaise cabane de paille sans toit, que lui avaient faite les grenadiers : « Voilà la plus belle soirée de ma vie ; mais je regrette de penser que je perdrai bon nombre de ces braves gens. Je sens, au mal que cela me fait, qu'ils sont véritablement mes enfans ; et, en vérité, je me reproche quelquefois ce sentiment, car je crains qu'il ne me rende inhabile à faire la guerre. » Si l'ennemi eût pu voir ce spectacle, il eût été épouvanté. Mais l'insensé continuait toujours son mouvement, et courait à grands pas à sa perte.

L'empereur fit sur-le-champ toutes ses dispositions de bataille. Il fit partir le maréchal Davoust en toute hâte, pour se rendre au couvent de Raygern ; il devait, avec une de ses divisions et une division de dragons, y contenir l'aile gauche de l'ennemi, afin qu'au moment donné elle se trouvât enveloppée : il donna le commandement de la gauche au maréchal Lannes, de la droite au maréchal Soult, du centre au maréchal Bernadotte, et de toute la cavalerie, qu'il réunit sur un seul point, au prince Murat. La gauche du maréchal Lannes était appuyée au Santon, position superbe que l'empereur avait fait fortifier, et où il avait fait placer dix-huit pièces de canon. Dès la veille, il avait confié la garde de cette belle position au dix-septième régiment d'infanterie légère, et certes elle ne pouvait être gardée par de meilleures troupes. La division du général Suchet formait la gauche du maréchal Lannes ; celle du général Caffarelli formait sa droite, qui était appuyée sur la cavalerie du prince Murat. Celle-ci avait devant elle les hussards et chasseurs sous les ordres du général Kellermann, et les divisions de dragons Valther et Beaumont ; et en réserve les divisions de cuirassiers des généraux Nansouty et d'Hautpoult, avec vingt-quatre pièces d'artillerie légère.

Le maréchal Bernadotte, c'est-à-dire le centre, avait à sa gauche la division du général Rivaud, appuyée à la droite du prince Murat, et à sa droite la division du général Drouet.

Le maréchal Soult, qui commandait la droite de l'armée, avait à sa gauche la division du général Vandamme, au centre la division du général Saint-Hilaire, à sa droite la division du général Legrand.

Le maréchal Davoust était détaché sur la droite du général Legrand, qui gardait les débouchés des étangs, et des villages de Sokolnitz et de Celnitz. Il avait avec lui la division Friant et les dragons de la division du général Bourcier. La division du général Gudin devait se mettre de grand matin en marche de Nicolsburg, pour contenir le corps ennemi qui aurait pu déborder la droite.

L'empereur, avec son fidèle compagnon de guerre le maréchal Berthier, son premier aide-de-camp le colonel-général Junot, et tout son état-major, se trouvait en réserve avec les dix bataillons de sa garde et les dix bataillons de grenadiers du général Oudinot, dont le général Duroc commandait une partie.

Cette réserve était rangée sur deux lignes, en colonnes par bataillons, à distance de déploiement, ayant dans les intervalles quarante pièces de canon servies par les canonniers de la garde. C'est avec cette réserve que l'empereur avait le projet de se précipiter partout où il eût été nécessaire. On peut dire que cette réserve valait une armée.

A une heure du matin, l'empereur monta à cheval pour parcourir ses postes, reconnaître les feux des bivouacs de l'ennemi, et se faire rendre compte par les grand'-gardes de ce qu'elles avaient pu entendre des mouvemens des Russes. Il apprit qu'ils avaient passé la nuit dans l'ivresse et des cris tumultueux, et qu'un corps d'infanterie russe s'était présenté au village de Sokolnitz, occupé par un régiment de la division du général Legrand, qui reçut ordre de le renforcer.

Le 11 frimaire, le jour parut enfin. Le soleil se leva radieux ; et cet anniversaire du couronnement de l'empereur, où allait se passer l'un des plus beaux faits d'armes du siècle, fut une des plus belles journées de l'automne.

Cette bataille, que les soldats s'obstinent à appeler *la journée des trois empereurs*, que d'autres appellent *la journée de l'anniversaire*, et que l'empereur a nommée *la journée d'Austerlitz*, sera à jamais mémorable dans les fastes de la grande nation.

L'empereur, entouré de tous les maréchaux, attendait, pour donner les derniers ordres, que l'horizon fût bien éclairci. Aux premiers rayons du soleil, les ordres furent donnés, et chaque maréchal rejoignit son corps au grand galop.

L'empereur dit en passant sur le front de bandière de plusieurs régimens : Soldats, il faut finir cette campagne par un coup de tonnerre qui confonde l'orgueil de nos ennemis. Aussitôt les chapeaux au bout des baïonnettes et les cris de *vive l'empereur* ! furent le véritable signal du combat. Un instant après la canonnade se fit entendre à l'extrémité de la droite, que l'avant-garde ennemie avait déjà débordée; mais la rencontre imprévue du maréchal Davoust arrêta l'ennemi tout court, et le combat s'engagea.

Le maréchal Soult s'ébranle au même instant, se dirige sur les hauteurs du village de Pringen avec les divisions des généraux Vandamme et Saint-Hilaire, et coupe entièrement la droite de l'ennemi, dont tous les mouvemens devinrent incertains. Surprise par une marche de flanc pendant qu'elle fuyait, se croyant attaquante et se voyant attaquée, elle se regarde à demi battue.

Le prince Murat s'ébranle avec sa cavalerie; la gauche, commandée par le maréchal Lannes, marche en échelons par régimens, comme à l'exercice. Une canonnade épouvantable s'engage sur toute la ligne; deux cents pièces de canon, et près de deux cent mille hommes, faisaient un bruit affreux :

c'était un véritable combat de géans. Il n'y avait pas une heure qu'on se battait, et toute la gauche de l'ennemi était coupée. Sa droite se trouvait déjà arrivée à Austerlitz, quartier-général des deux empereurs, qui durent faire marcher sur-le-champ la garde de l'empereur de Russie, pour tâcher de rétablir la communication du centre avec la gauche. Un bataillon du quatrième de ligne fut chargé par la garde impériale russe à cheval, et culbuté ; mais l'empereur n'était pas loin : il s'aperçut de ce mouvement ; il ordonna au maréchal Bessières de se porter au secours de sa droite avec ses invincibles, et bientôt les deux gardes furent aux mains.

Le succès ne pouvait être douteux : dans un moment la garde russe fut en déroute. Colonel, artillerie, étendards, tout fut enlevé. Le régiment du grand-duc Constantin fut écrasé ; lui même ne dut son salut qu'à la vitesse de son cheval.

Des hauteurs d'Austerlitz, les deux empereurs virent la défaite de toute la garde russe. Au même moment le centre de l'armée, commandé par le maréchal Bernadotte, s'avança ; trois de ses régimens soutinrent une très-belle charge de cavalerie. La gauche, commandée par le maréchal Lannes, donna trois fois. Toutes les charges furent victorieuses. La division du général Caffarelly s'est distinguée. Les divisions de cuirassiers se sont emparées des batteries de l'ennemi. A une heure après midi la victoire était décidée ; elle n'avait pas été un moment douteuse. Pas un homme de la réserve n'avait été nécessaire et n'avait donné nulle part. La canonnade ne se soutenait plus qu'à notre droite. Le corps de l'ennemi, qui avait été cerné et chassé de toutes ses hauteurs, se trouvait dans un bas-fond et acculé à un lac. L'empereur s'y porta avec vingt pièces de canon. Ce corps fut chassé de position en position, et l'on vit un spectacle horrible, tel qu'on l'avait vu à Aboukir, vingt mille hommes se jetant dans l'eau et se noyant dans les lacs.

Deux colonnes, chacune de quatre mille Russes, mettent bas les armes et se rendent prisonniers ; tout le parc de l'ennemi est pris. Les résultats de cette journée sont quarante drapeaux russes, parmi lesquels sont les étendards de la garde impériale; un nombre considérable de prisonniers ; l'état-major ne les connaît pas encore tous, on avait déjà la note de vingt mille; douze ou quinze généraux; au moins quinze mille Russes tués, restés sur le champ de bataille. Quoiqu'on n'ait pas encore les rapports, on peut, au premier coup d'œil, évaluer notre perte à huit cents hommes tués et à quinze ou seize cents blessés. Cela n'étonnera pas les militaires, qui savent que ce n'est que dans la déroute qu'on perd des hommes, et nul autre corps que le bataillon du quatrième n'a été rompu. Parmi les blessés sont le général Saint-Hilaire, qui, blessé au commencement de l'action, est resté toute la journée sur le champ de bataille; il s'est couvert de gloire; les généraux de division Kellermann et Walther ; les généraux de brigade Valhubert, Thiébaut, Sébastiani, Compan et Rapp, aide-de-camp de l'empereur. C'est ce dernier qui, en chargeant à la tête des grenadiers de la garde, a pris le prince Repnin, commandant les chevaliers de la garde impériale de Russie. Quant aux hommes qui se sont distingués, c'est toute l'armée qui s'est couverte de gloire. Elle a constamment chargé aux cris de *vive l'empereur !* et l'idée de célébrer si glorieusement l'anniversaire du couronnement animait encore le soldat.

L'armée française, quoique nombreuse et belle, était moins nombreuse que l'armée ennemie, qui était forte de cent cinq mille hommes, dont quatre-vingt mille Russes et vingt-cinq mille Autrichiens. La moitié de cette armée est détruite; le reste a été mis en déroute complette, et la plus grande partie a jeté ses armes.

Cette journée coûtera des larmes de sang à Saint-Pétersbourg. Puisse-t-elle y faire rejeter avec indignation l'or de l'Angleterre ! et puisse ce jeune prince, que tant de vertus appelaient à être le père de ses sujets, s'arracher à l'influence de ces trente freluquets que l'Angleterre solde avec art, et dont les impertinences obscurcissent ses intentions, lui font perdre l'amour de ses soldats, et le jettent dans les opérations les plus erronées La nature, en le douant de si grandes qualités, l'avait appelé à être le consolateur de l'Europe. Des conseils perfides, en le rendant l'auxiliaire de l'Angleterre, le placeront dans l'histoire au rang des hommes qui, en perpétuant la guerre sur le continent, auront consolidé la tyrannie britannique sur les mers et fait le malheur de notre génération. Si la France ne peut arriver à la paix qu'aux conditions que l'aide-de-camp Dolgorouki a proposées à l'empereur, et que M. de Novozilzof avait été chargé de porter, la Russie ne les obtiendrait pas, quand même son armée serait campée sur les hauteurs de Montmartre.

Dans une relation plus détaillée de cette bataille, l'état-major fera connaître ce que chaque corps, chaque officier, chaque général, ont fait pour illustrer le nom français et donner un témoignage de leur amour à leur empereur.

Le 12, à la pointe du jour, le prince Jean de Lichtenstein, commandant l'armée autrichienne, est venu trouver l'empereur à son quartier-général, établi dans une grange. Il en a eu une longue audience. Cependant nous poursuivons nos succès. L'ennemi s'est retiré sur le chemin d'Austerlitz à Godding. Dans cette retraite il prête le flanc ; l'armée française est déjà sur ses derrières, et le suit l'épée dans les reins.

Jamais champ de bataille ne fut plus horrible. Du milieu de lacs immenses, on entend encore les cris de milliers d'hommes qu'on ne peut secourir. Il faudra trois jours pour que tous les blessés ennemis soient évacués sur Brünn. Le cœur saigne. Puisse tant de sang versé, puissent tant de malheurs retomber enfin sur les perfides insulaires qui en sont la cause ! puissent les lâches olygarques de Londres porter la peine de tant de maux !

Austerlitz, le 12 frimaire an 14 (3 décembre 1805).

Trentième bulletin (bis) *de la grande armée.*

En ce moment arrive au quartier-général la capitulation envoyée par le maréchal Augereau, du corps d'armée autrichien commandé par le général Jellachich. L'empereur eût préféré que l'on eût gardé les prisonniers en France, cela eût-il dû occasioner quelques jours de blocus de plus ; car l'expérience a prouvé que, renvoyés en Autriche, les soldats servent incontinent après.

Le général de Wrede, commandant les Bavarois, a eu différentes affaires en Bohême contre l'archiduc Ferdinand. Il a fait quelques centaines de prisonniers.

Le prince de Rohan, à la tête d'un corps de six mille hommes qui avait été coupé par le maréchal Ney et par le maréchal Augereau, s'est jeté sur Trente, a passé la gorge de Bonacio, et tenté de pénétrer à Venise. Il a été battu par le général Saint-Cyr, qui l'a fait prisonnier avec ses six mille hommes.

Austerlitz, le 14 frimaire an 14 (4 décembre 1805).

Trente-unième bulletin de la grande armée.

L'empereur est parti hier d'Austerlitz, et est allé à ses avant-postes près de Saruschitz, et s'est là placé à son bivouac. L'empereur d'Allemagne n'a pas tardé à arriver. Ces deux monarques ont eu une entrevue qui a duré deux heures.

L'empereur d'Allemagne n'a pas dissimulé, tant de sa part que de la part de l'empereur de Russie, tout le mépris que leur inspirait la conduite de l'Angleterre. « Ce sont des marchands, a-t-il répété, qui mettent en feu le continent pour s'assurer le commerce du monde. »

Ces deux princes sont convenus d'un armistice et des principales conditions de la paix, qui sera négociée et terminée sous peu de jours.

L'empereur d'Allemagne a fait également connaître à l'empereur, que l'empereur de Russie demandait à faire sa paix séparée, qu'il abandonnait entièrement les affaires de l'Angleterre, et n'y prenait plus aucun intérêt.

L'empereur d'Allemagne répéta plusieurs fois dans la conversation : « Il n'y a point de doute ; dans sa querelle avec l'Angleterre, la France a raison. » Il demanda aussi une trêve pour les restes de l'armée russe. L'empereur lui fit observer que l'armée russe était cernée, que pas un homme ne pouvait échapper : « Mais, ajouta-t-il, je désire faire une chose agréable à l'empereur Alexandre; je laisserai passer l'armée russe, j'arrêterai la marche de mes colonnes; mais votre majesté me promet que l'armée russe retournera en Russie, évacuera l'Allemagne et la Pologne autrichienne et prussienne. » — « C'est l'intention de l'empereur Alexandre, a répondu l'empereur d'Allemagne; je puis vous l'assurer : d'ailleurs, dans la nuit, vous pourrez vous en convaincre par vos propres officiers. »

On assure que l'empereur a dit à l'empereur d'Allemagne, en le faisant approcher du feu de son bivouac : « Je vous reçois dans le seul palais que j'habite depuis deux mois. » L'empereur d'Allemagne a répondu en riant : « Vous tirez si bon parti de cette habitation qu'elle doit vous plaire. » C'est du moins ce que l'on croit avoir entendu. La nombreuse suite des deux princes n'était pas assez éloignée pour qu'elle ne pût entendre plusieurs choses.

L'empereur a accompagné l'empereur d'Allemagne à sa voiture, et s'est fait présenter les deux princes de Lichtenstein et le général prince de Schwartzenberg. Après cela il est revenu coucher à Austerlitz.

On recueille tous les renseignemens pour faire une belle description de la bataille d'Austerlitz. Un grand nombre d'ingénieurs lèvent le plan du champ de bataille. La perte des Russes a été immense : les généraux Kutuzow et Buxhowden ont été blessés ; dix ou douze généraux ont été tués : plusieurs aides-de-camp de l'empereur de Russie et un grand nombre d'officiers de distinction ont été tués. Ce n'est pas cent vingt pièces de canon qu'on a prises, mais cent cinquante. Les colonnes ennemies qui se jetèrent dans les lacs furent favorisées par la glace ; mais la canonnade la rompit, et des colonnes entières se noyèrent. Le soir de la journée, et pendant plusieurs heures de la nuit, l'empereur a parcouru le champ de bataille et a fait enlever les blessés : spectacle horrible s'il en fut jamais ! L'empereur, monté sur des chevaux très-vites, passait avec la rapidité de l'éclair, et rien n'était plus touchant que de voir ces braves gens le reconnaître sur-le-champ ; les uns oubliaient leurs souffrances et disaient : Au moins la victoire est-elle bien assurée ? Les autres : Je souffre depuis huit heures, et depuis le commencement de la bataille je suis abandonné, mais j'ai bien fait mon devoir. D'autres : Vous devez être content de vos soldats aujourd'hui. A chaque soldat blessé l'empereur laissait une garde qui le faisait transporter dans les ambulances. Il est horrible de le dire : quarante-huit heures après la bataille, il y avait encore un grand nombre de Russes qu'on n'avait pu panser. Tous les Français le furent avant la nuit. Au lieu de quarante drapeaux, il y en a jusqu'à cette heure quarante-cinq, et l'on trouve encore les débris de plusieurs.

Rien n'égale la gaîté des soldats à leur bivouac. A peine aperçoivent-ils un officier de l'empereur, qu'ils lui crient : L'empereur a-t-il été content de nous ?

En passant devant le vingt-huitième de ligne, qui a beaucoup de conscrits du Calvados et de la Seine-Inférieure, l'empereur lui dit : « J'espère que les Normands se distingueront aujourd'hui. » Ils ont tenu parole ; les Normands se sont distingués. L'empereur, qui connaît la composition de chaque régiment, a dit à chacun son mot ; et ce mot arrivait et parlait au cœur de ceux auxquels il était adressé, et devenait leur mot de ralliement au milieu du feu. Il dit au cinquante-septième : « Souvenez-vous qu'il y a bien des années que je vous ai surnommé *le Terrible.* » Il faudrait nommer tous les régimens de l'armée ; il n'en est aucun qui n'ait fait des prodiges de bravoure et d'intrépidité. C'est là le cas de dire que la mort s'épouvantait et fuyait devant nos rangs, pour s'élancer dans les rangs ennemis ; pas un corps n'a fait un mouvement rétrograde. L'empereur disait : « J'ai livré trente batailles comme celle ci, mais je n'en ai vu aucune où la victoire ait été si décidée, et les destins si peu balancés. » La garde à pied de l'empereur n'a pu donner ; elle en pleurait de rage. Comme elle demandait absolument à faire quelque chose : « Réjouissez-vous de ne rien faire, lui dit l'empereur : vous devez donner en réserve ; tant mieux si l'on n'a pas besoin de vous aujourd'hui. »

Trois colonels de la garde impériale russe sont pris avec le général qui la commandait. Les hussards de cette garde ont fait une charge sur la division Caffarelli. Cette seule charge leur a coûté trois cents hommes qui restèrent sur le champ de bataille. La cavalerie française s'est montrée supérieure et a parfaitement fait. A la fin de la bataille, l'empereur a envoyé le colonel Dallemagne avec deux escadrons de sa garde en partisans, pour parcourir à volonté les environs du champ de bataille, et ramener les fuyards. Il a pris plusieurs drapeaux, quinze pièces de canon, et fait quinze cents prisonniers. La garde regrette beaucoup le colonel des chasseurs à cheval Morland, tué d'un coup de mitraille, en chargeant l'artillerie de la garde impériale russe. Cette artillerie fut prise; mais ce brave colonel trouva la mort. Nous n'avons eu aucun général tué. Le colonel Mazas, du quatorzième de ligne, brave homme, a été tué. Beaucoup de chefs de bataillon ont été blessés. Les voltigeurs ont rivalisé avec les grenadiers. Les cinquante-cinquième, quarante-troisième, quatorzième, trente-sixième, quarantième et dix-septième...; mais on n'ose nommer aucun corps, ce serait une injustice pour les autres; ils ont tous fait l'impossible. Il n'y avait pas un officier, pas un général, pas un soldat qui ne fût décidé à vaincre ou à périr.

Il ne faut point taire un trait qui honore l'ennemi : le commandant de l'artillerie de la garde impériale russe venait de perdre ses pièces; il rencontra l'empereur : Sire, lui dit-il, faites-moi fusiller, je viens de perdre mes pièces. « Jeune homme, lui répondit l'empereur, j'apprécie vos larmes; mais on peut être battu par mon armée, et avoir encore des titres à la gloire. »

Nos avant-postes sont arrivés à Olmutz; l'impératrice et toute sa cour s'en sont sauvées en toute hâte.

Le colonel Corbineau, écuyer de l'empereur, commandant le cinquième régiment de chasseurs, a eu quatre chevaux tués; au cinquième il a été blessé lui-même, après avoir enlevé un drapeau. Le prince Murat se loue beaucoup des belles manœuvres du général Kellermann, des belles charges des généraux Nansouty et d'Hautpoult, et enfin de tous les généraux ; mais il ne sait qui nommer, parce qu'il faudrait les nommer tous.

Les soldats du train ont mérité les éloges de l'armée. L'artillerie a fait un mal épouvantable à l'ennemi. Quand on en a rendu compte à l'empereur, il a dit : « Ces succès me font plaisir, car je n'oublie pas que c'est dans ce corps que j'ai commencé ma carrière militaire. »

L'aide-de-camp de l'empereur, le général Savary, avait accompagné l'empereur d'Allemagne après l'entrevue, pour savoir si l'empereur de Russie adhérait à la capitulation. Il a trouvé les débris de l'armée russe sans artillerie ni bagages et dans un épouvantable désordre ; il était minuit ; le général Meerfeld avait été repoussé de Godding par le maréchal Davoust ; l'armée russe était cernée ; pas un homme ne pouvait s'échapper. Le prince Czartorinski introduisit le général Savary près de l'empereur. Dites à votre maître, lui cria ce prince, que je m'en vais ; qu'il a fait hier des miracles ; que cette journée a accru mon admiration pour lui ; que c'est un prédestiné du ciel ; qu'il faut à mon armée cent ans pour égaler la sienne. Mais puis-je me retirer avec sûreté ? Oui, Sire, lui dit le général Savary, si V. M. ratifie ce que les deux empereurs de France et d'Allemagne ont arrêté dans leur entrevue. — Eh qu'est-ce ? — Que l'armée de V. M. se retirera chez elle par les journées d'étape qui seront réglées par l'empereur, et qu'elle évacuera l'Allemagne et la Pologne autrichienne. A cette condition, j'ai l'ordre de l'empereur de me rendre à nos avant-postes qui vous ont déjà tourné, et d'y donner ses ordres pour protéger votre retraite, l'empereur voulant respecter l'ami du premier consul. — Quelle garantie faut-il pour cela ? — Sire, votre parole. — Je vous la donne. — Cet aide-de-camp partit sur-le-champ au grand galop, se rendit auprès du maréchal Davoust, auquel il donna l'ordre de cesser tout mouvement et de rester tranquille. Puisse cette générosité de l'empereur des Français ne pas être aussitôt oubliée en Russie que le beau procédé de l'empereur qui renvoya six mille hommes à l'empereur Paul avec tant de grace et de marques d'estime pour lui. Le général Savary avait causé une heure avec l'empereur de Russie, et l'avait trouvé tel que doit être un homme de cœur et de sens, quelques revers d'ailleurs qu'il ait éprouvés. Ce monarque lui demanda des détails sur la journée. Vous étiez inférieurs à moi, lui dit-il, et cependant vous étiez supérieurs sur tous les points d'attaque. Sire, répondit le général Savary, c'est l'art de la guerre et le fruit de quinze ans de gloire; c'est la quarantième bataille que donne l'empereur. — Cela est vrai; c'est un grand homme de guerre. Pour moi, c'est la première fois que je vois le feu. Je n'ai jamais eu la prétention de me mesurer avec lui. — Sire, quand vous aurez de l'expérience, vous le surpasserez peut-être. — Je m'en vais donc dans ma capitale. J'étais venu au secours de l'empereur d'Allemagne; il m'a fait dire qu'il est content. Je le suis aussi.

A son entrevue avec l'empereur d'Allemagne, l'empereur lui a dit : « M. et Mme Colloredo, MM. Paget et Rasumowki ne font qu'un avec votre ministre Cobentzel : voilà les vraies causes de la guerre, et si V. M. continue à se livrer à ces intrigans, elle ruinera toutes les affaires et s'aliénera le cœur de ses sujets, elle cependant qui a tant de qualités pour être heureuse et aimée ! »

Un major autrichien s'étant présenté aux avant-postes, porteur de dépêches de M. Cobentzel pour M. de Stadion à Vienne, l'empereur a dit : « Je ne veux rien de commun avec cet homme qui s'est vendu à l'Angleterre pour payer ses dettes, et qui a ruiné son maître et sa nation, en suivant les conseils de sa sœur et de Mme Colloredo. »

L'empereur fait le plus grand cas du prince Jean de Lichtenstein; il a dit plusieurs fois : « Comment, lorsqu'on a des hommes d'aussi grande distinction, laisse-t-on mener ses affaires par des sots et des intrigans ? » Effectivement le prince de Lichtenstein est un des hommes les plus distingués, non-seulement par ses talens militaires, mais encore par ses qualités et ses connaissances.

On assure que l'empereur a dit, après sa conférence avec l'empereur d'Allemagne : « Cet homme me fait faire une faute, car j'aurais pu suivre ma victoire, et prendre toute l'armée russe et autrichienne ; mais enfin quelques larmes de moins seront versées. »

Austerlitz, le 15 frimaire an 14 (6 décembre 1805).

Trente-deuxième bulletin de la grande armée.

Le général Friant, à la bataille d'Austerlitz, a eu quatre chevaux tués sous lui. Les colonels Conroux et Demoustier se sont fait remarquer. Les traits de courage sont si nombreux, qu'à mesure que le rapport en est fait à l'empereur, il dit : « Il me faut toute ma puissance pour récompenser dignement tous ces braves gens. »

Les Russes, en combattant, ont l'habitude de mettre leurs havre-sacs bas. Comme toute l'armée russe a été mise en déroute, nos soldats ont pris tous des havre-sacs. On a pris aussi une grande partie de ses bagages, et les soldats y ont trouvé beaucoup d'argent.

Le général Bertrand, qui avait été détaché après la bataille avec un escadron de la garde, a ramassé un grand nombre de prisonniers, dix-neuf pièces de canon et beaucoup de voitures remplies d'effets. Le nombre de pièces de canon prises jusqu'à cette heure, se monte à cent soixante-dix.

L'empereur a témoigné quelque mécontentement de ce qu'on lui eût envoyé des plénipotentiaires la veille de la bataille, et qu'on eût ainsi prostitué le caractère diplomatique. Cela est digne de M. de Cobentzel, que toute la nation regarde comme un des principaux auteurs de tous ces malheurs.

Le prince Jean de Lichtenstein est venu trouver l'empereur au château d'Austerlitz. L'empereur lui a accordé une conférence de plusieurs heures. On remarque que l'empereur cause volontiers avec cet officier général. Ce prince a conclu, avec le maréchal Berthier, un armistice de la teneur suivante :

M. Talleyrand se rend à Nicolsburg, où les négociations vont s'ouvrir.

Armistice conclu entre LL. MM. II. de France et d'Autriche.

S. M. l'empereur des Français et S. M. l'empereur d'Allemagne voulant arriver à des négociations définitives pour mettre fin à la guerre qui désole les deux états, sont convenus au préalable, de commencer par un armistice, lequel aura lieu jusqu'à la conclusion de la paix définitive ou jusqu'à la rupture des négociations ; et dans ce cas, l'armistice ne devra cesser que quinze jours après cette rupture; et la cessation de l'armistice sera notifiée aux plénipotentiaires des deux puissances et au quartier-général des deux armées.

Les conditions de l'armistice sont :

Art. 1er. La ligne des deux armées sera en Moravie, le cercle d'Iglau, le cercle de Znaïm, le cercle de Brünn, la partie du cercle d'Olmutz sur la rive droite de la petite rivière de Trezeboska en avant de Prosnitz jusqu'à l'endroit où elle se jette dans la Marck, et la rive droite de la Marck jusqu'à l'embouchure de cette rivière dans le Danube, y compris cependant Presbourg.

Il ne sera mis néanmoins aucune troupe française ni autrichienne dans un rayon de cinq à six lieues autour de Holitch, à la rive droite de la Marck.

La ligne des deux armées comprendra en outre, dans le territoire à occuper par l'armée française, toute la basse et haute Autriche, le Tyrol, l'état de Venise, la Carinthie, la Styrie, la Carniole, le comté de Goritz et l'Istrie : enfin, dans la Bohême, le cercle de Montabor, et tout ce qui est à l'est de la route de Tabor à Lintz.

2. L'armée russe évacuera les états d'Autriche, ainsi que la Pologne autrichienne ; savoir : la Moravie et la Hongrie, dans l'espace de quinze jours, et la Gallicie dans l'espace d'un mois. L'ordre de route de l'armée russe sera tracé, afin qu'on sache toujours où elle se trouve, ainsi que pour éviter tout malentendu.

3. Il ne sera fait en Hongrie aucune espèce de levée en masse, ni d'insurrections ; et en Bohême, aucune espèce de levée extraordinaire ; aucune armée étrangère ne pourra entrer sur le territoire de la maison d'Autriche.

Des négociateurs se réuniront de part et d'autre à Nicolsburg, pour procéder directement à l'ouverture des négociations, afin de parvenir à rétablir promptement la paix et la bonne harmonie entre les deux empereurs.

Fait double entre nous soussignés, le maréchal Berthier, ministre de la guerre, major-général de la grande armée, chargé des pleins pouvoirs de S. M. l'empereur des Français et roi d'Italie, et le prince Jean de Lichtenstein, lieutenant-général, chargé des pleins-pouvoirs de S. M. l'empereur d'Autriche, roi de Hongrie, etc.

A Austerlitz, le 15 frimaire an 14 (6 décembre 1805).

Signé, maréchal BERTHIER, *et Jean, prince* DE LICHTENSTEIN, *lieutenant-général.*

Austerlitz, le 16 frimaire an 14 (6 décembre 1805).

Trente-troisième bulletin de la grande armée.

Le général en chef Buxhowden a été tué avec un grand nombre d'autres généraux russes dont on ignore les noms. Nos soldats ont ramassé une grande quantité de décorations ;

le général russe Kutusow a été blessé, et son beau-fils, jeune homme de grand mérite, a été tué.

On a fait compter les cadavres : il en résulte qu'il y a dix-huit mille Russes tués, six cents Autrichiens et neuf cents Français. Nous avons sept mille blessés russes. Tout compte fait, nous avons trois mille blessés Français ; le général Roger Valhubert est mort des suites de ses blessures ; il a écrit à l'empereur une heure avant de mourir : « J'aurais voulu faire plus pour vous ; je meurs dans une heure : je ne regrette pas la vie, puisque j'ai participé à une victoire qui vous assure un règne heureux. Quand vous penserez aux braves qui vous étaient dévoués, pensez à ma mémoire. Il me suffit de vous dire que j'ai une famille ; je n'ai pas besoin de vous la recommander »..

Les généraux Kellermann, Sébastiani et Thiébaut sont hors de danger.

Les généraux Marisy et Demont sont blessés, mais beaucoup moins grièvement.

On sera sans doute bien aise de connaître les différens décrets que l'empereur a rendus successivement en faveur de l'armée ; ils sont ci-joints.

Le corps du général Buxhowden, qui était à la gauche, était de vingt-sept mille hommes : pas un n'a rejoint l'armée russe. Il a été plusieurs heures sous la mitraille de quarante pièces de canon, dont une partie servie par l'artillerie de la garde impériale, et sous la fusillade des divisions des généraux Saint-Hilaire et Friant. Le massacre a été horrible ; la perte des Russes ne peut s'évaluer à moins de quarante-cinq mille hommes, et l'empereur de Russie ne s'en retournera pas chez lui avec plus de vingt-cinq mille hommes.

Puisse cette leçon profiter à ce jeune prince et lui faire abandonner le conseil qu'a acheté l'Angleterre ! Puisse-t-il reprendre le véritable rôle qui convient à son pays et à son caractère, et secouer enfin le joug de ces vils olygarques de Londres! Catherine-la-Grande connaissait bien le génie et les ressources de la Russie, lorsque dans la première coalition elle n'envoya point d'armée, et se contenta de secourir les coalisés par ses conseils et par ses vœux. Mais elle avait l'expérience d'un long règne et du caractère de sa nation. Elle avait réfléchi sur les dangers des coalitions. Cette expérience ne peut être acquise à vingt-quatre ans.

Lorsque Paul, son fils, fit marcher des armées contre la France, il sentit bientôt que les erreurs les plus courtes sont les meilleures; et après une campagne, il retira ses troupes. Si Woronzow qui est à Londres n'était pas plus anglais que russe, il faudrait avoir une bien petite idée de ses talens pour supposer qu'il eût pu penser que soixante, quatre-vingt, cent mille Russes parviendraient à déshonorer la France, à lui faire subir le joug de l'Angleterre, à lui faire abandonner la Belgique, et à forcer l'empereur à livrer sa couronne de fer à la race dégénérée des rois de Sardaigne.

Les troupes russes sont braves, mais beaucoup moins braves que les troupes françaises; leurs généraux sont d'une inexpérience, et les soldats d'une ignorance et d'une pesanteur qui rendent leurs armées, en vérité, peu redoutables. Et d'ailleurs, en supposant des victoires aux Russes, il eût fallu dépeupler la Russie pour arriver au but insensé que lui avaient prescrit les olygarques de Londres.

La bataille d'Austerlitz a été donnée sur le tombeau du célèbre Kauny. Cette circonstance a fait la plus grande impression sur la tête des Viennois. A force de prudence et de bonne conduite, et en la maintenant toujours en bonne harmonie avec la France, il avait porté l'Autriche à un haut degré de prospérité.

Voici les noms des généraux russes faits prisonniers: beaucoup d'autres sont morts sur le champ de bataille. Il y a en outre quatre ou cinq cents officiers, dont vingt majors ou lieutenans-colonels, et plus de cent capitaines : Prebiszenski, Wimpfen, Muller Zakoumsky, Muller, Berg, Selechow, Strysy, Szlerliakow, le prince Repnin, le prince Sibersky, Adrian, Lagonon, Salima, Mezenkow, Woycikoff.

L'empereur a mandé à Brünn M. de Tailleyrand qui était à Vienne. Les négociations vont s'ouvrir à Nicolsbourg.

M. Maret avait joint à Austerlitz S. M., qui y a signé le travail des ministres et du conseil d'état.

L'empereur a couché ce soir à Brünn.

De notre camp impérial d'Austerlitz, le 16 frimaire an 14 (6 décembre 1805).

Napoléon, empereur des Français, roi d'Italie, avons décrété et décrétons ce qui suit :

Art. 1er. Les veuves des généraux morts à la bataille d'Austerlitz jouiront d'une pension de six mille francs leur vie durant ; les veuves des colonels et des majors, d'une pension de deux mille quatre cents francs ; les veuves des capitaines d'une pension de douze cents francs; les veuves des lieutenans et sous-lieutenans, d'une pension de huit cents francs ; les veuves des soldats, d'une pension de deux cents francs.

2. Notre ministre de la guerre est chargé de l'exécution du présent décret, qui sera mis à l'ordre du jour de l'armée et inséré au bulletin des lois. Napoléon.

De notre camp impérial d'Austerlitz, le 16 frimaire an 14 (6 décembre 1805).

Napoléon, empereur des Français, roi d'Italie, avons décrété et décrétons ce qui suit :

Art. 1er. Nous adoptons tous les enfans des généraux, officiers et soldats français morts à la bataille d'Austerlitz.

2. Ils seront tous entretenus et élevés à nos frais, les garçons dans notre palais impérial de Rambouillet, et les filles dans notre palais impérial de Saint-Germain. Les garçons seront ensuite placés et les filles mariées par nous.

3. Indépendamment de leurs noms de baptême et de famille, ils auront le droit d'y joindre celui de Napoléon. Notre grand-juge fera remplir à cet égard toutes les formalités voulues par le Code civil.

4. Notre grand-maréchal du palais et notre intendant-général de la couronne sont chargés, chacun en ce qui le concerne, de l'exécution du présent décret, qui sera mis à l'ordre du jour de l'armée et inséré au bulletin des lois.

NAPOLÉON.

Brunn, le 19 frimaire an 14 (9 décembre 1805).

Trente-quatrième bulletin de la grande armée.

L'empereur a reçu aujourd'hui M. le prince Repnin fait prisonnier à la bataille d'Austerlitz à la tête des chevaliers-gardes, dont il était le colonel. S. M. lui a dit qu'elle ne voulait pas priver l'empereur Alexandre d'aussi braves gens, et qu'il pouvait réunir tous les prisonniers de la garde impériale russe et retourner avec eux en Russie. S. M. a exprimé le regret que l'empereur de Russie eût voulu livrer bataille, et a dit que ce monarque, s'il l'avait cru la veille, aurait épargné le sang et l'honneur de son armée.

M. le prince Jean de Lichtenstein est arrivé hier avec de pleins-pouvoirs. Les conférences entre lui et M. de Talleyrand sont en pleine activité.

Le premier aide-de-camp Junot, que S. M. avait envoyé auprès de l'empereur d'Allemagne et de Russie, a vu à Holitz l'empereur d'Allemagne, qui l'a reçu avec beaucoup de grâce et de distinction. Il n'a pu continuer sa mission, parce que l'empereur Alexandre était parti en poste pour Saint-Pétersbourg, ainsi que le général Kutuzow.

S. M. a reçu à Brünn M. d'Haugwitz, et a paru très-satisfaite de tout ce que lui a dit ce plénipotentiaire qu'elle a accueilli d'une manière d'autant plus distinguée, qu'il s'est toujours défendu de la dépendance de l'Angleterre, et que c'est à ses conseils qu'on doit attribuer la grande considération et la prospérité dont jouit la Prusse. On ne pourrait en dire autant d'un autre ministre qui, né en Hanovre, n'a pas été inaccessible à la pluie d'or. Mais toutes les intrigues ont été et seront impuissantes contre le bon esprit et la haute sagesse du roi de Prusse. Au reste, la nation française ne dépend de personne, et cent cinquante mille ennemis de plus n'auraient fait autre chose que de rendre la guerre plus longue. La France et la Prusse, dans ces circonstances, ont eu à se louer de M. le duc de Brunswick, de MM. de Mollendorff, de Knobelsdorff, Lombard, et sur-tout du roi lui-même. Les intrigues anglaises ont souvent paru gagner du terrain; mais, comme, en dernière analyse, on ne pouvait arriver à aucun parti sans aborder de front la question, toutes les intrigues ont échoué devant la volonté du roi. En vérité, ceux qui les conduisaient abusaient étrangement de sa confiance : la Prusse peut-elle avoir un ami plus solide et plus désintéressé que la France?

La Russie est la seule puissance en Europe qui puisse faire une guerre de fantaisie : après une bataille perdue ou gagnée, les Russes s'en vont : la France, l'Autriche, la Prusse, au contraire, doivent méditer long-temps les résultats de la guerre : une ou deux batailles sont insuffisantes pour en épuiser toutes les chances.

Les paysans de Moravie tuent les Russes partout où ils les rencontrent isolés. Ils en ont déjà massacré une centaine. L'empereur des Français a donné des ordres pour que des patrouilles de cavalerie parcourent les campagnes, et empêchent ces excès. Puisque l'armée ennemie se retire, les Russes qu'elle laisse après elle sont sous la protection du vainqueur. Il est vrai qu'ils ont commis tant de désordres, tant de brigandages, qu'on ne doit pas s'étonner de ces vengeances. Ils maltraitaient les pauvres comme les riches : trois cents coups de bâton leur paraissaient une légère offense. Il n'est point d'attentats qu'ils n'aient commis. Le pillage, l'incendie des villages, le massacre, tels étaient leurs jeux. Ils ont même tué des prêtres jusque sur les autels ! Malheur au souverain qui attirera un tel fléau sur son territoire ! La bataille d'Austerlitz a été une victoire européenne, puisqu'elle a fait tomber le prestige qui semblait s'attacher au nom de ces *barbares*. Ce mot ne peut s'appliquer cependant ni à la cour ni au plus grand nombre des officiers, ni aux habitans des villes qui sont au contraire civilisés jusqu'à la corruption.

Brünn, le 20 frimaire an 11 (10 décembre 1805).

Trente-cinquième bulletin de la grande-armée.

L'armée russe s'est mise en marche le 17 frimaire sur trois colonnes, pour retourner en Russie. La première a pris le chemin de Cracovie et Therespol : la seconde, celui de Kaschau, Lemberg et Brody ; et la troisième, celui de Cizrnau, Wotrell et Hussiatin. A la tête de la première, est parti l'empereur de Russie avec son frère le grand-duc Constantin.

Indépendamment de l'artillerie de bataille, un parc entier de cent pièces de canon a été pris aux Russes avec tous leurs caissons.

L'empereur est allé voir ce parc ; il a ordonné que toutes les pièces prises fussent transportées en France. Il est sans exemple que, dans une bataille, on ait pris cent cinquante à cent soixante pièces de canon, toutes ayant fait feu et servi dans l'action.

Le chef d'escadron Chaloppin, aide-de-camp du général Bernadotte, a été tué.

Les colonels Lacour du cinquième régiment de dragons,

Digeon du vingt-sixième de chasseurs, Bessières du onzième de chasseurs, frère du maréchal Bessières ; Gérard, colonel, aide-de-camp du maréchal Bernadotte ; Marès, colonel, aide-de-camp du maréchal Davoust, ont été blessés.

Les chefs de bataillon Perrier du trente-sixième régiment d'infanterie de ligne ; Guye, du quatrième de ligne ; Schwiter, du cinquante-septième de ligne ; les chefs d'escadron Grumblot, du deuxième régiment de carabiniers ; Didelon, du neuvième de dragons ; Boudichon, du quatrième de hussards ; le chef de bataillon du génie Abrissot, Rabier et Mobillard du cinquante-cinquième de ligne; Profit, du quarante-troisième, et les chefs d'escadron Trévillé, du vingt-sixième de chasseurs, et David, du deuxième de hussards, ont été blessés.

Les chefs d'escadron des chasseurs à cheval de la garde impériale Beyermann, Bohn et Thity, ont été blessés.

Le capitaine Tervé, des chasseurs à cheval de la garde, est mort des suites de ses blessures.

Le capitaine Geist; les lieutenans Bureau, Barbanègre, Guyot, Fournier, Adet, Bayeux et Renno, des chasseurs à cheval de la garde, et les lieutenans Menager et Rolles, des grenadiers à cheval de la garde, ont été blessés.

Lettre de S. M. l'Empereur et Roi à M. le cardinal archevêque de Paris.

Mon cousin, nous avons pris quarante-cinq drapeaux sur nos ennemis, le jour de l'anniversaire de notre couronnement, de ce jour où le Saint-Père, ses cardinaux et tout le clergé de France firent des prières dans le sanctuaire de Notre-Dame, pour la prospérité de notre règne. Nous avons résolu de déposer lesdits drapeaux dans l'église de Notre-Dame, métropole de notre bonne ville de Paris. Nous avons ordonné, en conséquence, qu'ils vous soient adressés, pour la garde en être confiée à votre chapitre métropolitain. Notre intention est que, tous les ans, audit jour, un office solennel soit chanté dans ladite métropole, en mémoire des braves morts pour la patrie dans cette grande journée, lequel office sera suivi d'actions de grace pour la victoire qu'il a plu au Dieu des armées de nous accorder. Cette lettre n'étant pas à une autre fin, nous prions Dieu qu'il vous ait, mon cousin, en sa sainte et digne garde. NAPOLÉON.

Schœnbrunn, le 23 frimaire an 14 (13 décembre 1805).

Trente-sixième bulletin de la grande armée.

Ce sera un recueil d'un grand intérêt, que celui des traits de bravoure qui ont illustré la Grande-Armée.

Un carabinier du 10e régiment d'infanterie légère a le bras gauche emporté par un boulet de canon : *Aide-moi*, dit-il à son camarade, *à ôter mon sac, et cours me venger : je n'ai pas besoin d'autres secours.* Il met ensuite son sac sur son bras droit, et marche seul vers l'ambulance.

Le général Thiébaut, dangereusement blessé, était transporté par quatre prisonniers russes ; six Français blessés l'aperçoivent, chassent les Russes et saisissent le brancard, en disant : *C'est à nous seuls qu'appartient l'honneur de porter un général français blessé.*

Le général Valhubert a la cuisse emportée d'un coup de canon, quatre soldats se présentent pour l'enlever : « Souvenez-vous de l'ordre du jour, leur dit-il d'une voix de tonnerre, et serrez vos rangs. Si vous revenez vainqueurs, on me relevera après la bataille ; si vous êtes vaincus, je n'attache plus de prix à la vie. »

Ce général est le seul dont on ait à regretter la perte ; tous les autres généraux blessés sont en pleine guérison.

Les bataillons des tirailleurs du Pô et des tirailleurs corses se sont bravement comportés dans la défense du village de

Strolitz. Le colonel Franceschi, avec le 8e de hussards, s'est fait remarquer par son courage et sa bonne conduite.

On a fait écouler l'eau du lac, sur lequel de nombreux corps russes s'étaient enfuis le jour de la bataille d'Austerlitz, et l'on en a retiré quarante pièces de canon russes, et une grande quantité de cadavres.

L'empereur est arrivé ici avant hier 21 à dix heures du soir.

Il a reçu hier la députation des maires de Paris, qui lui ont été présentés par S. A. S. le prince Murat.

M. Dupont, maire du 7e arrondissement, a prononcé un discours auquel S. M. l'Empereur a répondu :

« Qu'il voyait avec plaisir la députation des maires de Paris; que, quoiqu'il les reçût dans le Palais de Marie-Thérèse, le jour où il se retrouverait au milieu de son bon peuple de Paris, serait pour lui un jour de fête; qu'ils avaient été à portée de voir les malheurs de la guerre et d'apprendre, par le triste spectacle dont leurs regards ont été frappés, que tous les Français doivent considérer comme salutaire et sacrée la loi de la conscription, s'ils ne veulent pas que quelque jour leurs habitations soient dévastées et le beau territoire de la France livré, ainsi que l'Autriche et la Moravie, aux ravages des barbares; que, dans leurs rapports avec la bourgeoisie de Vienne, ils ont pu s'assurer qu'elle-même apprécie la justice de notre cause, et la funeste influence de l'Angleterre et de quelques hommes corrompus. » Il a ajouté « qu'il veut la paix, mais une paix qui assure le bien-être du peuple français, dont le bonheur, le commerce et l'industrie sont constamment entravés par l'insatiable avidité de l'Angleterre. »

S. M. a ensuite fait connaître aux députés qu'elle était dans l'intention de faire hommage à la cathédrale de Paris des drapeaux conquis sur les Russes le jour anniversaire de son couronnement, et de leur confier ces trophées pour les porter au cardinal archevêque.

Schœnbrunn, le 6 nivose an 14 (27 décembre 1805).

Proclamation à la grande armée.

Soldats,

« La paix entre moi et l'empereur d'Autriche est signée. Vous avez, dans cette arrière-saison, fait deux campagnes; vous avez rempli tout ce que j'attendais de vous. Je vais partir pour me rendre dans ma capitale; j'ai accordé de l'avancement et des récompenses à ceux qui se sont le plus distingués : je vous tiendrai tout ce que je vous ai promis. Vous avez vu votre empereur partager avec vous vos périls et vos fatigues; je veux aussi que vous veniez le voir entouré de la grandeur et de la splendeur qui appartiennent au souverain du premier peuple de l'univers. Je donnerai une grande fête, aux premiers jours de mai, à Paris; vous y serez tous, et, après, nous irons où nous appeleront le bonheur de notre patrie et les intérêts de notre gloire.

« Soldats, pendant ces trois mois qui vous seront nécessaires pour retourner en France, soyez le modèle de toutes les armées : ce ne sont plus des preuves de courage et d'intrépidité que vous êtes appelés à donner, mais d'une sevère discipline. Que mes alliés n'aient pas à se plaindre de votre passage; et, en arrivant sur ce territoire sacré, comportez-vous comme des enfans au milieu de leur famille : mon peuple se comportera avec vous comme il le doit envers ses héros et ses défenseurs.

« Soldats, l'idée que je vous verrai tous, avant six mois, rangés autour de mon palais, sourit à mon cœur, et j'éprouve d'avance les plus tendres émotions : nous célébrerons la mémoire de ceux qui, dans ces deux campagnes, sont morts au champ d'honneur, et le monde nous verra tout prêts à imiter leur exemple, et à faire encore plus que nous n'avons fait, s'il le faut, contre ceux qui voudraient attaquer notre honneur ou qui se laisseraient séduire par les corrupteurs des éternels ennemis du continent ». NAPOLÉON.

Schœnbrunn, le 6 nivose an 14 (27 décembre 1805).

Proclamation aux habitans de Vienne.

Habitans de la ville de Vienne,

« J'ai signé la paix avec l'empereur d'Autriche. Prêt à partir pour ma capitale, je veux que vous sachiez l'estime que je vous porte, et le contentement que j'ai de votre bonne conduite pendant le temps que vous avez été sous ma loi. Je vous ai donné un exemple inoui, jusqu'à présent, dans l'histoire des nations. Dix mille hommes de votre garde nationale sont restés armés, ont gardés vos portes; votre arsenal tout entier est resté en votre pouvoir; et, pendant ce temps-là, je courais les chances les plus hazardeuses de la guerre. Je me suis confié en vos sentimens d'honneur, de bonne foi, de loyauté: vous avez justifié ma confiance.

« Habitans de Vienne, je sais que vous avez tous blâmé la guerre que des ministres vendus à l'Angleterre ont suscitée sur le continent. Votre souverain est éclairé sur les menées de ces ministres corrompus; il est livré tout entier aux grandes qualités qui le distinguent; et, désormais, j'espère pour vous et pour le continent des jours plus heureux.

« Habitans de Vienne, je me suis peu montré parmi vous, non par dédain ou par un vain orgueil; mais je n'ai pas voulu distraire en vous aucun des sentimens que vous deviez au prince avec qui j'étais dans l'intention de faire une prompte paix. En vous quittant, recevez, comme un présent qui vous prouve mon estime, votre arsenal intact, que les lois de la guerre ont rendu ma propriété; servez-vous en toujours pour le maintien de l'ordre. Tous les maux que vous avez soufferts, attribuez-les aux malheurs inséparables de la guerre ; et tous les ménagemens que mon armée a apportés dans vos contrées, vous les devez à l'estime que vous avez méritée ».

NAPOLÉON.

De mon camp impérial de Schœnbrunn, le 6 nivose an 14 (27 décembre 1805).

Proclamation à la grande armée.

Soldats,

« Depuis dix ans, j'ai tout fait pour sauver le roi de Naples ; il a tout fait pour se perdre.

« Après la bataille de Dego, de Mondovi, de Lodi, il ne pouvait m'opposer qu'une faible résistance. Je me fiai aux paroles de ce prince, et fus généreux envers lui.

« Lorsque la seconde coalition fut dissoute à Marengo, le roi de Naples, qui, le premier, avait commencé cette injuste guerre, abandonné à Luneville par ses alliés, resta seul et sans défense. Il m'implora ; je lui pardonnai une seconde fois.

« Il y a peu de mois, vous étiez aux portes de Naples. J'avais d'assez légitimes raisons, et de suspecter la trahison qui se méditait, et de venger les outrages qui m'avaient été faits. Je fus encore généreux. Je reconnus la neutralité de Naples ; je vous ordonnai d'évacuer ce royaume ; et, pour la troisième fois, la maison de Naples fut raffermie et sauvée.

« Pardonnerons-nous une quatrième fois ? nous fierons-nous une quatrième fois à une cour, sans foi, sans honneur, et sans raison ? Non ! non. La dynastie de Naples a cessé de régner ; son existence est incompatible avec le repos de l'Europe et l'honneur de ma couronne.

« Soldats, marchez ; précipitez dans les flots, si tant est qu'ils vous attendent, ces débiles bataillons des tyrans des mers. Montrez au monde de quelle manière nous punissons les parjures. Ne tardez pas à m'apprendre que l'Italie est toute entière soumise à mes lois ou à celles de mes alliés ; que le plus beau pays de la terre est affranchi du joug des hommes les plus perfides ; que la sainteté du traité est vengée, et que les mânes de mes braves soldats égorgés dans les ports de Sicile à leur retour d'Egypte, après avoir échappé aux périls des naufrages, des déserts, et de cent combats, sont enfin apaisés.

« Soldats, mon frère marchera à votre tête; il connaît mes projets; il est le dépositaire de mon autorité; il a toute ma confiance; environnez-le de toute la vôtre ».

NAPOLÉON.

FIN DU QUATRIÈME VOLUME.

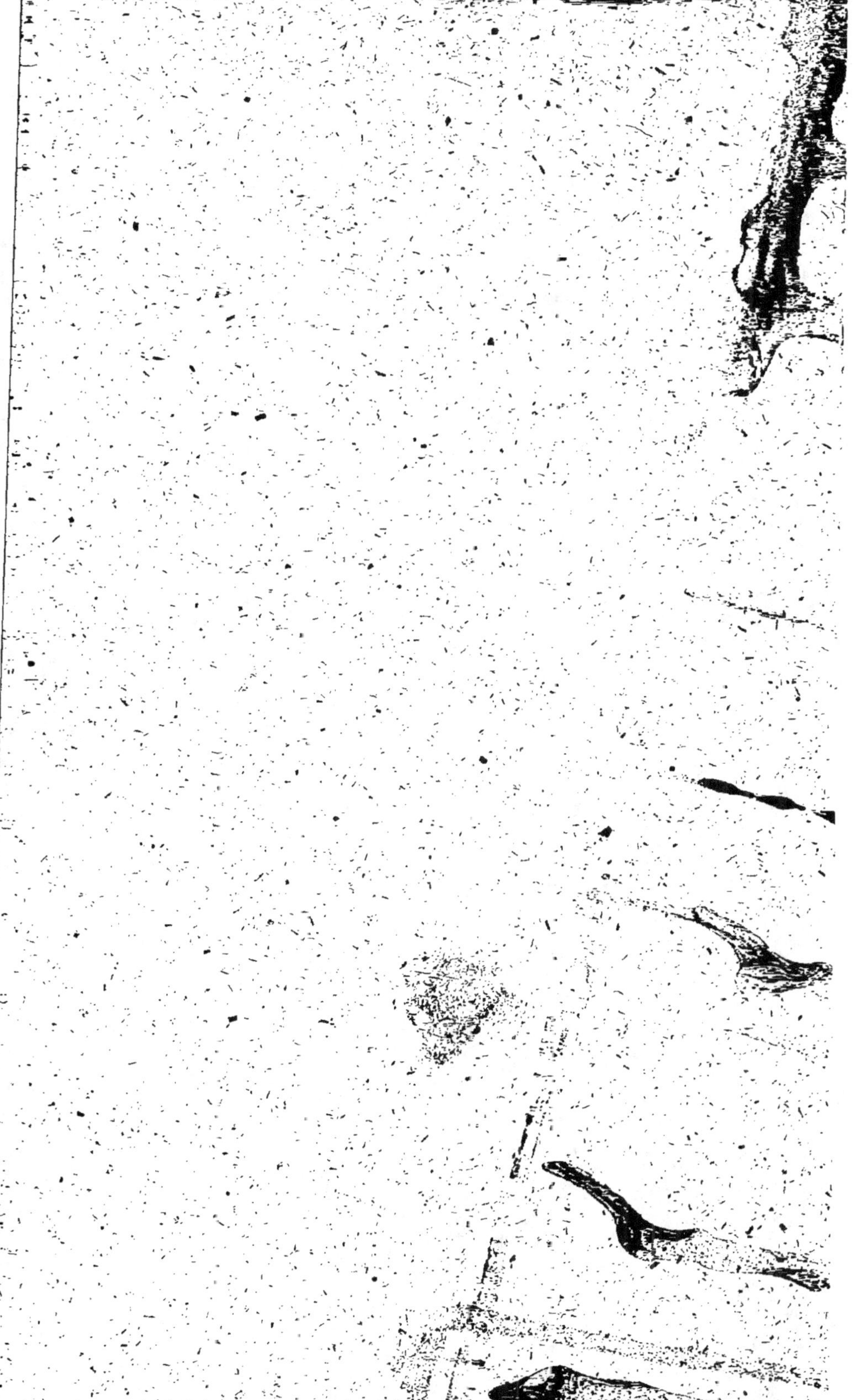

BIBLIOTHEQUE NATIONALE DE FRANCE
3 7502 01930894 1

www.ingramcontent.com/pod-product-compliance
Lightning Source LLC
Chambersburg PA
CBHW050826230426
43667CB00012B/1892

* 9 7 8 2 0 1 9 6 0 4 2 6 4 *